哲学の戦場

那須政玄・野尻英一 共編

行人社

哲学の戦場／目次

未来の記憶
――哲学の起源とヘーゲルの構想力についての断章――

野尻英一

私タチハ、何カ大事ナコトヲ、知ッテイタノダ。
ケレドモ私タチハ、ソノコトヲ、忘レテシマッタノダ。

零　前提

原理的な観点から言えば、〈未来性〉や〈間主観性〉の成立は一つの結果にすぎず、しかも錯覚、もしくはかんちがいと言ったほうが適切であろう、一つの心理学的な効果にすぎないと言えるはずだ。しかし私たちの発揮している人間的諸能力のうちに、そのような効果を実感を伴って成立させる類の〈力〉があるのは、確かなことである。空間的に言えば、この力は〈社会〉と呼ばれるものを一つの効果として生み出すし、時間的に言えば、〈歴史〉と呼ばれるものを一つの効果として生み出す。さらに言えばこの力は、その二者を動態的な構造を持ったものとして生み出している。この力は〈他者〉を自己として〈理解する〉ことを可能とし、この〈理解〉という錯覚、もしくは虚構が、動態性という私たちの現実性を生み出す。私たちの〈現実性〉とは、フィクショナルな、虚構的な現実である。〈理解〉という名のかんちがいはこのように恐るべき効果を現に生み出しているが、その効果のなかには、〈過去〉という他者の自己化も含まれている。このような力のことを哲学では、ある時期から〈構想力〉と呼ぶ[1]。

一　哲学の課題——弁証法の解体

私たちはふとしたときに、自分たちの未来が遥かなる過去にあったかのようなファンタジーにとらわれることがある。未来が過去である、とは矛盾した物言いである。そういう発想に縁がない人も、もちろん世の中にはいるだろう。

一方でそういう妄想のようなファンタジーは、実際にはそれであるとは言われないままに、また特に哲学的な概念によって指摘されないままに、現代文化の諸相において多く遂行され広く流通の形態を得ている現実がある。その諸相の具体について述べる前にその重要性について述べておくことが必要だろう。具体相を述べてしまうと、却ってその事例としての近さゆえにそのような事態が成り立っていることの重要性が看過されてしまうかも知れないからである。この理由により本考察で具体例が出てくるのは、後のこととなる。しかしこのような事態がありふれた日常的なこととして成り立っていることが、すなわちそれが重要であることの理由でもある。

未来が過去にあったという類の発想は、本来哲学的には重要視されてしかるべきものである。そこにおいては、これから来たるべきものがすでに来たものであった、まだ経験されていないはずのことがすでに経験されていたことであった、という矛盾した事柄が考えられているからである。なぜそのようなことが起こるのか。

いわばそこには、真の意味での〈弁証法〉がある。仮にそれが現代において日常にありふれたこととして成り立っている側面があるとするのならば、現代とは、哲学的に考えて恐るべき時代であると言わなければならない。ある意味では〈事態としての哲学〉が完成していると言えるのが、現代である。日常としての形而上学と言ってもよい。しかしその〈事態〉の成立を把握するためには、却ってこのような事態が新奇な経験として経験された〈始まり〉の場所に立ち戻ってみるのが好都合であろう。このようなことを言うのは、もし〈事態としての哲学〉というものがすでに成り立っているのが事実だとするならば、次に哲学が試みるべき課題は、その〈事態〉の解体の可能性に他ならないと考えるからである。つまり目指されるべきは、弁証法の解体であり、哲学を終わらせることである。そして終わりを考えるためには、〈始まり〉が考察されなくてはならない。

二　始まり、の手前――アウグスティヌス

しかし〈始まり〉への遡行の前に、その一歩手前に遡行しておこう。

一歩手前とは、アウグスティヌス（三五四―四三〇）のことであり、彼の記憶論である。

アウグスティヌスは、『告白』（四〇〇年前後）において、「記憶」という「奥の院」について語っている［告白一〇・八］[2]。彼は人間の記憶を「驚くべき力」であると語り、広大な広間、宝庫、奥深い内室であるとして、その神秘を讃えている。「それは得体の知れない　何か恐るべきもの、深遠で、無限で、多様なものです」［告白一

〇・一七〕。そして「記憶の記憶」というものがあり「忘却の記憶」さえあることの不可思議について語る。しかし一方で、アウグスティヌスは、記憶の力は偉大であるけれども、神に至るためには、自分はこの自分の力であるところの記憶を超えなければならないと考えている。「わたしは記憶と呼ばれる、このわたしの力をも超えて行こう。甘美なる光よ、あなたの許に達するために、わたしはこの記憶の力を超えて行こう」〔告白一〇・一七〕。単純な記憶の能力は獣でさえ持っているのだから、獣と違う人間である私はこれを超えて進まなければならない、とアウグスティヌスは考えている。また普通の意味での記憶とは、この地上の生活についての記憶であり、そのような物体的な事物の「心象」や「情念」についての記憶、つまりそれが〈私〉というものの総体であるけれども、そうしたものの中に神を見出すことはできないとも考えている。つまり彼の課題は、「奥の院」のさらに奥に至ることとなるのである。

と同時に、記憶の外にあるのなら、神はいったいどこにあるのか、どこに見出すことができるのか、と彼は自問せざるを得ない。一度、神を知れば、すなわちひとたび回心を行い信仰の道に入れば、神は私の記憶のうちに入り、私は神を忘れることがない。私はいつでも神を私の記憶のうちに見出すことができる。だが本当にそうだろうか。それはいったい記憶のうちのどの部分においてなのか。「しかし、主よ、あなたはわたしの記憶のなかの、何処に留まっているのですか」〔告白一〇・二五〕。これに対する彼の答えは、興味深い。彼は記憶という「奥の院」のさらに奥に到達するために、幸福についての論証を行う。だがその前に、アウグスティヌスはもう一つ小さな、けれども興味深い論証を行っている。それは私たちはたとえ或ることについて忘れてしまっても、そのことを覚えているということについてである。つまり忘却したが忘却していない記憶についてである。

たとえば私たちは、たとえいま或るものを見失っていたとしても、そしてその見失っていたこと自体を忘れていたとしても、誰かによってそれを差し出されたならば「ああ、それは私の失くしたものです」、「私の捜していたものです」とそのとき思い、それを認知することができる。つまり私たちには、忘却していながら忘却していないということがある。何か大事なことを忘れてしまった、という感覚の中で過ごし、しばらくしてからそのものに出会ったときに、それであると思い出すことは、よくあることである。「じっさい、わたしたちは忘れたことを記憶しているなら、わたしたちはまだ完全には忘れていません。ですからわたしたちは全く忘れてしまっていたら、失ったものを探すことは出来ません」〔告白一〇・一九〕。このように彼は、人間は忘れたことを記憶しているものを探し求める存在であることを述べる。これが彼の小さなほうの論証である。

さて次に、彼の行う幸福についての論証である。私たちはみな幸福を求める。幸福であることを求めない人間はいない。幸福であることを求めるということは、私たちは幸福について知っているということである。知っていないものを求めることはできないからである。知っているということは、それが記憶の中にあるということだ、とアウグスティヌスは言う。私たちの記憶には、確かに幸福の記憶があるはずだ、でなければ私たちはそれを求めないだろう。「彼らが幸福であることを欲しているのは極めて確実です。彼らはわたしの知らない仕方でそれを知っており、それゆえにまた、わたしの知らない知識によってそれを所有しています。わたしはその知識に関して、それが記憶のなかにあるのかどうか、煩悶しています。もしそれが記憶のなかにあるならば、わたしたちはすでにあるとき幸福であったのです」〔告白一〇・二〇。傍点野尻〕。そのような〈幸福〉の記憶があるのだとして、その記憶は、たとえばかつてアウグスティヌスが経験した歓楽の街であるカルタゴの記憶と同じように彼の心の中にあるのであろうか、いやそうではない、と彼は考える。誰もが幸福を求める。幸福を求めているかと聞かれて、否と答える者はいない。それぐらい幸福というものは、普遍的に求められている。それでは、人間というものが、みながみな普遍的な幸福を求めているかといえば、そうではない。むしろそれぞれの幸福を求めてしまっている。そして真実の幸福とは、真理を知る喜びなのに、むしろ多くの人は、真理である神を知る喜びから遠ざかってしまい、幸福を求めて地上の様々な快楽に堕してしまう。これがいわば人間の運命であるが、アウグスティヌスはこの運命からの脱却を説く。

アウグスティヌスは、『告白』第一〇巻の三〇章から三九章にかけて、詳細に、人間がどのように身体の五官や情動を通した地上の快楽に誘惑されてしまうかを列挙し、分析している。アウグスティヌスの論証はややわかりにくい構成を持っているが、結局、彼が言いたいのは、真の喜びはそのような地上の快楽のいかなるもののうちにもなく、したがって、通常の意味で記憶できるようなもののうちにはないということである。「わたしは感覚によって出来るかぎり外の世界を巡り、わたし自身について、わたしの身体の生とわたしの感覚そのものを観察しました。そこからわたしはわたしの記憶の内奥に入っていきました。そこには不思議な仕方で数えきれないほど多くの貯蔵物に満ちた多種多様な広間がありました。わたしはそれらを眺めて驚きました。そしてあなたなしにはそれらのものを何ひとつ見分けることは出来ませんでした。しかもそれらのうちのどれも、あなたではないことを見いだしました」［告白一〇・四〇］。幸福は記憶のうちにあるものではなく、神は記憶のうちにはいない。少なくとも私が神を知り、神とともにある喜びを知る以前には、神は私の記憶のうちにはなかった。にもかかわらず、私は幸福を求めていたし、誰もが幸福を求めていた。このことは不思議なことである。

私は神に出会ったことがないのに神を知っていた。何らかの仕方で、過去に何事かを経験したのとは別の仕方で神を経験していた。そのようなことはいかにして可能か。アウグスティヌスの答えは、超越的な啓示、つまり通常の経験を超えたかたちでの神による人間への働きかけによるというものだ。「わたしはあなたを知るようになるために、何処であなたを見いだしたらいいのでしょうか。わたしを超えたあなたの中以外にないのでしょうか」［告白一〇・二六］。アウグスティヌスの答えは、このようにひどく簡潔である。また彼はこうも言う。「しかしわたし自身が発見者ではありません。……つまりそれをしたのはわたしの力ではありませんでした。またその力はあなたでもありませんでした」［告白一〇・四〇］。このように言った後に、アウグスティヌスの叙述は、神と人間の媒介者、「真の仲保者」であるキリスト・イエスを讃えることで、『告白』一〇巻を終える。

＊

これら一連のアウグスティヌスの叙述の展開は、どのような論理を展開していると読むべきだろうか。筆者は次のように考える。まず第一に、アウグスティヌスが、人間の持つ〈記憶〉という力の偉大と神秘に心底魅入られているのは確かである。でなければ、彼がこれだけの分量の叙述を展開する理由がない。ちなみに彼のもうひとつの書物『三位一体』でも、人間の精神が有する記憶の能力は、人間の精神が自己自身を知る精神であることによって神の似姿であることをまっとうし、遂には神における三位一体を理解するために、重要な役割を果たすことが述べられている。(3) つまりアウグスティヌスは、〈記憶〉＝〈構想力〉の作用が自己意識としての構造を持つ人間精神の成立に重要な役割を果たしていることを早くも認識しており、かつそのことが何らかのかたちで神と私たちとがつながるための力として機能していることを直感している。

しかしアウグスティヌスの思想の特徴として、神とのつながりの直接性を、禁欲的に避けるということがある。まさにアウグスティヌスの時代に、正統教義としての三位一体説が成立しつつあり、彼自身もそれについての理論を著している。アウグスティヌスにおいては、神についての直接的な記憶や神とともにあった幸福な生活の直接的な記憶という考え方は、注意深く退けられなければならなかった。私たちはみな幸福を求め、真実を求める。つまり神を求める。しかしそれは神と私とが以前に、実際の過去において接触したということではない。もし私たちが神についての記憶を有するという考えに陥るならば、それは異端となる。だから神は記憶を超えたものでなければならない。これがアウグスティヌスの言いたいことであったと思われる。アウグスティヌスの論述には、おそらく、前世の記憶や聖書に記述されたエデンの園におけるアダム（とエヴァ）の幸福の記憶が何らかのかたちで直接的に私たちに継承されているという考え方を退けようとして述べられている一節がある。「もしそれが記憶のなかにあるならば、わたしたちはすでにあるとき幸福であったのです。そこでわたしたちみなひとりひとりが幸福であったのか、あるいは、最初に罪を犯し、そのひとにおいてわたしたちもみな死に、またそのひとからわたしたちもみな悲惨を負うて生まれてきている、あの人間のみが幸福であったのか、については今問題にしません。むしろわたしは、幸福な生は記憶のなかにあるのかどうか、を問います」［告白一〇・二〇］。彼が人間における記憶の力に固執して論じるのは、人間精神の重要な機能であるその力に魅力を感じているとともに、この力が、すでに当時の人間たちにおいても、前世の記憶や生まれる前の記憶といった異端的な考え方をもたらす傾向があったからではないだろうか。彼自身が若い頃にマニ教に傾倒した時期があり、その後、新プラトン主義に触れてマニ教から距離を取るようになり、回心によってキリスト教に帰依するようになったことはよく知られている。マニ教の教義には、古代ギリシアの宗教や仏教やグノーシス主義の影響があったと考えられており、輪廻転生のような考え方も一部入り込んでいたと考えられている。

たとえばアウグスティヌスは、旧約聖書への注解において、エデンの園や生命の樹についての記述は、確かに史実についての記述であるはずだと述べている。楽園はかつて地上のどこかに実際にあった。しかしそれでもなおアウグスティヌスにとって、それらはあくまで霊的な象徴として理解されることが重要なのである［創世記注解八・四―五］[4]。だからそれは直接的な意味では、私たちには関係がない。まちがっても生まれる以前にそこに私たち自身が住んでいたような、そのような楽園の話であるとは考えてはならない。前世における幸福な生や地上に降り立つ前の完全なる生についての記憶などというものがあると思ってはならない。それは邪教に陥ることである、という主張が彼の聖書解釈の要点の一つであったのだろう。彼は『三位一体』で、はっきりとピュタゴラス学派を名指して批判し、生まれる前の生という考え方を拒絶している。「サモスのピュタゴラスは、以前地上で別の身体をもっていたときに経験したこれらのものを想起した、と言う人々がいる。また他の人は精神の中でそのようなことを経験したと伝えられているが、私たちはこんな話を全く信じることはできない。これらは虚偽の記憶であり、例えば睡眠中の経験として、私たちが全くしなかったことや見なかったことを、したり見たりしたかのように想起するたぐいのものである。そのような人々の精神は、目覚めているときでも、邪悪で人を欺く霊どものそそのかしにあったのである」［三位一体一二・一五］。このようにアウグスティヌスは、生まれる前の記憶のごときものは白昼夢のようなものにすぎないと断じている。と同時にまた彼は、睡眠中の夢を好ましくない虚偽の幻像として扱っている。睡眠中は、記憶が再生する心象の力が強大で、私の力によって制御できず、私が私ではなくなるからである［告白一〇・三〇］。

アウグスティヌスの記憶論は、異端との闘いの場であった。彼自身が、前世の記憶という考え方に一度は強く魅かれた経験があるのかもしれない。アウグスティヌスの記憶論（＝構想力論）は、粘り強く綿密な自己分析であることによって、人間の心についての、古代にしてはある種、異様とまで言える精緻な分析の過程を示すこととなり、それゆえに近代にまで影響を及ぼす射程を持つに至った。彼の人間の心についての考察が、特にその

「個」と「内面性」の自覚において、近代的自我の様相を先取りしていることは、よく指摘されるところである。簡潔な思想史のラインを描きたければ、アウグスティヌスからデカルト、カントへときれいな自我論の線を引くことができるし、それとともに、記憶論＝構想力論についても、アウグスティヌスからデカルト、イギリス経験論のロック、ヒュームを経てカントへと、解れのない線が引ける。

　富松保文は、アウグスティヌスにおいて、すでに自分自身について内省する近代的とも言える自我の様相が見え、すなわちそこには〈私〉の発生があると言う［富松（二〇〇三）］。富松のアウグスティヌス解釈は、現代的な霊長類研究における他者認知や鏡像認知の知見も引くなど異色だが、興味深いのは、富松が新約聖書における「愛の賛歌」の一節「わたしたちは、今は、鏡におぼろに写ったものを見ている。だがそのときには、顔と顔を合せてみることになる」を引きながら、神の似姿として人間の心をモデル化しようとするアウグスティヌスの試みを、自分を超えたものと出会うことによって自分の内へと返ること、つまり反照作用として見ている点である。そのように言ってしまえば、すでにアウグスティヌスの思想において、ヘーゲルにおける「主人と奴隷の弁証法」やジャック・ラカンにおける「鏡像段階論」が先取りされていたことにもなるが、そうまで考えるのは早計だろう。アウグスティヌスにおいては、人間の精神が接触して自己へと反照するところの〈他者〉とは、神である。しかしキリスト教の神は、ユダヤ教のごとき一神ではない。三位一体の神であり、私に触れてくる神である。触れてはくるが、直接に触れてくるのではない。神とは直接経験できるものではなく、だから私に神の記憶はない。記憶は私の経験したものを表象として呼び出すことができる。しかし神はそういう私の経験という有限なものを超えている。だからこそアウグスティヌスは、人間の記憶の能力の偉大さに驚嘆しながら、記憶の内容を捨象することになったわけだが、それによって記憶の能力そのものを対象化することになった。対象化した結果、記憶の力では神には到達できないのだから記憶という私の力を超えて進もう、と結論するのがアウグスティヌスである。しかしこの場合の記憶を超えるとは、表象によらずに、精神の働きそのものに注目することである。『三位一体』において彼は、人間の精神を神の似姿として捉え、父と子と聖霊の三一性と重ねて、記憶、知解、意志（愛）の三位一体構造として考えている。この場合に、記憶は全体性を捉える役割を担う。精神が自分自身を反照的に捉える力が記憶であるとされる。記憶が呼び起こす表象は過去の事柄であるが、記憶の力そのものは精神の現在性、精神が自己を精神として把握する力である。「過ぎ去ったものに関してそれを想起しふたたび考えることを得させる能力が記憶と呼ばれるように、精神が自己に現在することに関して精神を自己に現在させ、こうして自己を考えることによって知解が生じ、自己を愛することによって精神とその思考とを結合する能力が記憶と呼ばれるのは、決して理に反することではない」〔三位一体一四・一一〕。『告白』においては、具体的に経験したものを超えること、すなわち記憶による表象によっては捉えることができないものを捉えること、記憶を超えることが、神へと至ることだと考えられていた。つまりそこでは部分を超えた全体、有限を超えた無限へと至るためには、記憶の力が超えられなければならないことが言われていた。しかし『三位一体』においては記憶は自己を知るための反照の能力として捉えられ、自己を三一性を持つ精神として捉えることが神の三一性を捉えることへと接続されている。つまり記憶の力は内容から切り離され純粋化されたときに、全体性へと接触する能力であると同時に、自己を反照的に捉える能力として規定されることとなった。このことは、自己を知るためには他者の視点によるのでなければ知り得ない、という今日的な言い方をしてみれば、不思議なく理解できることである。しかし繰り返しになるが、ここでの他者は神である。がその一方で、キリスト教の神は、他者ではあるが触れてくる他者である。だからそれは他者ではあるけれども、自己であるような他者である。聖霊を通して接触し、浸透してくる神である。ユダヤの神のように畏怖と崇高、時には絶望をさえもたらす絶対的存在として人間に対して現れる神ではなく、愛をもって接触してくる神である。こういう神が私の記憶を刺激する。

次に引用する言葉は二十世紀の思想家ミハイル・バフチンのものである。「単一の意識はそれだけでは自足的に存在しえない。私が自己を意識し、自己自身となるのは、ただ自己を他者に対して、他者を通じて、そして他者の助けをかりて開示する時のみである。……存在するとは、即ち他者に対して、他者を通じて自己に対して、存在することである。人間には彼が主権をもっているような内的な領域は存在しない。彼の全存在は常に境界にあり、自己の内面を見ることは即ち**他者の眼**を見ること、あるいは**他者の眼**で見ることなのである」［バフチン（一九八八）二五〇］。

坂口ふみは、こうしたバフチンのロシア的宗教性による接触と交感と対話の存在論に、聖霊（プネウマ）の位格がアクチュアリティを持っていた成立期三位一体論が、東方教会経由で現代にまで継承されていると考える［坂口（一九九九）一〇九―一一二］。東方神学は、聖霊の位格を西方よりも高く置き、神と同等に見ていた。坂口は、キリスト教義史における三位一体論の成立時期である四世紀から六世紀において問題となっていたのは、普遍との接触によって成立する個の概念であったと言う。「個」のめざめは近代だったと言われるが、それはすでに中世以前にあり、しかもそこでは右のような他者との交感を通じて自己であるところのみずみずしく生命に溢れた個の概念が生きていた、むしろ近代に至る過程で、その生命が乾凅び、単なる「意識」に還元されてしまったのではないか、と坂口は言う［坂口（一九九九）二七―二八］。個が乾凅びたということは、普遍が乾凅びたということでもある。それは個と普遍との間を流れ潤す特殊たる聖霊が乾凅びたためである。たとえばフッサールは、普遍との対概念としての個ではなく、個としての個というそれ自体アポリアであるところの場を出発点とするために、次のような言い方をせざるを得ない。「……そうした純粋自我の形で姿を現わしてきているものは、一つの特種な――或る意味では、構成されたのではない――超越物、つまり内在的場面の中に潜む一つの超越物、であろう」[Husserl（2002）109–110. 邦訳（I–I）二四五]。ここで、現前性への内在が、必然的に超越に至らざるを得ないというアポリアに直面していることを、フッサールは悪びれずに認めている。内在が超越であるとは矛盾である。しかしこの矛盾は、すでに千五百年前にアウグスティヌスによって出会われていたし、三位一体としての神の概念を起動させるスイッチとして、〈私〉の記憶の力の秘密として、抽出されていた問題である。

正確には、聖霊は乾涸びたのではなく、ある構造にトラップされ、その自由で奔放な活動を制限されたと言うべきではないかと思う。そこから近代的な〈意識〉が生まれる。〈意識〉とは自己の起源を知らない者のことである。その端緒が、すでにアウグスティヌスに見られる、内容を捨象された記憶の能力である。これは近代哲学の用語で言うところの「構想力」（imagination, Einbildungskraft）である。後に検討するように、構想力とは、確かに個と普遍とをつなぐ能力である。その意味で、そこに聖霊は生きている。しかし人間精神の能力として対象化されたということは、すでに〈個〉に内蔵された能力となったということでもある。それはもはや個を超え個の以前にあって個の始まりを告げるものではない。

アウグスティヌスは、〈私〉というものの始まりの不思議の問題を解かなければならなかった。彼の解決方法は、記憶を超えて神に至ること、すなわち記憶の能力を自分自身に振り向け、自己省察によって三位一体としての神の概念に至ることだった。記憶の能力を自分自身に反照させる〈他者〉こそが、アウグスティヌスにおいては、神だった。この神が、私の記憶という奥の院の奥、記憶の底の記憶である。つまり記憶を起動する記憶である。しかしそれは本当に神だったのだろうか。

三　夢または白昼夢と構想力、および時間――デカルト、カント、ハイデガー

ここで夢と白昼夢と構想力について、少し論じておく。

先に見たように、アウグスティヌスは白昼夢や睡眠中に見る夢を虚偽の内容として、信仰とは無関係のものとして、退けようとしている。ここにも西欧近代人の先駆としてのアウグスティヌスの姿がある。キリスト教の正統においては、神の子イエスの後継者である教会が伝える聖書の言葉に真理があるのだから、夢や白昼夢のごときものに真理はないとするのがまっとうである。大づかみに言えば、そういうことになる。

しかしアウグスティヌスの後、キリスト教徒が夢に一切とらわれなかったということではもちろんない。ジャック・ル・ゴフの報告によれば、西欧中世初期の人間は、むしろ夢と幻影の中に生きていた。「中世の人間は、観想と象徴的思考の人間であり、見えるものと見えざるもの、自然と超自然が断絶することなく混じりあう世界に生きているので、夢の大家になる傾向があった」［ゴフ（一九九九）三八］。だが教会は平民信者の夢幻活動を厳しく取り締まった。「キリスト教会は信者に夢を追い払い、夢の意味を探らないことで、そのような罪を犯さないように要求した」。国王や国家の高官、修道士には特別に、夢の中に神からのメッセージを見出すこと、もしくは悪魔に打ち勝つことを目的に、夢を扱うことを認めた。修道院の史料には修道士たちが幻想的なビジョンに憑かれていた記録がおびただしく残る。中世盛期（十一―十三世紀）には、夢の圧力は抑え切れなくなり、教会は悪魔的な夢ではない「良い夢」ならばよいとしてその意味を認めるようになり、人々は夢の内容に耽り、熱心に夢を解読しようとするようになったという［ゴフ（一九九九）三八―三九］。

ところが近世に入り、ベーコンやデカルトが新しい学問の基礎を打ち立てる時代になると、夢や白昼夢（空想）は、少なくとも知の系譜においては、低い地位を与えられるようになる。西欧の近世から近代は、夢から醒めた世紀であると言えるかも知れない。人間の理性能力を吟味し、その使用方法を確立することが哲学および自然科学の課題となり、その中で、夢や白昼夢は虚偽として退けられ、人間の夢見る能力については、想像力／構想力という用語で認識を構成する際の機能のみが、意義あるものとして取り上げられるようになる［広田（一九七〇）二六七—三一九］。

近世デカルトにおいて、夢の役割は、両義的である。彼自身はむしろ「夢の人」であったと言ってもよいくらい、夢についてのエピソードを残した人物である。彼は後に執筆される主著『方法叙説』（一六三七年）の基本的なアイデアを得た日に、強い印象を持つ三つの夢を見たという。また彼は『省察』（一六四一年）の中で、表象と外在との一致を疑い、私の経験のすべては、夢かも知れないという可能性を考えている。私がいま確かに覚醒していて眼前のことを経験しているとなぜ言えるのか、と彼は問う。また私がみずから経験したあるいは思考したと思っていることは、悪魔のような存在者（つまり神のような、人間を超越する能力を持ちながら悪意を持つ存在）によって、虚偽の夢を見させられているだけかも知れないとも考える。「そこで私は、真理の源泉である最善の神がではなく、ある悪い霊が、しかも、このうえなく有能で狡猾な霊が、あらゆる策をこらして、私を誤らせようとしているのだ、と想定してみよう。天も、空気も、地も、色も、形も、音も、その他いっさいの外的事物は、悪い霊が私の信じやすい心をわなにかけるために用いている、夢の計略にほかならない、と考えよう」［デカルト（二〇〇二）三二］。しかしデカルトの場合、これは方法的懐疑である。デカルトの叙述は先に進み、神の存在証明を経由することによって、自己の認識についての保証が確立され、意識の明証性（コギト・エルゴ・スム）が獲得される。そこをアルキメデスの支点としてデカルトは、人間の持つ理性的な心的能力（純粋悟性）による真理獲得の方法を構築していく。したがって彼の叙述には、確かに夢についての言及が多いことにちがいないが、それは夢の力に魅了されながらも、夢を虚偽として退け、理性能力の支配下に置くためであったと言えるだろう。[5] また想像力についても、デカルトの哲学的著作において想像力の位置は「第二義的であり、純粋悟性の認識作用の補助機能とみなされているにすぎない」［広田（一九七〇）三〇四］。デカルトにおいて夢は、あくまで夢として、理性によって把握される現実ではないものとして、むしろ理性的現実を確固たる「図」として浮き立たせるための「地」としての役割を演じている。

夢と現実とのかかわりということで言えば、東洋の古代や中世においては、上記とはまったく異なる考え方が見られる。古代中国の荘子（紀元前四―三世紀頃）は「胡蝶の夢」という話を語り、この現実が夢かも知れないという問題を提起したという。「むかし、荘周は自分が蝶になった夢を見た。楽しく飛びまわる蝶になりきって、のびのびと快適であったからであろう。自分が荘周であることを自覚しなかった。ところが、ふと目がさめてみると、まぎれもなく荘周である。いったい荘周が蝶となった夢を見たのだろうか、それとも蝶が荘周になった夢を見ているのだろうか。荘周と蝶とはきっと区別があるだろう。こうした移行を物化（すなわち万物の変化）と名づけるのだ」［荘子・内篇（一九七一）八八―八九］。この有名な「胡蝶の夢」の話は、この世の現実の一切が夢かも知れないという可能性を考えているという点では、デカルトの「悪魔の夢」と同型の思想だと言えるかも知れない。しかし、そう見えて、実は両者は大きく違うのではないか。デカルトにおいては、夢の話は、理性へと回収されていく。確かに彼はよく夢や白昼夢を見る人であったのかも知れない。[6] しかし夢の虚偽に惑わされずに、むしろそれを理性能力による学問構築へと向かっていくための〈触媒〉として用いるのがいわばデカルトの思想のベクトルであるし、その後の西欧哲学の展開にそのベクトルは継承され強化される。しかし荘子にこのベクトルはない。荘子においては、夢と現実とは同等である。さらに興味深いことに、その同等な夢と現実との間の移行、行き来こそが万物の変化であると言われている。すなわち世界の運動や人間の経験の本質とは何かと問えば、夢と現実との間の行き来、もしくはその重なり合いがすべてであると言われていることになる。考えてみれば、このような「移行」は、動物は経験しない。動物は現実というものにぴったりと即して生きているとも言えるし、あるいは逆に、醒めない夢を生きていると言ってもよい。どちらの言い方をしても同じである。人間だけが、夢と現の間を移行する。訳者の金谷治は「因果の関係は成立せず、……荘周が胡蝶であり、胡蝶が荘周だという境地」［荘子・内篇（一九七一）八九］が、この話の本質だという。両者が異なりつつも相即的に一つであるということが言われている。だが、なぜ、両者は異なりつつも同一なのだろうか。このことこそが、最大の問題である。

このことは、アウグスティヌスにおいて論じられていた記憶の力＝構想力というものの性質と重なる。記憶の力は、私自身の力でありながら、私という自己の形成、「私の始まり」にかかわる力であるがゆえに、私自身を超えているところがある。したがってそこには、異なりつつも同一であるという事態が成り立つ契機がある。私が私ではないものでありながら私であるというかたちでこそ、人間の〈自己〉は動物とは異なった立体的な輪郭を持つ動的な構造として生成する。このことを弁証法と呼ぶが、その根源の一端がここにある。

真木悠介は、『更級日記』（十一世紀）における夢についての話を引用し、現実の生を夢によって解釈し、豊かに色づけする中世の精神のありようを「彩色の精神」と名づけ、西欧近代の「脱色の精神」と対比する。『更級日記』の作者は迷い込んできた猫を飼っていたのだが、この猫がある晩、夢に出てきて自分は実はさる高貴な家柄の娘なのだと語り、いまの境遇を嘆く。以後この「姫君」の猫をなでては話しかけると、心が通じているように思えるという話である。夢を見たことによってこの作者の日常は、これまでとは異なった色彩を得た。ここでは夜の夢と昼の幻想（白昼夢）も連続している。「猫はもちろんふつうの猫にきまっているのだが、『更級日記』の作者にとって、現実のなにごともないできごとの一つ一つが、さまざまな夢によって意味づけられ彩りをおびる。夢といえば、フロイトのいき方はこれと正反対である。フロイトの『分析』にとって、シャンデリアや噴水や美しい飛行の夢も、宝石箱や運河や螺旋階段の夢も、現実の人間世界の心的機制や身体の部分を示すものとして処理されてしまう。フロイトは夢を、この変哲もない現実の日常性の延長として分析し、解析して見せる。ところが『更級日記』では逆に、この日常の現実が夢の延長として語られる。フロイトは現実によって夢を解釈し、『更級日記』は夢によって現実を解釈する」［真木（一九七七）一七二］。

中世十一世紀の日本においても夢はまだ、私という〈自己〉のうちに閉じこめられてはいなかった。それは西欧の中世においても同じだったのかも知れない。中世から近世への移行期に西欧社会において何が起こったのかを詳細に論じることは、ここではできない。しかし確かなことは、哲学という舞台にかぎれば、西欧近代哲学の開始者と見做されているデカルトにおいて、夢は人間の理性能力の後景に退き、構想力は認識の構成を補助する能力として位置づけられたということである。

近代になって西欧の哲学者たちは、構想力の処遇に工夫を凝らすことになった。記憶の能力、想起する能力、構想する能力は、すでにアウグスティヌスにおいても気づかれていたように、人間主体の自己認識にかかわる能力であるがゆえに、実は人間自身を超えてしまう性質を持つ。もちろんそれは人間自身の能力である。それにもかかわらず、それは「自己」を形成する能力であり、「自己」の始まりにかかわる能力であるがゆえに、自己自身を超越していると言える性質を持つ。近代となり、その力の根源を神と自己とをつなぐ「聖霊」に求めることは、もはや禁じ手になってしまった。だから工夫を凝らさざるを得なくなったと言ってもよい。

＊

構想力の哲学史を緻密に追跡することは、本稿とは別の仕事とせざるを得ないが、十六世紀デカルトから十八世紀カントまで、構想力は、認識をまとめあげるための力にすぎなかった、と要約することができる。一つ言えることは、カントが『判断力批判』（一七九〇年）を書いた頃から、様子が変わってくるということである。構想力を人間主体の構成のうちに内蔵された力として位置づける思想は、カントにおいて頂点を極めるが、同時に、そこにはある種の歪みが見え始めているとも言える。カントは『純粋理性批判』初版（一七八一年）においては、構想力の力を人間の認識を構成する三つの主要な力（感性・悟性・構想力）の一つとして高く評価していたが、どうしたわけか、第二版（一七八七年）では構想力の位格を引き下げて悟性の付随的な性質へと変えてしまった。このことはハイデガーや三木清も指摘して論じている有名な事実である。おそらくカントは、人間の心の持つ第三の能力としての構想力が単離され、能力として独立することを嫌った。構想力が一つの能力として独立することは、それが構成する世界の独自性を認めることにつながるからだと考えられる。そうなれば構想力が生み出すファンタジー、すなわち現実を素材としながらも現実からは離れた「像」「図式」の生み出す世界の〈意味〉を説明しなくてはならなくなる。

構想力の構成する、現実からは独立した想像世界、その世界をこそ後にヘーゲルは「精神」の世界として評価する。また他にもドイツ観念論のフィヒテやシェリングにおいて、またロマン主義の思想家たちにおいて、構想力はより一層、積極的な役割を与えられるようになる［参照：山田忠彰（二〇一一）］。しかしカントにおいては、その想像世界への途《みち》は禁欲的に閉じられる。カント哲学はその世界へと人間を導くことを回避する構造を特徴とすると言ってもよい。一方でカントは『判断力批判』を執筆し、悟性が感性と、あるいは悟性が理性と関係する際に機能する能力を「判断力」という名称に回収し、この力を世界に「美」や「生命」を見出す能力として確定していく。美的判断力はそれが作用する際に、自然や芸術作品についての快／不快の感情を心理的な効果として人間の主観にもたらす。目的論的判断力はそれが作用する際に、自然のシステムがあたかも全能の設計者によってすみずみまで合目的的な機能連関の原理で作られたかのような統一性を感知させることによって、人間の自然探究を動機づけ、かつ世界の究極目的性としての道徳性への目覚めを促す。判断力は統制的な（人間を道徳的存在者へと導く）効果を発揮するのみであり、構成的な能力ではないから、生産物（プロダクト）を残さない。その効果は〈音〉にたとえられるだろう。感性が悟性と、悟性が理性と触れ合い作用する際に、判断力は音楽のように空中に鳴り響き、その効果で空間を充たし、消えていく。判断力はもはや『純粋理性批判』第一版で述べられていたような独立した力としての構想力のように「図式」の世界を構成したりはしない。

　カントの唱える「美」や「生命」は、あくまで人間が健全な人間性に留まるかぎりにおいて享受されるものである。つまりそこでは、人間が世界に自己を投影しつつ、そのうえでそれをあくまで自然における美や生命として愛で喜ぶという、人間性の自己言及的な構造が見られる。だからこそ判断力は、人間を道徳の世界へと誘う統制的な力なのである。そこでは人間はすでに「聖霊」の声は聞いていない。人間は人間の声だけを聞いている。人間が自分の声の鳴り響きを聞くこのような空間の形成を原理的に基礎づけるのが批判哲学だとするならば、その空間の形成を一つの学的領野として具現化したのがカントの『人間学』であるとミシェル・フーコーは言う。

だからこそ、人間学的錯覚は構造的に言って超越論的錯覚の裏面であり、鏡のなかで反転されたイメージなのである。超越論的錯覚は、知性の原理を経験の限界の外に適用することから生じた。つまり、おのずからなされる一種の侵犯によって、可能的な認識の領野のなかに顕在的な無限を承認することから生じた。一方、人間学的錯覚はこの侵犯自体を説明しようと目論む反省的な退行のなかにある。有限性をのりこえることができるのは、この有限性がそれ自身以外のなにものかでもあり、有限性の源泉が見つかるその足下に位置するかぎりのことでしかない。この足下とは、折り返された有限性そのものにほかならないのだ。そこで有限性は、自己自身をまざまざと感じる経験の領野から、自己自身を根拠づける本源的なものの地帯に向かって折り返される。こうして有限性の問題は、限界と侵犯についての問いかけから自己自身への回帰についての問いかけに、真理の問題系から同と異の問題系に移行した。［Kant & Foucalt (2008) 77–78. 邦訳一五八―一五九］

先ほど人間はすでに「聖霊」の声は聞いていないと言った。

しかしより正確に言えば、人間は「聖霊」の声は引き続き聞いているのだろう。しかしながら人間はそれを人間の声に変えつつ聞いている。いわばリアルタイム変換を施しながら聞いているのだ。人間は人間ならぬものの声を聞きながら、それを人間の声だと思い、自己の自己に対する問いかけの声だと思って聞いている。だからこそ人間は人間とは何かという問いを問い続ける。自分とは何であったかを思い出そうと試みる。これが現象学的な意識という閉域の形成である。フーコーやジャック・デリダの言う「現前性の形而上学」としての現象学の問題とは、この閉鎖回路、すなわち自分の声だけが響く空間の形成にある。さらにフーコーは言う。

しかし、逆説はここにある。認識の予備的な批判からも客観への関係という最初の問題からも解放された哲学は、だからといって、根本的な定位であり、考察の出発点である主観性から解放されはしなかった。それどころか、哲学は逆に主観性のなかに閉じ込められてしまうことになった。厚みを増し、実体化され、「人間的本質 menschliches Wesen」ののりこえ不可能な構造の中で閉塞する主観性のなかに。この「人間的本質」の構造のなかで目を光らせながら静かに潜んでいるのが、真理というあの擦り切れた真理なのである。

だとすれば、私たちの時代の考察に特徴的な運動のなかで生じた一連の事態を理解することができるだろう。人間についてのあらゆる認識はなぜ、最初から弁証法化されたものとして、あるいは弁証法化しうるものとして示されるのか？　そしていずれにせよ、なぜ、本源的なものへの回帰、本来的なものへの回帰、あるいは根本的能動性への回帰、すなわち世界に意味を成り立たせるものへの回帰が問題になるような意義を帯びるのか？　また、あらゆる哲学はなぜ、人間についての科学や経験的な考察と、批判も科学哲学も認識論も介することなく通底するものとされるのか？　人間学とは、人間の経験と哲学を非反省的な媒介によって結びつけ、私たちの知の根拠へと向かわせる秘密の道なのだ。「人間とは何か Was ist der Mensch?」という問いの惑わしに満ちた多義性こそが、均質で、脱構造化され、果てしなく反転可能なこの領野、人間が自分自身の真理を真理の精髄として示すこの領野を生んだのである。［Kant & Foucalt (2008) 78. 邦訳一五九—一六〇。傍点野尻］

フーコーは、なぜここで「弁証法」について語っているのだろうか。

弁証法と言えば、カントではなく、むしろヘーゲルである。先のように述べるとき、フーコーはおそらくヘーゲルのことをも意識して言っているのだろうとは推測できる。だがそれでもここでのフーコーの主題はあくまでカントなのである。私たちの時代、それをここでは近代性として理解しておくが、この時代の認識もしくは時代の構造そのものを特徴づける「弁証法」という回路の形成をカントに見るというのは、どういうことなのだろうか。弁証法とはそもそも何か、というのは大きな問題だが、ここでは現代風に「差異と統一の統一」という構造の形成のことだとしておこう。そうすると、人間学とは、非人間的なものを媒介にして、人間的なものを確定していく知の動きであると言うことができる。カントの場合には、人間性と非人間性との線引きは、基本的に静的（スタティック）である。たとえば精神疾患の問題についても、カントはそれを生まれながらの遺伝的な体質によるものと考えていることが、『人間学』の叙述からはうかがえる［ApH, A217, VI35-36. 邦訳一五五］。そうして排除された非人間性の内側に、人間性の空間が形成される。その空間は、フーコーが指摘するように、人間が人間であることを超え出てしまう力を持ち、人間とは何かという問いに取り憑かれながら、結局はその力の作用を人間であれという根源からの呼びかけとして聞くという空間である。だがその呼びかけの声は、おそらく人間が人間的主観であることの外から響いてくる声である。カントの批判哲学の全努力は、このような人間空間をスタティックな空間として閉鎖＝形成するための努力であったと言える。やがて啓蒙主義の時代が終わり、ロマン主義の時代が到来したときに明らかとなったのは、カントの努力にもかかわらず、人間はこの静的な閉鎖空間を維持できないということであった。そして実は、カントの批判哲学による閉鎖回路の形成の努力こそが、この空間をスタティックな空間ではなく、いわばトポロジカルな構造による自己言及性とそれによる動態性をそなえたダイナミックな空間として形成してしまっているという事実であった。この問題は、人間学の三次元空間に〈時間〉の問題として、つまり三次元空間に漏出する四次元性の問題として、現象する。爾後、この〈漏出〉の問題を捉えることが課題となった。この問題を捉えるために、たとえばヘーゲルは「精神」という言葉を使った。次のようなフーコーの一文は、カントの『人間学』からヘーゲルの「精神哲学」への移行を見事に説明しているものとして読むことが可能だ。

> 人間学的な考察の外縁に描かれた「精神」はカントの思考の構造にとって実は不可欠なものなのではないか、と問うことができるだろう。それは純粋理性の核心とでもいうべきなにものかであって、超越論的錯覚の根絶不可能な起源であり、正統な故郷への回帰にあたって過つことのない判断を下す裁判官であり、真理の様々な相貌が次々に立ちあらわれてくる経験的な領野における運動の原理でもある。だとすれば、「精神」とは本源的事実であるということになるのではないか。この本源的事実の超越論的なヴァージョンによると、無限は決してそこにはなく、つねに本質的なしりぞきのなかにある。にもかかわらず、その経験的なヴァージョンにあっては、無限は真理に向かう運動と真理の諸形式のつきることのない継起に生気を与える。「精神」は知の可能性の根幹にある。だからこそ、それは認識の諸形象に現前すると同時に不在なのであり、その現前と不在とはわかちがたい。「精神」とはこのしりぞきである。それは眼に見えないと同時に「眼に見える奥まり」であ〔る〕。〔Kant & Foucalt (2008) 40-41. 邦訳七六―七七。傍点野尻〕

すなわち無限性は、否定性は、常に私たちの現実に漏出してきており、すでに私たちの現実の一部である。あるいはそれどころか、私たちの現実が私たちの「現実」であることの根源である。この問題が把握されなくてはならない。カント批判哲学後のドイツ観念論に理性よりも広い外延を持つ「精神（Geist）」という言葉が登場した意味とは、そういうことである。それは人間の理性的主観がトポロジカルな構造を持っていることを把握しようとする試みの始まりであった。興味深いことに、ヘーゲルの「精神哲学」では「白昼夢を見ること」や「守護霊の声を聞くこと」や「未来を予言すること」といった事柄が論じられている。そこではさまざまなオカルト的事象や超常現象や精神疾患の問題が取り上げられている。カントとは異なり、ヘーゲルはこれらの異常事象を動的な構造において捉え、どうしたらそれが「治まる」のかを考えた。簡単に言えば、ヘーゲルにおいては、それは精神が自己を十全に認識すれば治まる。精神が本当は自己であるものを自己ではないものとして認識しているときに、超常現象は起こる。精神が自己を取り戻すために必要なのは、習慣という身体的な記憶の形成であり、さらには記号という精神的な記憶の生成である、とヘーゲルは考えている。

「精神哲学」の構成については後に論じることとするが、ヘーゲルがオカルト体験や精神病理を健常からの逸脱と捉え、治癒されるべきものとして理解しているということは、もちろん彼の哲学の顕著な近代性である。超常現象や精神病理を乗り越えることで、人間の意識は主観的精神として完成し、客観的精神へ、つまり法や社会制度の中に自己を見出す自己意識へと成長する。現代の表現で端的に言えば、それは近代的な社会適応のプロセスに他ならない。これがヘーゲル弁証法のプロセスだと言うのならば、それこそが近代性の哲学の完成に他ならない。だがヘーゲルにおいては、近代化の過程としての弁証法が意識化され、対象化されている。これがカントとの大きな違いである。カントにおいても弁証論はある。それどころか超越論的弁証論（transzendentale Dialektik）こそは、カント批判哲学の要諦である。あえて非カント的な用語で説明すれば、それは先に述べた、三次元世界に漏出してきてしまう四次元性（ヘーゲルならばそれを否定性と呼ぶだろう）を世界の内部から排除し、しかし世界についての知的認識の根幹を支える構造的張力（テンション）としては維持するという作法である。この作法の圏内にある哲学は、繰り返し世界の根拠性や本来性を探し求めては、世界構造を支える張力をなぞるだけの所作を繰り返すループに入り込む。これに対してヘーゲルは、私たちの現実がすでに四次元性に浸透され、動的な構造を有する三次元構造であること、つまり外部を内部化したシステムとしての構造物であるという事実から始める。したがってヘーゲル哲学において弁証法は、実現されるべき課題ではない。それはすでに成っているものである。私たちの課題はそれを認識することである。逆説的に響くかも知れないが、弁証法的ループの生成構造を叙述において対象化するヘーゲル哲学は、テキストと読者との相互作用により同じループを繰り返し生成してしまうカント哲学よりも、弁証法の解体に、読者をより近づける。アドルノが『否定弁証法』で主張しようとしたことはそれであるし、他にたとえばデリダであればそのことを次のように表現するだろう。「ヘーゲル主義は形而上学の完成、その終結および達成を代表するとよく言われる。であればヘーゲル主義はそうした〔弁証法的円環の生成としての形而上学的システムの持つ〕拘束力に最も体系的でもっとも強力な形式を与え、まさにそのことによって自己自身の極限〔＝限界〕に導かれている、と予期されるはずである」[Derrida (1972) 83. 邦訳(上) 一四二。〔 〕内補填は野尻]。

＊

ここで構想力の問題に戻るならば、ヘーゲルにおいて決定的だったと思えることは、彼の哲学が、構想力を非一人称的なものへと還元する手法によって、開始されていたことである。

米国の思想家フレドリック・ジェイムソン（一九三四―）は、ヘーゲルにおける構想力とそれが生み出す図像的な表象について、次のように述べる。「形象的思考について言えば、ドイツ観念論あるいはドイツ・ロマン派で一般化した〈構想力〉と呼ばれる概念が、ヘーゲルの著作あるいはその体系において、まったくと言っていいほど何の役割も果たしていないことは注目に値する。そこで次のような推測をしてみたくもなる。すなわち、ヘーゲルではいわゆる形象的思考（表象〔*Vorstellung*〕）が到る処でその役割を発揮し、その結果、〈構想力〉にはまったくと言っていいほど余地が与えられていないという推測である。……ヘーゲルの場合には形象的思考は、悟性、つまり堅固な対象の経験において形成され、矛盾律に従順にしたがうところの常識的で経験的な外在性についての思考と、強い類縁関係を持っているように思われる。しかし理性が――私たちはしばしば単純にそれを弁証法と呼ぶけれども――悟性の冒す必然的な誤謬を新たな弁証法的真理へと変換するために形象的思考と向き合うときには、形象的思考の役割は少し変わってくる。悟性に経験論的誤謬がつきものであるならば、たとえ歪められ前概念的なものであっても、形象的思考はすでにある種の真理の経験となっている。理性は悟性の誤謬を超越し、変換しなければならないのだが、それはまた*Vorstellung*（表象）――それは感覚と外在性の論理にしたがってイメージへと形成されたものでもあるが――の真理を回復することでもある」［Jameson (2010) 119. 邦訳二一四―二一五。翻訳修正］。すなわち構想力の生み出す表象、ジェイムソンはそれを思考の図像的様態とも呼ぶけれども、こうした表象的世界は、ヘーゲルにとってむしろ出発点であり、その思想的図式（図式的思考）を読み解き、それが表出を生み出しているところの構造を事態の〈真理〉として掴むことが、ヘーゲルの弁証法という方法であるという。そうだとすれば、弁証法とは表象としての図式から遡行する方法であって、図式の解体が弁証法であるということになる。図式を生み出す方法が弁証法なのではない。

この観点からすれば、たとえば三木清（『構想力の論理』）の方法は、最終的に「図式（Schema）」を生み出す創造性が弁証法であると主張するものであるから、その主張はジェイムソン＝ヘーゲルから見れば顚倒していると言える。後退していると言ってもよい。三木清は次のように言う。「主観的なものと客観的なものとの同一は構想力の論理の根本である。しかるに主観的なものと客観的なものとの同一は、対立物の同一として、弁証法の根本であるともせられている。その意味において構想力の論理は弁証法的であると云うことができる。しかしながら普通に云われる弁証法はヘーゲルのいわゆる追考Nachdenkenの論理であり、追考的弁証法とも称すべきものであるに対して、構想力の論理は創造的弁証法である」［三木（一九六七）二〇九］。ヘーゲル哲学に弁証法＝近代性の解体の可能性まで見出すジェイムソンの解釈は、ヘーゲル自身の意図を踏み越えた現代的な改釈であると言える。しかし三木の場合には、生産的構想力に基づく技術による「形」の産出が人間的歴史の原理であるとされ、事態としての弁証法を目指す哲学が唱えられるのに対して、ヘーゲルの場合には、すでに事態としての弁証法が事実として成り立っており、その分析が主眼であるということは言えるだろう。

先の引用においてジェイムソンは、悟性の超越的な使用によるアンチノミーの生成と構想力による「図式」の生成（特にそれが経験的事態を離れて行われる場合）とを重ねて理解している。カントが『純粋理性批判』第二版で言ったように、構想力が悟性の能力の一部だとするならば、そのように言ってもよいかと思われる。このジェイムソンによる解釈自体が一つの挑戦であるけれども、もしそのように前提するならば、ヘーゲルの弁証法が図式的思考の批判的解体であると言うことは、カントのアンチノミー批判の正統な継承者としてヘーゲルを理解することと同じである。この場合に、しかし、カントとヘーゲルの違いは、悟性（＋構想力）の錯誤として生み出される誤謬推理の彼方に、もしくは根底に、物自体という実体を見出すかどうかである。ヘーゲルの場合には、その根底には、何もない。

ジェイムソンはヘーゲル学者ではないので責めるには値しないことだが、ヘーゲルが構想力について検討をしていないわけではない。事実、比較的初期の論文である『信仰と知』ではカントの産出的（生産的）構想力（悟性と感性とをつなぐ構想力）を取り上げ、構想力は「最初のものであり根源的なもの」であって、この根源から自我と世界との分離、すなわち多様が生成するのだと言っている。「この〔生産的〕構想力を現実存在する絶対主観と絶対的な現実存在する世界との間に後ではじめて挿入される媒介項としてでなく、構想力を最初のものであり根源的なものとして、そこから主観的自我も客観的世界もはじめて相互に相別れて必然的に二分された現象に、そして所産になるところのものとして、つまり構想力をもっぱら自体として認識することなしには——何も理解され得ないであろう」［Hegel（GW）308. 邦訳二八］[7]。また『エンチュクロペディー』の「精神哲学」では、いわば構想力についての自我心理学的な考察を行っており、理論的精神（自我の知的な機能のモード）の機能構造を三つの段階に分類し、直観（感性）‐表象（構想力）‐思惟（悟性／理性）としている。辞書の説明では、これは感性と理性の二元論を超えて、表象（構想力の所産）という第三の次元に独自の意義を認め、定着させたとも評価される［ヘーゲル事典（一九九二）「構想力」の項］。しかしこの辞書的な定義は、まだカント的であり、ヘーゲルにおける構想力のポジションを捉え切れていない。後期のヘーゲル、「精神哲学」における構想力のポジションについては、後に論じ直す。

ヘーゲルの場合には、芸術作品の根源を国民の精神的宗教的特性に求め、たとえばロマン主義に多く見られたように天才的芸術家による詩的神的直観に求めないことが指摘できるが、現代のジェイムソンが近現代文学における表象を分析することでその根底に全体性（物自体的ユートピア）への希求を見て取る方法を展開し、それを「弁証法的批評」と呼ぶのも、このヘーゲルの方法を継承している。

ジェイムソンの言うことにも正しい側面はあって、ヘーゲルは確かに『信仰と知』という初期の論文や『エンチュクロペディー』という学問論の展開の中では構想力を取り上げるものの、彼の哲学の本領が発揮されている『精神現象学』や『大論理学』という主要著作では、構想力については直接の考察がなされていない。ほとんど言及さえされていない。ヘーゲル自身が述べているように、構想力とは「最初のもの根源的なもの」であるのだから、自我の機能としての構想力なのではなく、自我が生まれる前から働いているものとして構想力を捉えること、むしろ自我とは構想力の所産にすぎないと考えることが、初期から中期のヘーゲルの考え方の基調であったのだろう。さらにより正確に言えば、自我の能力としての構想力とは、自我以前の原-構想力的なものが、自我が構成された後に、自我内に捕縛されたものだということになる。だとしたら〈精神〉の運動において、あるいは〈論理〉の運動において、構想力はむしろ常にすでに働いているのであって、構想力は遍在しているのだと言える。そしてそれは言葉の正確な意味で、非-人称的なものである。そういう遍在するものが、たとえば『精神現象学』においては「否定性」と呼ばれるものである。この否定性が、ヘーゲルの叙述では場面によって契機によってさまざまな性質と役割を発揮しており、それが（カントの認識論に即して言えば）、物自体にあたるのか構想力にあたるのか悟性概念にあたるのかがよくわからない。[8]というより、そのいずれをも指すと言えそうであり、言ってみれば、その源泉は構想力として対象化される以前の構想力的なものにあると言えるのであろう。ここでは、その原-構想力的なものが、ある構造にトラップされる（それはおそらく集合的な過程である）ことで、物自体も構想力も悟性概念も生まれるのだと仮定してみよう。ちなみにヘーゲルも次のように述べている。「この一面では主観一般となり、他面ではしかし客観となり、しかも根源的には両者であるという、根源的で二面的な同一性としての構想力は、その理念を先に規定したところの不等なものの同一性としての理性にほかならない。

——ただし、それは経験的意識の領域に現象するものとしての理性である。経験的意識の自体は理性そのものであり、生産的構想力は直観するものとしても、経験するものとしても理性から切り離された特別の能力ではないということ、そしてこの生産的構想力は、諸カテゴリーが、経験する構想力の限定された諸形式として、無限なものの形式の下に措定され、そして諸概念として固定され、この諸概念がその上己れの領域において完全な一体系を形づくるかぎりで悟性と呼ばれるにすぎない」[Hegel (GW) 308. 邦訳二一八]。このようにヘーゲルは構想力を「根源的なもの」としながら、同時にそれを「現象」であるとも言っている。同じものが現象の根底であるとも現象であるとも言われるのはどういうことなのだろうか。しかしそのことも、ヘーゲルの『精神現象学』は、カントのように現象界と叡知界とを峻別するのではなく、その両者の混淆した世界を人間の経験する世界として描くのだと理解すれば、不思議なことではない。厳密に用語を区別するならば、原-構想力的なものから構想力およびその諸形態が生まれるという風に言うべきであろう。ここで大事なことは、おそらく構想力が生まれた後でも原-構想力的なものは残るだろうということである。それが現象と現象の根底とが混淆しているということの意味である。したがって、ヘーゲルの言う〈概念〉の運動、あるいは〈精神〉の運動とは、その原-構想力的なものとそこから生まれたものたちとの相互作用によって発生するものであると言えそうである。後期に仕上げられていった『エンチュクロペディー』の「精神哲学」においては、おそらくこのような区分に基づいた考え方で、自我構成にトラップされる前の原-構想力のもたらす現象と自我構成において発揮される構想力との役割が区分されて、記述されている。そこでは『精神現象学』や『大論理学』では否定性としてしか姿を現さなかった構想力的なるものについてのより体系的な記述が成立しているわけだが、ヘーゲルの叙述は難解である。今日の目から見れば、時代を遥かに先取りしている面も多くあり、読み解くにはむしろ現代的な道具立てが必要となる。

この問題には、また立ち戻ることとしよう。

*

なお一つ論じておくべきなのは、構想力と時間との問題である。ハイデガーはカントの構想力は根源的時間である、と言ったが、このことをデリダは、ヘーゲルの「精神哲学」における構想力論を批判することで、間接的に批判している［Derrida (1972)］。『存在と時間』（一九二七年）の続篇とも言われた『カントと形而上学の問題』（一九二九年）でハイデガーは次のようなことを言う。「純粋直観としての時間は超越論的構想力から発源する」［Heidegger (2010) 173. 邦訳一八八］、「超越論的構想力は根源的時間にほかならない」［Ibid. 196. 同二一三］、「時間は純粋自己触発である」［Ibid. 200. 同二一六］、と。つまり超越が可能となる基礎には構想力があり、そしてそれこそは自己触発としての根源的な時間性を発源させるものである、ということになる。ところがハイデガーの叙述はねじれており、構想力が時間性の根源であるのか、時間性が構想力の根源であるのか、よくわからないところがある。はじめ前者であるかのように述べているが、いつの間にか後者になっている。やや長い引用となるが、この箇所の叙述を順に追ってみよう。

> 形而上学の基礎づけにおいては人間の主観性の「特殊な」有限性が問題である。……人間の有限性には受容的直観という意味での感性が属する。感性は純粋直観、換言すれば、純粋感性として有限性を特色づける超越性格の必然的な要素である。人間の純粋理性は必然的に純粋感性的理性である。この純粋理性はそれ自身において感性的である。……さて超越論的構想力が人間の主観性、しかもまさにその統一性と全体性とに

おける主観性の可能の根源的な基礎であるべきだとすれば、この構想力が純粋感性的理性というようなものを可能にするのでなければならない。しかるに純粋感性は、しかもそれが形而上学の基礎付けにおいて把握せられなければならない普遍的な意味においては、時間である。……超越論的構想力は純粋感性的直観の根源であることが証示された。これによって純粋直観としての時間が超越論的構想力から発源することが原則的に立証されたわけである。……純粋直観はそれ自身において写像的・予像的・模像的構想力である場合にのみ今-系列の純粋契機そのものを形成しうる。……この今-系列は決してその根源性における時間ではない。却って超越論的構想力が今-系列としての時間を発源させるのであり、そして超越論的構想力はそれ故に——この発源させるものとして——根源的時間である。[Ibid. 172-176. 同一八七—一九〇。翻訳修正]

このようにハイデガーは、人間という特殊な存在における形而上学を可能にする純粋理性とは純粋直観であるはずであり、純粋直観とは時間である、というロジックを経由して、形而上学を基礎づける根源的な力を構想力であると言う。つまりここで彼は、構想力は時間であると言っている。ただしそれは、今-系列としての普通の意味での時間ではなく、根源的な時間であると言われている。さらにハイデガーは、三位一体的な時間の根源的な統一性について述べる。

カントによる形而上学の基礎づけは、存在論的認識の本質統一の内的可能性の基礎を問うものである。この基礎づけが行き当たった基礎は超越論的構想力である。心性の二つの根本源泉（感性と悟性）からの着始に対して、この超越論的構想力は中間能力として押し出される。しかるにこの定置された基礎の一層根源的な解釈は、この中間能力を根源的に合一する中間項として開示したのみならず、この中間項が二つの幹の根であることを明らかにした。

このことによって二つの根本源泉の根源的な源拠への道が開かれた。超越論的構想力を根として解釈すること、換言すれば、純粋綜合が二つの幹をそれ自身から発生させ、かつ保持する仕方を開明することは、おのずからこの根の根ざすところへ、すなわち根源的時間へと遡及させた。将来性、既在性および現在性の根源的・三位一体的な形成としての根源的時間が初めて純粋綜合の「能力」を、換言すれば、純粋綜合の能くしうるもの、すなわち存在論的認識の三つの要素の合一を可能にするのであり、そして存在論的認識のこの統一において超越が形成せらる。［Ibid. 195–196. 同二一二。翻訳修正］

純粋綜合のこれら三つの様態〔純粋覚知・純粋再生・純粋再認〕が三位一体的な時間において根源的に合一であるが故にのみ、これらの様態のうちに純粋認識の三つの要素の根源的合一の可能性も存する。しかもそれ故にまた根源的に合一するもの、すなわち単に媒介的な中間能力にすぎないように見える超越論的構想力は根源的に時間にほかならない。超越論的構想力が一般に超越の根でありうるのは、ただこの時間に根ざすということにのみよるのである。

根源的時間は、それ自身において本質的に自発的受容性であり受容的自発性である超越論的構想力を可能にする。この統一においてのみ自発的受容性としての純粋感性と受容的自発性としての純粋統覚とは共属し、有限な純粋感性的理性の統一的本質を形成することができる。［Ibid. 196–197. 同二一二―二一三。翻訳修正］

ここでは最初に、感性と悟性とを統一する根である根源的な力こそが構想力であり、この根が根ざすのが根源的時間であると言われている。そして将来性、既在性、現在性という三つの時間様態が三つでありながら一つに統一されているという三位一体構造があり、この三位一体のものこそが根源的時間であるが、この根源的時間という大地に根ざしてこそ、超越論的構想力という根は根を張ることができ、そのうえに感性と悟性という二つの幹が生えることができるのだということが言われている。

とすると、ハイデガーにおいては根源にあるのは結局、構想力ではなく時間性であることになる。このときにハイデガーは、超越論的構想力と根源的時間性をほとんど同じものであると言っているのか、それとも超越論的構想力は根源的時間性に根を持つと言っているのか、どちらとも決定しがたい言い方をしているが、叙述の最後には、根源的時間が超越論的構想力を可能にすると言っているのだから、根源的時間から超越論的構想力は発生するとハイデガーは考えていることになる。

このすぐ後に、ハイデガーはあの著名な、カント『純粋理性批判』の第二版よりも第一版の方が構想力の位置づけとして優れているという言説を述べる。

> しかるに、第二版で行われているように、超越論的構想力が固有の根本能力としては抹殺され、その機能が単なる自発性としての悟性に委譲されるならば、純粋感性と純粋思惟とを有限な人間の理性における両者の統一に関して理解する可能性、いな、単に問題とする可能性さえも消失する。しかし超越論的構想力はその引き裂きがたい根源的構造に基づいて存在論的認識の基礎づけ、また従って形而上学の基礎づけの可能性を開くものであるから、第一版の方が形而上学の基礎づけの問題性の最も内的な路線に一層近い。それ故に

著作全体のこの最も中心的な問いに関して言えば、第一版は原則的に第二版に対して優先すべきである。純粋構想力を純粋思惟の一機能と見るすべての改釈――この改釈を「ドイツ観念論」は純粋理性批判の第二版に結びつけて更に騰貴させた――は純粋構想力の特殊な本質を誤認するものである。〔Ibid. 197. 同二一三。翻訳修正〕

ハイデガーにとって、『純粋理性批判』第一版のほうが優れていると言えるのは、構想力を人間の認識能力の根に置くことによって、人間の形而上学を可能とするのは根源的な時間性であることがカントみずからの手によって示されているからである。いずれにしても結局ハイデガーにおいて、人間存在の根源は時間性にあることに落ち着いた。それは三位一体的な構成としての根源的時間性である。

しかしながら、ハイデガーによってこのように三つの時間様態の三位一体として考えられているところの根源的時間性は、なんら根源的時間性などではなく、むしろ近代的な時間性が抽象的に形式化されて、主観性の根源に差し戻されたものにすぎないのではないか。すなわち西欧近代的な意味での人間的時間として完成した過去・現在・未来の三位一体構造を抽象化・一般化して人間主観の根源性に埋め込んだものであると言うことができる。時間をこのように抽象化しない唯一の道は、時間という言葉を使わないで、時間以前のものから時間の成立を説明することである。ハイデガーが超越論的構想力こそが根源的時間性だと言ったとき、彼はかぎりなくその地点に近づいた。しかしそこからハイデガーはすぐに逃げ出してしまったのである。純粋直観とは、一切の内容を捨象した経験のことである。つまり経験すること自体を経験することである。ところで、経験すること自体を経験するとは、結局は、自己を経験するということに他ならない。自己を自己として経験するという円環の形成によって、時間が抽象的な形式として抽出されるのである。自己を自己として経験するという経験の成立には、自己ではないものを自己として回収していく同一性回路の形成が必要である。分裂と統一の統一、差延などといった現代思想の用語で呼ばれる構造の成立であるが、それこそは〈人間〉という構造の成立に他ならない。このような〈人間〉は、自己を時間性として、すなわち過去・現在・未来の三位一体構造として経験する。したがって、三つの時間様態（将来性・既在性・現在性）の三位一体構造が根源的時間性であると言うけれども、そのような構造体を、純粋統覚としての自我、すなわち〈私〉の成立と符合して形成されるところの一つの歴史的・地勢的・精神病理学的な傾向性を持つ構造体として種別化することができなければ、時間の根源に遡行することは不可能である。少なくとも『存在と時間』や『カントと形而上学の問題』におけるハイデガーはこのことに成功していない。ハイデガーには〈人間〉を相対化する視点がいまだ欠けている。後にデリダやフーコーが批判するのは、ハイデガーのこの人間学的傾向である。ハイデガーは構想力についてのカントの人間学的なアプローチを批判するのだけれども、ハイデガーこそが人間学的なのである。過去・現在・未来という三位一体構造としての時間性さえ異質であるような人間様態をハイデガーは考えることができなかった。

　時間と「私は思惟する」とはもはや合一しがたい異種的なものとして互いに対立せず、両者は同一のものである。カントはその形而上学の基礎づけにおいて最初は時間ならびに「私は思惟する」をそれぞれそれだけとして徹底的に超越的に解釈したが、その際の徹底性によって両者をその根源的な自同性に統合した——といっても勿論、この自同性そのものを明確に看守してはいない。……時間と自我とに対する本質述語のこの合致は不思議なことではない……。カントがここで言おうとしているのは、自我および時間もまた「時間のうちに」ない、というまさしくそのことだからである。確かにその通りである。しかしこのことから、自我は時間的でないということが帰結するであろうか。それともまさに、自我は時間それ自身であって、時間それ自身としてのみその最も固有の本質において可能になるというほどに「時間的」である、という結果にならないであろうか。［Ibid. 191–192. 同二〇七—二〇八］

自我はなぜ時間のうちにないのだろうか。すなわち、なぜ自我は時間を超えて存在し、自我そのものが時間であるのだろうか。本来自己とは自己にとって、すなわち私とは私にとって、常に新しい、未知なるものであるはずだ。たとえばある種の自閉症患者においては、毎朝、自分の顔が別の他者の顔に見える［清水（二〇一六）］。しかし定型発達の私は、常に私を私として認識する。まさしく今のこの文章における第一の「私」が第二の「私」を自分であると認識し、そして第三の「私」として統合されてあるという感覚を定型発達の精神は、経験する。これが〈私〉という差延、もしくは分裂と統一の統一という事態である。「私」が「私」であるという実感があるということは、「私」が「私」であるということが〈経験〉されているということであるが、私は私だと実感するということは、実はそこでは差異もしくは分裂が経験されているということに他ならない。そのような経験があるのでなければ、つまり分裂の経験があるのでなければ、私たちは毎朝、あれほどの興味を持って鏡の中の自分の顔を見つめたりはしないだろう。分裂を経験しながらそれを統一しているということ、このような分裂と統一の統一が、弁証法的経験ということである。つまり〈私〉もしくは〈時間性〉とは、その意味で、弁証法の成立である。そこでは真の意味での他者は経験されない。他者の声を自己の声として聞くという回路が閉鎖回路として形成される。以上のように考えるならば、〈私が私であること〉の成立と〈時間性〉の成立は同じであることになり、時間性成立の謎を解くことは私が私であることの謎を解くことと同じであることになる。こうしてようやく私たちは、アウグスティヌスが記憶の謎、つまり構想力の謎、すなわち記憶の奥の院には何があるのかを問い、私が私であることの謎に突き当たったのと同時に、彼が時間について人間の主観性との関わりにおいてよく考察する者でもあったこととの符合に到達する。「わたしの精神よ、おまえのなかでわたしは時間を測る」[告白一一・二七]。有名なアウグスティヌスの時間論であるが、興味深いことに彼は、音声表象を事例にして時間の本質に迫ろうとする。なぜ音と時間と私なのだろうか。このことはヘーゲルに継承され、フッサールにおいても試みられ、デリダも論じている。

私が私であることの成立と時間性の成立は同じであることになり、時間性成立の謎を解くことは私が私であることの謎を解くことと同じである。この謎解きをデリダは、ヘーゲル「精神哲学」における「記号（Zeichen）」の成立に見出している。「ヘーゲルも、記号を産出する構想力と時間とのあいだに本質的な関係を認めている」[Derrida (1972) 91. 邦訳（上）一五四]。しかしデリダを参照する前に、私たちはまず私たち自身の目でヘーゲルの「記号」論を見ておこう。

四　構想力と記号——ヘーゲル

ヘーゲルの「精神哲学」、とりわけその「主観的精神」の章が私たちにとって興味深いのは、すでに指摘しておいた通り、精神が自己の実体的な全体性の広がりに無自覚な状態から、その広がりのすべてを自分自身として徐々に獲得していく過程において、今日の言葉で言うところのオカルト的事象や超常現象の発生についての論があり、そしてその後に現象学的な意識（＝近代的な自我）についての論や構想力論や（デリダが現代的記号論の先駆として評価する）記号論が続くからである。[9] つまり私たちの「意識」や「構想力」や「記号」の働きというものは、自我の部分機能としてあらかじめ成立しているのではなく、自然の中にプネウマ的な浸透と広がりを持つ「精神」が、みずからのかたちを得て構造化されるにしたがって形成されるものであり、むしろその過程におけるひとつの現象として「自我」と呼ばれるものが生じるという構図をヘーゲルは描こうとしている。全体を先取りして要約すれば、人間の心が自然的な状態から知的活動としての精神へと変化することとは、夢から覚醒し「記憶」の中に生きるようになること、つまり直観と表象（イメージ）のめくるめく空間に生きることから抜け出て時間的構造のうちに生きるようになること、そして、守護霊の声を自己の声として聞くようになることであると言われている。ここで一応『エンチュクロペディー』全体の構成も含めて「精神哲学」の構成を見ておくと、次のようになっている。『エンチュクロペディー』のタイトルを正確に訳すと『哲学的諸学問百科全書綱要』となる。

『哲学的諸学問百科全書綱要』（第三版・一八三〇年）

　第一巻「論理学」

　第二巻「自然哲学」

　第三巻「精神哲学」

　　緒論

　　第一篇　主観的精神

A　人間学　心
a　自然的心
b　感ずる心
c　現実的心
B　精神の現象学　意識
a　意識そのもの
b　自己意識
c　理性
C　心理学　精神
a　理論的精神
b　実践的精神
c　自由な精神
第二篇　客観的精神
第三篇　絶対的精神

私たちがここで論ずるのは、主に「主観的精神」の部分であるけれども、簡単に言えば「主観的精神」というのは自然の中から人間的精神、特に近代的な意識が立ち上がってくるプロセスを描いており、「客観的精神」というのは社会的な国家や法の運動が展開するプロセスを描いており、「絶対的精神」というのは芸術や宗教や哲学という手法で世界（宇宙）の総体を人間の精神が捉え、それと一体の境地に到達するプロセスが描かれていると理解できる。このうち、ここで私たちは「主観的精神」に注目するが、「主観的精神」は「人間学　**心**」、「精神の現象学　**意識**」、「心理学　**精神**」という三章に分かれている［太字強調は野尻］。

さらに三章の内容を簡単にまとめておけば、次のようになる。「人間学　**心**」（Anthropologie. **Die Seele**）では、いわば動物と同じように自然と近い状態に生きる人間の心の基本的な活動、つまり気質や感情や習慣性が論じられる。カントが重要視した人間学（Anthropologie、今日の用語では「人類学」である）の講義をヘーゲルはこのように主観的精神の一番初めの箇所に割り当てることで、人間の心を自然的な対象として考察する人間学という学問そのものへの態度を彼なりに示していると言えるだろう。人間の心の定性的記述は、ヘーゲルにとっては、単に始まりでしかない。この人間学の章で主題となるのは、心の「覚醒」である。「心」としての精神はまだ自然との一体性の中にたゆたっており、夢を見ている状態にあるが、そのような「心」のもとに「夢見」や「予感」や「守護神」のお告げとして届くものが実は自分自身の本体から届くメッセージであると知ることが、心の「覚醒」である。「人間の心の目的は、潜勢的自体的に精神であるものが心に対して、または精神に対してあらわになるということであり、精神のなかに潜勢的自体的に含まれている宇宙が精神の意識のなかに入ってくるということである」［Hegel（Enz–III）121. 邦訳一五七―一五八］[10]。

二番目の「精神の現象学　**意識**」（Die Phänomenologie des Geistes. **Das Bewußtsein**）では、単なる自然の一部である存在から、習慣の形成という文化の力によって抜け出し、文化的、社会的な存在として覚醒し始めた人間の精神状態、いわば近代的な意識の構造とその経験が叙述される。別に大著として書かれた『精神現象学』は、ここでは主観的精神の一部というかたちに変えられて組み込まれている。自然との一体性から抜け出し、自然を外界たる対象として見、その見る自己を「意識」としてみずから意識するモードに人間の精神状態は遷移している。いわゆる主-客が分離した状態である。客体をみずからの精神の諸機能（感性、知覚、悟性）を用いて認識する主体は、世界は私が認識するから世界だという境位に到達するが、やがてもう一つの意識との関係性に入ることでその確信は再び揺らぎ、闘争と承認の契機を経て「自己意識」となることで、「意識」としての自覚を完成させる。この過程を経た後の人間意識は人間意識一般として、つまり〈われわれ〉としての視点を確立させて、世界に立ち向かう「理性」となる。

三番目の「心理学　**精神**」（Psychologie. **Der Geist**）では、この「理性」が世界を人間の活動そのものと同一であると確信できる境位、つまり精神に至るプロセスが叙述される。その際に「構想力」や「記憶」や「言語（記号）」の働きが重視され、今日の精神分析の言葉を使えば、いわば社会的プロセスとしての象徴的去勢の過程が叙述されていると言える。人間の精神が社会構造を生み出し、それが動的構造として自立することで、人間による、人間のための、人間の世界が生み出される過程である。これをダイナミズムを持ち歴史の展開を生み出す近代の社会構造が成立する過程の叙述とも見ることができる。ヘーゲルは人類の精神史の過程と、幼児が成人に成長する過程とを、記憶のうちに生きるようになる過程として重ねて見ている。人間の精神は、直接的な直観（感覚）によって世界を見ることから抜け出て、そこに記憶を重ねて見るようになることで知的な心、つまり精神となると言われている。「このような方法で子供たちは直観から想起へ進む。或る人間が教養がある人間であればあるほど、それだけますます多く彼は直接的直観のなかに生きているのではなくて、自分のあらゆる直観の場合に、同時に想起のなかに生きているのである」［Ibid. 262. 同三六〇］。「偉大な感覚と偉大な教養とをもっている人間は眼の前に横たわっているものについて完全な直観をもっている。こういう人間の場合には感覚は全く想起の性格を帯びている」〔Ibid. 250. 同三四三〕(11)。したがってヘーゲルにおいては、構想力の機能である想起は、人間の精神が知的であることの本質から来ている。想起のなかに生きるとき、人間は精神である。

＊

先に見たように『信仰と知』（一八〇二年）でヘーゲルは、構想力を第一のもの、もっとも根源的なものと述べていた。しかしこの『エンチュクロペディー』（一八三〇年）の構成では、構想力は個的意識の構造が成立し、さらに意識相互の承認の契機を経た後の人間精神が表象を生み出し、それを記号化して普遍的な知性に至るための能力として、特定のポジションと機能とを与えられた能力として登場している点が注目に値する。もう一つ注目すべきは、個的意識の成立する以前の状態を論じた「人間学」の箇所において、夢見や予感、精神錯乱などの主題のもとに、いわば去勢されない原的構想力の働きが叙述されている点である。

ヘーゲル自身は、「人間学」の箇所で私たちの用いるような「原-構想力的なもの」のような用語は使用していない。しかし先に述べたように、ヘーゲル自身、根源的な力としての構想力を単純に考えていた時期から後に明確に機能を限定された力としての構想力へと考え方が変化しているところからも、人間の構想力的なものの持つ原的な働きがあって、それが個的意識の構造が成立するなかで限定的な機能の仕方をする「構想力」へと変化するのだというストーリーを読み込むことはできるだろう。

人間における構想力の働きを、特に近代以前のあり方と近代的個人におけるそのあり方との違いを念頭に置きつつ検討してきた私たちが注目したいのは、主観的精神のうち、「人間学　**心**」における「感ずる心」と、「心理学　**精神**」における「理論的精神」の二箇所である。「感ずる心」では、人間の心が自然と未分化の状態から徐々に覚醒し、自己を自然と区別していく過程で、今日の用語で言えば、超常現象に類する諸経験が観察され分析される。「理論的精神」では、後期ヘーゲル独特の「表象」を形成する能力としての「構想力」の理論が展開され、さらにそれが言語の構造を織り込んだ人間精神の成立（「記号」の成立）へと結びつけられていく。

第一篇　主観的精神

A　人間学　心
- a　自然的心
- b　感ずる心
- c　現実的心

【夢見・予感・精神錯乱】
◎夢見（自然的夢見、母体の中の子ども、守護神の神託）
◎予感（ダウジング、透視、幻視、テレパシー、遠隔共反応）
◎精神錯乱（統合失調症？）
↓身体的記憶としての習慣、心の「記号」としての身体表現の訓練
↓治癒

B　精神の現象学　意識
- a　意識そのもの
- b　自己意識
- c　理性

C　心理学　精神
- a　理論的精神
- b　実践的精神
- c　自由な精神

【構想力と記号】
◎空想を「記号」と結びつけ、機械的記憶として貯蔵すること
↓知性の確立

興味深いことに、この二つの箇所には共通の構造が見出せる。それは、いずれにおいても「機械的な記憶」の成立という契機によって、精神の全体性から部分が逸脱し個別化することによって生じるとされる超常現象や精神病理や空想（ファンタジー）などの症候を、健全な知性に発達させるという構造である。

「感ずる心」の最終段階は、習慣形成の努力によって自分の身体性を制御下に置くことである。このことをヘーゲルは教養の形成であるとしている。まさにフーコーの言う規律／訓練としての教養形成（Bildung）であると言えよう。このようにして、人間はみずからの精神の本体がみずからの外において機能しているがゆえに経験される、自然的事物の魔術的な様相、さまざまな超常現象、そして精神疾患を克服していく。そうした現象や症候は、本来は自分であるところのものを精神が外界の現象として見ていたために生じていたのだというのがヘーゲルの説明である。肉体の制御を習慣によって確立することによって、こうした現象は消えるのだとヘーゲルは考えている。習慣とは記憶／想起だ、とヘーゲルは言う。それは精神が自分の本体を自分の内側に取り戻すことだからである。ドイツ語の記憶／想起（Erinnerung）は、内化の意味も持つ。これをヘーゲルは、精神が肉体に魔術をかけることだと言う。教養の形成、精神の発達、すなわち近代性とは、世界を魔術的なものとして経験することから、精神が内側に引っ込み、身体に魔法をかけ制御するようになること、つまり心–身関係が成立することだと言うわけである［Ibid. 191. 同二五四］。

もう一つ面白いのは、いまだ半ば自然的状態である「感ずる心」では、人間は守護神（Genius）の声を聞き、その威力にしたがって決意をすると言われていることである。守護神とは私の決意を担い、そのことによって私の宿命を決めるものであり、こうした守護神とともに私は生きている。「われわれは守護神のもとで、人間があらゆる状態および関係のなかで、自分の行動および運命に関して決定を下す人間の特殊性を理解すべきである。

私はとりもなおさず自己内で二重のものである。すなわち私は、一面では私が私の外面的生活および私の一般的表象の方から私として知っているものであり、他面では特殊な仕方で規定されている私の内面における存在である。私の内面におけるこの特殊性は私の宿命を形成する。なぜかといえば私の内面の特殊性は神託であって、個体のあらゆる決意はこの神託の託宣に依存しているからである」［Ibid. 131-32. 同一七二―七三］。つまりそれは私の内面から聞こえてくる声であるが、覚醒の途上にある「感ずる心」においては、それは私であって私ではない。ヘーゲルはそれを「主我的な他者」（ein selbstisches Anderes）とも呼ぶ。フロイト以後であれば、私たちはそれを私の無意識と呼ぶだろう。いずれにしてもこうした自己の他者／他者としての自己から聞いていた声を自己の声として聞くようになることが、「感ずる心」の教養形成の過程そのものである。最終的には「感ずる心」は守護神の声を聞かなくなり、自己の声をのみ聞くようになる。そのことで心は近代的な「意識」となる。「ただ感覚するだけの心の領域においては、自己は守護神の形態において、現存する個体性に対してもっぱら外から働きかけるように働きかけ且つもっぱら内から働きかけるように働きかける威力として現れる。それに反して、今到達された心の発展段階においては、以前に明示されたように、自己は心の現存在のなかで、すなわち心の肉体性のなかで実現され、且つ逆に自分自身（自己自身）のなかで存在が措定されている。その結果今や、自己また は自我が自分の他者のなかで自分自身を直観し、且つこの自己直観作用そのものである」［Ibid. 198. 同二六五］。近代的な意識としての自我とは、守護神からの託宣を自己化した精神のことである。ヘーゲルの言う「守護神」とはいったい何なのか、その探求は別の機会に譲らざるを得ない。もしかするとヘーゲルは、あの古代ギリシア人の「ダイモーン」のことをイメージしているのかも知れない。ハンナ・アーレントは、ダイモーンについて次のようなことを示唆している。「自分が誰であるかを自在に操ることなどありえない。それどころか、むしろはるかにありそうなのは、この誰かが、世間からすると誤解の余地なく一義的に現れるにもかかわらず、現れている本人にはつねに隠されたままである、という事態のほうである。あたかもそれは、古代ギリシア人のかの *δαίμων* のごとくなのである。ダイモーンとは、なるほど人間に一生ついてまわるが、いつも当人の肩越しに背後から姿を覗かせるだけで、それゆえ、当人が出会う周りの人々には判然と見えるのに、その人自身にだけは決して見えない、そういった各人の守護神のことを意味していた」［Arendt（2016）219-20. 邦訳二二四］。そうだとすると、もともとギリシア人においては、守護神は自己の外に在り、自己には見えず、他者にだけ見えるものであったわけだが、ヘーゲルの目覚めつつある「感ずる心」ではそれが内面からささやいてくる声となっている。そしてそれが自己の内なる他者の声ではなく自己の声となったときに、「意識」が生じるのだと言われている。習慣という機械的記憶の形成により、世界の魔術的帯電から内面にひきこもり、自己の身体を制御する魔法を得た心、守護神の声を内面化し自己の声として聞くようになった心が、「現象学」の主体としての「意識」であると言われている。

さて、もう一つ私たちが注目したいのは、「理論的精神」におけるヘーゲルの構想力論、「構想力」と「記号」について論じられている箇所である。この記号論の箇所は、デリダによっても現代記号論の思想（象徴記号と意味内容との乖離）を先取りしている箇所として指摘されている。ここで構想力が記憶の果たす働きとともに、特殊な働き方をする。ヘーゲルにおいて構想力と記憶とは同じではない。構想力は単に直観を悟性と結びつけるだけでなく、貯蔵した記憶によって「記号」の内容を満たすことを行う。このとき「記号」は、もともとその発生にあたって有していた固有の意味を失い、構想力の与える内容を受け取る。つまりヘーゲルにおいて構想力とは、もともと記号が持っていた意味を奪い、記号が持っていた固有の記憶を精神の記憶によって置き換える役割を持っている。

ヘーゲルの構想力についての論は、「C　心理学　精神」章の「a　理論的精神」のうち「ββ　構想力」の箇所である。つまり下記のような構成である。

C　心理学　精神

a　理論的精神

α　直観

β　表象（Die Vorstellung）

αα　想起（Die Erinnerung）

ββ　構想力（Die Einbildungskraft）

γγ　記憶（Das Gedächtnis）

γ　思惟

b　実践的精神

c　自由な精神

簡単に言えば、すでに一般的自己意識となり知性となっている精神は、「直観」において自分の感情や感覚という素材を客観的外面的な現在として受け取り、それを「表象」において自己内に取り込みつつ記号や記憶の働きによって一般化し、「思惟」において概念的な判断や推論として構成するという構造になっている［参照：

Vieweg (2008)]。この表象の箇所において、「構想力」は「想起」や「記憶」と並列に配置されている。つまりヘーゲルの構想力論の特徴は、構想力に単なる想起の働きとも記憶の働きとも異なる役割を与えている点である。それは先より言及している通り「記号(Zeichen)」を作る機能である。記号とは表象と直観との統一であり、「それ自身がもっている内容とは全く別な内容を表象するところの或る直接的直観である」[Hegel (Enz-III) 270. 邦訳三七二]。

ここで直観から記号が生成され思惟にまで至るプロセスを順番に追ってみることにしよう。このプロセスこそは、人間の心が動物の心とは違い精神であることの核心的な特徴を表現している。プロセスではあるけれども、それは精神が精神となるプロセスではない。ヘーゲル自身が何度か言及しているように、ここでは人間の精神ははじめから精神なので、一番はじめの直観からしてある意味ではすでに思惟的な直観となっている。しかし精神の働きの機制を述べるために、ヘーゲルはその順を追って述べている。人間の思惟の成立する機制を順番に述べているのがこの箇所である。このプロセスを通して、人間の精神は世界の中に自分を見出すことになる。つまり世界とは自分(たち)だ、という自己確信が精神である。こうした精神の態度は、もちろん他者性というものを抹消している。あるいはより正確に言えば、他者性を止揚して自己のうちに取り込んだ自己となっている。ヘーゲルにおけるこうした他者の自己化を非難することは簡単である。だがより重要な課題は、そのような止揚がどのように成立しているのかというメカニズムの解明であろうし、ヘーゲルの哲学はまさにその解明を行っているものとして読める点に今日的な価値があると考える。ヘーゲルに従えば、いわば世界に対する記号的な対峙の仕方をすることが人間性であることになる。現代の私たちの視点から言えば、ここでは近代的な人間性の成立機制を分析するための手がかりが提供されていると言える。

ここで理論的精神と呼ばれる精神は、知性とも呼ばれる。すでに一般性を獲得した知的な精神のモードである。知性はまずはじめの段階としては「直観」（Anschauung）を持つ。直観というのは直接的な受容された感覚のことであるけれども、すでに時間と空間の形式のうちに投入された感覚与件である。そうした意味ではまったくの生《なま》の感覚そのものなのではなくて、すでに知性的な秩序づけの入った感覚与件であると言ってよい。と同時に、それは外部に客観として措定された感覚与件である。直観と言えば、カントの認識論（『純粋理性批判』）における直観（感性）を思い浮かべればよいのだけれども、ヘーゲルは時間と空間の形式に浸透された感覚与件と言いつつも、この時間と空間の形式が単なる主観的な形式ではないことに注意を促す。そしてカントがそれらを単なる主観的形式にしようとしたことを批判する［Ibid. 253. 同三四六］。ヘーゲルの精神哲学ではこの前の段階として「心」や「意識」が論じられ、自然的な心から覚醒し意識相互の闘争や承認の段階をすでに経たものとして「精神」が論じられている。つまり現代風にわかりやすく言えば、近代人の精神として一般化され知性化され、常識を獲得した精神における認識が語られているわけである。

直観の段階では、知性としての精神は自己外の存在に対して注意を向けている。この外部に措定された直観を精神が自分のものとして捉え直し、いわば内面的なものにしていく過程がこれに続く。この過程が進むことによって精神は自己のもとにあるという意味での自由を得て、理論的な精神から実践的な精神へと進む。直観の次の段階が「表象」（Vorstellung）である。表象とは、人間の想起や記憶の能力によってイメージ化された直観である。イメージ化されることによって直観的知は、精神の外にあって精神に対してある状態から、内化され、精神自身のものとなることができる。「精神は直観を自分のものとして措定し、直観に浸透し、直観を或る内面的なものにし、直観のなかで自分を想起し、直観のなかで現前し、そしてそのことによって自由になる。知性はこの自己内進行によって自分を表象の段階に高める」[Ibid. 256. 同三五一]。

興味深いのは、この「表象」の箇所である。ヘーゲルは表象化、つまりイメージ化について三つの種類もしくは段階を区別して叙述している。①**想起**（**Erinnerung**）、②**構想力**（**Einbildungskraft**）、③**記憶**（**Gedächtnis**）である。ふつうErinnerungという語は、思い出すこと、記憶することという意味で使われる語であるけれども、ヘーゲルはこだわって、このErinnerungという語の語形がもともと持っている内化という意味を強調する。そして記憶にはあえてGedächtnisという別の言葉をあてる。この後に説明するが、ヘーゲルは経験した情景を情景として思い出すこと、そのときその場のイメージ像を思い浮かべることを「記憶」だとはみなしていない。ここはもしかすると、現代人の一般的な記憶についての考え方と異なるところかも知れない。映画というメディアの発明以後、映像の時代に生きていることも影響しているであろうが、私たちは、記憶と言えば映像的な記憶だと考える傾向がある。実際フラッシュバックの手法は、今日の映像メディアにおけるもっともポピュラーな演出技法の一つであろう。しかしヘーゲルは、映像的な想起は記憶ではないと考えている。それでは、単なる想起とは区別される記憶とは何なのか。またそのときに構想力の働きはどのように位置づけられるのか。簡単に言えば、構想力は想起の能力であると同時に抽象化の能力であり、そして記号を生成する能力であることが明らかになる。ヘーゲルにおいては、構想力は二段階の働きを持っている。もちろんこれはカントに由来する。再生産的構想力と生産的構想力の区別である。ヘーゲルはこの区別に、質的な移行もしくは断絶を持ち込み、生産的構想力を「記号を作る構想力」として位置づけていく。カントの構想力とは異なり、ヘーゲルの構想力は（特に記号を作る構想力は）視覚的ではなく、聴覚的である点が特徴である。その理由は、聴覚こそが時間性と弁証法を可能にするものであるからという点にある。私たちが構想力や記憶の問題を考える際に、視覚的／映像的に考える理由のひとつは、カントがそれらを論じる際の事例が視覚的／映像的なものであったことの影響を指摘できるかも知れない。しかし驚くべきことにヘーゲルはすでに、視覚的／映像的なカント的構想力から離反し、聴覚的／音声的な構想力を考えている。そしてこの聴覚的／音声的な構想力にこそ、弁証法成立の鍵があると考えているようなのだ。そのことを見るために、表象の三段階、①**想起**、②**構想力**、③**記憶**を順にたどってみよう。

＊

① 表象の第一段階である「**想起**」が生み出すものは「心像」（Bild）である。"Bild"はラテン語の"imago"に相当し、いわば「イメージ」のことと言ってよいだろうが、ここで言われるイメージが視覚イメージだけに限定されるかどうかはわからない。ヘーゲルは、直観の本来の感官は視覚であると述べている。また視覚は物質の観念的な独立性および客観性の感覚であるとされ、外部性の感覚であると位置づけられている（それに対して、味覚、嗅覚は対象の物質的消滅、聴覚は物質の物質的な存立かつ観念的な消滅の感覚であるという具合に区別される）［Ibid. 251-52. 同三四四―四五］。感覚を内面化し、抽象化することがヘーゲルの表象論における進行の順番であるので、表象の第一段階において形成される「心像」は、視覚イメージ優位の表象であると考えてよいのだろう。さて知性は、直観を想起で受けとめる。つまり直接的な感覚を自己内のイメージへと変換する。これによって直観は、それが持っていた具体的な時間性と空間性から、切り離される。ヘーゲルは、直観は光であるが、心像はそれが暗くされたものだと言う。そして心像は、心の無意識の領域の暗闇に保存されると述べている。ここで真暗な竪坑（シャフト）をヘーゲルは思い浮かべている［Ibid. 259-61. 同三五六―五八］。面白いのは、この心像の貯蔵庫は、私の恣意で自由になるものではない、とヘーゲルが考えているところである。心像は無意識的かつ

自動的に、大量に、この暗いシャフトに蓄積されていく。この蓄積された心像が呼び出されるためには、現存する直観が必要となる。ある具体的な直観を知性が経験するときに、知性はそこに自分が貯蔵している同内容の心像を重ねる。だから言ってみれば、知性とはいつも直観を経験しながら、それを自分のイメージで捉えている精神のことである。こうすることで知性は、直観を自分のものとすることができる。ヘーゲルは人間の精神が成長すること、大人になること、つまり教養を得ることとは、想起のうちに生きるようになることであると考えている。「このような方法で子供たちは直観から想起へ進む。或る人間が教養がある人間であればあるほど、それだけますます多く彼は直接的直観のなかに生きているのではなくて、自分のあらゆる直観の場合に、同時に想起のなかに生きているのである」[Ibid. 262. 同三六〇]。もう一つ面白いのはヘーゲルが、直観と心像とのこの重ね合わせという関係によって、私たちは心像をはじめて自分の心像とすることができると述べている点である。実際の直観がもたらす光によって心の闇から目覚め引き出されるという契機を得ないかぎり、私たちのうちの無意識の領域に貯蔵された心像は、まだ他なるものであり、私たちのものにはなっていないということだ。暗闇に貯蔵されるイメージは、私たちの内なる他者である。こうして外部と内部、それぞれの側で、私たちの恣意的にならないものがひとつに合一することで、私たちのうちに内面化された表象が誕生する。この経験が繰り返され、心像は直観によってたびたび呼び出されるうちに、大きな生命を獲得するようになり、やがて外的直観を必要とせずに動き出すようになる。これが構想力の働きである。

②　表象の第二段階である「**構想力**」は、心像の恣意的な呼び出し（再生産的構想力）と連合（連合する構想力）、さらに記号の生産（生産的構想力）を可能にし、一般的表象を駆使することを可能にする。想起では心像は直観の現存在に付随して呼び出されるにすぎなかったが、知性は構想力の威力によって心像を恣意的に、つま

り随意に呼び出すことができるようになる。ヘーゲルは、この構想力が随意に心象を呼び出せるようになることを、精神が一般的知性である証として、重視している。構想力の一番単純な働き、つまり再生産的構想力はただ単に心像を再生し現存在に引き入れるだけの力であり、心像の内容に創造的な変化を加えるわけではないので、単に形式的なものであるとも言われるけれども、それにもかかわらずそれは知性の働きであり、単なる「想起」とは区別される。想起は現前する直観がないと働かず、またその働きは恣意的ではない。つまり制御できるものではない。先にも述べた没意識的で真暗な竪坑、夜にもたとえられる心の闇に蓄積された暗い心象は、現実の直観の光に照らされることによって呼び出される、これが想起であった。ところがこの暗い心象を自分で明るく光らせることができるようになると、それが構想力であるとヘーゲルは言う。「知性は……自分がもっているもろもろの心像から成っている宝を隠蔽している真黒な闇を引きさき、そして現在性（現前性）がもっている光にみちた明るさによってその闇を追放する。表象作用の第一の形態すなわち想起はこのことによって構想力に高まる」［Ibid. 264. 同三六二］。恣意的に心像を心の奥底の暗闇から引き出せるようになること、このことをヘーゲルは知性の力として評価しており、そうであってこそそれは単なる想起ではなく構想力であると区別している。だから構想力は、一番単純な働きである再生産的構想力であるだけですでに、単なる想起よりも知性的である。問題は、想起の力はどのような契機によって構想力に「高まる」のかということである。「〔再生産的構想力において は〕自我は今やもろもろの心像を支配する威力になっている」［Ibid. 262. 同三六〇］。では何が単なる想起をこの構想力に高めるのか。何が自我の制御できない、あるいは自我がその威力に却って屈しているところの心像の威力を逆に照らし出す光をもたらし、単なる想起を自我の威力であるところの構想力へと変換するのか。この「光」にあたるものは、どこからやってくるのか。私たちはこの問題意識を持ちながら、ヘーゲルの叙述をさらに読み進めていこう。

構想力は第二に、心像を単に呼び出すだけではなくて、相互に関係させ、一般表象に高めることができるようになる。これが連合する（連想する）構想力である。ヘーゲルは近世哲学、とくに経験論の系譜で生じた「観念連合（Ideenassoziation）」という考え方、およびそれに基づく経験的心理学をここで批判する［Ibid. 262. 同三六一］。観念連合に対して「連合する構想力（Die assoziierende Einbildungskraft）」［Ibid. 265. 同三六四］と言い、構想力の恣意性、自主性、知性を強調する。ここでヘーゲルは、偶然的な連想によって導かれる通常の社交的会話、つまり空談ではなくて、機知や洒落を構成する知的な言葉の遊戯を含んだ会話を例に出している。心像の連合は、単なる自然的な「相互継起的落ち合い（Aufeinanderfallen）」などではない、とヘーゲルは強く言う。つまり心像がその相互の類似性などによってまるで引力によるかのように自然に結合するという考え方を否定する。結合はあくまで知性の働きによる人為的なものである、とヘーゲルは考えている。「この相互継起的落ち合いが全くの偶然、全く概念を欠いたものでないためには、相似た諸心像の牽引力が仮定されるか、あるいはその力に似ていて、かつ否定的な威力〔negative Macht〕が仮定されなければならないだろう。それは諸心像がもっているなお不等なものを相互に摩滅させるような否定的威力である。この力は実は知性自身であり、自己と同一な自我である。そして自己と同一な自我は自分の想起（内化）によって諸心像に直接に一般性を与え、且つ個別的直観をすでに内面化された心像のもとに包摂する」［Ibid. 263. 同三六二。翻訳修正］。ヘーゲルは心像同士が相互の類似性のようなものによって自然に結合するという考えを認めない。むしろ知性は自然的・経験的連関を解消・分解することによって一般的表象を産出する。「こうして知性は一般的表象を産出する場合には自発的に活動するものとして振る舞う。それ故に、一般的な表象が精神の助力なしに、多くの相似た表象が相互的に落ち合った……ことによって発生したというふうに仮定することは、無意味な誤謬である」〔Ibid. 266. 同三六六〕。表象の結合は、構想力の自発的な発動による「主観的きずな〔ein subjektives Band〕」であることをヘーゲルは強調する。自発的に自我によって発動するこうした力が構想力であり、そういう力であってこそ構想力は知性の力である。ヘーゲルは、心像そのものの持つ具体的な固有性を否定し、みずからの与える一般性によって結合する力を知性として認めており、そしてその力を自我と同一視している。つまり心像同士が自然に結合することを否定することが自我の成立なのだ。このことは今日の精神分析的な視点から見て、興味深いと言えるだろう。ヘーゲルの言っていることを敷衍するならば、もし私たちが諸心像同士の力に負けてそれらが相互に結合することを許すなら、それは私たちが自我を失った状態（すなわち精神病）である、そういう考え方が導けるからだ。では諸心像の連鎖を許さず、諸心像を支配する威力として自我が成立することができるのは、いかにしてであろうか。ヘーゲルはこの箇所ではその疑問には答えない。ここで明らかにされているのは、この否定的な威力としての自我がすでに成立しているからこそ、諸心像の連鎖は相互継起的落ち合いではなく、あくまで構想力による連合によってなされるということである。この知性の箇所ではすでに自我の構成は成立している。逆に言えば、自我の構成を成立させる力こそが、構想力の源であることになる。私たちはこの論点に後に戻ることを忘れないでおこう。今日の精神分析の観点から見てなお一層興味深いのは、ヘーゲルがここで連合する構想力の働きを、会話の場面をもって例示していることである。通常の社交的な会話の場合は、交わされる表象はそれが交わされる場面の影響を受け、誰とその表象について話しているか、また誰がその表象を発言したかなど〈場〉の力により外面的且つ偶然的な仕方で一つの表象から他の表象へと会話がつながっていくが、才気に満ちた機知に富んだ人は、確実なもの深いものを含む心像を追いかけることによって会話を紡いでいく。機知や洒落は、こうした才気に満ちた偉大な精神がなす諸表象の知性的な結合であると言われる［Ibid. 265. 同三六四］。ヘーゲルにおいてはこのように「表象（Vorstellung）」は、言語表現を含むものである。というより、より表象らしい表象、真の表象とは知性化された表象であり、すなわち言語化された表象である。言語化された表象をやりとりする能力こそがヘーゲルにおいては、知性であることに到達した自我の証である。この言語化された表象の完成形が「記号（Zeichen）」であり、これはもはやもともとの直観的心像とは関係のない意味内容を持つ。記号の使い手は、そこに独自の意味内容を載せて、記号を世界に向けて放つこととなる[12]。

構想力の第三のあり方は、こうして記号を生み出す構想力となる。いわゆる生産的構想力であるが、ヘーゲルにおいてはこの生産的構想力が機械的な「記憶」へとステップアップしたところで、知性は表象から思惟（思考）へと推移する。ヘーゲルが記憶を機械性と結びつけている点、そして機械的な記憶を高く評価しているところは、読者にとってもっとも不可解なところであろう。これを理解するためには、ヘーゲルが生産的構想力を言語的な能力として考え、記号の生成を行う能力として考えていることを理解する必要がある。生産的構想力の働きの例として芸術活動が挙げられるが、ヘーゲルが挙げるのは言語芸術である。ヘーゲルにおいては諸心像の個別性をある一般性を持った関係性に包摂し、自由に自分自身の内容を持つ総合へと作り変える知性の働きこそが芸術であると考えられている。ここには単に直観をあるがままに再生するのとは異なる創造性が入ってくる。そのことに対してヘーゲルは「空想（Phantasie）」という語を用いる。空想とは直観から得られた心像を恣意的に操作することだ。「知性はこうして空想であり、象徴化する構想力・寓意化する構想力・または作詩する構想力である」［Ibid. 266. 同三六五］。ここにおいては、感性的な内容を言語によってある知性的なまとまりを持ったかたちの表現へと形成することが芸術の本質であり、象徴、寓意、作詩などの言語能力を駆使した芸術がより高く評価されていく。空想の段階において知性は、心像として貯蔵されていた直観由来のストック素材を完全に自分のものとして内化し、自分の威力の支配下に置き、自分に特有な内容のもとに包摂している。つまり貯蔵された直観的素材を、自己を表現するための手段として使用する。[13] 生産的構想力の働きは、ヘーゲルの考えでは、特殊を一般性に包摂することである。つまり貯蔵された心像という直観由来の特殊を、自己の空想の次元に取り込むことが一般化である。

現代の私たちは、ふつう空想（ファンタジー）というと、個人の勝手な夢想のことだと考える傾向にある。そのためヘーゲルがここで空想を生産的構想力の知性的な働きであると考えていることに違和感を感じても、不思議はない。ここにはヘーゲルの構想力論を理解するうえで重要なポイントがある。いま「特殊を自己の空想の次元に取り込むこと」と言った。この場合の「自己」というものが、ヘーゲルの精神哲学のこの段階ではすでに一般的な自己となっていることがその鍵である。これは「精神哲学」の前章「精神の現象学」の最後で「一般的自己意識」［Ibid. 226. 同三〇八］という名で成立したものである。現代風に言えば、他者の視点を自己に織り込んだ、社会化された自己と言ってもよいだろう。ここで発揮されている構想力／空想力はしたがって、個人の自由気ままな白昼夢や欲望に基づく夢想なのではない。それは言語表現によるコミュニケーションの場面で発揮される、すでに社会化／歴史化され、限定され、去勢された構想力なのである。たとえば芸術とは、このように自己がすでに身にまとった一般性、つまり社会性や歴史性を、みずからのうちに蓄えた感性的な素材を用いて表現することであるとヘーゲルは考えている。したがって芸術文化作品には、必ず社会性・歴史性の表現がある、というふうにヘーゲルの芸術論を理解するべきだろう。ここで社会性、歴史性というのはもちろん、そのように著者が現代風に表現しているだけであって、ヘーゲルの言い方ではそれは一般者としての精神のことである。「この〔心像と一般的表象の〕統一は、一般的表象が心像を支配する実体的威力として活動し、且つ自己をそのようなものとして確証し、心像を偶然的なものとして自己に服従させ、自己を心像の魂にし、心像のなかで現勢的自覚的になり、自己を想起（内化）し、自己自身を顕示するということによって現れるのである。知性は一般者と特殊者とのこの統一・内面的なものと外面的なものとのこの統一・表象と直観とのこの統一を作り出し、そしてこうして直観のなかに現存している全体性を確証された全体性として回復する」。直観にもある意味ではじめから全体性は含まれていたという言い方をヘーゲルはする。直観といえども、すでに一般的となった自己意識としての知性の経験する直観だからである。だから生産的構想力の働きとは、それを自覚的に取り出し、回復することに他ならない。その活動の一環として芸術があるとヘーゲルは考えている。

こうして、いわばはじめから直観や心像のなかに浸透し、含み込まれていた一般性や全体性を自分のものとして自覚的に回復し、操作することができるようになることが、知性であると言われている。空想はしたがって、単に私的で恣意的な活動ではなく、それに基づく表象の生産は自己が自己の社会性に至るために必要なステップであることになる。空想の産物も必ず一般的且つ社会的なものであることになる。「このような合一の活動として空想は理性である」［Ibid. 268. 同三六八。翻訳修正］。理性としての空想というヘーゲルの考え方は特異である。むしろ空想とは、理性的働きを逃れる力であるというロマン主義以降の考え方がある。だがヘーゲルはそう考えてはいない。私たちの夢想するファンタジーには、すでに社会や歴史が浸透しているというのが、ヘーゲルの考えであることになるだろう。そしてこうした空想は、自己を外化する。「理性としての知性は、自分のなかで見いだされた直接的なものを自分自身のものにすること、すなわち一般者として規定することから出発したが、ここからはその理性としての活動は、知性のなかで具体的直観へと完結されたものを存在者として規定するということ、すなわち自己を存在にし事象にすることである。この規定のなかで活動するとき、知性は自己を外化するもの、直観を生産するものである。これが記号を作る空想である」[Ibid. 267–68. 同三六八]。こうして空想の産物を自己の外に表現したものが「記号（Zeichen）」である。記号とは、知性が自分自身を直観的存在として表現することである。つまり直観を受け取った知性がそれを心像として貯蔵し、再生産的構想力によって自己のものとして取り出し、生産的構想力によって自己の内容のもとに包摂した後、自己を表現するために外部へと向けて再直観化して表出したものが記号である。そしてこの記号が機械的記憶を形成するとヘーゲルは言うのである。

③　以上のステップを経て、表象の記号化が起こる。これが表象の第三段階である「**記憶**」である。空想が直観の持つ感性的性質から独立していくにしたがって、それは記憶となる。記憶が生み出すのは「記号（Zeichen）」である。あるいは「記号」の生成によって記憶は可能となる。芸術における構想力の働きはまだ知性のもたらす一般性を感性的な現存在としての心像のかたちで表現しているが、知性が知性自身の持つ一般性を独立した現存在として外化するとそれが記号になる。言い換えると、ヘーゲルにおいては、直観において得られた具体的な外界のイメージ像からその具体性を消し去り、知性の空想による意味内容で満たしたうえで、抽象化し、言語化し、一般的な情報として組織化されたかたちに変形することが「記憶」なのである。このように考えているために、ヘーゲルにおいては具体的な直観像を思い浮かべる「想起」とは区別されたものとして「記憶」という用語が使われるのである。ヘーゲルのこの記憶についての考え方を吟味する前に、「記号」ということでヘーゲルがどのような表象のことを言っているのかを確認しておこう。ヘーゲルは記号とは、心像の内容から解放された一般的表象であり、恣意的に選んだ感性的素材によって直観的定在を得た、感性的素材とは無縁の意味を持つものであると言う。「記号は或る偉大なものとして宣言されなければならない。知性が或るものを記号化

するときには、知性は直観の内容と手を切り、感性的素材にとっては疎遠な意味を魂として感性的素材に与えたのである。こうして例えば、帽章または旗または墓石は、それらが直接に明示しているものとは全く別な或るものを意味しているのである。ここに感性的素材と一般的表象との結合の恣意性が現われるのであって、この恣意性は、人々は記号の意味をまず学ばなければならないということを、必然的帰結としてもっているのである。このことはとくに言語記号についてあてはまる」[Ibid. 269. 同三七〇。翻訳修正]。ヘーゲルが事例として挙げている帽章、旗、墓石などは、今日的な表現をすればシンボルマークの類のことだろう。他の例としては、家紋や商標(トレードマーク)が挙げられる。「葵の御紋」と言えば徳川家の家紋であるが、その三葉葵と呼ばれる図記号は植物の葵の葉の視覚的形状を象り、紋章化したものである。しかしこの図が示され、コミュニケーションに使用されるとき、その図の元の意味である葵の葉は問題ではない。紋所が示されるとき、紋所を示す者も葵の葉を示しているのではないし、見る者もそこに葵の葉を見ているのではない。正確に言えば、葵の葉を見ているが、見ていない。そのとき見る側が受け取っている意味は、徳川家の権威・権力であろう。葵の葉を見ながら、そこに見ている意味は、その直観的指示内容とはまったく別のものである。現代の例で言えば、米国アップル社の商標としての林檎マークなども挙げられるだろう。アップル社の林檎マークは世界的に流布している有名なアイコンであるが、アップル社は林檎農園を前身に持つわけではないし、林檎の生産や流通ともまったく関係がない。それにもかかわらず、デジタル機器の開発メーカーである社のトレードマークをあえて林檎としたのは、創業者スティーブ・ジョブズによる「記号」の生成に他ならない。人々はそのマークを見るとき、林檎を見ているが、林檎は見ていない。林檎そのものは問題ではなく、林檎のマークを通して別の意味を見ている。ヘーゲルが記号ということで言おうとするのは、こういうことである。(14)

ただしヘーゲルは視覚的なシンボルマークを事例として挙げながらも、「言語記号（Sprachzeichen）」こそがより適切な記号の例であると述べている。これは発話表現と訳してもよいだろう。音声言語は、書写言語よりも、記号としての抽象度を上げるとヘーゲルは考えている。図像から離れ、言語表現の場面に移せば、その感性的素材の持つ元の意味とはかけ離れた別の意味を持つ表現とは、ロマーン・ヤーコブソン、ラカン以来の隠喩／換喩論を踏まえるならば、「換喩」のことであると言ってよいだろう。ヘーゲルはここで「換喩」ということは言っていない。隠喩や換喩という用語は修辞学に属するものであり、ヘーゲルはここでは必ずしも文学的な修辞の話を念頭に置いているわけではなく、社会的に成立した抽象的な記号体系を用いた一般的コミュニケーションを論じているつもりだったのだろう。[15] 後に私たちの論じることであるが、しかし、二十世紀言語哲学の立場からすると、そもそもすべての言語行為は比喩であるとも言える。ヤーコブソンは、発話を隠喩性と換喩性を両極とするスペクトラム上の位置で分析する視点を提供しているが、彼は隠喩表現を類縁性で、換喩表現を近接性で説明している。そして興味深いことに、ヘーゲルは記憶について論じるところで、より直観に近い言語（東洋の言語）と記号に近い言語（西洋の言語）を対比している。この対比は、言語の持つ隠喩的特性と換喩的特性の対比に対応する。これについてはまた後に論じる。

さてヘーゲルは、ここで唐突に「記号とはピラミッドである」と言う。この直前の箇所でヘーゲルがシンボルマークの例として少しだけ奇妙に思える墓石を挙げておいた理由は、ここでピラミッドに言及するための布石だったとも取れる。「記号は、それ自身がもっている内容とは全く別な内容を表象するところの或る直接的直観である。**すなわち記号は、疎遠な魂がその中に移され保存されているところのピラミッドである。**記号は象徴とはちがっている。象徴も一つの直観であるが、象徴としての直観においては、直観自身の規定性がそれの本質および概念の方から見て、多かれ少なかれ象徴としての直観が表現する内容である。それに反して記号そのものにおいては、直観自身の内容と、直観を記号としてもっている内容とは、相互に無関係である。したがって、記号化するものとしての知性は、象徴化するものとしての知性よりも、直観を使用する場合に、いっそう自由な恣意と支配とをもっていることを証明している」［Ibid. 270. 同三七一。翻訳修正］。ヘーゲルがピラミッドを取り上げる理由は、それが平面と直線だけからなる純粋に幾何学的な形状を採用した建造物であり、人物や自然物の形態を排除したシンボル表現だからであろう。そこには、表現媒体の外面性と意味内容の内面性との間に、断絶がある。ヘーゲルは美学講義で、ピラミッドを象徴芸術から抽象的な言語芸術への移行の途上にあるものとして位置づけている。この位置づけから言えば、ピラミッドはいまだ「象徴」であり、「記号」には至っていない。それでもヘーゲルはピラミッドを、墓としての機能性よりもむしろ他者に対するメッセージを発する媒体として機能するためにデザインされているものとして評価している。「もちろん、ピラミッドには王やアピスの埋葬に用いるという目的がありはするが、しかし、こうした目的のためには、これほど巨大な建造物は必要なかった。むしろ、人類を驚愕させ崇拝させるためにのみ建立されたのである」［Hegel（VA-1820）195. 邦訳一七七―七八］。そのシンプルな外面は内面を隠し、何も語らない。それは何かのメッセージを伝えるものであるが、その内面に隠されたメッセージは、他者にはわからない。それは内面を隠し、内面がそこにあることだけを伝えている。それはそれがメッセージを伝えるものであるということだけを伝える媒体である。すなわちメッセージとしてのメディアなのだ。「ピラミッドは象徴芸術の単純な形象として私たちの前にある。巨大な正四角錐形が内面を隠し、芸術的な外面をもって内面を覆っていて、正四角錐自体が、たんなる自然界に別れを告げたこの内面のために、内面との関係においてのみ、そこにあるのは明らかです。しかし、内面の意味をなす見えざる死者の国は、直接の存在から切りはなされたものだという点で、たしかに真の芸術内容に一歩近づいてはいるが、いまだその内容の形式的な一面をとらえているにすぎず、いまだ冥界にとどまっている。真の内容となるには、感覚的なものを脱却しつつ、しかし、内部に自由と生命力をたたえて現実に存在する精神の国とならねばならないのですが。――したがって、冥界を内面とする外形は、被葬者とは直接にかかわりをもたない外面的な形式であり覆いです。そのように、内面を隠したままにしておく外壁がピラミッドです」[Hegel（VA-I）459-460. 邦訳三八七―八八]。こうしてピラミッドはその内面を明らかにしない大いなる謎として、ヘーゲルの前に立ちはだかる。「秘密の多い象徴表現をとるエジプトの芸術作品は謎であり、客観的な謎です」[ibid. 465. 邦訳三九二]。ピラミッドが見る者に謎を投げかけるシンボルであることを、ヘーゲルは評価している。またその一方で、その暗い内面は精神の光で満たされなければならないとヘーゲルは言う。ヘーゲルはエジプト芸術の本質を、このように象徴表現から真の芸術への端境にある形式として、その謎を投げかけるスタイルにあると論じている。しかしこれは、ヘーゲルの勝手な決めつけにすぎないとも言える。ピラミッドの内面が暗く閉ざされた謎であるのは、私たちにとってのことにすぎない。ピラミッドを建造した当時のエジプト人たちにとって、ピラミッドは彼らの精神性によって満たされた器であったことは想像に難くない。その内容が私たちには見えないのは、単純に私たちの精神と古代エジプト人の精神とが断絶しているからである。このように考えるのが、常識的な思考であろう。にもかかわらず、ここで重要なのは、ヘーゲルは「記号はピラミッドである」と述べた点である。ピラミッドは美学講義では象徴芸術であったはずなのに、ここでヘーゲルはそれを「〔外面とは〕疎遠な魂がその中に移され保存されている」ものだと述べている。すなわちここでは、象徴であるはずのピラミッドを、私たちが記号化して受け取ることが可能であると言っている。そのときピラミッドの暗い内面を満たす精神の光とは、誰の精神のことであろうか。ピラミッドを建造した古代エジプト人がすでに存在しない以上、それはピラミッドを「記号」として受け取る私たちである以外にはない。ヘーゲルの記号論の最大の問題がここにある。ヘーゲルがエジプトの象徴芸術の謎的性格をもっともよく体現しているとするスフィンクスは、通りかかる旅人に謎を投げかける存在であったと言われている。ギリシア神話においてオイディプスは、スフィンクスを前にしたとき、謎を解けと呼びかける声を聞く。その謎の答えは「人間」であり、この答えを言うことによってオイディプスはスフィンクスに打ち勝ったとギリシア神話は伝える。誰も自分のことが問われているとは思いつかなかったために、謎が解けなかったというわけである。その謎を解いたのがギリシア神話の英雄オイディプスであり、人を喰らうスフィンクスは謎を解かれて、みずから身を投じて死んだと言われる。ヘーゲルはこのエピソードを取り上げ、「人間」なる答えに到達したオイディプスのギリシア精神を、デルポイのアポロンの神託所に掲げられていたというあの標語「なんじ自身を知れ」の智恵とともに称揚する。「象徴表現を解読するのは、絶対的な意味である精神の力によるほかなく、だからこそ、有名なギリシアの銘文も、人間に向かって、『なんじ自身を知れ』と呼びかけるのです。意識の光は、具体的な内容にふさわしい形態を配することによって内容を明るく照らしだし、その存在のうちにおのれ自身を啓示するような明晰さです」[ibid. 466. 邦訳三九二][16]。ヘーゲルの物言いでは、エジプト人はもっと自分の精神の内面を知るべきだったということになる。だが古代エジプト人が、自分の精神の内面を知っていなかったのかどうか、そもそもどのような内面を持っていたのか、私たちにはわからない。古代エジプト人の精神生活は、私たちの精神生活と断絶しているからである。それは失われた精神であった。少なくともロゼッタストーンが発見（一七九九年）され、象形文字の解読が始まるまでは、それは異質な、断絶された精神であったと言える。だからこそ砂漠に屹立するピラミッドやその傍らに佇むスフィンクス像は謎だった。それはいわばまったく異質な存在である異星人が荒野に残していった、意図や意味が不明の遺跡であり遺物であり痕跡であっただろう。その謎の答えが、人間であると宣言したギリシア精神こそ恐るべきと言わねばならない。古代エジプト人の残した遺跡を、同じ人間の作り出した芸術作品であると信じて疑わないヘーゲルは、人間の普遍性への確信の点で、謎の答えは人間であると宣言することでスフィンクスを撃退したオイディプスの正しく末裔である。だがオイディプスが聞いた声は、本当にスフィンクスの声だったのだろうか。それはオイディプス自身の声ではなかったのか。アポロンから神託を授かったオイディプスの話は伝説だが、その後、アテナイ出身のソクラテスが同じデルポイの神託所から「ソクラテス以上の知恵者はいない」というメッセージを受け取ることになる。託宣を受けたソクラテスは以後、デルポイ神殿の銘文「なんじ自身を知れ」を自身の活動の標語としたという。

ヘーゲルは「記号を作る空想（Zeichen machende Phantasie）」について語っていた。記号を作る空想とは、知性が自己を外化し、直観できる存在となす力である。だがそれは同時に、他者の残した痕跡、つまり、その内容を窺い知ることのできない疎遠な象徴を「記号」として理解すること、すなわち痕跡を記号化する空想としても機能するのではないか。それは他者の象徴を空虚な象徴として受け取り、記号化し、そしてみずからの空想／ファンタジーで満たすことである。それは象徴を塗り替え、記号に変換する能力である。そういう能力をヘーゲルは「知性」と呼んでいる。もちろんヘーゲル自身はそのような他者性との邂逅の場面を想定して記号を作る空想について語っていたのではない。彼が思考していたのは、「一般的な自己意識」の空間においてである。だから知性は、自己の生み出した記号を通して自己の内容を受け取るにすぎない。そこには円環的な自己同一性が想定されている。だがこの想定は、私たちにおいては、疑問に付されることになる。

さてヘーゲルの構想力論から記号論への流れの中で、最後に残る問題は「機械的記憶（mechanischen

Gedächtnis)」である。ヘーゲルによれば、空想は記号の生成によって本来の直観性を得るのだが、この存在形式を機械的記憶において完結するという。ここでヘーゲルは、機械的活動としての記憶は無意味なものの活動であるとも言う。これは読者にとっては、少し異様に響く言い方である。知性の活動は、精神がみずからの内容で満たされた記号による言語活動に到達したはずだが、それが機械的で無意味なものの活動であるとはいったいどういうことなのだろうか。ヘーゲルはそれこそが「思惟」であると考えている。この箇所の異様さに注目してデリダは、計算機械（コンピューター）の登場を批判するハイデガーのロマン主義を一方で揶揄しながら、意味を求めることなくひたすら機能し運動するシステムの存在を名指し得たこと自体をもってヘーゲルを評価する［Derrida（1972）126–27. 邦訳（上）一九三―九五］。しかしひとつ注意しておくべき点としては、ここでヘーゲルが使う「無意味」という用語はドイツ語では sinnloss であり、これは無感覚、非直観的という意味とも取れることだろう。つまりもともとの直観とは切り離され、それとは無縁な意味の体系の中で使用される記号の連なりをヘーゲルは「記憶」のシステムとして考えている。もちろんそこには、自動性が考えられてはいる。この自動性が精神の自同性であるところがヘーゲルの特徴である。ヘーゲルは、言語的思考の自動性を評価する一方で、この自動性のためにある意味で精神は精神性の喪失、つまり疎外の危機にも直面することを述べている。こうした危機をはらみながらも、それを自己の言語として再獲得することで、知性は思惟の次元に到達することができる。個別の主観が経験する外界からの感覚的入力の持つ個別性とは切り離され、一般的精神の概念のネットワークの中で思考するようになることをヘーゲルは思惟、すなわち知性の完成体であると考えている。「記憶（Gedächtnis）」とはこの場合、すでに思考されたものという意味も重なっているだろうから「記録」という響きもあるだろう。この一般的記録へのアクセスは、今日の言い方でいえば、個人が発達のなかで獲得し蓄積する一般的・社会的な記号システムへの参入のことだと言える[17]。

この機械的記憶による記号システムへの参入に際して、音声によって語ることが重要だとヘーゲルが考えている点は興味深い。音声を媒介にして、知性は一般的記憶に接続し、一般的記憶の運動を起動する。その端緒をヘーゲルは、言葉の直観の内面化と言っている。記号の内面化だと言ってもよい。ここのところのヘーゲルの記述［§四六〇—六四］はかなり難解である。難解であることの理由のひとつは、発達論的な展開である事柄をヘーゲルが構造的に叙述しているからではないかと思われる。つまり記号システムへの参入として経験される事柄を、すでに参入していることとして述べているために、わかりにくくなっている節がある。ヘーゲルの叙述を追うと、本文では構造的に述べ、補遺では発達論的な説明を加える傾向が見られるから、ヘーゲル自身もわかりにくさを自覚していたかも知れない。ここではなるべくわかりやすくするために、全体に発達論的な展開に引き寄せて、読み解いてみる。

まず、音声を媒介とした記号の内面化が起こる。ヘーゲルは表音文字の習得の際の音読という契機を重視している。言葉の直観、つまり与えられた言葉（見える言語）そのものと意味内容とを結合するために、音声という半ば非感性的なものの媒介を経ることが必要だとヘーゲルは考えている。声の媒介によって、つまり声に出して言葉を唱えることによって、知性は言葉を内面化する。所与の見える言語は、音声化によって知性の持つ内容と結合し、表象となる。この表象が蓄積され、名前の系列としての表象界（Reiche der Vorstellung）を形成するという（この局面は「名前を保持する記憶」と呼ばれる）。そうして蓄積された名前の系列を、今度は自在に呼び出すことで、事柄そのものを認識することができるようになる。つまりいちいち名前とともに直観や心像を再生することなしに、名前の系列、連鎖を扱うことができるようになる（「再生産的記憶」）。これができるようになると、記号は自己の内部に取り込まれたことになる。逆にこの取り込まれた記号としての名前の連合こそが自己の措定であるとさえ、ここでは言われている。「知性のなかで内容がもつ現実存在としての名前は、知性のなかにありながら知性自身の外面態である。そして、知性によって作り出された直観としての名前を内化（想起）するということは、同時に疎外するということであって、知性はこの疎外において自己自身の内部に自己を措定するのである。〔ここでは〕もろもろの特殊な名前の連合（連想）は、感覚し表象し思惟する知性がもつもろもろの規定の意味のなかに横たわっており、知性は感覚するもの等々としてこれら名前の系列によって自己のうちを通過していくのである」［Hegel（Enz-III）278. 邦訳三八一。翻訳修正］。内化が疎外であるというのは逆説的な表現で、ヘーゲルらしい。ヘーゲルのこの表現はわかりにくいが、個別的な意識と一般意識との融合としての発達論的な意識を想定するとわかりやすいはずだ。言葉を音声（声による唱和）によって内化することで、一般的な言語が個体のうちに入り込んでくる。子どもが親に一つ一つのものの名前を尋ねながら、言語を習得していくステージをイメージすれば、わかりやすいだろう。この一般的な言語が個体のうちに入り込んでくるということは、知性による内化であるが、同時に疎外である。疎外であるというのは、個の意識の中に他なるものとしての一般的言語が入ってくることによる疎外であるとも言えるし、同時に一般的言語がその一般性から出て個の中に現実化することによる疎外だと考えてもよいだろう。このように疎外とは二重の疎外である。これもヘーゲルがしばしば言うことである。ここで音声によって取り込まれ蓄積された名前の系列は、まだ知性の個別的な意味の中に浸っているものである。しかしこの蓄積が進行すると、やがて名前の系列は意味を失い、機械的な記憶と化す。そして却ってこの機械的な記憶のほうが自己となる。「このようにして言葉の過度の想起（内化）は知性の最高の疎外にいわば転化する。……表象作用が行なうこの最高の内化（想起）は知性の最高の疎外であって、知性はこの疎外において自己を存在として措定し、名前そのものの・すなわち無意味な言葉の一般的な空間として措定する。この抽象的存在であるところの自我は、主観性としてと同時に、種々なる名前を支配している威力であり、幾系列もの種々なる名前を自己のなかで確固としたものにし、確固とした秩序のなかで保持しているところの空虚なきずなである」[Ibid. 280-81. 邦訳三八四—八五。翻訳修正]。ヘーゲルは、人々が暗記された言葉を、抑揚なしに、平坦なアクセントで話す場面を引き合いに出し、そういう機械的な連関による話し方こそが知的であると言う。東洋の言語である中国語は、書写文字に表音文字ではなく象形文字を使うこと（象形文字にはそれ自身の起源であるところの直観的な意味が残存している）と同時に、抑揚によって意味を表現する話し方をする。このことをヘーゲルは低く見ている。アクセントは言葉に意味を付与してしまい、機械的連関を打ち壊してしまう。ヘーゲルによれば、この機械的連関を壊さず、且つそれを自己のものとするとき、精神は自己のもとにいる。「意味をもたない連関を形成している幾系列もの言葉、またはそれ自身無意味な幾系列もの言葉（一系列の固有名詞）を暗記しているという能力は、たいへん不思議なものである。なぜかといえば精神は本質的に、自己自身のもとにいるのであるが、しかしここでは精神は自己自身のなかで疎外されており、精神の活動が機械制（Mechanismus）として存在しているからである。しかし精神はもっぱら、主観性と客観性との統一として自己自身のもとにいるのである。——精神は直観においてはもろもろの規定を見いだすという仕方でさしあたり外面的なものとして存在し、表象においてはこの見いだされたものを自己内へ内化し（想起し）且つ精神自身のもの（精神の財産）にする。しかるに精神はここでは今や、記憶としての自己を自己自身のなかで或る外面的なものにするので、精神に自身のもの（精神の財産）が見いだされるものとして現われる。思惟の契機のうちの一方、すなわち客観性はここでは知性自身の質として知性のなかで措定される。——記憶を機械的活動としてとらえるということは、無意味なものの活動としてとらえるということと、ほとんど同じである」［Ibid. 281–82. 邦訳三八五―八六。翻訳修正］。ヘーゲルは、精神は疎外されているが自己のもとにいると言う。もちろん普通の文章として読むかぎり、これは矛盾している。この機械性への疎外は、今日の精神分析／精神病理学の知見も入れつつ、ラカンの言葉を用いて、象徴的去勢による象徴界（le symbolique）への参入として理解すれば、わかりやすいだろう。つまりヘーゲルの言う「記憶」とは、象徴界のことなのだ。他者なる言語を自己のうちに取り込むことは、他者による自己の疎外である。しかしそうして獲得した言語なしに、自己の思惟というものが成立しないのであれば、思惟が始まったときには疎外はすでに起こってしまっているし、疎外されていない自己など存在しない。そういう意味で、言語の獲得というのは根源的な疎外であるというのが精神分析的な視点である。ヘーゲルはフロイト以前に先駆的にこのことを言おうとして、上記のような一見矛盾した表現に到達したのだと理解することができる。ヘーゲルの論はこの後、「客観的精神」、つまり今日で言う社会科学の領域に向かう。機械制としての記憶を自己のものとすること、あるいは機械的記憶のもとで自己であること、つまり父なる言葉としての象徴界への参入を通過した主体は、いまや社会的な主体として、社会空間に参入する。

*

こうしてようやくヘーゲルの構想力と記号、記憶についての論を概観することができた。

私たちは、ここまで次のような探索を行ってきた。

まずアウグスティヌスの記憶論を参照し、記憶という奥の院の奥、つまり私が経験していないが覚えているはずのもの、そういうかたちで私に触れてきて、私の記憶を刺激し、起動し、記憶の彼方にあるものへと誘うものについての思索があることを見てきた。アウグスティヌスにとっては、それは神である。あるいは、神への通路としてのイエスであり、または神からの接触としての聖霊である。だが仮にそれが神でなかったとするならば、記憶の不思議へと私たちを誘い、私たちが自我であることを促すこのような記憶についての記憶、空白の記憶とはいったい何であろうかと問うた。また近代の哲学において、人間の夢想する力が認識を構成する構想力に変形されていくさまを辿った。それは、もともとは近代的な自我の成立の外にあったものであり、自我の成立より以前からあったものであり、それゆえに自我を超えてしまうもの、自己超出の力でもあることを見た。近代的自我とは、自我を超えている原的構想力（原–構想力的なもの）を、自我を支える構想力に変形する回路のことであると言ってもよい。近代の哲学の構成は、この自己超出の力をクラインの壺のかたちのようにねじ曲げた経路をたどらせ、自己のうちから湧出し、自己の把握する空間を形成する力として、保持しようとする。そしてこのように自己の把握する空間に湧出するこの自己を超える力が否定性として、つまり三次元空間に滲み出る四次元性として現れることを確認した。これが時間性である。このことをハイデガーは「自己触発としての根源的時間性」という言葉で表現した。このことは、時間性成立の謎を解くことが、私が私であることの謎を解くことと同じであることを表現している。しかしハイデガーのように、自我が本来的に時間的なのであると言ってしまっては、パズルは解けない。自己触発としての根源的時間性とは、当たり前のことを言っているにすぎない。問題は、どのような回路の組み立てによって、原的構想力が構想力に変形されるのかを明らかにすることである。そのためのヒントを得るために、私たちは、ヘーゲル「精神哲学」の構想力論をつぶさに検討してきた。

実は、ヘーゲルの「精神哲学」における構想力論は、〈構想力変形回路〉の成立の秘密そのものは解き明かさない。なぜなら構想力論の属する「心理学　**精神**」の章は、この回路が成立済みであることを前提し、もっぱら回路の働きについて叙述したものだからである。しかしながらヘーゲル「精神哲学」の特徴は、精神の進化論もしくは発達論とも取れるかたちで、〈構想力変形回路〉の成立の前後を叙述している点に特徴がある。心理学の前段におかれた「人間学　**心**」においては超常現象が考察されていた。そこでは、自然的状態にある人間の心が徐々にアニミズム的な夢見の世界から覚醒し、自我と自我の経験する現象の世界へと後退し、自己意識として成立していく諸局面が、段階ごとに描かれている。その次の「精神の現象学　**意識**」では人間の心は、相互の闘争と承認の諸局面を通して、知性的な一般言語によって構成される世界へと参入していく。そしてみずからの空想によって生み出される「記号」がすでに精神としての知性一般の働きとなっていることが自覚されたとき、叙述は「心理学　**精神**」を最後として「主観的精神」から「客観的精神」へと移行し、一般的知性としての精神の世界、つまり国家と歴史という社会的な構成体の次元へと入る。諸段階の叙述は、人間の活動の諸次元の積層を各層ごとにスナップショットとして並べたものと理解することができる。実はヘーゲルのテキスト進行は、発達論的に読むことが難しい叙述となっている。別作品の『精神現象学』（一八〇七年）のテキストについても同様の傾向としてしばしば指摘されることとであるが、読者からすると各場面の移行がなぜ起こるのか、釈然としないところが残る。これがヘーゲルの叙述の特徴である。先にも指摘したように、ヘーゲルは構造的な叙述と発達論的な叙述を微妙に交叉させたような書き方をする。（「精神哲学」では本文は構造的な叙述であるが、補遺には発達論的な補填とも取れる言及が見られる傾向がある。[18]）テキストの進行を発達論的に読もうとする者は、ここで躓くことになる。しかし、実はその「躓き」にこそ、ヘーゲルを今日の視点から読み直す可能性がある。好意的に解釈すれば、ヘーゲルは当時の知識では説明できないところは空白のまま残したとも言える。ヘーゲルをアクティヴに読むためには、テキスト進行における断層にこそ注目しなければならない。「心理学　**精神**」の叙述にも、発達論的な読みを拒むそうしたいくつかの局面を指摘することができる。その局面こそが、ヘーゲルの可能性である。

　そうした局面の第一に、想起が構想力という力に変化する局面の謎が挙げられる。第二に、記号を作る構想力、記号を作る空想によって作られた記号が機械的記憶という一般的記録へと接続する局面の謎がある。前者を構想力の二段化もしくはシフト・チェンジの問題、後者を空想の一般化の問題と呼び換えることができる。この二つの要素が組み合わさって、先に述べた「構想力変形回路」、すなわち原的構想力（厳密には構想力以前のもの）を自我の持つ構想力へと変形する回路が形成される。この回路によって、構想力以前の〈それ〉は、逸脱することなく、一般的知性としての精神が発揮する能動的かつ社会的な能力として発揮されることができる。この能動的である点と社会的であるという点が、重要である。もし能動性がなければ、構想力は構想力ではない。そこには、蓄積された心像の襲来におそわれ、翻弄される心があるだけだろう。それは知性的な自我ではない。またもし社会性がなければ、そこには個的な空想に耽る心があるだけだろう。パーソナルなファンタジーは、知性の発露ではなく、精神の世界へとつながる経路を持たない、孤立した幻想である。今日の私たちは、近代化された社会における自我が自己の社会化の過程において遭遇する障碍や困難の問題として、ヘーゲル的な「構想力変形回路」の形成不全の問題を考えることができる[19]。しかしヘーゲルの構想力論においては、当たり前のように、想起は構想力となり、記号を作る空想は一般的記録へと接続する。これはどうしてなのだろうか。この問いは、これまでの論述においてもその都度、仮に取り出しておいたものであるが、もう一度次のようにまとめて問うことができる。

①　想起を構想力へと変化させるものは何か。心像の貯蔵は暗闇であるとヘーゲルは言った。この暗闇に光を

もたらすものは、初めは直観であるけれども、やがて精神はみずからの光であるところの構想力で心像を照らし、呼び出すことができるようになる。これこそが知性の力であり、「否定的な威力」としての自我の力であると言われる。ヘーゲルはまた知性の否定性は「具体的な否定性」だと言っている。この具体的な否定性の力こそが、自我が自己と同一な自我であることを可能としている。この「力」の源はどこか。想起の闇にもたらされる光はどこから来るのか。

② 空想はなぜパーソナルなファンタジーではなく、理性としての空想、一般的な記憶であることができるのか。記号を作る空想によって作られる記号が、個的な記号となってしまわないのはなぜか。記号とは、そのもともとの感性的な成り立ちの持つ意味とは別の意味を上書きされた象徴である。それならば、たとえば他者の作った記号を見て、私たちが同一の内容を想起することができるのは、どうしてなのだろうか。

この二つの問題についてては、ヘーゲルは直接に発達論的な答えを与えてはいないが、間接的に構造的な答えは与えている。つまり「精神哲学」の著述の構造から判断すれば、「心理学　**精神**」のステージにある人間精神は、その前にすでに「精神の現象学　**意識**」のステージをクリア済みなので、一般的な自己意識、理性、理論的精神と呼ばれる状態に生成済みである。そのために、構想力の所産は常に、一般的知性的なプロダクトとなる。右の①②で問われるような、制御できない想起の叛乱に襲われたり、個的な空想の閉域や構語不全（Idioglossia）に陥る心配はないのである。ヘーゲルの叙述している「知性としての精神」とは、ラカンの用語を用いれば、象徴的去勢が完全に遂行され、社会化された自我のことである。だがそのような自我など可能だろうか。確かに、「精神の現象学」において、意識は他の意識を承認し、承認される意識となった。しかしそのことは、私たちの経験から考えても、諸意識が完全に相互浸透し、同調するようになった状態を招きはしない。それは、現実には存在しない理論的仮構である。実際には、私たちの相互承認とは、日々の生活の中でその都度行われるプロセスとしてあるのみである。このことは特に、ヘーゲルが相互承認の達成済みを仮構して論を進めるこの構想力の箇所において問題として浮上する。私たちは、私たちの構想力の機能を同調させることはできるのだろうか。意識内容のダイレクトなシンクロなど、人類の全意識が直接的に接続された集合意識状態を仮定しないかぎり、不可能である。だが擬似シンクロ状態を考えることはできる。たとえばひとりの人間がその場で独自の「記号」を生成したとして、その「意味」を目の前にいる相手に初めて示したとしよう。そこで相手が正確にその記号に込められた作り手の空想と同じ空想を意識において生成することは、普通起こり得ないと考えることができる。ところが、よく考えると、私たちの社会空間においては、そういうことは起こり得ている。先にヘーゲルの記号について論じたときに、家紋や商標の例を出しておいた。そうした「記号」は、社会空間において流通している。そこである場やコンテキストの共有があるときに、記号の意味が同一のものとして成立し、交通することもまた事実として私たちは知っている。だが、さらに考えてみると、意味の共有の失敗やズレ、つまりマイクロなディスコミュニケーションはその都度、起こっていると考えられる。私たちの意識が直接に接続されているのでないかぎり、それは当然のことである。逆に言えば、もし意識が直接にシンクロしているのならば、媒体としての記号など必要ないだろう。したがって、問題は、疑似的なシンクロが可能となるメカニズムである。つまりそれが、他者の残した「象徴」を勝手に「記号」とする能力である。他者はそれを他者なりに「記号」として発したのかも知れない。だが私たちの意識が直接に接続／同調していないのであれば、原理的に言って、記号は常に象徴でしかない。つまりそれに他者が載せた空想を私たちは直接には知ることができない。私たちはただみずからの空想で、他者の空想を空想するしかない。人間の空想とはこのようなかたちで、相互に作用する性質を持っている。

だけれども、それは本質的に擬似シンクロである。シンクロしているという確信は、誤信であり、かんちがいであろう。記号とは、このような意味での空想的、想像的な同一性の所産だと言える。空想的同一性は常にズレる可能性をはらんでいる。また逆にズレる可能性がないのであれば、つまり完全な同調が可能なのであれば、そもそも記号は必要がない。だから記号とは、差異と同一の同一であり、弁証法的なプロダクトなのである。あるいは、このようなズレをはらんだ記号によってこそ、弁証法は生成すると言ってもよい。

こうして私たちは、ヘーゲルの構想力論を検討することで、人間精神の構想力と呼ばれる力には、意識と意識との擬似シンクロ作用を引き起こすものが成分として含まれていることを抽出することができた。これがヘーゲルの構想力を取り上げたことによる成果である。これによって確認されたのは、私たちの記憶とは、単なる想起のことではない、ということである。そこには、他者の意識との擬似同調回路が内蔵されている。あるいは、より適切なメタファーとしては、私たちの意識の構造において、想起の回路と擬似同調の回路とは隣接しており、それゆえに相互に影響し合うのかも知れない。（たとえば電気回路で変圧器（トランス）を構成するとき、一次コイルと二次コイルを対置する。両者の間は結線されていないが、電磁誘導の原理により、一次コイルに電流を流すと二次コイルに巻き数比に応じた電圧が生じ、電流が流れる。そのようなイメージである。）想起の回路が働くときに、擬似同調回路が影響されて起動するということがあるだろう。それは想起を共有したいという欲望として発現するのだろう。あるいは逆に発想してみれば、この擬似同調回路が働くときに、想起の回路が励起されるということはあるのだろうかと問うことができる。そのときには、空白の記憶、記憶のない記憶、記憶についての記憶が発現するのではないだろうか。おそらくここに、この論考の最初から考えてきた、アウグスティヌスの経験した〈記憶を起動する記憶〉の秘密を解く鍵がある。

この後、私たちは、構想力における擬似同調回路の成分を分離抽出するために、二十世紀のヤーコブソンの言語論を通過することとする。ヘーゲルの叙述は、時代的制約のために、その分離抽出の作業には適さない。ただしそこから離れる前に、ヘーゲルにおける媒体としての「声」と「言葉」との問題にも言及しておこう。

五　声と時間と弁証法

カントも構想力を想起の能力（再生産的構想力）としてだけではなく、認識においては感性と悟性とを結びつける超越論的図式を生み出す能力、芸術活動においては美的対象を産出する能力（生産的構想力）であると考えていた。ところでカントが構想力について述べるときに挙げる事例は直線、三角形、円など図像的、視覚的なものが多い。いわば空間的であるとも言えよう。この空間的認知が認識として取りまとめられるためには、空間を空間として把握するための否定性が必要となってくる。だからこそ空間の他者としての、空間的認知が折り重なり一つの認識を形成する〈場〉としての、時間が必要となってくる。カントにおいて（またハイデガーにおいて）構想力が時間性そのものであると考えられる理由は、ここにある。だが先に論じたように、構想力を時間性そのものであると言ってしまっては、時間性の成立そのものが問えないことになる。その場合には、視覚的像が、あらかじめ与えられた継起的な枠組みであるところの時間性にはめ込まれるだけである。一方ヘーゲルの場合には、構想力の作用を今日で言うところの言語行為（speech-act）に結びつけようとしているように思われる。「知性は直接に、そして無条件に、話をすることによって表現される」［Hegel（Enz-III）277. 邦訳三七九］。ヘーゲルにおいては、世界の図像的認識から言語的認識へと移行することが知性への移行なのだと考えられている。それゆえに「記号」を作り出す構想力というものが考えられている。「記号」において知性による事象の把握は、感性から離れて、概念としての抽象性へと移行する。先に記憶のうちに生きることが精神であるというヘーゲルの言葉を引用したが、この場合の記憶とは、直接的な経験の偶然的再生ではなく、言語によって統合された再生だとも言える。ただ図像的想起のうちに生きるのではなく言語行為のうちに生きること、つまり空間的・視覚的認識を言語化することが、一般的知性として生きることだとヘーゲルは考えている（このことはヘーゲルが芸術論において、具象的な視覚芸術よりも抽象的な言語芸術を高く評価することと結びついている）。

ヘーゲルにおいては人間が言語空間のうちに住まうことこそが、精神として生きることである。そして生を言語化することと時間性とを結びつけて考えているところが、ヘーゲルの構想力論の注目すべき点である。「直観は直接的なものとしては、さしあたり、或る与えられたもの・或る空間的なものである。〔しかし〕直観は或る記号として用いられる限り、もっぱら止揚された直観として存在するという本質的な規定を獲得する。知性は直観のこの否定性である。それで、記号は直観のいっそう真実な形態なのであるが、この形態は時間のなかの現存在、存在すると同時に消滅する現存在である」[Ibid. 271. 邦訳三七二]。言語行為には、時間性の発生を促すエレメントがある。そのエレメントとは何であろうか。デリダは、それを「声」に求めている。ヘーゲルはすぐに続けてこう言う。「そして記号は、それのいっそう進んだ外面的心理的規定性の方から見れば、知性自身の（人間学的）自然性のなかから出て来る存在が知性によって措定されたものである。これが音（*Ton*）であり、自己を公示する内面性の外化が充実されたものである。一定の表象に適合するように自己をさらに分節する音すなわち話（*Rede*）と、それの体系すなわち言語（*Sprache*）とは、諸感覚・諸直観・諸表象に対して、第二の現存在、それらのものの直接の現存在よりはいっそう高次の現存在、一般に表象界において認められている現実存在を与える」[Ibid. 271. 邦訳三七二]。

このように述べたうえで、ヘーゲルは、世界の言語についての知見を引きつつ、音標言語（話し言葉）と書写言語（書き言葉）との関係について論じる。ヨーロッパの言語は書写言語に音標言語を記号化した字母書法を用い、中国では書写言語に象形文字書法を用いる。字母書法というのは、要するに読みの音と書きの表記が一致した言語である。ヨーロッパの言語では、おおむね文字の表記はそのまま発音される音を表している。これは音に忠実な表記であることによって、もともとの言葉の意味の源泉である感性的な事象およびそのイメージからより隔たった、抽象度の高い表現となっている。これに比べて中国を中心とした文化圏では主に象形文字書法が用いられており、これはもともとの感性的な意味を絵画的記号で表した名残をより多く残存させた書記法である。そこにおいては文字が直接に具体的感性的な意味を表す。この両者を比較すると、字母書法のほうが記号化の度合いが高い、つまり知性度が高いとヘーゲルは言う。「象形文字書法は諸表象を空間的図形によって記号化し、字母書法はそれに反しそれ自身すでに記号である音によって記号化する。それ故に字母書法は記号の記号から成立している」[Ibid. 273. 邦訳三七四]。「字母書法は即自的かつ対自的により知的である」[Ibid. 274. 邦訳三七六]。

漢字文化圏に生存していて、しかも音標言語を表記する書記言語を中国から輸入した日本の場合には事情が複雑なところがあり、むしろ表記そのものの持っていた意味とは異なる音声的な読みをあえてそこに与えることで意味を重ねたり、また表記と読みを切り離すことで、ヘーゲルの言うようなより高度に知性的な「言葉（Sprache）」の交換を行うことができるようにも思う。しかしヘーゲルにおける字母書法と象形文字書法の比較についての論が今日の言語学的観点からどれだけ正しいかどうかという問題は脇において、彼の言おうとしていることがどこにあるのかを見極めることが大切である。ヘーゲルによれば、ライプニッツはかつて中国の象形文字書法に刺激を受け、完全な書写言語を開発することによって、普遍言語を生み出そうと考えた。つまり一つの記号が一つの事象を完全に表現する単位となっているような言語である。モデルは数や化学元素記号等である。そういう言語を作れば、諸民族間の、特に学問的な交流の効率と発展にもたらす効果が大きいとライプニッツは考えた。しかしヘーゲルは、その考え方はまちがいであったと断じる。諸民族間の交通はむしろ字母書法の必要と発展とをもたらしたのである。フェニキアでかつて起こったことがそれである。ヨーロッパでは諸民族のときには激しい衝突を含んだ交流が古代より活発に起こり、文化的・精神的な交通が盛んであったからこそ、より抽象度の高い字母書法が発達した。この字母書法の発達によって、ヨーロッパでは音標言語の発達が進んだ。対して象形文字書法を用いる中国では音標言語の発達は未熟である。「音標言語の発達は字母書法の習慣と最も密接に連関している。音標言語はただ字母書法によってのみ自分の分節の明確性と純粋性とを獲得するのである。中国的音標言語の不完全性は熟知されている。……ヨーロッパでは正しいことには上品に話すためにはアクセントをつけないで話す（parler sans accent）ことが要求されるのであるが、中国的音標言語においては完全性はアクセントをつけないで話すことの反対物のなかに存立しているのである。中国的音標言語が象形文字的書写言語であるために、中国的音標言語には、字母書法による分節において獲得される客観的規定性が欠けている」［Ibid. 274. 邦訳三七六］。ここでヘーゲルが問題にする客観的規定性とは、つまり、その場における非言語コミュニケーション的な表現（声音、抑揚等）に依存せずに、言語表現そのものの構造性によって伝えようとする意味が表現されている度合いのことであると思われる。つまりヘーゲルの理想とする言語とは、文脈を言語表現そのものに織り込み、言語表現の構造そのものによって〈意味〉を表現する方向に発達した言語なのである。「包括的な完成した象形文字言語というようなものは考えられない。感性的対象はもとより固定した記号をもつことができる。

しかし精神的なものに関する記号に関しては、思想形成の進行や論理的発展やらが、記号の内的諸関係に関して且つそのことによって記号の本性に関して、変化した諸見解（Ansichten）をもたらす」［Ibid. 273. 邦訳三七五］。ヘーゲルの「精神哲学」の構成は、この後「客観的精神」へと向かい、法や道徳性、市民社会、国家を論じるいわゆる社会科学の領域に入っていく。ヘーゲルはそうした高度に発達した抽象的な社会システムを背景とし、そうした関係性の中で交流する主体同士のコミュニケーションを念頭に置いて、言語を論じている。そうした今日の言い方で言うところの近代的な主体における交流、交通は、法や政治、経済等の社会関係に根ざした高度に抽象的な概念の交換に基づいたコミュニケーションとなる側面を持つだろう。ヘーゲルの言う知的に高度な精神の領域とは、そういう近代化された社会における生活形態のことであるとイメージできる。そうした高度に抽象的なコミュニケーション様式においては、一つの単語は、文脈に応じてさまざまな意味となり得る。そのとき話者に要求されるのは、単語の適切な選択と結合によって文脈を正確に織り込むことによって、単語に付随する具象性の引力がもたらす多義性を振り払って、聞き手に正確に〈意味〉を伝えることのできる発話であろう。こうした発話空間を実現するためにヘーゲルは、カントの映像的な生産的構想力を音声的な生産的構想力へと発展させ、〈音〉の抽象性に依拠することによって、一般的知性の媒体である「記号」の産出へと結びつけようとしている。ヘーゲルの構想力の独自性は、それが音声的な構想力であり、発話行為を生み出す構想力である点に存する。しかもその場合の音声とは、その発話者個体による抑揚の負荷を排し、可能なかぎり一般化し、標準化した響きのみをそなえた音声である。

音声による媒介がなぜ重要なのか。それは音声が直観の具体性を抽象化するという意味で、否定するものだからだ。この否定性が、直観の持つそれ固有の具体性を滅ぼし、それに知性自身の固有性を授ける。声という媒体の本質がその時間性にあることをヘーゲルは評価する。声は具体的な表象として発せられるが、それにもかかわらず、消え去っていくものである。これがよいとヘーゲルは考えている。記号の真の形態は、声によって発せられる場面にあるとヘーゲルは考えている。つまり記号自体の象徴としての形象に、知性が別の意味を重ねること、voice-over すること、この重ね合せの時間のうちにおいてだけ真の記号は成立しているのだとも言える。この記号と声と時間性の連結にこそ、ヘーゲル記号論の本質がある。

ヘーゲルは、音声的な構想力が生み出す記号を用いた発話作用と時間性との関係を指摘している。「音を出すものとしての言葉は時間のなかで消滅する。このことによって時間は音を出すものとしての言葉において、自己を抽象的な否定性として——即ち単に否定的な否定性として——明示する」[Ibid. 279-280. 邦訳三八三]。この点にデリダも注目している。「ところでヘーゲルも、記号を産出する構想力と時間とのあいだに本質的な関係を認めている」[Derrida (1972) 91. 邦訳（上）一五四]。ヘーゲルは音声性を視覚性よりもその抽象度の高さにおいて評価し、それに精神的・観念的優越を認めていた。芸術学においても自然学においても、ヘーゲルは聴覚の、音の持つ否定性を強調する。聴覚の持つ高い観念性は、外部的定在でありながら消えゆく定在として内部化される定在を可能にする。ここに生じる時間的な内部性は弁証法の運動と本質的なかかわりを持つ。「観念化の運動としての音、自然的外部性のアウフヘーブングとしての音、視覚的なものから聴覚的なものへの止揚としての音」[Ibid. 109. 邦訳（上）一七四]。しかし音というものが、定在でありながら消えゆく定在であることによって時間性を可能にするという論は、フッサールの時間意識についての論を想起させはするものの、それだけで弁証法の発生へとつながるわけではない。デリダは「音声中心主義」という言葉で西欧における「現象」としての「形而上学空間」の成立を指し示し、批判しようとする。この場合の「形而上学」はヘーゲルの「弁証法」のことでもあると言ってよいだろう。だが〈声〉の持つ時間性と〈弁証法〉の成立との間には、もう少し補填して論じられなければならないものがある。言葉と時間との関連を言った後で、ヘーゲルがすぐに時間の抽象的な否定性に対して、具体的な否定性としての知性の働きについて述べていることに注意しなくてはならない。音＝時間はまだ抽象的な否定性にすぎない。「しかし言語記号の真実な具体的否定性は知性である。なぜかといえば知性によって言語記号は外面的なものから内面的なものへと変化させられ、そしてこの変形された形態において保存されるからである。こうして言葉は思想によって活気づけられた現存在になる。この現存在はわれわれの思想にとって絶対的に必要である。われわれがわれわれの思想について知るのは、すなわちわれわれが明確な現実的思想をもつのは、ただわれわれがわれわれの思想に対象性の形式・われわれの内面性から区別されているという形式・こうして外面性の形態――そしてもとより同時に最高の内面性の刻印をおびているような外面性の形態――を与えるときだけである。そのように内面的であり同時に外面的なものであるのはひとり分節された音すなわち言葉だけである」[Hegel (Enz-III) 280. 邦訳三八三]。ここでは内面性と外面性との交叉、内面と外面との重なり合いを「言葉」が生み出すという点こそが、重要なのである。発話された言葉は、発せられた他者の音は、その外面性を持ったまま私の中に入り込み、私の中に内面化される。内面化されてもそれは外面である。他者の言葉を内面化することによって、私は私の内面を外面化する。この後のヘーゲルの論は、いわば一般的思考機械としての社会的主体を考えているかのようである。自分の中に他者の言葉を蓄えていくこと、つまり私的で恣意的、具体的で感性的な意味を消失した言葉を蓄えていくことによって、私は公的・社会的な象徴秩序に自己を接続する。[20]

＊

けれども、再度言えば、おそらく純粋に物理的な媒体としての「声」が問題なのではない。

確かに声は、重ね合わせに適した媒体である。映像的な想起においては、心像は相互に空間的な排他性を持つから、重ね合せが不可能である。一方、音声では重ね合わせが可能だ。映像に音声を重ねることもできるし、音声に音声を重ねることもできる。声という媒体の否定性は、重ね合わせが可能な、その水彩絵具のような透明性から来ている。この透明性が、想起を知性的な記憶へと変換する一助となる。だがヘーゲルでさえ、声の否定性はまだ抽象的な否定性であると言う。それと比べて、知性の否定性は具体的な否定性であると言う。知性の否定性は、映像が音声化されるときの否定性よりもより深い意味での否定性である。この知性がそなえる具体的否定性とは具体的に何であるのかをヘーゲルは直接的には言明していないが、つまりそれは、記号を生み出す否定性であり、象徴に意味を上書きする力のことだと考えられる。ヘーゲルはしばしば「抽象的」という形容詞を悪い意味で用いる。それは事柄の表層的で単純な物理的特徴を捉えているにすぎないという意味で用いられる。それに対して「具体的」という形容詞は、事柄の深く本質的な精神的特徴を捉えているときに用いられる。だからヘーゲルの言う具体的なものというのは、むしろ一般の意味とは逆に、直接的に眼に見えるようなものではない。それは逆に理解されなくてはならない。音声の否定性は、それが物理的に消えていく性質の媒体であるからという意味で時間的であり、時間的であることによって空間的な直観の心像に対する否定性となっていた。だがさらにそうした単なる物理的な性質ではない否定性というものが考えられている。それは先に見た象形文字書法と字母書法との区別において述べられていた「話」「言語」そのものの構造に文脈を織り込むかたちで、あやまたずに一般的な意味を「記号」に載せて発することを可能にする力のことであると考えられる。それは精神的な否定性である点で、声よりもいっそう透明な否定性なのだ。

*

発達心理学者のやまだようこは、人間が言語を獲得するプロセスにおける共鳴的・共感的な関係性の存在を強調する［やまだ（二〇一〇）］。そこでは親が子どもにものを指さし、その名を唱え、それを子どもが復唱するプロセスによる、言語の自己化が鍵である。言葉は「主体が客体と対立的に立つのではなく、自分が見たものを他者にも見せたいと願い、共鳴し、共感し、響存する、『並ぶ関係』のなかから、生まれる」。ここにおいては、音声の重ね合せによる差異と同一の同一という事態が発達論的なプロセスとして指摘されている。なおやまだが強調するように、このプロセスにおいて起こっていることは、単なる声の重なり合いではないことが認識される必要があるだろう。声という媒体が媒体として機能するには、実はそれを媒体たらしめるための、見えない媒体が必要である。この透明な媒体は、いわば欲望の共鳴である。それがなければ、他者の声はたとえ復唱されたとしても、他者の声のままである。やまだが「ことばの前のことば」というタームで説明しようとするのは、そのことである。「ことばが生まれるには、自分が見たもの、体験したものを、他者に伝えたい、分かちあいたいという強力な欲求と、それを支える人間関係が必要である」［同一九一］。それがあってこそ、他者の声の響きを自己の声に変換し、内化するということが起こる。少なくとも定型発達的な在り方においては、ということだけれども。

＊

ヘーゲルの言う知性の持つ否定性と記憶の形成について、一つの示唆的なエピソードが一九四四年に、ボルヘスによって書かれている。彼の『伝奇集』に収録された「記憶の人フネス」という作品だ。このわずか数頁の短編は、ある事故がきっかけで異常な記憶能力を持つようになった人物との出会いを、簡潔だが強い印象を与えるかたちで描写している。もちろんこれはボルヘスの〈創作〉であるけれども、ボルヘスの描写は記憶の問題についての鮮やかな洞察を含み、他の『伝奇集』に収録された諸作品と同様に、読者を人間存在についての思索へと誘う。これは一種の哲学小説と呼んでもよい。この作品で描かれる「フネス」という人物は、今日の視点からすると、ASD（自閉症スペクトラム障害）に典型的な複数の特徴を示しており、ボルヘスが何らかの機会に、ASD者と接触する機会があった可能性を思わせる。仮にそうではなく、「フネス」が完全にボルヘスの想像の産物なのだとしたら、その人間の記憶能力の特性についての洞察には驚く以外にない。

フネスという若者は、あるとき農場で荒馬に振り落とされて不随の体となり、寝たきりの生活となった。落馬の衝撃から回復したとき、彼は完全な記憶力を有するようになっていた。完全な記憶とは、この場合、これまでに眼にしたもの、いま眼にしているもののすべてをあらゆる細部にわたって思い出すことができるということである。「落馬のさい意識を失った。それを回復したとき、現在はあまりにも豊饒かつ鮮明にすぎて、ほとんど耐えがたかった。もっとも古く、もっとも小さな記憶でさえもがそのとおりだった。……いまでは彼の知覚と記憶は絶対に間違いのないものになっていた」［ボルヘス（一九九三）一五五］。こうして彼は起きているときに経験するあらゆる直観、寝ているときに見るあらゆる夢、この双方の正確無比な心像たちを無限に完璧に所蔵する貯蔵庫となった。たとえば彼は、何年何月何日何時のある瞬間に見た、空の雲のかたちを精密に思い出すことができる。「実際、フネスは、あらゆる森の、あらゆる木の、あらゆる葉を記憶しているばかりか、それを知覚したか想像した場合のひとつひとつを記憶していた」〔同一五八〕。私たちの記憶とは、フネスと比較すれば、粗雑に抽象化された形式であることがわかる。しかしヘーゲルの用語を用いれば、フネスとは、想起の人であって、記憶の人ではないことになろう。あるときフネスは独創的な計数法を思いついて、あらゆる数字に単語を記号として割り振ることを始めた。また逆に、過去のあらゆる記憶に数字を割り振って固定しようとした。「数の自然的系列にたいする無限の語彙と、記憶のイメージのすべてをふくむ無益な意識のカタログ」〔同一五八〕、すべてを記憶しているフネスにはそのいずれも可能だったが、ただその作業は終わるときがないことに気づいて、彼はその実行を思いとどまった。フネスは、私たちが通常の意味で用いる「概念」というものを持つことができなかった。あらゆる直観の細部を記憶し、想起することのできるフネスは、概念を持つ必要がなかったし、持つこともできなかった。「フネスは、普遍的なプラトン的観念を持つことはおよそできない男であった。包括的な『犬』という記号が、さまざまな大きさや形をした多くのことなる個体をふくむということが理解しがたいだけではない。三時十四分の（横から眺めた）犬が、三時十五分の（前から眺めた）犬と同一の名前を持つことが気になったのだ」〔同一五八—五九〕。彼は苦もなく、多数の外国語をマスターすることができた。ラテン語の辞書とプリニウスの『博物誌』一冊を借り受けただけで数日でラテン語を習得し、『博物誌』を暗唱して、語り手である「私」を驚かせる。しかしそれほどの能力にもかかわらず、一日中暗い部屋の中に座り、想起の充満した海に漂うフネスに、「私」は知性を感じなかった。「彼には大して思考の能力はなかったように思う。考えるということは、さまざまな相違を忘れること、一般化すること、抽象化することである。フネスのいわばすし詰めの世界には、およそ直截的な細部しか存在しなかった」〔同一六〇〕。

私たちは「思考するとは忘れることだ」というこのボルヘスの直感に、ヘーゲルの「知性」についての考え方との驚くべき一致を見出すことができる。ヘーゲルの考えでは、想起は記憶ではない。記憶とは、直接的な心像を葬り去ることによって成立する。そして記憶こそが知性であり、したがって、思考するとは忘れることである。「記憶とは忘れることである」という逆説が、ここに成立する。それがヘーゲルの言ったことだ。私たちはすべてを覚えていることはできない。それは哀しいことだ。しかし忘れることによって、私たちはそれについて考えることができるし、語ることもできる。そしてそのように意識することすらせずに私たちは、忘却において思考し、語っている。

＊

村上春樹の小説『ノルウェイの森』の冒頭で、主人公である「僕」は、昔の恋人「直子」との間に起きた出来事のこまやかなひとつひとつを時が経つにつれて思い出せなくなっていることを哀しむ。プルースト流儀の始まり方をするこの物語では、紅茶に浸したマドレーヌの味ではなく、恋人の死の十七年後に「僕」が航空機の中で耳にするビートルズの Norwegian Wood の旋律をトリガーとして、記憶の流れが起動する。その死んだ恋人は、私のことをいつまでも忘れないで、と言ったのである。だが刻一刻と薄らいでいく不完全な記憶のなかにあるいまこそ「僕」は、「直子」のことを書き留めることができ、より深く彼女を理解できるようになった、と感じる。「もっと昔、僕がまだ若く、その記憶がずっと鮮明だったころ、僕は直子について書いてみようと試みたことが何度かある。でもそのときは一行たりとも書くことができなかった。その最初の一行さえ出てくれれば、あとは何もかもすらすらと書いてしまえるだろうということはよくわかっていたのだけれど、その一行がどうしても出てこなかったのだ。全てがあまりにもくっきりとしすぎていて、どこから手をつければいいのかがわからなかったのだ。あまりにも克明な地図が、克明にすぎて時として役に立たないのと同じことだ」［村上（二〇〇四）（上）二二］。忘却が「僕」を十七年間にわたる失語から救い出し、「直子」についての物語を始めることを促すのだ。

＊

ボルヘスの「〈すべて〉を想起することのできる人」という現実離れしたフィクショナルな人物像を経由することで、私たちは私たちの「記憶」の持つ忘却的な性質に、初めて思い当たることができる。暗闇に座り、ひたすら豊饒で緻密な想起について語ることしかできないフネスは、「私」の言葉をほとんど理解しようとしない。一方で彼は、非常に丁寧な文面の手紙を書き、「私」に送り、ラテン語の辞書と書物を借り受ける。彼は言語を習得することはできるし、上手な文章を書くことはできる。話すこともできる。しかし「私」とフネスとの〈対話〉には困難が伴う。フネスの想起の充満には、私の言葉の差し込む余地は存在しない。フネスのつぶやきには、私の〈声〉が浸透しないのである。思考することと対話することは、ある意味では同じだ。そのいずれも、細部を捨象し、一般化し、抽象化することを必要とする。フネスを想起の充満する暗闇から救い出す光とは、この抽象化を可能とする透明な否定性の力だ。フネスに必要なのは、想起を記憶へと変化させる否定性である。それはまた記号を作る構想力でもある。この構想力の持つ否定性が差し込むとき、フネスは思考し、他者と対話することができるようになるだろう。フネスは確かに語っている。しかしそれは「私」に向けた言葉ではないし、また「私」の言葉もフネスには入っていかない。フネスは対話という意味での〈言葉〉を失った存在なのだ。

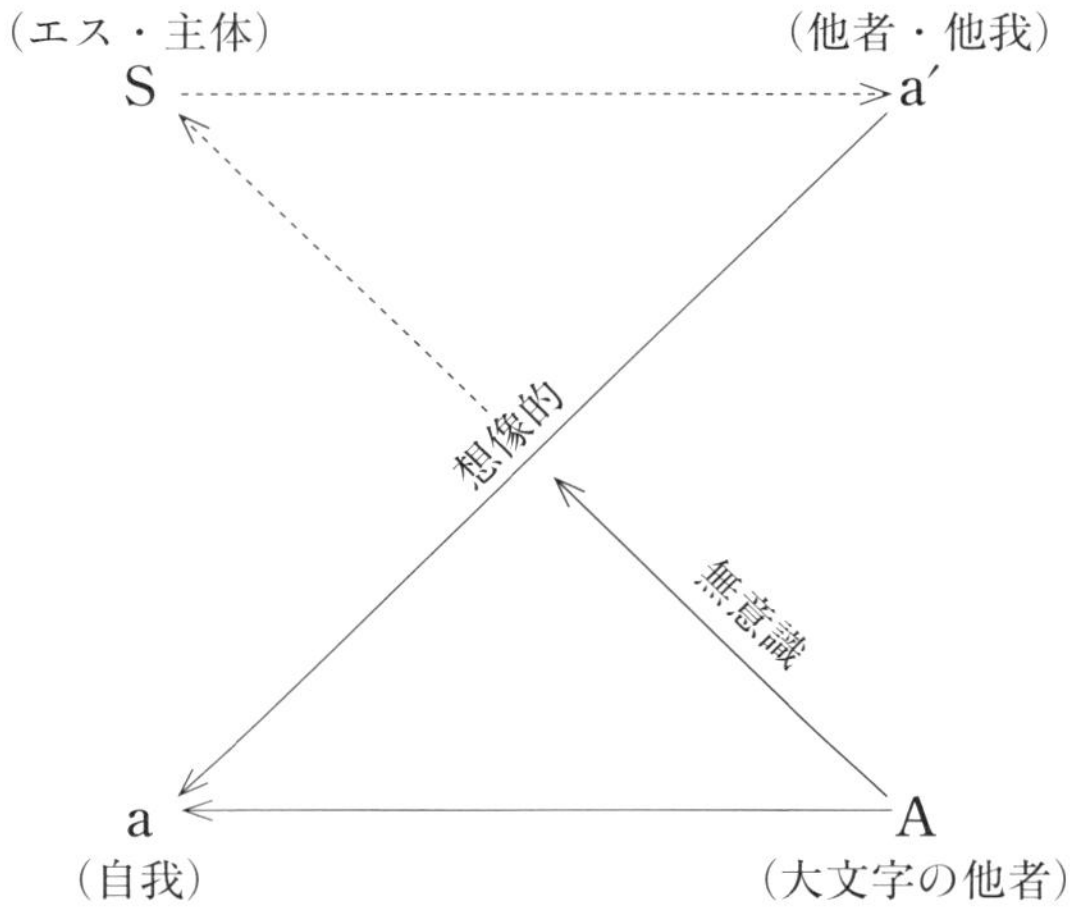

あるいは、フネスにおいては、他者の〈声〉はあまりにそのままに入ってきてしまうことが問題なのかも知れない。自分の〈声〉で他者の〈声〉をヴォイスオーバーすることができないために、フネスは想起のすし詰めに閉じ込められ、そこに否定性の隙間を入れることができない。そうなると、重要なことは、〈声〉あるいは声に託されて侵入する透明な否定性の〈重なり合い〉もしくは〈交叉〉であることになる。逆に言えば、私たちは実は、他者の声を聞いているようで聞いていない。他者の声にヴォイスオーバーして、自己の声を聞いているので

ある。あるいは、大文字の他者、大文字の〈人間〉の声を聞いている。初期ラカンの「シェーマL（L図）」を思い浮かべてみよう。眼前の〈他我〉の声に応答する〈自我〉のラインを遮って、〈大文字の他者〉からの声を聞くラインを確立するとき、私たちの〈主体〉は成立する。この図式のもっとも巧みな点は、この構造が二つのラインの交叉によって成り立っているということ、そして単にラインの交叉なのではなく、ねじれた四辺形として、ひと回りぐるっと回ることのできる閉じた回路となっているということだ。この図は平面図だから交叉となるが、これを立体に変換すると、クラインの壺のような構造となり、弁証法の循環回路が表現できるだろう。ラカンは〈大文字の他者〉からの声を聞く象徴界のラインが、自我＝他我の想像界のラインに遮られ乱されるときに精神病（統合失調症）に陥ると考える。弁証法回路の失調である。だがフネスの場合には、おそらくこの二つのラインが交叉していない。それは回路成立のうえでの失調なのではなく、そもそも回路の不成立なのだ。

ここまで考えて、もしかしたらフネスは、遅れているのではなく、私たちに先んじた存在であるのかも知れないとも思う。ボルヘスはすでに、フネスこそはニーチェの言うあの「超人」（Übermensch）の先駆的な存在なのだと示唆していた。

*

二十世紀の後半、一九七〇年代以降における現代思想（ポスト構造主義／ポストモダン思想）と呼ばれる思想潮流は、ラカンの精神病理学が取り組んだ神経症と分裂症（統合失調症）の鑑別診断［参照：松本（二〇一五）］の試みから、「パラノイア」と「スキゾフレニア」という二つの人間精神の類型［参照：浅田（一九八三）など］を取り出し、前者を資本主義経済を駆動する労働力としての近代的精神の類型、後者をその開平によって資本主義経済による人間精神の労働力化を乗り越えていくポスト近代的精神の類型と位置づけた。このように整理しておこう。本論考の観点から前者を「差異と同一の同一」という弁証法回路の成立、後者を弁証法回路の開平による超克と対応づけることができる。ドゥルーズ／ガタリの「資本主義と分裂症」というプロブレマティークは、このようにして分裂症的精神類型を、資本主義的な神経症的精神類型を超克するものとして位置づけるものだった。ところが、その後の先進国における後期資本主義経済のハイパー消費経済化、バブル経済の周期的発生、金融経済化、グローバル化の経験を経て二十一世紀に突入した今日明らかとなってきたのは、ポスト近代的とされた統合失調症様精神モデルは、高度資本主義社会における商品の充溢に対応した自我のありようにすぎなかったということだ。資本主義的生産様式においては経済の回転につれて不変資本が蓄積されることにより、可変資本（人間労働力）と不変資本（設備・技術・知識・原料）との比率が高度化する。生産の現場における直接的で単純な人間労働の本質的な不必要性の度合いが高まる。生産物の輸出や生産現場そのものの輸出などのファクターを省いて単純化して言えば、生産資本の蓄積が十分になされた社会においては、高度化された少数の労働力のみが必要となりつつも、生み出される商品の消費は必要であるから、商品は高度化の一途を辿る。技術革新に資本が投下され、日常はテクノロジーを駆使した高度な商品によって満たされていく。資本蓄積が一定の水準以上となった日本のような社会では、こうして、比較的単純な労働に従事する社会層でも、以前には考えられなかったような高度な技術を駆使した商品によって日常を彩った生活を送ることができるようになる。人並み以上の収入を望む場合は、自分の労働力そのものを知識的・技術的に高度化して労働市場に参入し、高度労働者となるか資本家となるかのいずれかである。こうして生活形態は二極化の傾向をたどるが、いずれの生活にしても、不変資本を可変資本で、具体的労働を抽象的労働で、使用価値を交換価値で上書きし、ヴォイスオーバーすることで剰余価値を生み出し技術を高度化する亢進プロセスは、途切れることなく維持され、私たちの生活はついに労働からの解放、つまり時間的な豊かさを獲得することができない。剰余価値の生産は、絶え間ない技術革新と資源の消費を要求し、それは環境を圧迫する。その犠牲の上に先進国では、蓄積された資本を生産システムとして海外拠点へと移し、現地の安い労働力との組み合わせで資本の有機的構成をリセットして再編成するから、直接的な生産から解放されたかのような生活が高度な資本蓄積を有する都市人口など一部の層では可能だろう。だけれどもそれで人間労働を交換価値によって抽象化するサイクルを超克できたわけではない。高度な商品に満たされた生活を得るためにみずからの労働力を高度に商品化することを余儀なくされる仕組みは、マルクスの時代から驚くほど変わっていない。蓄積された資本が労働の解放に用いられることは、ついにない［参照：Nojiri（2014）］。

〈商品空間〉に閉鎖される呪縛を生み出しているのは、私たち自身だ。私たちは〈商品〉を生産し消費する快楽のサイクルをやめることができない。それは〈商品〉が〈記号〉だからだ。かつて現代思想ブームのときに〈記号〉とは差異の戯れであるなどと言われたが、〈記号〉とはそのようなものではない。差異の戯れなどという表層的な観念操作にそれほど呪縛的な快楽などありはしない。それは知識人の誤解だ。〈記号〉によって私たちは、他者の声を自己の声に変換して聞く。やめることができないのは、その否定性の〈交叉〉であり、それによって生じる〈主体〉であることの快楽である。かつてマルクスは、物象化とは、ヒトとヒトとの関係がモノ化すると同時に、モノとモノとの関係がヒト化することであると言った。私たちは〈商品〉に他者の声を聞いている。と同時にそれを、自己の声として聞いている。そのことによって今度は、自己の存在に魔術を施し、他者に聞かれる声へと化身する。そうして自己を〈商品〉へと転化している。もし「超人」と呼ばれ得る存在が可能なのだとしたら、それはこの他者の声の中に自己の声を聞く〈交叉〉、ヴォイスオーバーの効果を振り切ることができるか、もしくは初めから無視することのできる人間のことだろう。統合失調症様精神モデルは、直接的人間労働の生産局面への包摂圧力が強いステージで生じる部分的な反作用のモデル化にすぎなかったと捉えることができる。だが今日明らかなのは、生産局面から離脱すれば交換価値の支配する商品空間を抜け出すことができると考えるのは、まちがいだったということである。消費の空間において、交換価値という〈声〉の支配は継続する。統合失調症の危機は回避できても、生産の神経症＝弁証法という名のパラノイアは、消費の神経症＝弁証法という名のパラノイアに姿を変えて、存続する。統合失調症は一九七〇年代以降、先進国では軽症化傾向にあることが報告されている。資本主義経済のこのステージにおいて、相対的にＡＳＤ（自閉症）への注目が集まるのは、偶然ではない。ＡＳＤが現代において浮上する事実は、統合失調症ではなくＡＳＤこそが、神経症の反対概念であったことを示唆している。商品空間の声の充満のさなかにあって、その声を聞かないこととしての自閉症概念。すなわち「資本主義と自閉症」というプロブレマティーク。

＊

内面性と外面性との交叉、それがどうして弁証法を生み、時間性を生むのか、私たちはいまだこの問いに答えていない。しかしヘーゲルの記号論から得られた重要な示唆は、ヘーゲルが構想力を「記号」を生み出す構想力として捉えたこと、そのことによって構想力の働きが言葉（発話）と結びつけられたことである。いまだその精密な機序は明らかではないが、音声や言葉（発話）の持つ否定性と時間性との関係が示唆された。同時にそこには、弁証法発生の契機が、そして西欧形而上学の空間の成立機序が、かかわっている。構想力と言葉と時間性と弁証法、そして形而上学。デリダはかつてこれらのかかわりをテーゼとして示唆したが、論証を完成させたわけではない。しかし彼は大きな示唆を残している。

デリダは『哲学の余白』（一九七二年）において、ヘーゲルの記号論と空白の神話を生み出す形而上学という二つの重要なプロブレマティークを提出している。前者は「竪坑とピラミッド」、後者は「白い神話」という論文で論じられている。前者では、ヘーゲルにおける記号を作る想像力こそが弁証法を生み出し、時間を生み出すことが述べられる。後者では、あらゆる概念とは比喩であると言われ、西洋の形而上学とは基本的に隠喩であるところの神話を超えたメタ神話、神話についての神話、空白の神話を生み出すことがその本質であることが述べられる。しかしこの重要な二つの問題提起は、デリダにおいてはきれいに接続されたかたちでは解かれてはいない。理由のひとつは、デリダがその隠喩論において、「隠喩」と「換喩」を明確に区別した論立てをしなかったことにあると思われる。叙述の端々や注においてデリダは、「換喩」の問題にかすかに触れるものの、その論点に焦点を当てることには踏み込まなかった。[21] デリダが論じたのは、大きな意味での比喩表現一般としての隠喩（メタファー）であり、それと西洋形而上学の本質との問題であった。デリダは「白い神話」において、哲学の用いるすべての「概念」とは隠喩にすぎないと主張する。それは、もともとは感性的な意味を持っていたのだが、それが使い古されるうちに摩滅せられ、もともとの起源とは異なった意味を担って流通するようになったトークンなのだ。「抽象的な観念はつねになんらかの感性的な比喩を隠している。形而上学の言語の歴史は比喩の効力の消去および比喩の肖像の摩滅と一体であろう」[Derrida（1972）250. 邦訳（下）八六]。そして形而上学としての哲学とは、この起源の感性的刻印の摩滅と忘却とを取り戻そうとして、表現の彼方に唯一の真理を仮構するようになってしまった態度のことである。「〔アナトール・フランス『エピクロスの園』より引用〕『すなわち何か抽象的な観念の一切の表現は一個の寓意でしかありえないということだ。仮象の世界を免れていると信じているあの形而上学者たちは奇妙な運命のめぐり合わせによって、永遠に寓意のなかで生きることを強制されているのだ。悲しい詩人である彼らは古代の寓話を色褪せさせたが、しかし彼らはそうした寓話の組み立て工にすぎないのだ。彼らは白い神話を作っているのだ。』。……形而上学――それは西洋の文化を結集し、反映＝反省する白い神話である。すなわち白人は自分自身の〔＝自己固有の〕神話を、インド＝ヨーロッパの神話を、そのロゴスすなわちみずからの固有語のミュトス〔神話〕を、彼がいまだに〈理性〉と呼びたがっているに違いないものの普遍的形式と取り違えているのだ。……白い神話――形而上学はそれを生み出した神話的舞台を自分自身のなかで消去したが、にもかかわらずこの舞台は活発に蠢いており、パランプセストのなかに白いインクで、不可視の覆い隠された粗描として書き込まれたままである」［Ibid. 253-54. 邦訳（下）九二―九三］。

そこでデリダはニーチェを引用する。「では真理とは何か。それは多数の遊動する隠喩、換喩、擬人法であり、要するに詩的・修辞的に高められ、置換され、飾られた人間的諸関係の総和である。それが長い慣用を経て、或る民族にとって堅固で規範的・拘束的と思われるようになったのである。すなわち真理のかずかずとは、それが幻想であることを忘れられてしまった幻想、使い古されてその感性的な力を失った（*die abgenutzt und sinnlich kraftlos geworden sind*）隠喩、その刻印（Bild〔形像〕）を失って、以後貨幣としてではなく金属として重宝されるようになった貨幣のことなのである」［Ibid. 258. 邦訳（下）九六―九七］。ここでデリダが、ヘーゲルの構想力論と記号論を意識しつつ、感性的な力やBildの喪失というニーチェの表現を引用していることは明らかだろう。またデリダは、ニーチェの洞察と価値論（マルクス）との重なりも示唆している。すなわち使用価値の交換価値による上書きである。形而上学とは、神話が比喩であることを忘れ、唯一の神話、最後の神話、神話そのものに到達しようとする態度のことである。神話みずからが自己が一つの比喩であることを忘れて、神話作用そのものを対象化するとき、その神話は空白の神話となる。対象化された神話、それが「白い神話（mythologie blanche）」の意味である。ここに自己の出自についての記憶喪失に見舞われながら自己の意味について問う神話／自己が誕生する。デリダは、デュ・マルセが隠喩の定義に「光」を用いることに注目する。「**精神の光**と言うとき、この**光**という語は隠喩として捉えられている。というのも固有の意味での光が物体をわれわれに見えるようにしてくれるように、認識し看守する能力は精神を照らしてくれるからであり、健康な判断ができる状態に精神をおいてくれるからである。したがって隠喩は一種の〈転義〉である。隠喩で用いられている語は固有の意味〔＝本義〕とは別の意味で捉えられている。すなわち或る古代の人が言うように、隠喩で用いられている語はいわば**借家のなかにある**のだ。これはあらゆる〈転義〉に共通の本質的なことである」［Ibid. 302. 邦訳（下）一四七。デリダによるデュ・マルセからの引用］。ここでデュ・マルセが隠喩の定義をするのに隠喩を用いていることは明らかだが、ここで「光」の比喩が用いられていること、また「借家」の比喩が用いられていることが、デリダにとっては重要である。この光は、われわれが感性によって物を見るときに物を照らし出す自然の光とは別の種類の光、つまり精神の光である。それは理性（ヌース）の光である。私たちは実は物を見るときに、自然の光に理性の光を上書きして見ている。ヘーゲルも想起においては感性の光が心像を暗闇から呼び出すと言っていた。だが想起が記憶となるとき、記憶を呼び出す光はヌースの光であることになるだろう。つまりそれこそが、想起を構想力へと変換する光なのだ。そのヌースの光とはいったい何なのだろうか。ここでのデリダの論考はそこまでは明らかにしていない。もう一つ、デリダが着目していたのは、デュ・マルセが用いた隠喩についての「借家」の比喩である。「借家という比喩は、隠喩**そのもの**を意味するためにある。それは隠喩の隠喩なのだ。すなわち借家という隠喩は所有権の剥奪〔＝脱固有化〕、〈自宅の外に在ること〉を指すが、しかしなおも或る住処〔＝滞留〕のなかに在ること、自宅の外に在りながらも自宅のなかに在ることを指している。そうした在り方において、ひとは自己を再び見いだし、自己を認識＝再認し、自己を結集させたり自己に似たりする。それは要するに自己から自己へと出ることなのだ。この隠喩は再自己固有化における（あるいは再自己固有化を目指した）迂回としての哲学的隠喩なのであって、この場合、再自己固有化とは、観念〔＝イデア〕がみずからの光の中で再臨すること、自己に現前することなのである。プラトンのエイドスからヘーゲルの〈理念〉に至る隠喩の行程である」［Ibid. 302. 邦訳（下）一四八］。

借家という比喩においては、自己の外にありながら自己であるという重ね合わせが表現されている。それを可能にするのが、上書きする理性の光である。この光はどこからやってくるのか。それこそがおそらくあのフネスを、望むと望まざるとにかかわらず、想起の充満から連れ出し、記憶と対話の世界へと連れ出す光なのだ。われわれはこの光の正体を見きわめるために、二十世紀言語論の基礎の一つとなった、ヤーコブソンにおける「隠喩」と「換喩」との対比を基とした失語症論を、再びデリダを導入としつつ参照することとしよう。その結果、明らかとなるのは、この「光」は「換喩」を生成する能力であるということだ。

六　換喩と記号、そして記憶へ

デリダによれば、フッサールは哲学をロゴス（論理）に到達させようとして、哲学から比喩的な表現を可能なかぎり排除しようとするが、それを果たすことができない。フッサールは、ある志向性が表現しようとする意味の色を変えないままそれに透明な概念の形式を刻印することができるような、そういう中立的な媒質を考えている。それは意味に何の変化も及ぼさないまま、それでも意味の上に何かを描き込む作用を持った媒体である。その媒体の作用に、フッサールが abzubilden（複写する）とともに einzubilden（描き込む）の語を使うことは決して偶然ではないとデリダは考える。フッサールはこの作用に二つの語を同時に使わざるを得ない。つまり概念の形成は、純粋な意味の複写ではなく、そこにはどうしても付加的な意味の描き込みの作用が伴ってしまう。したがって概念（ロゴス）は完全に透明ではあり得ない。もし意味を完全に複写して伝えることのできる完全に透明なロゴスというものがあり得るとしたら、そのときには私たちは、すべての比喩を追放することができると言えるだろう。だがそれは不可能だ。したがって、どのようなロゴスも単にロゴスであろうとする欲望にすぎず、その実は常に比喩であるほかないことを、フッサールの abbilden と einbilden の二重使用はおのずと語っている。

媒質には二重の効果があり、ロゴスが意味ととりもつ関係は二重なのだ。一方にはただ単なる**反映**〔＝反射〕がある。すなわち或る**反映物**があって、それはみずからが迎え入れては送り返す当のものを尊重し、意味をそれとして、そのもとの固有の色において**描**‐**写**し、意味をそれ自身として再‐現する。それは*Abbildung*（複写、肖像、具象、表象＝再現）としての言語作用である。しかし他方で、この再生産〔＝複製〕は概念の透明な痕跡を刻印する。それは〈言わんとする作用〉において意味を形成するのであり、意味には何の変化も及ぼさずにおきながら意味に何かを**描き込む**ような特殊な非‐生産物を生産する。概念は意味に何も付け加えることなくみずからを生産したわけだ。それは或る意味で概念の**虚構**と、すなわち意味の直観を概念の一般性において捉えなおす一種の**構想力**＝**想像力**と言えるかもしれない。それは *Einbildung*〔構想・想像〕としての言語作用だということになるだろう。この二つの単語〔*Abbildung* と *Einbildung*〕

がフッサールの記述のなかに現れるのは偶然ではない。論理的なものの非生産的生産が独特なのは *Abbildung* と *Einbildung* とのこの奇妙な競合のゆえなのだ。……ロゴスを *Abbildung*〔記述・描写〕の非生産性としてと同時に *Einbildung*〔構想・形象化〕の生産性として記述せざるをえないのは、言説が往々にして比喩や形象や類比――これらは言説の屑のごときものだとされる――を使用せざるをえないからなのだ。

[Derrida（1972）198. 邦訳（下）一八一一九。翻訳修正]

このとき、直観の意味そのものを変えずに、概念が付け加えている或るものとはいったい何なのだろうか。デリダはそれこそが、構想力の独特の作用だと考えている。つまり構想力とは、単なる世界の反射なのではない。構想力は鏡なのだが、ただの鏡なのではない。光線を反射するときに、その光線の色も強度も一切変化させないまま、それでもそこに透明な何かを付け加えることによって、光線を一般化する無色の媒質、エーテルなのである。このエーテルの作用によって、直観は一般化され、概念が生み出される。より正確に言えば、構想力の働きは二重であり、二階建てなのだと言えるだろう。一階の部分の作用は Abbildung としての機能、つまり模写としての機能であり、二階の部分の作用は Einbildung としての機能、つまり概念を生み出す機能である。ここで言われる概念とは「記号」のことに他ならない。まさにそうした記号としての概念を生み出す構想力の作用に含まれているこの二階部分の成分にはじめて考察の射程が及んでいる哲学としてデリダが評価／批判したものが、ヘーゲルの「精神哲学」である。

ここでさしあたりヤーコブソンにおける隠喩と換喩の区別を応用して、構想力の一階部分の機能を隠喩的形象を形成する能力とし、二階部分の機能を換喩的形象を形成する能力であるとしよう。もちろんデリダが当の論文で主張したいことは、すべての隠喩は換喩であるということなのだし、隠喩と換喩の区別は本来連続スペクトラムになっている。それでも隠喩と換喩の概念的な差分を抽出し、押さえておくことは可能だし、必要でもある。ヤーコブソンによれば、比喩（figure）のうち隠喩（metaphor）とは相似性に基づくものであり、換喩（metonymy）とは隣接性に基づくものを指す。したがってある対象がある隠喩でもって指示される（「大都会は砂漠だ」）ときには、その対象と隠喩表現とは何かしら共通の性質を有している点で必然的な意味のつながりを有している。一方で、換喩の場合（「赤シャツが来た」）には換喩表現とその対象との結びつきは偶然にすぎず、その結びつきのコンテキストを共有している場でなければ意味を成さない。赤シャツという一特徴が特定の人物の代理表象として妥当であるのは、その場、たとえばある特定の職場の成員によって共有されたローカルな規則においてのことにすぎない。その点で換喩はよりコンテキストに依存している。換喩とは仲間内の符丁のようなものである。

ヤーコブソンは、隠喩と換喩それぞれの不全状態を失語症の二つのタイプに適用することで、私たちの言語活動のいわば隠喩的と換喩的な二つの側面を抽出した〔「言語の二つの面と失語症の二つのタイプ」一九五六年。Jakobson (2015)〕。隠喩（metaphor）と換喩（metonymy）の区別はもともと伝統的な修辞学にあったものだが、「言語の二つの面と失語症の二つのタイプ」と題された論文でヤーコブソンはその区別と、人間の言語機能が持っている動的な構造性の示す変異の二つの正反対の方向とを関係づけた。つまり隠喩と換喩との違いとは、比喩としての修辞性の度合いの違いなどによって区別されるのではなく、質的に異なる精神タイプを代表していると言ってもよく、どちらが優勢であるかによって私たちの精神構造の傾向性を描くことができるような、いわば正反対の二つの極に位置する指標として、〈隠喩的であること〉と〈換喩的であること〉を位置づけたのである。

ヤーコブソンが見出したのは、私たちの発話には〈選択〉と〈結合〉の二つの構造化の側面があることだった。〈選択〉とは表現したい事柄を相手に伝えるために、語彙の集合の中から適切な語を選び出すことである。このとき話者は、自分の選び出した語の背景に語彙の集合があることを意識している。語彙の集合とは通信理論で言えばコードの貯蔵所にあたり、発話者は話し相手と共有しているコードの貯蔵庫から適切な選択を行わなければならない。このときコードの貯蔵庫のうちには、発話者がそのときに選んだ語に代わり得る他の候補があるわけだが、〈選択〉とはこのような選択可能性を意識しながら、つまり潜在する代置集合を意識しつつ顕在する選ばれた語があることを意識しながら、行われる行為である。一つの与えられた語の一般的な意味はこの代置可能性によって、つまりその語がそのコード体系において持っている分類上の定位によって、可能となっている。たとえば「桜」という語の持つ意味は、それが植物を指すならばどのような種類の植物であるか、色を指すならばどのような種類の色であるか、季語であるならばどのような季節を表す語であるか、等々のコード上の分類を列挙することで示すことが可能である。つまり一つの語は、その語がどのような部分コード群に属しているのかを理解するメタ言語的な理解能力によってその意味が確定されるのであり、適切な語の〈選択〉とはこのようなメタ言語的な操作の能力である。「桜も咲きましたね」と発話する発話者は、一般的に言えば、季節の移り変わりを話題にしようとしている。もちろん、この文字表記のみでは、そのようなコンテキストは精確には確定できないとも言え、確定には発言に伴う状況、声音、声の抑揚、発話者の人間性など背景情報が必要だが、そうした〈場〉の内容を総合的に判断して、発話者が季節の移り変わり、つまり「(もう／ようやく)今年も桜が咲いた」ということを言いたいために「桜も咲きましたね」と言っていることが比較的明らかな状況であるとしよう。

ここでは「桜」が季節を代表的に表現する語のグループの一つであることを踏まえ、「桜」という語を選択して発話することによって、「季節」というメタ言語的な脈絡（文脈、コンテキスト）に言及しているわけである。このとき聞き手に要求されている、この発話の表現しているメッセージを正確に理解する能力とは、発話者が対象言語「桜」を〈選択〉することによってメタ言語である季節としての「春」を表現しようとしていることを理解する能力である。当然ながら、ある脈絡で話者の発する「桜」という語の〈選択〉に、春という季節への言及が意図されていることを理解するためには、桜という花木の開花が春の訪れの代名詞とされているある歴史的時期以降の日本社会において共有されている文化的コンテキストについての知識が不可欠である。たとえ話者とそのようなメタ言語的なコンテキストを共有しない場合であったとしても、〈選択〉の能力を十分に持つ聞き手は、発せられたメッセージにおける〈選択〉の持つ意味を推測しようとするだろう。

ヤーコブソンは〈選択〉の能力を〈相似性〉と結びつけている。「桜」という語は、他の植物と、他の色と、あるいは他の季節を表す語と、相違性の認識も含んだ相似性の法則によって括られるグループに所属している。その相似性による括りを可能にするのは、この場合は植物、色、季節などのメタ言語的な脈絡である。したがって相似性の異常とは、このメタ言語的な脈絡を理解し操作する能力の異常であることになる。それは選択能力の異常となって現れる。ヤーコブソンが二類型に分けて考察するところの第一の型の失語症患者は、この選択能力の欠如、すなわち相似性の異常によって特徴づけられる。興味深いことに、このタイプの失語症患者は、みずから会話を開始することに困難を示すことがあるという。なぜ開始できないのかといえば、この患者は脈絡を自分で選択することができないからである。「第一の型（選択力の欠如）の失語症患者にとっては、脈絡が不可欠で決定的な要因である。語や文の断片を与えられると、このような患者は、立ちどころにそれを完成させることができる。彼のことばは、ひとえに反応的である：会話を容易に続けていくことができるが、自分で対話を開始することには困難がある」［Jakobson（2015）63. 邦訳二八］。ここで脈絡が不可欠で決定的な要因であると述べられているが、この患者は、脈絡を与えられないと話すことができない、という意味での失語症なのである。つまり脈絡を自分で与えることができないがために、発話をすることが困難となっている。先にこれは選択能力の欠如とも言われていたわけだが、選択ができないとは脈絡の選択ができないということである。またこれは相似性の異常とも言われるわけだが、それは同じものが脈絡によっていろいろなカテゴリーに属する言葉で表されてよいということが理解できず、脈絡によって使用コードのグループを切り替えることができないためである。たとえば「桜」という語はある場合には薄いピンクの色を表しているわけだが、同じ「桜」という語が春の訪れという意味で使われて発せられた場合でも、それを「ピンク」という語で代置してしまうというような事態のことを指しているだろう。

このタイプの失語症患者は、ヤーコブソンの叙述をまとめると次のような特徴を示す。①みずから会話を開始することができない、②すでにその事物を指す記号が現存している場合にそれを代置し得る別の記号を言うことができない（たとえば鉛筆が検査員によって指し示されているときに、それを「鉛筆です」と言うことができない）、③ナイフの代わりにフォーク、ランプの代わりにテーブル、パイプの代わりに吸う、トースターの代わりに食べるという語を代用する、「黒」という名詞を思い出せなくて「死んだ」という語を用いる、④動物の名前を列挙するように言われると、自分が動物園で見た通りの順序でしか言うことができない、いくつかのものを色や大きさや形など指示された通りの分類で並べることをせず、空間的な隣接性（台所にある、事務机にある）で並べようとする、などである。注目すべきはヤーコブソンがこのタイプの失語症患者の状態を「換喩的性質」のものであると言っている点である。ここで換喩という用語が使われるのは、この患者において起こっていることが隣接性の優位であるからだ。そこでは相似性が隣接性によって冒されている。「代置力を冒され隣接力を保有している失語症患者にとっては、相似性を含む操作が、隣接性に基づく操作に屈してしまう。このような条件のもとでは、意味分類はいずれも相似性ではなく、空間的または時間的な隣接性によって導かれるであろうということが予言できよう」[Ibid. 69. 同三三]。右の①から④の事例は、一見するとそれほどおかしいことではないようにも思われるが、実生活の場面で起こってみれば、やはり奇妙に感じるであろう。このタイプの失語症患者は、具体的な経験によって得られた隣接性に基づく語の用法にとらわれることによって、現在の眼の前の相手との対話における脈絡によって語を選択することができなくなっている。つまりこれは、コンテクストを踏まえた発話能力の不全による症状なのである。つづめて言えば〈コンテクスト理解の不全による症候〉である。

この型の失語症が「換喩的な性質」[Ibid. 72. 同三六] のものであるとヤーコブソンによって言われるのは、話者による語の選択が隣接性によって制限されているためである。隣接性とは、具体的な事実に基づく法則性のことである。たとえば「赤シャツ」という語がある職場において特定の人物の代理表象であるのは、その人物が常に赤いシャツを着て出勤してくる（あるいは少なくとも周囲にそういう印象を与えている）からであろう。その人物とて、一生の間、一年を通し、一日中、赤シャツを着続ける人物であるとはかぎらない。つまりその人物と赤シャツとが結びつけられたのは、たまたまの事実に拠る。このたまたまの事実に拠る結びつきを指して隣接性と言う。隣接性が換喩表現の成立機序である。隠喩が相似性に拠る比喩なのに対して、換喩は隣接性に拠る比喩であると言われるのは、そういうことである。つまり換喩は、特定の具体的な脈絡（コンテキスト）によって成立し、その受容には特定の具体的な脈絡の理解が要求される。特定の文脈によって、ある事柄にそれと相似性があるとは言えない語を結びつけることが、換喩を生み出すことである。ここで私たちが注意しなくてはならないのは、「換喩的な性質」を持つとされる第一の型の失語症の場合、発話は事実として換喩的な表現となるのであるが、それは意図された換喩表現ではないということである。「桜も咲きましたね」という発話に対して、聞き手が「ピンク！」と返答したとしよう。「桜」を「ピンク」で代理し、「桜も咲いた」を「ピンク（が咲いた）」と置き換える操作は、確かに詩的言語操作の一種とも受け取ることが可能だ。それが脈絡を十全に踏まえたうえであえて意図的になされた表現であるときは、それを詩的な表現とも呼び得るであろう。しかし実際にこのような会話が起こる場面では、発話者は微妙な会話のくい違いにストレスを感じるであろうことはまちがいがない。発話者が春の訪れという季節の移り変わりを話題にしようとして「桜も咲きましたね」と発話していることは、標準的な日本人の多くが、その場の脈絡を具体的に経験していなくても比較的容易に推測ができる程度にまで一般化された脈絡と結びついた表現であろう。ところが先述のケースでは、発話の聞き手はその脈絡を察知できていない。「桜」と言えば色の一種であるという、おそらくその聞き手が過去に経験したであろう脈絡にとらわれて、「桜」を「ピンク」に置換している。この表現は、事実として換喩的である。しかしそれが意図的になされていないかぎりにおいて、修辞としての換喩表現として成立しているとは言えない。

この症状の「換喩的な性質」とは、意図せずして表現が換喩になってしまっているところにある。このような発話に対しては、たとえば「そうだね、菜の花も咲いていたよ」等と答えるのが、発話者の踏まえている脈絡を正確に汲み取った応答であることになるだろう。春の訪れを表現するために、「桜」を持ち出した発話者に対して、同様に春の訪れを表現することのできる「菜の花」で聞き手が応答した場合、両者の表現は〈相似性〉に基づく〈選択〉の関係にある。ここでは「隠喩的な性質」を持ったコミュニケーションが成り立っている。〈相似性〉に基づく〈選択〉が可能であるためには、その場の話題のカテゴリーを決定している脈絡を察知することができなくてはならない。ところがヤーコブソンの言う第一の型の失語症は「換喩的な性質」を持ち、隣接性に引き寄せられる性質を持つ。このような話者は、隠喩的性質を持った対話を行うことができない。隠喩的コミュニケーションは脈絡の共有によって可能となるが、換喩的な性質を持つ話者は脈絡を察知し、共有することに障碍があると考えられる。私たちは今日の精神病理学の知見も踏まえて、このような話者の示す傾向を「自閉症（＝ＡＳＤ）的な性質」と結びつけることができるだろう。「自閉症的な性質」を持つ話者の表現は「換喩的な性質」を持つ。それは話し手が表現に込めた脈絡を察知できないために、応答が意図せずに換喩的表現となってしまうためである。したがってヤーコブソンがこのタイプの失語症話者を「換喩的な性質」と結びつけていることには、注意が必要なのだ。この話者は、本来の意味での換喩を用いた対話ができない。彼の応答は常におのずと換喩的になってしまうのだが、そこに修辞としての換喩が成立しているかといえばそうではない。むしろこの自閉症的な性質を持つ話者においては、換喩が不可能なのだと理解されなくてはならない。修辞としての換喩を発話すること、発話を理解すること、そのいずれにおいても特定の脈絡の理解が前提となっているためである。換喩的な性質を持つ話者には、換喩が不可能となる。自閉症的な性質、すなわち脈絡の理解の不全という事態の核心を抽出すれば、より正確にその言語の性質と主体の機能との構造的な関連を理解することができる。

同様の逆説的な事態は、ヤーコブソンが「換喩的な性質」を持つ第一の型の失語症とは対極にあるものとして位置づける、第二の型の失語症、すなわち「隠喩的な性質」を持つ失語症についても起こっている。このタイプの失語症の特徴は、命題化する能力の喪失であるとされ、発話が単語の集積となってしまうことである。別の言い方では、失文法症とも呼ばれ、屈折などの構造的な関係を持って単語の連なりを文に成形する能力が失われる。文章の結構力が失われる結果、幼児のような一文発話、一語文へと向かう傾向がある。ヤーコブソンはそれを

「隣接性の異常」と呼ぶ。つまりこの失語症においては語の相似性が優勢であり、発話が語の相似性に支配され、それに引き寄せられる性質を持つ。先ほどまでの第一の型の失語症と同じ分析装置を用いれば、この第二型の失語症は、前者とは対極的に、対話相手の脈絡に依存することで、みずからの脈絡、みずからの隣接性による文の結構が不可能となっている状態と言える。つまりこの型の患者においては〈隣接性〉による〈結合〉の能力が欠損している。この状態において、発話は相似性に支配され、相似性の経路をたどらずに語を発することが難しくなる。ヤーコブソンは、この第二の型の失語症を、先の第一の型の失語症とは逆に、「隠喩的な性質」を持つと述べているが、その際にこのタイプの失語症患者の表現を「擬似隠喩表現（quasi-metaphoric expression）」と呼んでいるのは注目に値する。つまりこの状態にある発話者において、表現は意図せずに自然と比喩的になってしまうために、そこに真の意味での隠喩表現はないわけである。この発話者においては、修辞としての隠喩は不可能なのである。「（結構力が欠損して）代置集合だけに局限された患者は相似性ばかり扱い、彼の近似的な同一化は逆の型の失語症にふつう見られる換喩的性質の逆である、隠喩的性質のものとなる。microscope 顕微鏡の代りに、spyglass 望遠鏡、gaslight ガス灯の代りに fire 火と言うのが、こうした擬似隠喩表現 quasi-metaphoric expression の典型的な例である。ジャクソンがこれらに、修辞的ないしは詩的な隠喩に対して、それらが意図的な意味転移を全然示さないところから、この名を授けたのである」［Ibid. 72. 同三六］。

意図的ではない隠喩表現ということから私たちは、次のような統合失調症患者に典型的な発話のパターンを連想することができる。「私は毒のりんごを呑んだ赤ずきんちゃんやと思うんですわ、私のおっ母さんだ、ウン、と思うでしょ、すると切れじが切れるんですわ、でも、しなを作ってるのとちがうんどすぇ、私には先生が一番必要なんですわ、それをうまく伝えられたら介助必要なしと思うんですけれど、怪獣必要なしと思うんですわ、ほっといてクレヨと思うとね、クレヨンが出るでしょ、クレヨンはクレパスでしょ、ナッチャンレモンこんにちは、ナッチャンレモンこんにちはという言い方もあると思うんですけれど」、「そもそもの始めより始めたい、そもそもの始めであって、そもそもの始めではない、だからもう始めてる、と教えてくださったのは先生です、そもそもの始めはお母さんの胎内です、お母さんはお母さんの胎内なんか知らんという言い方もあるけど、私が知っているとも言える、お母さんのおなかの中は血の海だった、つくづく生きてて良かったと思うんですわ、つくつくぼうしも鳴いてます」［新宮（一九九五）一四］。なるほど私たちは確かにこの患者の発話の中に、「私には先生が一番必要（である）」、「（私には）介助は必要はない」、「（私は母親から生まれて生きている。そのことを良かったと思う）」といった欲望の所在を感知することができる。しかしその欲望は、発話者である患者によって「私」を主語とした文章のかたちに結構することを徐々に逸れ、語の相似性の優勢によって支配された発話となって表出する。新宮一成の報告では、病院の屋上で新宮が「日射しが強いから帽子が要りますね」と語りかけた際に、この患者は「ええ、でも今はスリッパをかぶりたいと思います」と言って、帽子の代わりにスリッパを頭の上に乗せたという。ここでは、ヤーコブソンの指摘するように、言語の構造が言語行為のみならず人間の行動そのものに影響を与えている。帽子の代わりにスリッパを頭にかぶった患者の行動は、相似性（おそらく同じ身につけるものとしての類縁性）によって支配された、隠喩的な行動となっている。先ほどと同じロジックを用いれば、この第二の型の失語症において、発話は意図せずに隠喩的である（＝擬似隠喩的である）がゆえに、隠喩としては機能していない。隠喩的な性質を持つ話者には、隠喩が不可能となる。隣接性の異常、つまり〈結合〉の能力の欠損は、統合失調症的な性質として現れるが、それは第一の型の失語症とは対極的に、その場の脈絡、あるいは他者の脈絡への過度の依存として理解することができる。この失語症においては、他者の脈絡の提供する相似性に発話が支配される結果、自己の文脈によって単語を結合して発話を結構することが難しくなっていく。

こうして私たちは、ヤーコブソンが「あらゆる言語行動、ならびに人間の行動一般」を支配する二分性として論じた言語の両極的構造を、①脈絡理解の不全を特徴とする擬似換喩性と②他者の脈絡への過度の依存としての擬似隠喩性の二極に置き換えて理解することができるだろう。私たちはここにラカンによる統合失調症理解を更新したかたちで接続することができるだろうが、それは別の課題としたい[22]。

ここで重要なことは、換喩と脈絡（コンテキスト）との関係をヤーコブソンの失語症論から引き出すことである。換喩的性質を持つ話者にとって換喩が不可能なのは、相似性の障害、すなわちその場の話題のカテゴリーを決定している脈絡を察知しそれに応答することが不可能なためであった。つまり換喩とは、脈絡（コンテキスト）に言及し、脈絡を理解することを要求する修辞表現なのである。換喩を生成するとは、ある偶然的で具体的な事件や事象に基づいて語と脈絡とを結合することである。そうして生み出された換喩は、話者によって使用されるとき、その脈絡を理解することを聞き手に要求する。一方、換喩表現に習熟した聞き手は、換喩表現を耳にしたとき、それを換喩であることを感知すると同時にそこに結合されている脈絡を把握しようとする。仮に発話者と共有している背景や知識に不足があるために話者の設定している脈絡が完全もしくは部分的に理解できないときでも、そこに何らかの脈絡が存在していることを察知し、推測する。この一連のやり取りが成立したときに、修辞としての換喩は成立したと言えるだろう。たとえば「日射しが強いから帽子が要りますね」という発話に対して、「ええ、でも私は今日は帽子を持っていません。残念です」と答えることができたとき、そこには真の意味での換喩が成立している。なぜならば、この応答者は陽射しを話題にしたいという発話者の脈絡／欲望に正しく応答し、発話者の結合構造（結構）を正確にトレースしながら「不在の帽子」という自分の脈絡（コンテキスト）を表現した記号を同じ結構に挿入することで応答しているからである。ここで修辞としての換喩という操作について明らかになるもう一つの点は、換喩が「否定」の表現を可能にする操作であるということだ。この場合の「否定」とは記憶による「想起」と「一般化」の要素の組み合わせによって可能になっている。つまり私はかつて帽子を持っていたが、いまは持っていない、ということが表現されている。この表現において結合されているのは、①自分自身が実際に経験した自分はかつて帽子を持っていたという自己の脈絡の記憶、そして②いま帽子が必要だという発話者の脈絡の二つである。両者が結合されて「今は私は帽子を持っていない」という無を含んだ否定表現が成立している。もし①の自己の脈絡から離れることができなければ第一の型の失語症となり、②の他の発話者の脈絡に強く支配されれば第二の型の失語症となるだろう。したがって対話が継続できるためには、①と②の二つの脈絡の入れ込みとなった結合の成立が必要となる。

もう少し別の例を出してみよう。失語症ということになれば病的な領域にまで度合いが進んだ状態を想起するが、私たちは日常経験においても、第一の型の失語症と第二の型の失語症を度合いの軽微な状態で経験する。たとえば人前で上手に話をすることができる、つまり話術が巧みである状態を理想とした場合、私たちは傾向性や緊張などさまざまな要因により、二つの方向性で、上手な話の構成に失敗する、すなわち「失語」することがある。公衆を面前にしたスピーチをしなければならない状態を想定してみよう。もし人々を眼の前にして、その眼の前の人々の関心や反応を一切顧慮せずにあらかじめ用意した原稿を読み上げるだけのスピーチを行ったとしたら、その発話は眼の前の相手というコンテキストを無視した話となってしまう。これも対話としての発話の不成立として捉えれば、ひとつの「失語」である。逆に、公衆を面前として眼前の公衆の存在に気を取られ、本来話すべきことを忘れてしまいとりとめのない話ばかりになってしまえば、それもひとつの「失語」であると言えるだろう。巧みなスピーチとは、要するに、その〈場〉のコンテキストとあらかじめ用意された内容とを上手に組み込みにした発話であり、具体性と一般性とが組み合わされた換喩表現の成立なのである。

　ところで先の帽子についての発話者が「ところで」と話しを続け、「母さん、僕のあの帽子、どうしたんでせうね？」と言ったとしよう。この発話は、発話者が聞き手と共通の記憶をともに想起しようとしている、あるいはもし発話者が単独でそのような独り言を言っているとするならば、現在の脈絡において過去についての記憶を想起することで体験の共有者や体験の脈絡のことを想起していることを表現する換喩表現である。このとき「あの帽子」は、いまはもうない特定の帽子を指しているが、そのことによって共有された体験、すなわち共有された脈絡の記憶そのものを指示する「記号（英 sign, 仏 signe, 独 Zeichen）」なのである。こうして〈換喩としての記号〉とは、過去の脈絡の記憶を現在の脈絡に入れ込むことによって無を含んだ否定表現を可能にするものであることがわかる。さらに言えば「母さん、僕のあの帽子、どうしたんでせうね？」という発話表現は、西條八十の有名な詩の一節であるが、この芸術作品が表現しようとしている美的効果とは失われたものに対するノスタルジーである。この場合のノスタルジーは、単に帽子そのものへの感慨だけではなく、経験された情景へのそれでもある。誰もがこのようなコンテキストを経験したことがあるという認識に基づいて西條八十は、自己のノスタルジーを読者に投げかけることで、読者のうちに同様の感情反応を惹起しようとしている。あるいはこの詩は子ども向けの作品であったのだから、そうした喪失の痛みをまだ知らない子どもにそれを教えようとしているのだとも言えるだろう。ごく幼い子どもは帽子などを失くしても、存外、平気であったりもする。そこに親などが「残念だったねぇ、失くしちゃったねぇ」などと言うのを聞くうちに、「喪失」という感覚を学ぶということがある。こうして子どもは喪失の痛みと甘美とを覚えるようになる。そう考えれば、この「ぼく」という子どもを主語として表現される西條八十の詩は、無を表現する換喩表現に子どもを同調させることによって子どもにノスタルジーという感慨を訓練する、優れた教育装置だとも言える。それは「痛み」を知らない子どもが、周囲の大人の騒ぎによって痛みを覚え、覚えた後は痛みを訴えることによって大人の関心を引くことをするようになるのと同じことである。痛みという感覚は、たしかに単体でも存在するだろうが、人間においてはかくも間主観的に、つまり換喩的に、構成される［正高（二〇〇五）］。

ヤーコブソンは、第一の型の失語症（擬似換喩的）においてはカルナップの言う〈メタ言語〉的な操作が不全となり、対象言語の水準に留まっていることを指摘している［Jakobson（2015）67. 邦訳三一］。さらにヤーコブソンは、パースの用語で言えば、このような患者は記号の三つの水準である「写像（icon）」「指標（index）」「象徴（symbol）」のうち「象徴」へ移行することができない状態であると言う。パースは、記号の水準を第一次性、第二次性、第三次性の三段階に分け、対象との類似性に基づいてその対象を指す記号となっているもの「写像、類似記号（icon, iconic sign）」、それぞれ対象との事実的な連結や影響関係によってその対象の記号となっているもの「指標、指標記号（index, indexical sign）」、もっぱら第三のもの（精神、心的連合、解釈思想）の媒介によってその対象を指す記号となっているもの「象徴、象徴記号（symbol, symbolic sign）」としている。この水準分類はヤーコブソンにも影響を与えていると言われ［朝妻（二〇〇九）二〇三ほか］、第一次性の記号とされる「写像」は「相似性（擬似隠喩的）」の水準に、第二次性の記号とされる「指標」は「隣接性（擬似換喩的）」に相当することがわかる。とすると、疑似的ではない〈真の換喩〉の水準は、パースで言うところの「象徴（symbol）」の水準にあたるだろう。「たとえば『人間』という象徴記号はその対象との間に既存の自然的関係は全くない。それはそれを使用する精神によってはじめて、つまり任意にその対象と関係づけられる記号であり、もっぱら習慣に依拠するいわゆる規約記号（conventional sign）である」［米盛（一九八一）一四四］。パースによれば「象徴」は、一般観念を媒介にしてその対象を表意する記号であり、私たちは「象徴記号によってのみ事象を記述し説明することができる。なぜなら事象を記述し説明する文は必ず述語を含まなければならず、そしていかなる述語も一般名辞すなわち象徴記号であるからである」［同一五六］。こうして私たちは、パースとヤーコブソンとを合わせた知見から、事象の「説明」とは、修辞としての換喩表現を構成することだと言うことができるだろう。ヤーコブソンと結びつけることで、パースの「習慣」に「脈絡（コンテキスト）」の響きを重ねることができる。パースの用語で言われるところのこの「説明」を可能にする「象徴（symbol）」とは、〈換喩としての記号〉である。これはデリダにおいては「記号（signe）」、ヘーゲルにおいては「記号（Zeichen）」の用語によって示されたものに他ならない（用語のずれに注意して欲しい）。デリダは、ヘーゲル『美学』より「記号」について述べられた次の箇所を引用する。

> 隠喩的なものは口頭表現のなかにその主要な適用を見いだすものであり、われわれはそれを次のようないくつかの側面から考察することができる。（a）まず第一に、どの言語も自分自身のうちにすでに多数の隠喩をもっている。これらの隠喩は、当初まったく感性的な何ものかをだけを意味する（*nur etwas ganz sinnliches bedeutet*）ものだった単語が精神的なものの領域のなかへ（*auf Geistiges*）運び移される（*übertragen wird*）ことから生まれる。*fassen* や *begreifen* といった一般に知にかかわる数多くの語はその固有の意味（*eigentliche Bedeutung*）のうちに絶対に感性的な内容をもっているが、その感性的な内容がその次に精神的な意味によって廃棄され代替されるのである。第一の意味は感性的であり（*der erste Sinn ist*

sinnlich）、第二の意味は精神的である。（b）しかし使用される（*in Gebrauche*）につれ少しずつ、こうした語の隠喩的な部分は消え去っていき、その語は慣用によって（*durch die Gewohnheit*）変容し、非固有の（*uneigentliche*）表現から固有表現（*eigentlichen Ausdruck*）となる。その後、比喩と意味とは、互いを互いのうちに把握することの日常的な安易さから、もはや区別されなくなるし、比喩は具体的な直観に代わって抽象的な意味を直接われわれに与えるようになる。例えばわれわれが *begreifen* を精神的な意味でとらなければならないとき、手による感性的な掌握（*das sinnlichen Anfassen*）のことなど思いもしない。生きた言語の場合は、実効ある隠喩（*wirklicher Metaphern*）と、摩滅のために（*durch die Abnutzung*）損傷して固有表現（*eigentliche Ausdrücken*）の列に落ち込んでしまった隠喩とのあいだの差異は容易に確定しうる。ところが反対に死んだ言語ではこれは困難である。というのも、その場合は唯一語源だけがわれわれに最終的な分割線を提供しうるからだ。ただし語源といっても、最初の起源や言語的発展に回帰することが問題なのではなく、まったく一個の絵画のように彩色したり図示したりするようにみえる単語がそれ自身の最初の感性的な意味とその思い出を、言語生活のなかで、そして精神的意味におけるその慣用によって喪失したのではないか、そしてその最初の感性的な意味を精神的な意味へと〈**止揚した**〉（AUFGEHOBEN HATTE）のではないか、このことを特に探求することが重要なのである。[Derrida（1972）268. 邦訳（下）一〇七―〇八。Hegel（VA-I）. 邦訳四四〇―四一。ただし邦訳は藤本］

ここでヘーゲルは特に隠喩と換喩を区別していないが、ここで述べられているのは換喩への移行的な変化、すなわちパースで言えば「写像」から「象徴」への水準の移行を述べているものと対応づけることができる。このヘーゲルの『美学』における隠喩論を、デリダは「精神哲学」の記号論に接続しようとして次のように述べる。

……隠喩化の運動（すなわち隠喩の起源とそれに続くその消去のこと、比喩の迂回を介した、感性的な固有の意味から精神的な固有の意味への移行のこと）は観念化の運動以外の何ものでもない。そしてその運動は弁証法的観念論の主人的カテゴリーのもとで、すなわち**止揚**（*Aufhebung*）――言い換えれば、記号を産出する記憶、つまりは感性的外圧を高め廃棄し保存することによって記号を内化する記憶（*Erinnerung*）――のもとで理解＝包摂されている。［Derrida（1972）269. 邦訳（下）一〇八。翻訳修正］

と同時にデリダは、マルクスによる〈商品〉の概念を意識しながら、記号を「受肉」として理解する。

この〈言わんとすること〉の内容すなわち *Bedeutung* にヘーゲルは**魂**（*Seele*）という名称と品格を与える。もちろんそれは或る身体すなわち能記という身体のなかに、直観の感性的肉体のなかに預託された魂のことである。記号は能記的身体と所記的観念性との統一であるから一種の受肉となる。したがって所記と能記との差異、すなわち賦活作用たる意味作用的志向（*bedeuten*）と能記の不活性な身体との差異は、魂と身体との対立によって、そしてそれと類比的に、叡知的なものと感性的なものとの対立によって条件づけられているわけである。この事態はソシュールでもやはり同じだろうしフッサールでも同じである。身体（*Körper*）が *Geist*〔精神〕によって住まわれ固有の身体（*Leib*〔生きた肉体〕）となるがごとく、フッサールにおいて記号の身体は意味作用の志向によって賦活されるのである。フッサールが言うには、生きた語は

geistige Leiblichkeit すなわち精神的肉体なのである。ヘーゲルは能記のこの賦活された固有の身体が墳墓であることを知っていた。[Derrida（1972）94–95. 邦訳（上）一五八―五九]

＊

こうして私たちは、他者の残した痕跡であるピラミッドを墳墓として、人間精神の器として、メッセージを伝えるために残された「記号」として理解するようになる。これまで探求してきたところを総合すれば、記号の「受肉」を可能とする力が、換喩を生成する能力である。同時にそれは、換喩を換喩として理解することのできる能力であり、想起を構想力に変換する「音／光」、つまり透明な媒質であり、具体的な否定性と言われていたものである。この「音／光」によってわれわれは、他者の痕跡を「記号」として読み解き、想起を記憶によって上書きし、他者の声を自己の声に変換しながら聞くようになる。この「音／光」は、感性の音／光に上書きをし、それを押し流してしまう。逆説的なことに、この上書きもしくは押し流しこそが私たちを、記憶喪失の感覚に誘う。それは記憶を刺激し、起動する力でありながら、それとまったく同時に、記憶喪失を形成する力なのだ。これこそが私たちの追跡してきた、記憶という奥の院の奥にある謎、記憶についての記憶、空白の記憶、形而上学という弁証法的四次元回路を形成するものの正体に他ならない。

と同時に、ここに時間の生成がある。時間とは、忘れつつある記憶、空白の記憶のことである。したがって、それはハイデガーが考えたのとは異なり、純粋自己触発ではない。そこには他者がいたからである。だが〈私〉はそのことを忘れてしまった。空白の記憶とは忘れられた他者のことである。空白の記憶がおのれの出自を完全に消し去ることができ、透明な自己となることができたとき、確かにそこには自己の形式そのものとしての時間が残るだろう。このことをハイデガーは純粋自己触発としての時間と言ったわけだが、それはもともと純粋な自己などではなかった。そこでは受肉が起こっていた。incarnation こそが、時間の根源だったのである。したがって文明の発達に伴い記号性すなわち時間性に目覚め始めた人間の自己意識が、reincarnation の観念に取りつかれるのは自然なことである。アウグスティヌスが行おうとしたことは、この湧出する reincarnation の観念のエネルギーを incarnation の教義構造、すなわち三位一体に把捉し、信仰の力に換えることであった。それが彼の異教や異端思想との闘いであった。

＊

ところでラカンも、受肉と換喩との対応について語り、それを西洋の哲学の起源に接続する。彼はソクラテスこそが、西洋の歴史における最初の換喩としての記号、最初の受肉の成立であると言おうとする。「要約しましょう。この飽くことなき質問者は、能弁家ではなく、修辞法や詩法や詩学を退け、隠喩を還元します。彼が丸ごと生きているゲームは、避けがたい手札ならぬ避けがたい質問からなり、彼はそれを自らの糧のすべてと見ています――この彼が我われの前に繰り広げ、その生涯を通じて生み出すのは、並外れた換喩とも言うべきものです。この換喩の結果は、歴史的にも立証されるように、不死性の肯定として受肉化された欲望です。これは言うなれば凝固した不死性であり、ヴァレリーが書いている悲しい『黒くしかも金の装いの不死性』であり、また無限の言説の欲望です」［Lacan（1991）127. 邦訳（上）一五五］。ラカンは、ソクラテスの産婆術としての対話法、つまり、みずからを欲望の対象 a と化すことによって人々の欲望を引きつける存在となる方法、そして既存の神話のぶつかり合う水平的な隠喩（メタファー）の交錯平面から身を引きはがし、ひとりそれをまったく別の新しい神話で塗り替える手法を、精神分析における分析家のポジションと重ね合わせようとしているわけだけが、正確にはそれは、ソクラテスの死後、プラトンがソクラテスを永遠に流通する不滅の〈記号〉、すなわち不死の貨幣へと化身させようとする操作によって成立したことなのだ。私たちはこうして、ラカンの導きにより、そもそもの始まりに到達する。それは私たちの弁証法と、記号と、記憶の生み出された地である。

七　始まり――プラトンのアトランティス

ラカンは『転移（*Le transfert*）』、すなわち一九六〇年から六一年にかけてのセミネールの前半において、プラトン『饗宴』について論じている。そこでラカンが語ろうとするのは、プラトンの描写するソクラテスの特異なポジションについてである。「ソクラテスが自らの問答法的方法の平面で展開することと、プラトンの証言が我われに再構成するものを通じてソクラテスが神話という資格で提示することとには、領域の違いがあります。このことには誰も異論を挟みはしませんし、幾人かの人たち、とりわけヴィラモヴィッツ＝メレンドルフはこの相違に力点を置いています。その違いは、ここだけのことではありません。それはいつもテキストにおいてはっきりと分離されています。『エピステーメー』の平面、つまり知の平面で獲得されうるものの終局点に至ったとき――これは愛以外の多くの領野でそうですが――その向こうに進むためには神話を要するのです。……注目すべきは、まさしくこの運動の厳密さです。神話の平面で、話が始まります。プラトンは、自分が何をしているのか、ソクラテスに何をさせているのか、つねに完全に知っています。自分たちが神話、「μύθους《ミュトス》」にいることを知っているのです。私はこの語の普通の意味での神話について言っているのではありません。というのも、

「μύθους λέγειν《ミュトスレゲイン》」とはそういう意味ではなく、「人々が言うこと」だからです。プラトンの作品全体を通じて、『ファイドロス』、『ティマイオス』、『国家』において、問答法的に論証されるものの裂け目を埋め合わせる必要からさまざまな神話が、出現するのが見てとれます」［Lacan (1991) 147. 邦訳（上）一八二―八三。翻訳修正］。

プラトンが構成した対話篇における参加者の位置関係を、ラカンの指摘にしたがって整理すると、次のようになるだろう。対話への参加者たちは、各々が真理を言い当てていると信じて語るが、それはいずれも既存の神話や言い伝えを対話の文脈にあわせて持ち出し、問題となっている事柄、たとえば「愛」の持つさまざまな性質の一つを物語のかたちで説明することを行っているにすぎない。そこで行われていることは、感性的な心像（イメージ）を提出することで、愛の概念を説明することである。これが隠喩としての概念、隠喩としての神話が提出され、競われるところの平面である。これを隠喩平面と呼んでも神話平面と呼んでもよい。プラトンの描くソクラテスは、その神話平面を抜け出したメタ・レベルに立っている。彼は具体的な感性的心像による概念規定が必ず他の規定とぶつかり二項対立的な矛盾に陥ることを指摘する。このような立場に立ち続けることによって、提出されたすべての隠喩としての神話を中和した後に、ソクラテスは、誰も聞いたことのないまったく新しい神話を導入するのである。そしてプラトンの描くところでは、参加者たちはみなそれに納得する。だがなぜそのようなことが可能なのだろうか。本当にそのようなことは可能だったのだろうか。

今日われわれは、プラトンの伝えるソクラテス以外にもう一つ、クセノポンの伝えるソクラテス像を参考にすることができる。クセノポンの手になる『ソクラテスの弁明』や『饗宴』が存在する。これを読むと、クセノポンのソクラテスは、プラトンの伝える人物とは明らかに異なるところがある。まずこのソクラテスは、神話など語らない。『饗宴』においても、肉体ではなく魂を愛することの良さを現実的な政治への効用を唱えつつ、論理的に語るのみである。『弁明』においては、たとえば死を避けないことについて、すでに自分は高齢なのでこれ以上年老いた苦しい生を送るよりは、周囲に迷惑をかけないうちに死ぬほうがよいと述べる人物である。クセノポンの伝えるソクラテスは、全般に非常に論理的で現実的である。このソクラテスは確かに、ラカンの指摘するように、愛そのものは神話でしか語れないこと、いかなる愛についてのイマージュの提出も、隠喩でしかないことを知っている。そしてそのことを、冷静に中立的な立場を維持することによって、体話者たちに悟らせることこそが、このソクラテスの技術である。ソクラテスは、おそらくこの中和作用（neutralization/cancellation）の名手であることによって名を上げた。諸神話の競われる空間を現出せしめ、それら相互を矛盾させることによって、神話の想像性そのものに焦点が移るように制御すること、あらゆる神話を脱構築するための核としての非神話的存在、ジェイムソンの言う「中立項（neutral term）」としてのポジションを占めるのがソクラテスである[Jameson（2008）390]。これがソクラテスの「無知の知」なのだ。すなわち、現実界についての「知」は不可能であること、あるのはただ現実界に至ろうとするわれわれの知の試みだけであること、したがって存在するのは「空白の知」のみであること、確実に存在するものは現実界の空白を補填するための私たちの想像的なるものだけであることを示すのが、ソクラテスの知である。ただ一つ存在するものは、私たちの知への「欲望」なのだ。ラカンはこのことを指摘しようとしている。つまり「愛」について知ろうとする場に「欲望」として「愛」は存在するのだと。「ソクラテスが、自分が何を欲望しているかを知らず、またそれが〈他者〉の欲望であるかぎりにおいて、アルキビアデスは取り憑かれています。何に取り憑かれているのでしょうか――愛にです。ソクラテスの唯一の功はその愛を転移による愛であると指し示し、その真の欲望へと送り返したことです」[Lacan（1991）216. 邦訳（上）二七五]。

ラカンは、プラトンのソクラテスがディオティマという巫女についてのストーリーを語ることに注目する。ディオティマは、ダイモーン的なるものを表す存在であり、それは神と人間との中間にあり、現実界の場にある神々からのメッセージを死すべき存在である人間に届けるのだという。それは聖霊的で、精霊的で、アニミズム的な世界に属する存在なのだと言われる。ダイモーン的なものと親しいディオティマは、愛は知と無知との間にあると言った。私たちはいつも問いを発するのだが、その問いにうまく答えることができない。しかし少なくとも問いを発するということは、私たちはある意味で答えを知っているのだ。私たちは常にすでに現実界に接している。そして現実界からのメッセージを理解しようとして、想像的なものに身を委ねる。これが私たちの愛である。だが私たちが現実界からのメッセージだと思い、理解しているものは、私たち自身の声でしかない。「現実界からの不可解なメッセージであると我われが信じるメッセージの多くは、我われ自身のメッセージでしかないということです」[Lacan (1991) 151. 邦訳（上）一八八]。こうした意味で、愛は彼方にあるのではなく、ここにあるのだ。愛とは、愛の所在を追求する饗宴の場に渦巻く、対話者たちの間を流れる欲望である。ディオティマのストーリーは、誰も聞いたことのない話であり、おそらくプラトンの創作である。プラトンのやりたいことはいったい何だったのか。プラトンは、おそらくソクラテスがすべての神話を中和せしめ神話の想像性それ自体を浮き彫りにする中和者（neutralizer/canceller）であることに飽き足らなかった。それゆえ、場の欲望をいったんすべてソクラテスに集めたうえでそれを中和し、新しい神話をそこに挿入するというかたちで、ソクラテスの〈対話〉を再構成して見せた。それはソクラテスの死後に、プラトンが行ったことだ。プラトンはいわば、ソクラテスという生身の存在を一つの「換喩」として成立させようとした。人間についてのあらゆる隠喩、あらゆる神話をキャンセルし、それに上書きをする存在である。それは最初の換喩であり、最初の「記号」である。ソクラテスの語ることが、他の神話と同じただの一つの隠喩、一つの神話であることを超えるには、どうすればよかったか。それは神話の神話を語ることである。あらゆる神話はいずれも真実に到達せず、真実の〈影〉でしかないことを述べればよいのである。すなわち神話を記憶化することである。プラトンがまず『饗宴』によってソクラテスを場における欲望を束ねる最初のシニフィアンとして描き、その次に『メノン』によって真理の想起説を唱えるのは、こうしたわけなのだ。この操作によって「記号」としてのソクラテス、いわば流通する貨幣としてのソクラテスが完成する。神や真理と人間とを媒介し、次のような神からの、あるいは真理からのメッセージを伝える存在である。〝私タチハ、何カ大事ナコトヲ、知ッテイタノダ。ケレドモ私タチハ、ソノコトヲ、忘レテシマッタノダ。〟私たちが空白の記憶というかたちで自意識を持つ存在であること、そしてそれゆえに時間的存在であることは、こうして成立した。

＊

アルフレート・ゾーン＝レーテルは、古代ギリシアにおける紀元前六世紀頃からの商品経済および貨幣経済の浸透と古代ギリシア哲学の誕生、すなわち「主観」の目覚めとの関連を示唆している［Sohn-Rethel (1989) 90］。

＊

しかしプラトンが生み出し得たのは、せいぜいのところ地域通貨にすぎなかったはずだ。ソクラテスがおそらく偶然にもその後、世界通貨として鋳直されることになったのは、その換喩としての受肉の在り方が三位一体の教義との構造的類似によってキリスト教に受容されたことによるだろう。こうして古代ギリシア以来、一貫した伝統を持って発展してきた「西洋哲学」というストーリーが形成される。もちろんそれは、ソクラテスその人をプラトンが「記号」として上書きしたこと、そこにさらにキリスト教による上書きがなされたことによって、成立したことだ。失われた神の記憶を伝える媒体としての換喩、すなわち「記号」としてのソクラテスとイエス。

＊

プラトン自身は、ソクラテスというひとりの人間存在の生涯を描くことで独自の地域通貨を生み出したにすぎなかったが、皮肉なことに、プラトンがむしろただの「隠喩」として語った事柄が後世に人々の記憶の欲望を刺激する「換喩」、すなわち欲望を集める「記号」として流通することになる。それこそが大西洋に沈んだ国、アトランティスについての物語である。

＊

プラトンは、最晩年に手がけていた『ティマイオス』と『クリティアス』において、大西洋に存在したが神の怒りに触れて沈んだ島国アトランティスについての物語を語ろうとし、中途でその試みを放棄している。プラトンによれば、このアトランティスという国家は強大な繁栄を誇ったが、アテナイによってその侵略を退けられ、やがて滅びてしまう。この話は単なる神話的創作にすぎないとして、正統な歴史学や考古学の検証の対象になったことはない物語だが、通俗文化の領域では、プラトンの語るような優れた文明を持つ古代国家が一万二千年前に本当に存在したのかどうかが議論となる。

今日の研究者によれば、このアトランティスという国家のイメージは、要するに、アテナイの政治を批判したいプラトンが描いた現アテナイの隠喩（メタファー）なのだという［庄子（二〇〇九）］。プラトンは、偉大であったと父祖より伝え聞く古アテナイの社会に憧れを抱いた。しかし古アテナイの記録は失われていて、正確なところはわからない。プラトンはこの記録の〈断絶〉を利用した。古アテナイがかつて退け過去に滅びた国家アトランティスがあったという話を創作し、それを現アテナイの隠喩として描くことによって、古アテナイと現アテナイとを対比する構造を作る。したがって多くの人が誤解していることだが、プラトンのアトランティスは、ユートピアではない。それは滅びゆくディストピアである。こうした手法によって現アテナイを批判し、その堕落した体制に滅びの警鐘を鳴らすことが、プラトンの創作動機だったというわけである。なぜか壮大な宇宙創世の物語が一緒に報告されるところのアトランティスの物語が、『国家』と同じように、既存の社会秩序をいったんキャンセルしたうえで、原理に基づいて構想した国家概念を上書きしていくというプラトンの常套手段によるものであるという理解は、妥当であるように思われる。

*

ところが近代になって、不思議なことが起こる。

その兆しは、一七九八年のナポレオンによるエジプト遠征をきっかけとしてヨーロッパにオリエンタリズムの波が生じたことに始まる。ナポレオンは遠征に学術団体を連れてきていた。これが一七九九年のロゼッタストーンの発見につながる。その後、一八六九年にスエズ運河が開通し、世界最初の旅行代理店を創業したトーマス・クックらによって、ヨーロッパ人のための観光地としてエジプトが商品化されると、まずは富裕層から、多くの一般人がピラミッド見物に訪れるようになった。こうしてヨーロッパでは十九世紀を通して、他者の残した遺跡への興味が大衆水準にまで徐々に一般化していく。異なった文明の遺跡への興味とは、自己と異質なものへの憧れであるが、それに憧れるということは、異質なものでありながら対象はすでに自己化されている。人はまったく他なるものに憧れることはできない。人々が遺跡の声を聞き始めたということは、世界の記号化、記憶化が始まったということである。一八四五年頃のマルクスとエンゲルスはすでにこのことを「世界市場」の広がりに伴い人間が全世界をみずからの生産物とすることとして、感知していた。「個々の諸個人は、このことによって初めて、さまざまな国民的・地方的な制約から、全世界の生産（精神的生産を含む）との実践的な関連の中におかれ、そして全地上のこの全面的な生産（人間たちの創造物）に対する享受能力を獲得する立場におかれる」[Marx/Engels（1990）37. 邦訳七九]。

一八八二年、英国首相グラッドストンは、英国がエジプトの統治権を獲得することが決まると、突如、英国は南大西洋に軍艦を派遣してアトランティス大陸の調査を行うべきだと発言した。ヨーロッパ列強による植民地獲得競争が激化する時代背景が発言の要因の一つであろうが、もう一つのより直接的な要因は、この同じ一八八二年に米国の政治家／著述家イグネイシャス・ロヨーラ・ドネリーによる『アトランティス—大洪水前の世界』がベストセラーになっていたことである。ドネリーはこの著作をグラッドストンに贈った。ドネリーは、エジプトと中米に同じピラミッド型の建造物があることに注目し、大西洋の両側に同じ文明が存在するのは、かつて大西洋に一つの大きな文明が存在していたことの痕跡であると考えた。そしてそのアトランティス文明は現代と同等の高度な文明であり、これが人類共通の祖先の地であり、文明の源であると主張した。こうしてプラトンにおいて、現政治体制を批判するための警句として構成された〈隠喩〉としてのアトランティスは、大西洋の両側に残る非ヨーロッパ文明の〈痕跡〉を媒体として、人類共通の文明の源、超古代に存在したユートピアという意味を上書きされた〈換喩〉として再構成される。この換喩は、人々の想像的欲望を強く引きつける〈記号〉となる。ドネリーの引き起こしたアトランティス・ブームは、英国ですでに興隆していた心霊主義と融合し、オカルト・ブームとなる。過去に、物質的にも霊的にも現在よりもはるかに優れた文明が存在したという超古代文明説の原型がこうして形成される。

＊

欧米および日本において、工業製品の国内生産過程を主とした資本蓄積段階がプラトーに達し、資本の有機的構成の高度化が国民経済的飽和を迎え、後期資本主義による消費社会が到来しようとしていた一九六八年、エーリッヒ・フォン・デニケンによる『未来の記憶（*Erinnerungen an die Zukunft*）』という書物が刊行される［デニケン（一九九七）］。この書物は一九七〇年代にかけて世界的なベストセラーとなった。デニケンがこの著作で述べた内容は次のようなものである。世界中に残る古代文明の遺跡は、人類が現在よりも遥かに高度な超文明を持っていた痕跡を示している。人類は今まさに初めて宇宙に進出しようとしている（アポロ11号による人類初の月面着陸は一九六九年）が、この時代になって、世界中から続々と奇妙な品物「オーパーツ」の発見の報告が相次いでいる。既存の常識や先入観を捨て、素直な目で眺めれば、世界中の至るところに、現代の技術でも追いつくことのできない超技術の〈痕跡〉が目に入ってくる。古代の人類はその意味を理解できなかったが、科学技術の発達した今こそ、私たちはその意味が理解できる。世界中の神話、古代の口承文学が、かつて存在した偉大な存在について述べている。人類はかつて宇宙船に乗って地球を訪れた異星からの客と接触していたのだ。人類はこれから星々の世界に旅立とうとしていたところだったが、すでに星々は地球を訪れていた。未来へ進もうとする人類の強い衝動の根源、あるいはそれを支える根拠を、デニケンは古代の遺跡に求めようとする。他の地球上の生物と異なり、人類という存在が奇妙に思えるほど特別なのは、この「未来の記憶」のためなのだ。したがって、人間の未来へ向かう進歩、宇宙への進出は、帰還なのだ（デニケンによる続篇の書名に『星への帰還』がある）。このようにデニケンは、人間存在の謎に回答を与えている。それは今日、超古代文明説、古代宇宙飛行士説と呼ばれるものである。デニケンの『未来の記憶』もしくはそれを発信源とする古代宇宙飛行士説は、日本において一九七〇年代に興隆するオカルト・ブームの発端の一つとなり、サブカルチャー領域において非常に広範に強い影響を与えた。平たく言えば、今日のクール・ジャパンと称されるマンガ、アニメなどの現代表象文化作品において作品設定としてはありふれたものの一つとして認知されている。

*

人間存在についてのデニケンの「回答」は、それがただ隠喩としての新しい神話を提供するのではなく、地球上に存在するすべての人類の古代文明の痕跡（だがそれは他者の声だ）を上書きする〈換喩〉であることに、その魅力の源泉がある。こうした換喩が世界的に大きなヒットとなるということは、すでに地球が「記号」の惑星となったことを示している。この論考の冒頭に述べた、〈事態としての哲学〉、〈日常としての形而上学〉とは、このことを指していた。

*

その具体的な解体作業の開始は、次の課題となる。

注

（1）過去という他者の自己化という考え方について本論考は、酒井直樹『過去の声』［酒井（二〇〇二）］に多くを負う。

（2）「奥の院」という訳は岩波文庫の服部英次郎訳に見られる。教文館著作集の宮谷宣史訳では「深奥」である。

（3）アウグスティヌスの『告白』と『三位一体』における記憶論の関係については［岡崎（二〇〇二）一〇九―一二三］も参照した。

（4）この箇所でアウグスティヌスは生命の樹を「知恵」の象徴として捉えている。このことが西欧思想における生命概念と理性概念との重なり合いの端緒の一つとなっていることを、筆者は以前に論じている［野尻（二〇一〇）］。

（5）この悪魔の見せる虚偽の夢というデカルトの方法的設定は、後に論じるように現代になって別の意味を持つことになる。デカルト自身は「デカルトの夢」から醒め学問へ向かうことを決意した人であったが、現代人はむしろ「デカルトの夢」に取り憑かれているとも言える。

（6）デカルトの伝記作者のジュヌヴィエーヴ・ロディス＝レヴィスによれば、デカルトはラ・フレーシュ学院時代に虚弱な健康状態のため午前五時の起床を免除されていたため、他の生徒たちが全員起床の鐘の音で祈祷に出かける間、夢うつつの状態でぼんやりすごしたため、半覚醒状態で瞑想する習慣を体得したという［ロディス＝レヴィス（一九九八）四二、八二］。

（7）訳者の上妻精の解釈によれば、ここで「自体」（das Ansich）と言われているものは、カントの「物自体」（Ding an sich）を受けてのことだという。だとすれば、ヘーゲルはカントにおける「物自体」を「構想力」に置き換えたことになる。これはハイデガー（『カントと形而上学の問題』一九二九年）や三木清（『構想力の論理』一九三九・一九四八年）よりも早く且ついっそうラディカルな思想であると言えよう。

（8）筆者は論文［Nojiri（2014）］において、ヘーゲル『精神現象学』における否定性について、その対象性、意識性、自己意識性におけるあり方を便宜的に区別して、「否定性Ⅰ」「否定性Ⅱ」「否定性Ⅲ」と区別した。

（9）ヘーゲルの構想力についての扱い、特に精神病との関連については時期によって違いが見られるが、その異同を論じるのは別の機会とし、ここでは典拠テキストとして最晩年の『エンチュクロペディー』第三版を扱う。

（10）傍点強調は船山訳を踏襲したが、原文に確認できない強調を削除した。

（11）他にも［Hegel（Enz-III）86. 邦訳一一〇］、［Ibid. 191. 同二五四―二五五］を参照のこと。

（12）ヘーゲルの考えでは、ここで論じられている理論的精神はその次の実践的精神とともに主観的精神の領域内にあるものとされているが、主観的精神とは作り出すもの、産出するものであると述べられている。そして理論的精神の作り出すものは「言葉（Wort）」であると明言されている［Hegel（Enz-III）238. 邦訳三二六］。ちなみに同箇所では、実践的精神の生み出すものは「享受（Genuß）」であると述べられている。

（13）カナダ出身の現代のヘーゲル学者チャールズ・テイラーは、ヘーゲルの哲学を「表現主義（表現派）」であると位置づけるが、たしかにこの箇所におけるヘーゲルの空想や作詩についての思想を見ると、ロマン主義でもなく、印象派でもなく、表現主義であると言えるように思える［Taylor（2015＝1979）］。

（14）戦後のテレビドラマ時代劇の「水戸黄門」では葵の紋の入った印籠を供の家臣がかざし「この紋所が目に入らぬか。ここにおわす方は先の副将軍、水戸光圀公なるぞ。頭が高い。控えい、控えおろう」と声高に唱え、紋章が示される場面が描かれる。この紋章と音声の組み合わせによる記号的コミュニケーションの在り方は興味深い。またアップル社（旧アップル・コンピューター社）が林檎マークを社の商標としたのは、一説には創業者のスティーブ・ジョブズが林檎農園でアルバイトしていたことも一因であるとされるが、いずれにしても、電子機器の製造開発の会社の名称およびロゴマークに果物を使うというのは、当時としては珍しいアイデアであった。同社がその創業時以来の商標である林檎マークのシンボル性を有効に使ったエピソードとして、いずれも社が経営危機に陥った二つの歴史的時点におけるものが挙げられる。一つは一九八四年に社運をかけた新商品 Macintosh をスティーブ・ジョブズみずからがプロデュースし発売する際に放映されたテレビCMである。映画監督のリドリー・スコットが制作したこのわずか六十秒のCMは広告史に残る作品として知られているが、ディストピア的な近未来の光景がモノトーンで描かれた後、俳優の Edward Grover による「“On January 24th, Apple Computer will introduce Macintosh. And you'll see why 1984 won't be like '1984.'”」というナレーション（voice-over）が入る（このナレーションで引用される'1984'とは、ジョージ・オーウェルのディストピア小説『一九八四年』のことである）。その後、画面がブラックアウトしたところに虹色のカラー林檎マークが浮かび上がるという演出になっている。もう一つは、一九九七年に同じく同社が経営危機に陥っていた時期にCEOとして復帰した同じくスティーブ・ジョブズの主導で展開された「Think different」広告キャンペーンである。六十秒のテレビCMバージョンでは、モノクロのフィルムで二十世紀に活躍した十七人の象徴的人物（アインシュタイン、ジョン・レノン、ガンディー、マルティン・ルーサー・キングなど）の実映像がナレーション（voice-over）とともに引用され、最後のブラックアウトした画面に「Think different」の文字とともにカラー林檎マークが浮かび上がるというものである。他にも上記の歴史上の偉人のモノクロ写真とともに林檎マークと「Think different」の文字を併置したポスター広告が広く展開された。この広告キャンペーンは、同社のカンパニーイメージおよび製品イメージの向上に顕著な効果があったとされ、これも広告史上における成功例とされる。この広告キャンペーンが始まって数カ月後、同社は林檎マークの虹色のカラーを除去し、林檎のシルエットのみを残した単色のマークに変えている。いずれの広告も、モノクロのイメージ（暗い未来のビジョン、歴史的記憶）にカラーの生き生きとした光を与え蘇らせる媒体として同社の存在をアピールし、さらにその結合をナレーション（voice-over）やキャッチコピーの重ね写しによって「記号化」する手法が効果的に使われている点が注目に値する。

（15）ヘーゲルは『美学講義』の「象徴的芸術形式」の箇所で、隠喩（Metapher）、イメージ（Bild）、直喩（Gleichnis）の順で、比喩表現における意味と表現との区別の度合いが高まると述べている［Hegel（VA-I）］。後者になるほど、表象そのものがもともと持っていた意味とそれによって伝達される意味との乖離が起こる。つまり記号化の度合いが高まっている。「隠喩」においては意味と表現との区別が潜在的ではっきりとはしておらず、文脈からそのイメージに込められた意味を読み取ることが必要となる。つまりその場でのコンテキストにより強く依存して意味を伝える表現が隠喩である。むしろ伝えたい意味内容を強調し、飾るための表現である。つまりその比喩なしでも意味が伝わる状況において、意味をあえて強調するために重ねる修飾であると言えよう。意味と表現との結びつきの恣意性についての自覚が少ないとも言える。またこれは言語行為の行われる現場の（文脈）コンテキストにより強く依存したコミュニケーションの形態であると言える。「イメージ」は意味と表現とが互いに同等の力を持って並列している。つまり二つのイメージの並列的な結合である。泉、川、海のイメージを語りながらマホメットの生涯の物語を語っているゲーテの詩の例をヘーゲルは出している。こうした表現技法が使用される場面では、より一般化されたコンテキストの理解（この自然の情景を歌っている詩が全体としてそもそもマホメットのことを述べているという約束事の理解）が必要となるだろう。「直喩」では、意味と表現との区別が完全に意識されたうえで、両者が結合されている。ヘーゲルは、直喩を次のような表現として説明する。つまり直喩とは「詩人の主観的な想像力が、いいたい内容をそれ自体として抽象的・一般的に意識し、一般的に表現した上でなお、それに対応する具体的な形態をさがしだし、その意味にふさわしいイメージを感覚的なものとして表現したいという欲求」に基づく表現である［Hegel（VA-I）527. 邦訳（上）四四八］。したがってここで表現されている意味内容はすでに一般的に把握されている内容（ある愛やある死の顛末）であるが、それに詩人がみずからの主観的な彩りを添えて情熱を込めて表現したい場合に直喩が使われるというわけである。ヘーゲルが述べる隠喩、イメージ、直喩の系列的区別はわかりにくいが、われわれはこれを主観的・個別的コンテキストの優位から客観的・一般的コンテキストの優位への遷移のスペクトラムに載せて理解することとする。後者への遷移を表現と意味内容との隣接的な偶然性への移行として捉えることができる。すると、ロマーン・ヤーコブソンの言う意味での換喩（偶然的な隣接性にもとづく比喩表現）へのシフトとしてそれを捉えることができるだろう。このように理解するとき、伝統的修辞学の用語では別の意味になってしまう直喩と換喩とが、現代哲学のフィルターを通してヘーゲルを理解しようとするわれわれにとっては、重なってくることが理解できる。実際ヘーゲルは、「象徴的芸術形式」の最後の箇所で、象徴的芸術形式の変遷を意味と表現形式との親近性（Verwandtschaft　血縁関係）・類似性（Ähnlichkeit）から、気まぐれな関係（willkürliche Beziehung）・恣意性（Willkür）への移行として述べている。このことは、ヤーコブソンが隠喩を類似性で、また換喩を隣接性で説明したことと符合するだろう。つまりヘーゲルにおいて「直喩」は、現代言語哲学における「換喩」に近い性質面が強調されて説明されていることが指摘できる。

（16）そもそもヘーゲルは「精神哲学」の冒頭をデルポイの神託「なんじ自身を知れ」で始めている。またヘーゲルがここで言う精神の内容にふさわしい芸術形態とは、言語芸術のことである。

（17）仮に、その参入が何らかのかたちでうまくいかずに、想像的自我と機械的記憶との接続に不調が生じるとき、自我は機械的記憶を、自己の内から響く他者の声として聞くことになろう。

（18）テキストクリティークの観点から研究をする場合は、ヘーゲル自身の書いたテキストと記録した弟子の叙述の区別も必要となってくる。ここで行っているタイプの論考にとっては重要な問題ではないので、そこには踏み込まない。［*Hegel-Studien. Bd. 26*（1991）］に収録のブルクハルト・トゥシュリングの記事等を参照のこと。

（19）「構想力変形回路」とは、ラカンの用語を使えば、象徴的去勢の局面と呼ぶことができる。去勢と呼ぶと一回かぎりの事件であるように響く。事実、ラカンにおいては去勢の失敗は、精神病の原因と考えられる。しかしたとえばフレドリック・ジェイムソンは、現代における表象文化の構成する表象の空間を、想像界（想像的なもの）の機能の発露ととらえ、その働きを現実界における矛盾の経験の想像的補填であるとして、分析の対象とする。ジェイムソンの理論をある程度継承しているスラヴォイ・ジジェクは、表象空間を症候としてとらえる立場を取る。

（20）このヘーゲルの機械的知性についての論は、江戸時代の武家や寺子屋の教育における漢文素読を想起させる。漢文の素読は、まずはその意味を考えずに、ただ機械的に暗唱することが基本であったという。このように近世日本においては、もともとは中国語である『論語』など他者の言葉を、日本語の音声に変換し、暗唱によって内面化すること、それこそが教養形成（Bildung）であった。

（21）「白い神話」の原注（21）を参照のこと［Derrida（1972）271. 邦訳（下）二八五］。この注がついている本文でデリダは、ニーチェが一切の音声的言表を隠喩であるとまで言ったことに言及し、音声言語（パロール）とは異質なものが音声言語によって上書きされることを隠喩の本質であると述べている。また注においては、ニーチェが隠喩という言葉で言おうとしているのは「記号の換喩」を言説のエレメント全体へと拡張することにあるのではないかと言っている。つまり、デリダが言いたいのは、形而上学の本質とは隠喩であり、隠喩とは本質的にすべて換喩であり、感性的表象に意味を上書きすることで成立する記号であるということであろう。

（22）なおここでの換喩／隠喩の区別は、ラカンではなくヤーコブソンに基づいており、かつそこに自閉症についての現代的な知見を織り込んでいる。そのためラカンにおける両者の区別とは大きく異なっており、逆転している部分もある。ラカン『精神病』（セミネール第三巻）を参照のこと。管見ではラカンにおいては、「シニフィアンの連鎖」という概念によって精神病が論じられるのだが、そのために多少の混乱が生じていると思われる。今日の自閉症についての知見を取り入れた観点からすれば、重要なのは「シニフィアンの連鎖」の種類を区別することである。換喩的性質＝自閉症的な精神においてもシニフィアンの連鎖は見られるし、隠喩的性質＝統合失調症的な精神においてもシニフィアンの連鎖は見られる。前者の場合は自己の習得した言語システムや知識体系そのものの持つ連鎖性への固執と眼前の他我の欲望の非感知、後者の場合にはシニフィアンの連鎖に大文字の他者の欲望を感知してしまうことによる連鎖運動の自律／自立がそこに見られると言えるのではないか。ただしこの二者の区別の理論的精緻化は今後の課題である。

主要参考文献

＊論点の上で重要なものについては原典を参照し、原典情報、邦訳文献情報の順に掲載した。邦訳のみ参照のものは邦訳文献情報を先に掲載している。筆者が翻訳を修正した場合は都度明記した。

Arendt, Hannah, *Vita activa oder vom tätigen Leben*, 17. Auflage, 2016.（ハンナ・アーレント『活動的生』森一朗訳、みすず書房、二〇一五年）

Derrida, Jacques, *Marges–de la philosophie*, Les editions de Minuit, 1972.（ジャック・デリダ『哲学の余白（上・下）』高橋允昭ほか訳、法政大学出版局、二〇〇七・二〇〇八年）

Hegel, G.W.F., *Enzyklopädie der philosophischen Wissenschaften III* [Werke 10], Suhrkamp, 1986.（Enz–III と略記）（G・W・F・ヘーゲル『精神哲学』船山信一訳、岩波書店［改訳版・単行本］、二〇〇二年）

Hegel, G.W.F., *Glauben und Wissen oder die Reflexionsphilosophie der Subjektivität in der Vollständigkeit ihrer Formen als Kantische, Jacobische, und Fichtesche Philosophie*（Kritisches Journal der Philosophie, Bd. II, Stück 1, Juni, 1802) [Suhrkamp, Bd. 2].（GW と略記）（G・W・F・ヘーゲル『信仰と知』上妻精訳、岩波書店、一九九三年）

Hegel, G.W.F., *Vorlesungen über die Ästhetik, Berlin 1820/21. Eine Nachschrift*, hrsg. von Helmut Schneider, 1995 [Hegeliana, Bd. 3].（VA–1820 と略記）（G・W・F・ヘーゲル『美学講義』寄川条路監訳、法政大学出版局、二〇一七年。本書は一八二〇／二一年のベルリン大学で行われた最初の美学講義の講義録）

Hegel, G.W.F., *Vorlesungen über die Ästhetik I, II, III* [Werke 13, 14, 15], Suhrkamp, 1986.（VA–I, II, III と略記）（G・W・F・ヘーゲル『美学講義（上・中・下）』長谷川宏訳、作品社、一九九五・一九九六年）

Hegel-Studien. Bd. 26. Nachschriften von Hegels Vorlesungen., Hrsg. von Friedhelm Nicolin und Otto Pöggeler, Meiner, 1991.（オットー・ペゲラー編『ヘーゲル講義録研究』寄川条路監訳、法政大学出版局、二〇一五年「第6章・主観的精神の哲学講義」（ブルクハルト・トゥシュリング））

Heidegger, Martin, *Kant und das Problem der Metaphysik*, Gesamtausgabe Band 3, Klostermann, 2. Auflage, 2010.（マルティン・ハイデガー『カントと形而上学の問題』木場深定訳、理想社、一九六七年）

Husserl, Edmund, *Ideen zu einer reinen Phänomenologie und phänomenologischen Philosophie*, *Erstes Buch*, *Allgemeine Einführung in die reine Phänomenologie*, Sechste Auflage, Max Niemeyer Verlag, 2002.（エドムント・フッサール

『イデーンI-I・II』渡辺二郎訳、みすず書房、一九七九・一九八四年）
Jakobson, Roman / Morris, Halle, *Fundamentals of Language*, Mouton & Co., Printers, 2015.（ロマーン・ヤーコブソン『一般言語学』川本茂雄監修、田村すゞ子ほか共訳、みすず書房、一九七三年）
Jameson, Fredric, *The Hegel Variations*, Verso, 2010.（フレドリック・ジェイムソン『ヘーゲル変奏』青土社、二〇一一年）
Jameson, Fredric, *The Ideologies of Theory: Essays 1971–1986*, Verso, 2008［1988］.（『のちに生まれる者へ――ポストモダニズム批判への途　1971–1986』鈴木聡ほか訳、紀伊國屋書店、一九九三年）
Kant, Immanuel, *Kritik der reinen Vernunft*. Nach der 1. Und 2. Original–Ausgabe hrsg. von Raymund Schmidt, 1926, Philosophische Bibliothek, Bd. 37a, Felix Meiner, 1990.（『純粋理性批判（上・中・下）／プロレゴーメナ』有福孝岳・久呉高之訳、カント全集４・５・６、岩波書店、二〇〇一・二〇〇三・二〇〇六年）
Kant, Immanuel, *Kritik der praktischen Vernunft*.（*Sämtliche Werke*. Herausgegeben von Karl Vorländer. Band II. Philosophische Bibliothek Bd. 38. 5. Auflage, 1906.（『実践理性批判／人倫の形而上学の基礎づけ』坂部恵・伊古田理・平田俊博訳、カント全集７、岩波書店、二〇〇〇年）
Kant, Immanuel, *Kritik der Urteilskraft*.（*Sämtliche Werke*. Herausgegeben von Karl Vorländer. Band II. Philosophische Bibliothek Bd. 39. 7. Auflage, 1924.（『判断力批判（上・下）』牧野英二訳、カント全集８・９、岩波書店、一九九九・二〇〇〇年）
Kant, Immanuel, *Anthropologie in pragmatischer Hinsicht*.（*Sämtliche Werke*. Herausgegeben von Karl Vorländer. Band IV. Philosophische Bibliothek Bd. 44. 7. Auflage, 1980.（ApH と略記）（『人間学』渋谷治美・高橋克也訳、カント全集15、岩波書店、二〇〇三年）
Kant, Emmanuel, *Anthropologie du point de une pragmatique*, précédée de Michel Foucalt; *Introduction à l'Anthropologie de Kant*, Paris, Librairie philosophique J. Vrin, 2008.（ミシェル・フーコー『カントの人間学』王寺賢太訳、新潮社、

二〇一〇年）

Lacan, Jacques, *Le transfert*（*1960–1961*）, Le Séminaire, livre VIII, Édition du Seuil, 1991.（ジャック・ラカン『転移（上・下）』小出浩之ほか訳、岩波書店、二〇一五年）

Marx, Karl / Engels, Friedrich, *Die Deutsche Ideologie*［1845–1846］, Marx–Engels Werke（MEW）, 9 Auflage 1990.（マルクス／エンゲルス『ドイツ・イデオロギー』廣松渉編訳、岩波文庫、二〇〇二年）

Nojiri, Eiichi, "Negativity, History, and the Organic Composition of Capital: Toward a principle theory of transformation of subjectivity in Japan", *Canadian Social Science*, Volume 10（Number 4）1–21, 2014.

Sohn-Rethel, Alfred, *Geistige und körperliche Arbeit: zur Epistemologie der abendländischen Geschichte*. Rev. u. erg. Neuaufl. Weinheim: VCH, Acta Humaniora, 1989［1970］.（アルフレート・ゾーン＝レーテル『精神労働と肉体労働』寺田光雄ほか訳、合同出版、一九七五年）

Taylor, Chales, *Hegel and Modern Society*, Cambridge University Press, 2015［1979］.（チャールズ・テイラー『ヘーゲルと近代社会』渡辺義雄訳、岩波書店、二〇〇〇年）

Vieweg, Klaus, *Die sanfte Macht über die Bilder—Hegel Philosophische Konzeption von Einbildungskraft*（lecture at Hosei University）, 2008.（クラウス・フィーベーク「像を支配する柔らかい力：構想力についてのヘーゲルの哲学的構想」『理想　第六八二号』赤石憲昭・野尻英一訳、二〇〇九年）

アウグスティヌス『告白録（上・下）』（アウグスティヌス著作集第五巻Ⅰ・Ⅱ）宮谷宣史訳、教文館、二〇〇七年（「告白」と略記、巻・章を「一〇・一七」と略記）（SANCTI AVGVSTINI CONFESSIONVM LIBRI XIII QVOD POST MARTINVUM SKUTELLA ITERVM EDIT LVCAS VERHEIJEN O. S. A. Maître de recherche au C. N. R. S., TVRNHOLTI, TYPOGRAPHI BREPOLS EDITORES PONTIFICII, MCMLXXXI（CORPUS CHRISTIANORVM Series Latina XXVII））

アウグスティヌス『三位一体』（アウグスティヌス著作集第二八巻）泉治典訳、教文館、二〇〇四年（「三位一体」と

略記、巻・章略記同右）（Œuvres de Saint Augustin, 15-16, La Trinité, 1955）

アウグスティヌス『創世記注解（1）（2）』（アウグスティヌス著作集第一六・一七巻）片柳栄一訳、教文館、一九九四年（「創世記注解」と略記、巻・章略記同右）（Œuvres de Saint Augustin, 48-49, De Genesi ad litteram, 1972）

浅田彰『構造と力——記号論を超えて』勁草書房、一九八三年

朝妻恵里子「ロマン・ヤコブソンのコミュニケーション論：言語の「転位」」『スラヴ研究 No. 56』北海道大学スラブ研究センター、一九七—二一三頁、二〇〇九年

岡崎和子「記憶論の深まり」『北陸大学紀要第二六号』一〇九—一二三頁、二〇〇二年

加藤尚武ほか編『ヘーゲル事典』弘文堂、一九九二年

クセノポン（クセノフォーン）「ソクラテスの弁明」『ソクラテスの弁明・饗宴』船木英哲訳、文芸社、二〇〇六年（E. C. Marchant, *Xenophontis Opera Omnia*, Tomus 2, Oxford Classical Texts 1921.）

クセノポン（クセノフォーン）「饗宴」『ソクラテスの弁明・饗宴』船木英哲訳、文芸社、二〇〇六年（E. C. Marchant, *Xenophontis Opera Omnia*, Tomus 2, Oxford Classical Texts 1921.）

クセノポン（クセノフォーン）『ソークラテースの思い出』佐々木理訳、岩波文庫、一九七四年

ゴフ、ジャック・ル「中世の人間」、ジャック・ル・ゴフ編『中世の人間——ヨーロッパ人の精神構造と創造力』鎌田博夫訳、法政大学出版局、一九九九年（Sous la direction de Jacques Le Goff, *L'uomo medievale*, Giuseppe Laterza & Figli Spa, 1987）

酒井直樹『過去の声——十八世紀日本の言説における言語の地位』以文社、二〇〇二年

坂口ふみ『〈個〉の誕生——キリスト教教理をつくった人びと』岩波書店、一九九六年

清水光恵「自閉症スペクトラムにおける『私』」（第一六回河合臨床哲学シンポジウム、二〇一六年一二月一一日、於：東京大学弥生講堂一条ホール）

庄子大亮『アトランティス・ミステリー――プラトンは何を伝えたかったのか』ＰＨＰ新書、二〇〇九年
新宮一成『ラカンの精神分析』講談社現代新書、一九九五年
『荘子・内篇』金谷治訳注、岩波文庫、一九七一年
デカルト『省察・情念論』（中公クラシックス）井上庄七ほか訳、中央公論新社、二〇〇二年（Euvres de Descartes, publiées par Charles Adam et Paul Tannery, Tome VII, XI）
デニケン、エーリッヒ・フォン『未来の記憶』松谷健二訳、一九九七年［再刊］（Erich von Däniken, *Erinnerungen and die Zukunft*, Econ Verlag GmbH, 1968）
富松保文『アウグスティヌス〈私〉のはじまり』ＮＨＫ出版、二〇〇三年
野尻英一『意識と生命――ヘーゲル『精神現象学』における有機体と「地」のエレメントをめぐる考察』社会評論社、二〇一〇年
バフチン、ミハイル「ドストエフスキー論の改稿に寄せて」『ことば 対話 テキスト』（ミハイル・バフチン著作集第八巻）新谷敬三郎ほか訳、新時代社、一九八八年（К переработке книги о Достоевском. Там же с. 308-327 [1961]）。初出事情については邦訳書解説を参照。
広田昌義「想像力の位置：モンテーニュからデカルトへ」『一橋大学研究年報 人文科学研究 一二号』二六七―三二九頁、一九七〇年
プラトン「ソクラテスの弁明」『プラトン全集１（エウテュプロン・ソクラテスの弁明・クリトン・パイドン）』今林万里子・田中美知太郎・松永雄二訳、岩波書店、一九七五年（J. Burnet, *Platonis Opera*, 5 vols., Oxford Classical Texts）
プラトン「饗宴――恋について」『プラトン全集５（饗宴・パイドロス）』鈴木照雄・藤沢令夫訳、岩波書店、一九七四年（J. Burnet, *Platonis Opera*, 5 vols., Oxford Classical Texts）
プラトン「メノン――徳について」『プラトン全集９（ゴルギアス・メノン）』賀来彰俊・藤沢令夫訳、岩波書店、一

九七四年（J. Burnet, *Platonis Opera*, 5 vols., Oxford Classical Texts）
プラトン「国家――正義について」『プラトン全集11（クレイトポン・国家）』田中美知太郎・藤沢令夫訳、岩波書店、一九七六年（J. Burnet, *Platonis Opera*, 5 vols., Oxford Classical Texts）
プラトン「ティマイオス――自然について」『プラトン全集12（ティマイオス・クリティアス）』種山恭子・田野頭安彦訳、岩波書店、一九七五年（J. Burnet, *Platonis Opera*, 5 vols., Oxford Classical Texts）
プラトン「クリティアス――アトランティスの物語」『プラトン全集12（ティマイオス・クリティアス）』種山恭子・田野頭安彦訳、岩波書店、一九七五年（J. Burnet, *Platonis Opera*, 5 vols., Oxford Classical Texts）
ボルヘス、J・L『伝奇集』岩波文庫、一九九三年（Jorge Luis Borges, *Ficciones*, Edit. Emecé, 1944）
真木悠介「交響するコミューン」『気流の鳴る音』筑摩書房、一九七七年
正高信男「他者との交流あっての『私』」読売新聞（学びの時評）、二〇〇五年一一月二一日（月）
松本卓也『人はみな妄想する――ジャック・ラカンと鑑別診断の思想』青土社、二〇一五年
三木清『構想力の論理（一九三九・一九四八年）』三木清全集第八巻、岩波書店、一九六七年
村上春樹『ノルウェイの森（上・下）』講談社文庫、二〇〇四年
山田忠彰「ヘーゲルにおける構想力の行方――ドイツ観念論における展開を顧慮して」『ヘーゲル哲学研究第一七号』三六―四九頁、二〇一一年
やまだようこ『ことばの前のことば　うたうコミュニケーション』（やまだようこ著作集第一巻）新曜社、二〇一〇年
米盛裕二『パースの記号学』勁草書房、一九八一年
ロディス＝レヴィス、ジュヌヴィエーヴ『デカルト伝』飯塚勝久訳、未來社、一九九八年（Geneviève Rodis-Lewis, *Descartes, Biographie*, Calmann-Lévi, 1955）

＊　本論文は、文部科学省・日本学術振興会科研費JP17928809の助成による研究成果の一部である。

ヘルダーリン『ヒュペーリオン』を読むということ

加藤直克

四弘誓願——序に寄せて

恥ずかしながら筆者の個人的な思い出から始めることをお許し願いたい。ヘルダーリンの小説『ヒュペーリオン』を知ったのは高校生の時だった。その少し前にシュテファン・ツヴァイクの『デーモンとの闘争』という作品を読み感銘を受けた。そこにはヘルダーリン、クライスト、ニーチェという三人のドイツ人作家についての評伝がまとめられていた。この三人はツヴァイクによれば、「デーモンに取り憑かれた人々」とも言うべき精神的類型を示しているということであった。すなわちこれらの人々は「一種人力を超えた、あるいは現世を超えたといってもいい力に駆り立てられ、それぞれ住み心地よい生活を捨てて情熱の破滅的な颱風の中に突き入り、命数に先んじて精神の恐ろしい惑乱、感覚の致命的な陶酔に落ちて、狂死し、あるいは自殺し果てるのである」[1]。この引用で「精神の恐ろしい惑乱」はヘルダーリン（一七七〇—一八四三）、「狂死」はニーチェ（一八四四—一九〇〇）、「自殺」はクライスト（一七七七―一八一一）を暗示している。三人は一八世紀末から一九世紀末のドイツという歴史的・社会的環境を生きた作家たちであり、彼らの生涯と作品の根底にツヴァイクは「人力を超えたデーモン」を認めたということである。ツヴァイクは、デーモンに取り憑かれた状態、すなわちデモーニッシュなものを「人間各人に根源的かつ本来的に生まれついた焦燥」であり、「人間はこの焦燥のために、自分自身を超えて無限の境へ、根源的な世界へ駆り立てられるのである」（同）という。このような意味でのデーモンは、この世ならぬ理想と魅惑の美的側面と同時にその人を破壊する暴力的側面の二面性を不即不離のものとして備えている。そしてツヴァイクはデーモンの存在を十分に意識しつつ、いわば「飼い慣らす」ことに成功した人物として、言いかえればこの三人と対極をなす人間としてゲーテを挙げる。ゲーテは『若きヴェルテルの悩み』や『タッソー』において、デーモンに近接し危険に身をさらしつつも、そのエネルギーを自分に蓄え制御する形で『ヴィルヘルム・マイスター』や『ファウスト』を書き上げたという。しかしそもそもこの「デーモン」とは何か、それに取り憑かれた「デモーニッシュ」な状態もしくは生き方とは何か、なぜツヴァイクは一八世紀から一九世紀にかけてのドイツという限定された歴史的・社会的状況の下に「デモーニッシュ」な人々を描くことが出来たのか、それはヨーロッパの他の時代や地域にも認められることはないのか、いや人間が生を営むところには普遍的に、もしくは必然的に現れざるをえない「運命」的現象ではないのか、こういった疑問が生じた。

そこでヘルダーリンの『ヒュペーリオン』を手に取ってみた。岩波文庫の渡辺格司訳だったが、難解な漢語が険しい山道のように続く作品を、半分も読み進められないまま挫折した。明らかに読解力の不足が原因だったのだろうが、内容も筋も明確な像を結ぶことがなかった。さらには、小牧建夫・吹田順助訳の『ヘルダーリン詩集』(2)も繙いてみて、自然と神々と人間との交歓が描かれていることは理解できても、それが何を意味するのかは分からなかった。それに比べてニーチェの著作は、『ツァラトストラ』の寸鉄人を刺す表現に圧倒され、『悲劇の誕生』のディオニュソス的熱狂に音楽の精神を吹き込まれ、特に詩は萩原朔太郎の作品との響き合いに感銘した。そのようなわけで、ニーチェには精神的な符合を予感しつつも、ヘルダーリンに関しては自分の理解の及ばない詩人という印象を持ち続けることになってしまった。ただ、ツヴァイクが描いたその生涯の中で、特にディオティーマと呼ばれたズゼッテ・ゴンタルトとの出会いは忘れがたい印象を残してくれた。

その後ヘルダーリンから遠ざかったが、ハイデッガーを読むに至って再度その名が浮上した。ハイデッガーにとってヘルダーリンが決定的に重要であることは、その『ヘルダーリンの詩作の解明』を繙けば一目瞭然ではあったが、その時も正面から取り組むことには気が進まなかった。いろいろな意味で自分に力量が欠けていることが分かっていたからである。というのも、詩はそれが芸術作品である限り、読者によって鑑賞されて初めて「詩」であることが出来るからである。そこに何が書いてあるのかが了解出来たからといって「詩を読めた」ことにはならない。それは百人一首のどの和歌であっても、その内容や心情が解説されただけでは「鑑賞」出来たことにならないのと同じである。それがなぜ日記でも手紙でもなく「和歌」という形式を取らなければならないかということと、「和歌」である限りのその作品をどう味わうかということが一つのこととして受け止められなければ、「鑑賞する」には至らないからである。とすれば、ハイデッガーの「哲学」、言いかえれば「思索」を了解することと、ヘルダーリンの「詩作」を鑑賞することの両方が、一つのこととして受け止められなければ、「ハイデッガーとヘルダーリン」もしくは「ハイデッガーのヘルダーリン」について語ることは出来ないのである。その意味では、今なおその道の遠いことを告白せざるをえない。ただ、その課題が示す道のりの展望をいささかでも描いてみることは可能かもしれない。

その下準備として、まことに唐突ではあるが「四弘誓願」を取り上げてみたい。「四弘誓願」とは、禅修行において繰り返し唱えられる四行からなる請願文で、

衆生無辺誓願度
煩悩無盡誓願断
法門無量誓願學
仏道無上誓願成(3)

というものである。ヘルダーリンの生涯と作品とを思うとき、なぜかこの「四弘誓願」が脳裏に浮かんでくる。特に『ヒュペーリオン』という作品の読解と鑑賞には、この「四弘誓願」が一つの暗示を与えてくれるような気がする。そこでとりあえず「四弘誓願」をどのように解釈するかを示してから、『ヒュペーリオン』に進んでいきたいと思う。

まず「衆生無辺誓願度」とは、文字通りには「生きとし生けるものは数限りないが、そのすべてを度することを誓願する」である。ここで「度する」とは、簡単には「救済する」ということ、特に仏教としては「此岸から彼岸へと渡す」こと、言いかえれば「煩悩の世界から悟りの世界へと渡す」ことであるとされる。というと「悟ったひとが迷っているひとを悟りの世界へと教え導くこと」として了解されるが、そこにはいくつかの問題がある。まず問われなければならないのは、そのようなことは果たして可能であるか、ということである。釈迦は臨終の時に「自灯明、法灯明（わたしではなく、あなた自身と悟りの真理とを頼りとせよ）」と言ったという。こ

れは禅で言う「己事究明」「冷暖自知」と同じであり、他人が迷っているひとを悟りの世界へと教え導くこと（度すること）など不可能であるということではないだろうか。かといって迷っているものが自然に悟るということはあるのだろうか。ここではじめて「誓願する」という言葉の重さが知られる。「度する」ことが不可能であるからこそ「誓願」するのである。この「誓願」はどこから出てくるのか、その真実はどこにあるのか、それはどのような「力」を持っているのか。翻ってみれば、釈迦族の王子であったゴータマ・シッダルタが出家したその当初から、この「誓願」が鳴り響いていなければ、沙羅双樹の下で悟ること、すなわち「自ら度すること」は生じえなかったはずである。「衆生」とは「輪廻転生の世界（苦海）に浮沈を繰り返すもの」のことであるが、「衆生が衆生であることの自覚」の中に、常にすでに「誓願」が鳴り響いているということでなければならない。つまり「衆生」であることの自覚以前に誓願はなく、「衆生」以後、つまり悟りを開いて輪廻の世界から抜け出したと誇り高ぶる中に誓願はない。その意味では「誓願」とは「衆生」であることの自覚、煩悩にまみれていることの自覚における「悟りの世界の現成」そのものなのである。

「煩悩無盡誓願断」とは文字通りには「煩悩は尽きることがないので、誓って断つことを願う」である。もちろん「断つことを誓願する」としてかまわないのであるが、「誓うこと」と「願うこと」にはそれぞれの境位があるようにも考えられる。いわば「誓う」ことと「願う」こととの間にある亀裂と、それゆえの統合の可能性である。「誓う」ことはいわば退路を断つこと、「こうすればこうなる」という因果関係の思考を拒否することである。その上ではじめて「願う」がその応答として可能となる。そのとき「願う」ことは「誓う」こととの因果関係を超えている。阿弥陀仏の誓願、すなわち「弥陀の本願」も同じである。「帰依する」を意味する「南無」に応じて、間髪を入れず（即非の論理）「誓願」は現れる。

煩悩とは、端的には無明（無自性、無我を悟らないこと）を原因として生じる「我執」によって繰り広げられる七転八倒の苦しみの様相である。具体的には貪（むさぼり）瞋（怒り）痴（愚かさ）の三毒に象徴されるが、その端的な現れが「何はさておき自分だけは生きていたい」という思いである。それは同時に「自分だけは死にたくない」という人間として当然の思いにも通じる。もちろんそれが「自分さえ生きていればいい」「他の人や物はどうなってもいい」ということになれば、混乱と闘争が生じかねないことから、昔から「倫理」と「法」によって共生と利害の均衡を図る試みが行われてきた。しかし「倫理」と「法」が機能しさえすれば「煩悩」の問題が解決するわけではない。その「倫理」と「法」とをめぐって新たな葛藤が始まるからであるが、それよりも「私が生きる」ことそのものに根ざす「苦」はなくならないからである。ここではその問題解決の究極の一歩が「断」だ、ということである。この「断」をどのように解釈しかつ実行するかが問われる。「断」とは、まずは連続しているものを断つということが考えられる。あるいは一つであるもの、一体であるものを切り分ける、分割するということも考えられる。仏教では、出家ということがそもそも世俗の生活から離れるという意味での「断」である。それは自ら決意して煩悩にまみれた世俗から退くという意味での、目に見える、形に現れた「断」である。とはいえ心に巣くった煩悩が直ちに消えるわけではない。つまり「断」を動詞としてとらえれば「断つ」「切る」行為であるが、行為が完遂されなければ「断」はそれとしては現れないし、「断」とは言えない。「断とう」とはしたけれど、元の木阿弥であったということは十分考えられる。とすれば「断つ」という行為と「断たれた」という結果との間には連続性はないことになる。というのも問題は「我執」であり、「私＝我」が断つことをいくら繰り返しても「我執」はなくならないからである。とすれば「私が断つ」という行為自体が、常にすでに私ではないものによって伴われ、担われていなければ「断」は生じないということである。ここに前と同じ「誓願」ということが出てくる必然性がある。「誓願」に伴われなければ「断」は起こりえない。日本語では「誓って断つことを願う」と訳したが、「願う」の主語が何者であるかが問題である。もちろん「この私が願う」ということであるが、それが私を超えたものに伴われ、担われていなければ「断」は生じないのである。では「断」が「断」として生じたということをどのようにして証ししたらいいのだろうか。その端的な現れは「自由」である。黒漫々地の臨済が大愚和尚の下で大悟したときに吐いた「黄檗の仏法多子無し（黄檗の仏法とはこんなにも端的なものであったか）」が、まさに「断」における「自由」のあからさまな表現である。その時、臨済はもはやかつての臨済ではなくなっていた。臨済はまさに「誓願そのものの端的」に触れたということでもある。

「法門無量誓願學」とは「仏法の教えは計り知れないものなので、誓って学ぶことを願う」ということである。ここでは「学ぶ」ということが問題である。仏教のテキストと言えば大蔵経であり、それは「経（悟りそのものを示す）」「律（出家者の生活を規定する戒の問題）」「論（悟りの真実を論究する）」に分かれるという。通常は、「学ぶ」はまさに大蔵経として残されている文字情報、すなわちテキストを解釈し、仏教の教理と仏教徒としての生活を追求するということになる。しかし他方で、この「学ぶ」を「習う」と読み替えれば、道元の『正法眼蔵』「現成公案」にある「仏道をならふといふは、自己をならふ也」に通じる。この文はさらに「自己をならふといふは、自己をわするるなり。自己をわするるといふは、万法に証せらるるなり。万法に証せらるるといふは、自己の身心および他己の身心をして脱落せしむるなり」[4]と続く。つまり道元の言う「ならふ」は、まさに文字を離れ、坐禅を中心とする修行を通じてまさに体得するべきことがらを尊重するということになる。ここにハイデッガーも注目する「言葉が言葉となる」「言葉が言葉を言う」という問題と通じるだけでなく、ヘルダーリンが自らの生涯の「行」として邁進した一点に通じるものがある。この時「誓願する」は、「言葉を手段として用いる」とか「情報を操作する」という次元を超えざるをえない。しかしそれはいかにして可能なのだろうか。

最後の「仏道無上誓願成」は「仏道はそれよりも上ということが無い道であり、それが成就することを誓願する」ということである。「それよりも上がない」とは「最高」ということではなく、「比較を絶している」ということである。キリスト教、イスラム教、仏教のどれが最高の宗教か、といった戯言・愚問こそ排せられるべきである。というのも「仏道」においては「自己」は「無我」なのであるから、一切のものに対して受動的である。比較検討を判断の頼りとする「分別」こそ「我」の働きであるとすれば、「無分別」を行ずることにおいては、高低、上下、左右、そして過去・現在・未来の区別はなくなる。また、仏道は「中道」を行ずるものであるが、この「中」も比較と相対とを絶していると言われる。そして比較を絶しているということは、「いま・ここ・自己」がそのまま絶対であるということへと転じる。しかし「いま・ここ・自己」とは「無我」であり、「無」であるから、一切のものに対して受動的でありつづける。いわゆる釈迦の対機説法も自己の「無」のその「随縁行」すなわち「自ずからなる受動性」のあり方そのものである。そしてそのような働きの「場所」に留まることこそ「成」である。「成」は発端でも、プロセスでも完成でもなく、「場所の開け」に他ならない。そこにおいて「成」は再び「衆生無辺誓願度」の「誓願」へと回帰していくのである。そして翻ってみれば、「四弘誓願」の四句を貫く文字は、三番目の「無」と五、六番目の「誓願」である。この「無」と「誓願」の現成が、取りも直さず「仏道」の「成」なのである。この「成」ということの中に仏教的な救済の究極がある。道元の言葉を借りれば「而今の山水は古仏の道現成なり」[5]（『正法眼蔵』山水経）である。

以下、『ヒュペーリオン』の読解の鍵を「誓願」に置くことで、この作品を「読む」ことを試みてみたい。言いかえればこの作品において、「誓う」ことと「願う」ことが、異なる境位、異なる場面、異なる主体として現れつつ、なぜ一つのこととして現成するのかである。それは先回りして言うならば「誓う」こととは、自己の一切を何かに「供する」ことであり、その現れとしての「祈る」ことだからである。その時「願う」ことは、「祈る」ことと絶対的に異なりつつ、そのゆえにこそ「取りも直さず」、つまり「即非」の事実として現れざるを得ないということである。そしてヘルダーリンにとって、「祈る」ことは「言葉」に場所を与えることとしての「詩」、すなわち「誓願」の現成であった。『ヒュペーリオン』は小説ではあるが、ある意味では全編が詩だとも言われる。それはいわば「誓願」という「デーモン」に取り憑かれ、駆り立てられたものの言葉なのである。

一　『ヒュペーリオン』最終稿に至るまで

1　『ターリア断片』

小説『ヒュペーリオン』は、一七九七年四月（ヘルダーリン二七歳）に第一巻が、一七九九年一〇月に第二巻が刊行された（この二巻を合わせて「最終稿」と呼ぶ）。しかしここに至るまでにおよそ五年間にわたり改稿が繰り返されている。雑誌に掲載された『ターリア断片』のほか、草稿として『韻文稿』『ヒュペーリオンの青年時代』『最終前稿』などが知られている。はじめにヘルダーリンがこの小説の構想をいだいたのはテュービンゲンの神学校シュティフトの学生であった一七九二年頃であろうと言われる（『テュービンゲン稿』と呼ばれるが、現存しない）。ちなみに「ヒュペーリオン（Hyperion）」は、ギリシャ神話において、天空ウラノスと大地ガイアの間に生まれたティターン神の一人で、「天空を行くもの」という意味から特にホメロスの『オデュッセイア』ではヘーリオス（太陽神）と同一視される。[6] ただし小説においては、主人公であるギリシャ人の若者の名である。一七九四年、稿を新たにした『ヒュペーリオン』がシラー主宰の雑誌『新ターリア』に「運命」という詩と共に掲載された（『ターリア断片』と呼ばれる）。この時、ヘルダーリンはシラーの斡旋で、ヴァルタースハウゼンのカルプ家で家庭教師をしていた。

『ターリア断片』は、後の「最終稿」が立ち戻る基本構想を備えているという点で重要である。第一に、ヒュペーリオンという小アジア出身のギリシャ人が、長い遍歴を経て故郷に戻った後、旅の途中で知り合ったベラルミンというドイツ人の友人[7]に宛てて認めた五つの書簡から成り立っていること。書簡の内容は、ヒュペーリオン自身の人生の回想であるが、ヘルダーリンが書簡体を選んだことに関しては、序文が参考となる。そこには人間のあり方の二つの理想として、一切の人為を排した自然の仕組みによる「この上もない素朴（höchste Einfalt）」の状態と、われわれ自身の手で作り出しうる「この上もない陶冶（höchste Bildung）」の状態が提示されている。そしてわれわれの人生は、幼年時代とも言うべき「純粋な素朴さ」から「完成された教養（Bildung）」へと移っていく「離心的行路（ekzentrische Bahn）」を辿るということである。この「離心的」ということは、文字通りには「エキセントリック＝中心を外れている」ということであるが、その意味は「純粋な素朴さ」という自然、もしくは神々の世界と、「完成された教養」という人為とが曲線を描きつつ、すなわち紆余曲折と浮沈を繰り返しつつ一致することを目指すということである。この背後には同じシュティフトでの学生仲間であったヘーゲルとシェリングたちと共有していたと言われる「一にして全（ヘン・カイ・パン）」というヘラクレイトスの言葉に対する共鳴がある。[8] しかしそれは決して実現されない「悲劇的」人生観を暗示してもいる。なぜなら、「純粋な素朴さ」が神々の世界であるとすれば、「完成された教養」の実現の場は、ヒュペーリオンの人生が展開する現実の社会でありながら、なおそれを超えて神々の世界へ回帰することを目指しているからである。『ターリア断片』の執筆時期は、フランス革命によってドイツ国内が激しく揺れ動いている時であり、ヘルダーリンもヘーゲル、シェリングたちと、ドイツが進むべき道を模索していた。それゆえ「完成された教養」が示される場は、ドイツの社会であり、祖国のあるべき姿としてであった。その意味でここでの「教養」を示すBildungは、個人から社会へ、社会から祖国へ、さらに祖国から神々の世界へという展望を備えていたということである。しかし、それはある意味ではヘルダーリンという権力も富も持たない一個人にとっては破天荒な望みであり、そこに使命を自覚すればするほど「悲劇」と、さらには「犠牲」という刻印を帯びるのである。

さらに書簡体は、回想の形でその時々の出会いと会話が反復され、事柄の展開を叙述しつつその意味を吟味しつつ、理想と現実との乖離を冷静に描き出すというスタイルを実現している。そこではヒュペーリオンはベラルミンという「汝」に語りかけると同時に、自分自身にも語りかけ、応答しているのであり、そのことにより、回想は過去の現在化として、二つの理想の離心的乖離の統一を探る構造になっている。さらに言えば、そこでは叙述の内容と感情が分かちがたく結びついていることから、その核心的意味は感応道交するもののみに伝わるということが言えるのであり、それは最終的には神々に向けての発信であるがゆえに、「詩」に近接していると言えよう。

ちなみにゲーテの『若きヴェルテルの悩み』も書簡体小説ではあるが、そこでは書簡は主人公の独白と事件の進行の報告に留まっている。そこでは主人公と読者とは同じ時間を共有すると同時に、どちらにとってもその事柄の結末は未知である。その意味で作者のゲーテとヴェルテルとの間に「我と汝」の関係は成立していない。それはゲーテがヴェルテルの生と死を、個人と社会との葛藤という歴史的現在に引き渡していることを意味する。

もちろんそこにはいわゆる「シュトルム・ウント・ドラング（疾風怒濤）」という歴史的なメンタリティが刻印されてはいる。しかしゲーテはやがてその圏域を脱却し『ファウスト』ならびに『ヴィルヘルム・マイスター』というより広範な人間認識と問題意識の中に歩んでいく。その歩みはまさに近代的個人の「自己実現」としての「教養（Bildung）」である。

ということは、ヒュペーリオンはベラルミンに語りかけることにおいて、読者を小説の「現在」から排除しているのである。すなわちドイツ人ベラルミンが作者の別名であるとすれば、ヒュペーリオンとベラルミン（ディオティーマも含めて）とのやりとりは、もっぱらその発端であり回帰の到達点でもある「純粋な素朴さ」としての神々に捧げられていると言える。すなわち繰り返しになるが、没落へと運命づけられた「悲劇」としての人生を、神々への「犠牲」として見ているということである。ヒュペーリオンはベラルミンを通して、ひたすら神に語りかけ、神からの応答を確かめつつ筆を進めていると言えよう。

『ターリア断片』において「最終稿」に直結する第二点は、メリーテというたぐいまれなる女性との出会いである。ヘルダーリンはメリーテの中に、単に理想の女性像を見ているだけでなく、決して到達しえないもの、すなわち神々の現れを見ている。ヒュペーリオンは「一にして一切であるもの」を求めて遍歴するうちに、零落のどん底を経験した。だが、古い友人であるノタ－ラ（この名も「最終稿」に登場する）を訪ねたとき、ふいに春がやってくるようにメリーテと出会う。メリーテは慎ましい少女であるが、一言も言葉を発しなくても、ヒュペーリオンにとっては霊気にみちた愛の司祭として映る。すなわちメリーテこそ「純粋な素朴さ」そのものの女神のごとき存在なのである。それどころか、メリーテはヒュペーリオンがどんな人間で何に悩んでいるのかを見抜き、的確な言葉を投げかける。まさに霊的な兄弟である。しかし、メリーテ自身はヒュペーリオンに対して恋人であるとか、特別な友人であるといった、「世俗的」な関係を望んだりしない。それはメリーテが特に何も望んでいないという意味で、自足している存在だからである。それゆえメリーテを前にして、ヒュペーリオンは自らの乏しさを実感しいたたまれなくなると同時に、メリーテがいなければすぐさまその不在にさいなまれるという二重の苦しみを味わうのである。そこでメリーテがヒュペーリオンに語ることは、自らの本質と使命とを自覚せよということである。つまり、ギリシャの地で教育者となることを通じて、神々の恵みを受け取れるような共同体の再興に力を注ぐことを勧めるのである。やがてメリーテは去っていくが、その喪失の中でヒュペーリオンがあらためて目を開かれるのは自然の美しさとその営みである。これこそメリーテがヒュペーリオンに残した最大のメッセージであった。すなわちメリーテは、まさにこの世ならぬ存在であるが、ヒュペーリオンが自らの使命と、その住むべき世界を自覚するのはメリーテを通じてなのである。そして自らの使命の自覚は、自然が神々の顕現であるという一点に極まっていく。以上が『ターリア断片』のあらましであるが、その思想と物語の枠組みはそのまま「最終稿」にまで引き継がれていく。そして第四稿の『ヒュペーリオンの青年時代』に至り、メリーテはついにディオティーマという名で現れる。すでにプラトンの『饗宴』に傾倒していたヘルダーリンにとって、ソクラテスにエロスの秘技を伝授するマンティネイアの婦人ディオティーマこそがメリーテという観念としての理想を破って、まさに「純粋な素朴さ」を目の当たりにさせるのである。その意味でディオティーマが現実となる劇的な出会いの相手こそが、ズゼッテ・ゴンタルトであった。これなくして『ヒュペーリオン』は成立しなかったし、ヘルダーリンが詩人の自覚と詩作の使命を展開させていくことはできなかったと思われる。

付け加えておくと、メリーテは最終稿ではもう一つの名前を持って現れる。それは調和（ハルモニア）を司るムーサ（ミューズの女神）、すなわち詩神としてのウラニアである。

2　第三稿『韻文稿』と第四稿『ヒュペーリオンの青年時代』

第三稿『韻文稿』と第四稿『ヒュペーリオンの青年時代（以下『青年時代』と表記）』では書簡体が放棄され、回想という形で物語形式を取っていることが特徴である。その際、語り手が誰なのか、ヒュペーリオンが、その語られた内容とどのような位置関係にあるのかが判然としない。つまりその意味ではあくまで草稿にしか過ぎないと言えるが、思想的には注目すべき進展がある。

『韻文稿』は、自筆稿を見ると、左側に散文、右側にそれに対応する内容が韻文で書かれている。全集版[9]では左ページに散文が、右ページに韻文が収録されている。ページ数は一三ページ（StA 3, pp. 186–193）と短い。ところが、韻文と散文の並列は、散文が一九四ページ一八行まで、韻文は一九五ページ一五四行までで、散文はそこで終わっている。あとは韻文のみの稿となるが、内容的には（a）一五五行から一八四行まで（ibid. pp. 195–196）と、（b）一八五行から二四八行まで（ibid. pp. 197–198）の部分に分かれている。（a）は散文の内容の総括と言えるが、（b）は、最初に全集を編んだヘリングラートはテュービンゲンの学生時代の作としているのに対し、バイスナーは正式の『韻文稿』としてここに組み入れているという。[10] すなわちバイスナーによれば（b）の二〇二行から登場する語り手としての「わたし」は、それまでの語り手とは別人と考えるべきということである。[11] 散文の内容は若者である「わたし」と人生経験を経た「賢人」との対話である。ただ最初の部分に少年が出てくるが、発言はしない。内容は「賢人」の語りが大半であり、しかも一度も固有名詞が出てこないので、誰がヒュペーリオンなのかさえ戸惑うが、私見では、少年が幼年時代を象徴し、語り手である「わたし」が迷いの中にいる現在のヒュペーリオン、「賢人」は後に述べるようにフィヒテであると同時に、フィヒテを超克し独自の思想を育んだ後のヒュペーリオン、すなわちヘルダーリンではないかと考える。

『青年時代』は第一部のみで、第六章までの構成となっており、全集版で三五ページとかなり長い。登場人物は「わたし」であるヒュペーリオン、その友人のゴルゴンタ・ノタ—ラ、そして『タ—リア断片』のメリーテに代わるディオティーマ、そしてディオティーマの父が『韻文稿』で若きヒュペーリオンと対話した「賢者」として登場する。しかし第一章の「わたし」と第二章以下の「わたし」が別人であると読むことも出来るため、第一章のあとに、失われた原稿があるのかもしれないという推測がなされている。執筆時期は『韻文稿』が『タ—リア断片』出版の一七九四年一一月頃からの翌年一七九五年一月にかけて、『青年時代』が一七九五年一月頃から七月頃までとされている。ヘルダーリンは九四年の一月から、シラーの紹介でヴァルタースハウゼンのカルプ家でフリッツ（当時一〇歳）の家庭教師として雇われていたが、教育がうまくいかず、一一月にはフリッツと共にイエナに引っ越した。そして一七九五年一月には家庭教師を解雇される。しかしイエナでは、フィヒテの講義に出席し、その「理性の自律」の哲学に圧倒され、その影響下に『タ—リア断片』を超えるメッセージを盛り込む。しかし、ヘルダーリンはフィヒテの哲学に完全に同意したのではなく、フィヒテ批判をも同時に行う。その思索のあとが『韻文稿』に現れているとみることが出来る。『韻文稿』の冒頭は、次のように始まる。

悪意からではないが、運命と賢者たちの学校は、わたしを自然にたいして不当な、暴君的な存在たらしめていた。自然の手から受けるあらゆるものに対して、全的な不信の念をいだいていたので、私の心に愛が育つことはなかった。(12)

はじめに「運命と賢者たちの学校」とあるのは、フィヒテの講義を指していると考えられる。その影響の下、

「わたし」は「自然にたいして不信の念をいだき、暴力的に振る舞った」のであるが、それは「自然」への信頼と敬意を犠牲にしてでも、その威力から自由になろうと試みたということである。すなわち「純粋な素朴」という精神の「幼年時代」を脱して、自らを自然から引き離し、これを対象化し、支配することを通じて、理性の自律と精神の自由を勝ちとろうとした。ここにカントからフィヒテに通じる自我哲学の強力な影響を認めることが出来る。そしてそれは自然を自我（主観）の対象とするに留まらず、自らの感情や情念に振り回されないという意味で、内なる自然に対する意思の勝利をも意味していた。さしあたりは非理性的なものである外的ならびに内的「自然」との戦いにおいては、そのような克己の戦いを挑もうとしない「他のものたちへの批判」も含まれている。しかし、その「自己形成」への試みは「自然が人間の自己形成という偉大な仕事のために提供する援助を顧みず」（同上）、「人間生活の静穏な音調、家うちの平和、子供らしい無邪気さなどをよろこぶ心を、わたしはほとんど全的に失っていた」（同上）という反省に至る。そこで若者は、しかるべき対話の相手として見知らぬ「その人」に出会う。「その人」は「わたし」に、旅をしてみて「人間たちをどのように見たか」と問う。「わたし」が「動物に近いものとして、神に近いというよりは」と答えると、彼は「人間的な人がきわめて少ないからでしょう」（ibid. p. 188、同訳一八二ページ）と答える。続けて彼は「私たちの内部にあるその原像にしたがって、形なきものに形を与え、抵抗する素材を調和の聖なる法則に従わせようとする意欲は確固不動であるべきです」（同上）と語るが、この部分は人間の本性としての理性の働きを積極的に称揚している部分である。しかし「この素材との戦いに伴う苦痛は激烈です」（同上）という。そして、ここでひるんでしまい「官能のとりこ」になることは、「理性を否定し、動物になってしまう」ことを意味するという。ここまではフィヒテの哲学の代弁である。しかし彼は「また、自然の抵抗に憤激して、それと戦い、その結果、自然のなかに、そして自然と私たちの内部にある神聖なものとの間に、平和と一致を打ち建てるのではなく、自然を破壊してしまい、強引にあらゆる自然な欲望を打ちくだき、あらゆる感受性を否定し、（中略）、そういう過去を希望のない未来への範例にしてしまう危険は、それだけ大きいのです」（同上）という。この部分は、ヘルダーリンのフィヒテ批判に通じる。フィヒテは自我（理性）に対する非自我（非理性）にあらゆる意味の「自然」を含めてしまっているが、「人間」を動物と神々との間の存在と捉えるならば、「自然」の中に動物も神々も区別なく放り込まれていることになる。動物は確かに存在としては理性を持たず、人間が自分の内なる「動物」に翻弄される事態は克服されなければならないことであっても、その動物の「存在」は実は神性の現れであるとも言える。その時、動物は自らの観念の対象としての動物であることを超えて、自然という神性を含んだ実在の一部であるはずである。「その人」は言葉を続ける。

私たちの内部には自然と戦っているときでさえ、自然から助けを期待し待望する或るものがあるのです。(ibid. p. 190、同訳一八三ページ)

私たちの内部にあるこの上もなく神的なもの、私たちの内部にある聖なるもの、不滅なものの象徴が、目に見えるものとなってあらわれてくるということです。しばしばもっとも微少なもののなかに、もっとも偉大なことがあらわれます。（中略）それはこの少年の顔にもあらわれます。（同上）

また私たちは運命の旋律を聞いたことはないでしょうか。――その運命の不協和音も同じことを意味してい

ます。（同上）

『ターリア断片』での「離心的行路」とは、自然との戦いの中において、人間が人間となるということと、それが自然そのものの力と助けによって可能となるということであったことが示されている。「一にして全なるもの」は、もっとも微少なものの中の偉大さとして現れ、その一つの象徴が「少年の顔」なのである。しかしこの少年もまた、「離心的行路」を辿らねばならず、運命の不協和音に悩まされ、翻弄されなければならない。しかしその不協和音こそ、協和音がそこから生まれ、鳴り響くための前提なのである。人は協和音の中にのみ生きることはできないし、生きてはならないのである。これらすべてのことを教えつつ、支えるものこそがヘルダーリンの考える理性であると言えよう。しかし理性を翻弄しつつ理性を理性たらしめてゆくその運命とはそもそも何を意味し、その原動力は何に由来するのであろうか。ここにプラトンの『饗宴』で語られるエロス、すなわち愛が登場する。そしてその愛の象徴こそ、エロスの知恵をソクラテスに伝えるディオティーマ[13]である。

本来無限なわたしたちの本質がはじめて悩みを知るようになり、自由な、充足しているその力が、最初の限界を感じたとき、言いかえれば欠乏と充溢とが婚姻したとき、その時愛が生まれ出たのです。それはいつのことだったかとおたずねですか。プラトンの言うところによれば、アフロディテが生まれた日のことです。つまり、美しい世界がわたしたちに開始され、わたしたちが意識を持つようになったとき、その時わたしたちは有限な存在になったのです。（StA p. 192、同上）

プラトンの『饗宴』では、アフロディテの誕生を祝って神々が祝宴を催したが、その時、メティス（狡知の神）の子のポロス（術策の神）が酔って眠り込んでいるのを見たペニア（窮乏を意味する女）が、その傍らに臥して生まれたのがエロスという神霊（半神半人）であるという。後にエロスはアフロディテの僕となり随伴者となるが、その出生により、一方では窮乏状態にあり、裸足で家なしであるが、他方で父親の性も受け継いでおり、常に美しいもの、善いものを希求し、フロネーシス（知見）を探究するフィロソフォス（愛知者、哲学者）でもある。すなわち愛知者であるエロスは窮乏と美との中間にあって、定まりなく動き回る存在である。このプラトンの愛の教説を受けて、ヘルダーリンは人間の運命を語るのであるが、そのあり方を根本的に規定しているのが「有限な存在」ということである。有限であるということは、自らの有限性を自覚しているということを含む。それは無限なるものと完全なるものの存在を認めつつ、しかもそれに近づくことも触れることもできず、加えてしばしば偽りの神性を崇め、あるいは騙り、あるいは頭から神性を否定したりなどの、七転八倒を繰り返さざるをえないということである。しかしそれが「運命」とすれば、その運命の不協和音（Dissonanz）の中からしか、協和音、すなわち美と救済とは生じない。言いかえれば、人間が美を希求する限り、自らの窮乏と惨めさから解放されることはないということであり、それがヒュペーリオンの運命そのものであることが語られている。

以上が『韻文稿』の散文の部分の要諦である。韻文の部分は上に述べたようにさらに補足的な部分が続くが、そこで注目すべきことが語られている。愛は最善のものを目指して力闘を続けるが、決して満足は得られず、常に自分の外に援助を期待する。その結果多くの神的なものの助力はあるのだが、愛はそれを自覚せず、自分の貧しさと無力のみを嘆く。実はその神的なものの力は愛それ自身の心の奥に発するものなのであり、本当は愛はその父性の力によって豊かさそのものなのである。しかしそれを見失っている愛は「自由」をも喪失している。ということは、やはり「不自由さ」の中にしか、あるいはそこからしか自らの自由を見いだすことは出来ないということでもある。ここは、やはりヒュペーリオン、言いかえればヘルダーリン自身の自己省察として非常に興味深いところである。すなわち、「離心的行路」である「運命」そのものの成り行きが語られているからである。神的なものは自己の外に超越的に存在するものではなく、不協和音を耐えて、その中に協和音を聞き取り、紡ぎ出すという形でしかありえないということである。ここにやがて詩作の道を究め、詩人としての自覚を打ち立てるヘルダーリンの姿が垣間見える。

『青年時代』については、第一章が、『韻文稿』とほとんど同じ内容で、「わたし」が賢人と出会い、その思想的、理論的な考察が展開される。第二章で、「わたし」は賢人に、青年時代のことを話してくれるように頼み、賢人もそれを受け入れる。そして第三章以下に登場する「わたし」とは賢人の青年時代の姿、すなわちヒュペーリオンなのであり、そのヒュペーリオンが話を聞く相手（老賢者）は、後で明らかにされるがディオティーマの父なのである。すると、『韻文稿』と『青年時代』の第一章における「わたし」とは誰かということになるが、少なくとも老賢者、ヒュペーリオン、「わたし」と三世代におよぶ「師弟関係」が想定されることになる。これらの点については、様々な意見があるところで、その詳細を紹介することは控えるが、ヘルダーリンの中に形成されつつあった根本洞察が、「教育」と「対話」とを通じて次世代に継承されていく可能性を象徴的に表現しているということ、そこにヘルダーリン自身の希望、すなわち「誓願」もしくは「祈り」があることは指摘出来るだろう。そして、そこにこそヘルダーリンの Bildung、「人間の自己形成」の本質があると言うことも可能かと思われる。第三章以下は、最終稿につながる人間関係が展開するが、中でもディオティーマとの出会いと別れが大きなテーマである。しかしそれはあくまで『ターリア断片』のメリーテと最終稿でのディオティーマ、すなわち現実の存在としてのズゼッテ・ゴンタルトの中間に位置するものという以上の意味は持たない。

二 『ヒュペーリオン』のあらすじとテーマ

1 出版に至る経緯と構成

最終稿『ヒュペーリオン』第一巻がコッタ社より出版されたのは、一七九七年四月である。その二年前一七九五年の五月までにイエナで『韻文稿』と『青年時代』が書かれたが、その後、ヘルダーリンは突然誰にも告げずに母親の住むニュルティンゲンに帰ってしまう。イエナではフィヒテとシラーから絶大な影響を受けつつも、哲学的な思索を通して双方に対して鋭い批判を投げかけていた。特にフィヒテに対する批判は『判断と存在(Urteil und Seyn)』という短い断片によって知られている。その核心は、

判断(Urteil)。それはもっとも高次かつ厳密な意味において、知的直観においてもっとも親密に一体である客観と主観を(それぞれにそれとして)根源的に分割すること、すなわちそのことによって初めて客観と主観が出来するような分割であり、まさに原＝分割(Ur＝Teilung)することである。(14)

フィヒテは同一律A＝Aを「Aがあるとするならば(wenn)、そうすると(so)Aはある」という事態を表すものとし、この「もし～ならば、そうすると(wenn-so)」という必然的連関を可能にするものとして「自我(Ich)」をたてる。このときAが存在するか否かは問わないということが核心であり、このことによって独断論

を免れているとする。しかし、同時に問題が「存在」に関わることであるとするならば、いかなる「判断」も自我の働きを度外視出来ない。フィヒテは「存在」を自我の対象としての「非我」とすることによって自我の働きに包摂してしまう。そのことによって自我と非我の相互関係とその働きを含めて、自我は絶対的な自我とならざるをえない。ヘルダーリンが疑問を呈したのはこの点である。絶対的自我は、それ自身を意識することにおいて自我以外の何者をも対象とすることはないのだから、内容的には無しか残らないことになる。ヘルダーリンは、主観と客観の相互関係の出来そのものが、「一にして全」であるものの自己分裂としての根源分割（Ur-tail）であると考える。このことにおいて、対象の細部に至るまで主観と客観の分割が常にすでに及んでいることになる。具体的には自然の細部において、学問的な「認識による対象化」以前に「全一なるもの」は宿っているのであり、そこから生まれる「言葉」は、まさに「主観―客観関係」を含みつつそれを超えた次元を表していることになる。そのときフィヒテ的な意味での主観＝理性の働きは相対的に無化されていくのであるが、他方でその「言葉」から立ち上がる世界観と行動の方向性は、全一なるものの動きと一体であり、それこそが理性を理性たらしめる、あるいは人間を人間たらしめる確かな方向性を指し示すものとなるのである。その際に、客観性、厳密性といった「学問的基準」によらずに、その「全一性」を保持していることの根拠となるものが「美」である。「美」はその意味で、感性と理性の統一の象徴であり、神的なもの、全一なるものの現れなのである。『ヒュペーリオン』は、まさにそのような動向を一人の若者の道程を通して表現した作品と言うことができよう。

ヘルダーリンがイエナを去ったもう一つの理由はシラーにあるが、シラーの影響とヘルダーリンの応答、そして批判についてはここでは割愛する。シラーは、牧師になる道を自ら断ったヘルダーリンが、何らかの形で社会に受け入れられる地位と職業に就くための頼みの綱でもあったのだが、状況は厳しかった。故郷に戻ったヘルダーリンはシラーに急な帰郷についての弁解の手紙を書きつつ、詩稿と翻訳を送ったりしたが、シラーの反応は冷たかった。他方、ニュルティンゲンで『ヒュペーリオン』の『最終前稿』の執筆を急いだ。ここでは『青年時代』の設定を踏襲しつつ、書簡体に戻したことが特筆される。

また、イエナからの帰郷の際に、親友のズィンクレールの仲介で、エーベルという医者にして著述家と出会った。エーベルはズゼッテ・ゴンタルトの夫ヤーコプ・ゴンタルトの妹マルガレーテを慕い、フランクフルトに住んでいた。このエーベルを通じて九月頃にゴンタルト家の家庭教師の口が示された。ヘルダーリンは喜んで承諾の手紙を書いたが、時悪しくフランス軍がマインツを包囲しており、フランクフルトも危ない情勢だったため、なかなか返事は来なかった。一二月になってやっと招聘の話がまとまり、二八日にはフランクフルトのゴンタルト家に到着した。そして翌一七九六年一月に、ゴンタルト家の息子ヘンリー（九歳）に対する教育が始まった。それは、同時にズゼッテ・ゴンタルトとの出会いと交流の始まりをも意味した。ヘルダーリンはこの年一杯『ヒュペーリオン』最終稿の執筆に努めた。その第一巻が出版されたのは翌年の四月である。その際にズゼッテとの交流がこの小説の完成度を一挙に高めたことは疑い得ない。ここで第一部のあらすじを見ておくことにしよう。

2 『ヒュペーリオン』第一巻[15]

第一巻は序文、第一部、第二部に分かれている。序文では、この小説が当時の常識であった単なる娯楽のためだけに読まれること、あるいはその思想内容のみが注目されることのどちらも正当に評価することにはつながらないという警告がなされる。この小説全体は先の「不協和音」の解決を目指しているのだが、その意味に近づくためには、それらとは異なったアプローチが必要であるということであり、そこにはこの小説の担っている課題の振幅の大きさが暗示されていると言えよう。

第一部は、いまや「地上での仕事は終わった」（一二）とヒュペーリオンがベラルミンへの手紙で語りかけるなかで、ベラルミンに要請されて、これまでの人生を回想するという設定である。ヒュペーリオンは、いま幼い日を過ごしたギリシャに戻ってきている。人生の旅路の出発点へと帰るということは、「離心的行路」の運命的必然であるが、それは「一切と一つであること」「生きとし生けるものと一つであること」の神的な忘我がこのギリシャの地にあるからである。その直接的な現れがギリシャの大地と天空、そして自然であり、そこに生まれ育つ子供の心情である。しかし、子供は「人間のひとり」（一七）とならねばならない。ヒュペーリオンはまさに子供であったその時に、アダマスに出会う。アダマスは「人間を欲していた」（二二）。アダマスは、ヒュペーリオンにプルタルコスを教え、連れだってギリシャの地を経めぐった。そこでヒュペーリオンは古代の栄光と、遺跡のみがその痕跡をとどめている現在のギリシャを目の当たりにする。そこでアダマスは、ヒュペーリオンの手を取って「あの神のようであれ」（二七）というが、「あの神」とは神話上のヒュペーリオン、すなわち太陽神ヘーリオスのことである。この時、ヒュペーリオンは単なる個人であることを超えて、神と自然とに直接対面するものとなることが暗示されている。

やがてアダマスは「アジアの奥地にたぐいなく優秀な民族が隠れているそうだ」（二九）と言って去っていく。別れに際してアダマスは、「われわれのうちにはひとりの神がいる。この神は水の流れのように運命を導く」（三〇）という。アダマスが去って、ヒュペーリオンは父のすすめに従い、航海術と戦術、そして教養あるものの考え方を身につけるため、故郷のティーナを去ってスミュルナへ赴く。しかしそこでの教育もヒュペーリオンを心から満足させるものではなかった。自然に触れたときの深い感銘と街に戻ったときの俗物との交わりの落差がヒュペーリオンを孤独に追いやる。そんなときに、出会ったのがアラバンダだった。アラバンダもしばらく前からヒュペーリオンに関心をいだいていたので、二人はすぐに「友人にして戦友」(四六)となった。二人はギリシャの停滞した状況に危機感をいだき、そこで抑圧されながら育つしかない子供たちに同情し、祖国に新たな命を吹き込まなければならないという考えで一致する。これは、ヘルダーリンとその友人たちがフランス革命に触発されて、ドイツの改革を夢見た状況に一致する。対話の中で、ヒュペーリオンは、アラバンダの余りに性急な革命への指向を批判して、自らの国家観を述べる。「結局、きみ(アラバンダ)は国家に権力を認めすぎる。国家は強制しても得られないものまで要求してはならない。愛と精神が与えるものを力ずくで手に入れることはできない。(中略)とにかく人間が国家を天国にしようとしたことが、国家を地獄にしたのだ」(五五)。ヒュペーリオンのこの言葉は、フランス革命に刺激されて、ドイツに市民革命を起こそうとしていた急進的な活動に対する批判の集約である。ここから、ヘルダーリンの「国家観」というよりは、「祖国への思い」が、後の詩作において結晶していく萌芽を認めることが出来る。祖国は神的なものを取り戻さない限り、その本来の姿を現すことは出来ないのである。ただし、それは教会の権力を容認することではない。むしろ、新たに生まれるべき共同体こそが本来の国家を生み出す母体になるという考え方である。この後、アラバンダがある政治グループに属していたことが明らかになり、ヒュペーリオンは衝撃を受ける。そしてそのグループの幾人かがアラバンダを探してやってくる。ヒュペーリオンは、彼らの精神の荒廃を見抜き、そのグループと行動を共にするアラバンダと決別する。それと同時にヒュペーリオンは、自らのアイデンティティの危機に陥る。ヒュペーリオンはアラバンダを通して思い描いていた社会への参加、共同体の創設という望みを打ち砕かれたのである。

ここから第一巻第二部に移る。傷心のヒュペーリオンにカラウレア島の友人ノタールラから招待の手紙が届く。

カラウレアに渡ったヒュペーリオンは、その自然と人々の暮らしに癒やされる。そしてそこでヒュペーリオンの前にディオティーマが現れる。「甘みな生（いのち）よ、あなたはゆっくりと身を横たえていた。あなたは目をあげ、体を起こし、いまやすっくと立ち上がった。すらりとして豊かで神のように」（九〇）。ディオティーマの姿と振る舞いはまさに、ズゼッテのそれである。それだけに描写は言語を超えた領域へ迫ろうとする。ヒュペーリオン、すなわちヘルダーリンは絶望と魂の貧困のどん底で、いきなり神的なものの臨在を経験するのである。「一度はこの目で見たのだ、魂が求めていた唯一のものを。われわれが星の彼方に遠ざけ、時の果てにまで押しやっている完成の姿、それをぼくはありありと感じた。それは存在した。（中略）君たちはその名を知っているか、一にして全なるものの名を。その名は美だ。（中略）そしてあなた、あなたこそ、その道を示してくれたのだ。あなたとともにぼくは始まった。まだあなたを知らなかった日々は語るに値しない。——おお、ディオティーマ、ディオティーマ、この世ならぬ人」（九三f）。ここに、ヒュペーリオンのディオティーマ体験は極まる。ディオティーマは「全一なるもの」「神的なもの」そのものの臨在なのである。やがてヒュペーリオンはディオティーマと共に歩み、言葉を交わし、至高にして至福の時を過ごす。ディオティーマの暮らしぶりの細部に至るまで、自然の神的な力が息づいていることに感嘆しながら。しかし、この至福の時を回想しているヒュペーリオンは、実はディオティーマがもはやこの世にはいないことを知っているのである。なぜならベラルミンにディオティーマの墓について書いているからである。「ディオティーマの墓がぼくの近くにあるという驚愕が」（一〇八）。しかし第一巻が出版されたとき、ヘルダーリンは当然のことながら、それをズゼッテに献呈している。それが、一七九七年の四月だとすれば、まさにそれからの二、三ヶ月こそ、ヘルダーリンとズゼッテが、もっとも心置きなく魂の交流を図ることが出来た時期なのである。そしてディオティーマとの別れと死が描かれるのは第二巻においてであって、この時点ではディオティーマを死なせるかどうかについて、明確な構想を持っていなかったはずである。それなのに、ここでなぜディオティーマの墓に対する言及がなされたのかは謎である。唯一言いうるのは、人間に神的なものが現れるのは、過ぎゆくもの、滅びゆくものの姿においてだけであるということ、言いかえれば悲劇としてのみであるという根本洞察（これはこの後書かれた悲劇『エンペドクレス』において展開されたものであるが）があったからということであろうか。

しかしヒュペーリオンとディオティーマとの交わりはなお深まるばかりである。「あのひとはぼくのものではなかったか。（中略）あのひとは、ぼくのよろこびにふれてはじめて自分自身に気づき、自分のすばらしさに驚き、よろこんだのではなかったか。（中略）ぼくたちはただ一つの花だった」（一一〇）。この言葉がズゼッテとの関係を表しているとすれば、まさに「恋」以外のなにものでもないと言えよう。がしかし、それは「恋」以上のものであった。ドイツ語としては「恋」も「愛」も同じ Liebe である。しかし「恋」は、二人の関係以外のものを排除しようとする。しかしズゼッテはヘルダーリンとの語らいにおいて、それまで閉ざされていた「自己」を「世界」へと開く体験をした。そのことによって、ズゼッテは本来のズゼッテへと成長したのである。関係が「恋」に止まらないということは、ズゼッテ自身が子供たちへの接し方、他の人々との生活の仕方に始まり、社会の動向、そして人間の本来の使命に至るまでの洞察を得ていったということに他ならない。それゆえ、ズゼッテには子供と夫を「捨てる」という発想はなかったし、ヘルダーリンと現実的な意味で「結ばれる」ということを希求してもいなかった。戦乱を避けて子供たちを連れてフランクフルトから退避し、カッセルで過ごすことになった二ヶ月間、もちろんそこには夫のヤーコプ（ズゼッテは夫のことを「コープ」と呼んでいた）はいないのであるが、彼らの関係は、まさに単なる恋を超えて、神的なものにまで高められていった。しかし彼らの表面上の「親しさ」は、次第に人々の関心の対象となり、ついには翌年一七九八年九月に、ヘルダーリンに対して邪な恋情を抱いていたある女性によって、ヤーコプに告げ口されることになる。ヤーコプはにわかに彼らの関係を疑い、それをほのめかす。ヤーコプにとって、家庭教師は、料理人や庭師と同じレベルの雇い人でしかなかったし、そのことがヘルダーリンの自尊心を傷つけてもいた。しかし、ヤーコプの疑いが表面化したとき、ヘルダーリンはもうこの家にいることは出来ないと悟り、唐突にその職を辞するのである。このような結末を迎えることになるであろうということは、二人とも心の中で感じ、覚悟もしていたようだ。それは、彼らの「関係」の真の意味をうかがい知ることの出来る人が皆無であるということが痛いほど分かっていたからであろう。

『ヒュペーリオン』に戻ろう。言葉を交わしながら次第に親しくなっていくヒュペーリオンとディオティーマは、周囲も納得するほどのカップルとなっていった。彼らは友人たちと連れだってアテネに渡り、遺跡をめぐりながらギリシャ人とはどのような人たちだったのかを議論した。そこでヒュペーリオンは、独自の教育論を述べる。それはスパルタ人に対する批判から始まった。「スパルタ人は断片のままだった。完全な子供でなかったものは、完全な大人になることは難しいからだ」(一四四)。それに対してアテネ人は「あらゆる種類の暴力の影響から自由で、本当に中庸を得た食べ物によって成長したということ、そのことが彼らをあれほど卓越した存在にしたのだ」(一四五)。つまり「幼年時代」は大切に過ごさせなければならないが、同時に放任主義もだめだという。ここには、ルソーを評価しつつ、それを批判するヘルダーリンがいる。まさに、その実践をズゼッテの息子ヘンリーに対して行っていたのだ。そして「人間」として成長しえたアテネ人にしてはじめてなしえたことは、一つには芸術の創造、もう一つは宗教である。そして芸術と宗教とは「神的な美」から生まれた子供であるという。この「神的な美」のありかを暗示する言葉として、ヘラクレイトスの「多様の一者(エン・ディアフェロン・ヘアウトーイ)[16]」という言葉が引かれる。そして比較文明論が展開される。「エジプト人は、苦痛を感じることなく恣意の専制に耐え、北方の子は、嫌悪を感じることなく法の専制、正義の形をした不正に耐えている」(一四七)。ここで「北方の子」と呼ばれているのはドイツ人である(ドイツ人に対しては第二巻の末尾で再度徹底的な批判が繰り広げられる)。エジプト人は極端に感覚を超えたものにこだわり、自らの感覚をおとしめ、ドイツ人は極端に感覚的な次元にこだわり、自分の悟性のみを信じる。つまり計算、効率、秩序が支配することになる。アテネ人は、両者の中庸を歩み、神的なものを尊重しつつ、どこまでも懐疑家であることが出来る。ここに哲学が生じえたのであり、神々に由来する詩と人間の悟性に由来する哲学の両者がアテネで開花したということである。ここにヘルダーリンのギリシャ観が開陳されているわけであるが、その理解がどこまで正当であるかはここでは問わない。また、なぜヘルダーリンの分身であるもの(ヒュペーリオン)の活躍する場がギリシャなのかということも大切な問題であるのだが、これはさらに広範な背景を抱えているので、後で触れられたら触れてみたい。ただし、ヘルダーリン自身は実際にはギリシャを訪れてはいない。

ディオティーマはヒュペーリオンの考えに深く動かされ、二人の絆はさらに深まる。そしてディオティーマはこれまでのヒュペーリオンの歩み、特にアラバンダとの別離という挫折を踏まえて言う。「ヒュペーリオン、あなたはもっと気高いことをするためにお生まれになったのだと思います。(中略)あなたは未熟な戦士のように、目標も定まらず握り方も心得ないうちから性急に突いてしまったのです。(中略)あなたが悩む人、発酵する人でなかったなら、考える人にはなれなかったでしょう。信じて下さい、もしあなたが美しい人間性の平衡をあれほどまでに失わなければ、けっして、あれほど純粋には認識出来なかったでしょう」(一六一f)。この最後の言葉は、イエナから、そしてシラーから逃げるように立ち去ったヘルダーリンに対するズゼッテの限りない慰謝の言葉でなくて何であろう。そして次のように言う。「私たちの民衆の教育者になって下さい」（一六五）。これはゴンタルト家のヘンリーに対する教育への感謝の言葉であり、ヘルダーリン自身が教育者としての自覚を深めていたことの証明でもある。『ヒュペーリオン』第一巻はここで終わる。

3　『ヒュペーリオン』第二巻

第二巻の冒頭に、ソポクレス『コローノスのオイディプース』の有名な一節が掲げられている。「生まれないのがもっともよいこと。だが、生まれたからには、なるべく早くもとのところに帰ること、それが次によいこと」（一六九）。言うまでもなくニーチェの『悲劇の誕生』にも引用されるミダス王とシレノスの話が元になっていると思われるが、「生まれたからには」をどこまで積極的にとらえるかによって、悲劇の質が異なってくる。「生まれない」ことは、すでに不可能なことであるのだから、「次によいこと」こそ人間の望みうる最高のことがらになる。とすれば「もとのところに帰る」とは何を意味するのかという問いになる。「離心的行路」からすれば、「もとのところ」とは神的な世界、幼児の状態、自然への帰入であるが、ヘルダーリンは第二巻を執筆しつつ、すでに次作の悲劇『エンペドクレス』を構想、執筆しつつあった。とすれば、エトナ山に身を投げることによって、神と自然と人間の懸隔を一挙に乗り越えたエンペドクレスの姿がここにあるのかもしれない。それが、ヒュペーリオンの物語とどこでつながるのかが、一つの注目点になるだろう。

アッティカから帰ったヒュペーリオンのもとに、アラバンダから手紙が届く。そこにはロシアがトルコ政府に宣戦布告し、艦隊を多島海に進出させたとあった。長年トルコ政府の圧政に苦しんできたギリシャにとって、ロシアと共にトルコと戦い、独立を勝ちとる好機が訪れたということである。これは一七七〇年に実際に起こった史実であり、このときギリシャの民族主義者たちが独立を目指して蜂起した。アラバンダはヒュペーリオンに「昔のままのきみだったら、来てくれ」（一七三）、共に戦おうと呼びかけ、またスミュルナで知り合った例の連中とは別れたという。ヒュペーリオンは「あまりにも怠けていた」（一七四）と無為に平安を求めていた自分を責め、アラバンダのもとに駆けつけようとする。それを聞いてディオティーマは蒼白になった。そしてヒュペーリオンを落ち着かせ、諫めようとする。「あなた方は暴力に訴えて、すぐに極端に走るのですね。ネメシスのことを考えて下さい」（一七六）。ネメシスとは人間のヒュブリス（傲慢）に対する神の怒りと罰を象徴する女神である。ヒュペーリオンは「極端なことに耐えているものには極端なことが正しいのです」（同）と反論するが、ディオティーマは「たとえ正しくても、あなたはそのために生まれたかたではありません」（同）という。ディオティーマはヒュペーリオンの気持ちが過去の弁済、言いかえればコンプレックスの補償に傾いていることを見抜いている。「このあいだのあなたはもっと謙虚でした」（同）。ヒュペーリオンは今こそギリシャに「自由な国家」を実現する時だというが、ディオティーマは「力ずくで自由な国家を作るのがせいぜいで、できあがったとたんに、なんのためにつくったのかと自問するでしょう」（一七七）という。これに対してヒュペーリオンは「人間は束縛を引きちぎってこそ、はじめて完全な青春に与れるのです」（一七八）、「私が選んだのでも、企てたのでもありません。わたしのなかにひとつの力があるのです」（同）という。「ひとつの力」とは「運命」のことであろう。あるいは「デーモン」と言ってもよいであろう。最後には、ディオティーマは「わたしにはお止めする力も権利もありません」と泣きくずれる。ヒュペーリオンの頭の中には、「祖国」という理念と「自由な国家」という理念が吟味されることなく、一つになってしまっている。確かに古代のアテネはそうでありえたかもしれない。しかし現代のギリシャでそれが突然姿を現すことが出来るのかという批判的な問いは、むしろディオティーマの方が押さえているのである。「祖国」と「自由な国家」とを結ぶもの、その欠くべからざる前提であり、基盤であるものは「うつくしい共同体」（一八六）であることをヒュペーリオンは頭では知っている。そしてそのためにディオティーマが示した道が「教育者」になることだった。

しばらくしてヒュペーリオンの壮行会が催される。ディオティーマは「ああ、ごいっしょしたい」（一八四）という。ヒュペーリオンは「斎女は神殿を出てはなりません。あなたは神聖な火をまもるのです」（同）という。しかしその火は燃え続けることが出来るのだろうか。そして二人は別れるのだが、ここでベラルミンに対しては、これが永遠の別れであったことを図らずも明かしている。そして、その後ディオティーマから届いた手紙をすべてベラルミンに託すという。すなわちこれ以降、ベラルミンへの手紙に加えて、ヒュペーリオンはディオティーマとの往復書簡を紹介することで、何が起こったのか、今の自分がどのようであるのかを語ろうとする。

以下、ヒュペーリオンからディオティーマへの手紙で、アラバンダと再会したこと、二人で自由な国家の再興を誓ったことが語られる。二人は山岳の民を率いて、包囲されたトルコ軍と戦うため、ペロポネソス半島の奥へと進んでいく。山岳の民に武器と行進の訓練をほどこす日々の中で、ヒュペーリオンは元気と喜びを取り戻したことをディオティーマに告げる。「われわれは偶然から力を奪い取り、運命を支配するのです」（二一二）。そして三回の戦闘で勝利したことを告げる。

しかし、しばらくして「おしまいです、ディオティーマ。部下がみさかいもなく、略奪し、殺戮しました。（中略）部下の正体が分かりました」という悲痛な手紙が届く。部下に裏切られたヒュペーリオンは、アラバンダと二人きりになったと告げる。ヒュペーリオンはディオティーマに自分の不明を恥じ、許しを請いながら、自分を見捨てよという。自分はアラバンダとロシア艦隊に乗り組み、そこで死を賭して戦いを続けるというのである。

ここで第一部は終わる。

第二部は、トルコ艦隊との会戦の報告で始まる。会戦の最中、ヒュペーリオンは深手を負い、気を失う。再び気がついたとき、戦場からパロス島まで船で運ばれていたことを知る。それから六日間生死の境をさまようが、アラバンダが必死の看護をしてくれたという。それからしばらく時がたって傷も癒えてきたころ、ヒュペーリオンに人生をやり直そうという気持ちが芽生えてくる。アラバンダにも促され、ディオティーマに「別れ」を撤回する手紙を書くことを決心する。そこへ、ディオティーマからの手紙が届く。それはすでに送った「別れ」の手紙に対する返事であった。そこには別れを容認しながら「わたしはあなたにとってすべてであることができなかったのです」（二四〇）とあった。そして「世界のよろこびがあなたの望んでいらっしゃることなのです。あなたにはそれが必要なのです」（二四一）。「あなたのように死を経験した人は、神々とまじわって立ち直るしかないのです」（同）。つまりヒュペーリオンとのこの地上でのささやかな暮らし、家庭を作ることをあきらめるということである。なぜならヒュペーリオンはギリシャの再興のために命を捧げようとしているのであり、神々のもとへ帰るしかないからである。「お別れいたしましょう。（中略）わたしは子供もほしくありません」（二四六）。

ディオティーマのこの雄々しいほどの手紙に対してヒュペーリオンは返事を書く。「悲しむのはここまでにしましょう、愛する人。あなたはわたしの夜のなかまでついてきてくれました。さあこんどは、あなたの光のもとへつき従わせて下さい」（二四七）。そして、あらためてディオティーマとの現世での生活を始めることを提案する。ただし、ギリシャではなく、アルプスかピレネーの聖なる土地に逃げる形で。この後、ヒュペーリオンは生まれ変わったように、ディオティーマに愛の言葉をつらねる。そんな折、アラバンダが唐突に友人関係を解消して別れようという。なぜだと問うと、アラバンダはヒュペーリオンとディオティーマとの生活の中に一緒にいたくはないからという。アラバンダにとっても、いつのまにかディオティーマは比類無き女性と映り、人知れず思いを寄せるようになっていたのだ。その三角関係の中で生きていく自信はないという。そしてアラバンダはこれまで話していなかった自分の過去を語る。その詳細については、ここでは省略する。そしてアラバンダは最後に彼の「自由の哲学」を語る。「ぼくは自分のなかにひとつの命を感じている。それは神が創ったものでも人間が作ったものでもない。われわれはわれわれ自身によって存在しているのだと思う。われわれと万物とをこんなにも親密に結びつけているものは、われわれの自由な欲求以外のものではない」(二六三)。そう言ってアラバンダは別れていった。

ヒュペーリオンはディオティーマが待つはずのカラウエア行きの船を待って、埠頭にいた。そしてリュートを取り出し、かつてアダマスが教えてくれた古い歌を歌う。これが有名な「ヒュペーリオンの運命の歌」である。詩は三連であるが、はじめの二連と後の一連の二つの部分に分かれていて、前半は神々の清らかで安らかな世界が歌われる。後半は一転して、運命の変転に翻弄されるばかりの人間の生が対比的に歌われる。ブラームスは一八六八年、この曲をオーケストラ付きの合唱曲に作曲した。そこでは、神々の世界、精霊の世界のゆったりとした神々しい調べに続き、運命に翻弄される人間世界の阿鼻叫喚が怒濤の激しさで歌われる。しかし音楽としてはこの対比だけでは曲としてのまとまりを欠く。そこでブラームスは三年間苦心を重ね、運命を暗示するティンパニーの響きを前奏に置き、また長い後奏を配置することで、まさに「運命の歌」の全体を表現しえた。以下、原詩と拙訳を紹介する。

SCHIKSALSLIED　運命の歌

Ihr wandelt droben im Licht
Auf weichem Boden, selige Genien!
Glänzende Götterlüfte
Rühren Euch leicht,
Wie die Finger der Künstlerin
Heilige Saiten.

御身らのたゆたい歩めるは天上の
光あふれるやわらかき土地、浄福の精霊たちよ
かがやく神々の風の
御身らにふれゆくは
乙女らの聖なる琴を
爪弾くがごとし

Schicksallos, wie der schlafende
Säugling, atmen die Himmlischen;
Keusch bewahrt
In bescheidener Knospe
Blühet ewig
Ihnen der Geist,
Und die seligen Augen
Blicken in stiller,
Ewiger Klarheit.

安けく眠れるみどりごのごとく
天上のものらは運命のおよばぬところに息づけり
つつましき花のつぼみのうちに
汚れなきままに見守られつつ
その心はときじくの花と咲き
浄福の眼差しは
静けくもとこしえに
晴れやかさの中に
佇めり

Doch uns ist gegeben

されど我らの定めは、

Auf keiner Stätte zu ruh'n;
Es schwinden, es fallen
Die leidenden Menschen
Blindlings von einer
Stunde zur andern,
Wie Wasser von Klippe
Zu Klippe geworfen,
Jahrlang ins Ungewisse hinab.

息むべきところなく
悩みつつ苦しみつつも
かつは消え
かつは落ちゆく
流るる水のいとまなく
岩から岩へとぶつかり転じ
行方も知らぬところへ
落ちゆくごとく

歌が終わると同時に、ディオティーマの手紙が届く。そこにはヒュペーリオンの無事息災を喜びながらも、もはや自分の命は尽きかけていると書いてあった。ヒュペーリオンが彼女の魂に転じた火は、天上の世界への飛翔を可能にさせてくれた。しかしヒュペーリオンが彼女をいだくことによってのみ、ふたたび地上へと舞い戻ることが出来るという。しかしヒュペーリオンが「かつての自由な世界へ飛び去ってしまわれた、とすっかり思い込んだとき、わたしの運命は決まったのです」（二七五）。ディオティーマにとって地上での生は不可能となった。ディオティーマは死を受け入れるという。しかしそれは「死がわたしたちに与えてくれる神々の自由」（二七八）を享受するためである。「わたしは存在するでしょう。そこでは万人に共通の愛があらゆる自然を一つにまとめています」（同）。そしてついに次のように言う。「私たちが別れるのは、いっそう親密にひとつになるためにほかなりません。すべてのものと、わたしたち自身といっそう神々しく結ばれるためにほかなりません。わたしたたちは生きるために死ぬのです」（同）。「わたしたちは存在するでしょう。なにになるかは問いません。存在すること、生きること、それで十分です。（中略）神々の世界では命でありさえすればすべて平等なのです」（同）。この一連の言葉は「離心的行路」の行き着く先、言いかえればこの小説の結論を示している。ディオティーマはさらに言葉を続ける。「あなたのミルテの花は色あせてしまいました。それはあなたが神々しい自然の司祭にならなければならないということなのです。あなたにはすでに詩作の日々が芽生えています」（二八〇）。この言葉は、ヘルダーリンとズゼッテとの交流の結論でもある。二人は別離が避けられないことを共に感じていた。これらディオティーマの最後の言葉の多くは、ズゼッテの口から出たもの、いや二人の共通の認識であり、かつ祈りであったのではないだろうか。それは二人の恋が、まさに『饗宴』で語られたエロスの求める「愛」へと高まっていったことの証である。

この後にノタ一ラからの手紙が続き、ディオティーマが静かに命を終えたことが書いてあった。ノタ一ラはヒュペーリオンに、もうカラウエアに来ない方がいいという。ディオティーマの母親にとってもその方がよいと。最後のベラルミンへの手紙で、ヒュペーリオンは「こうしてぼくはドイツ人のもとに来た」（二八八）という。ここからヒュペーリオンの、いやヘルダーリンの厳しいドイツ人批判の言葉が続く。第一巻で「北方の子」としてドイツ人批判を行ったが、それを遥かに上回る激烈な調子である。その要点のみを箇条書きにしておこう。ドイツ人とは（一）勤勉と学問と宗教によって自らをがんじがらめに縛り、聖なるもの、優美なものへの感受性を損ない、支離滅裂になってしまった野蛮人。（二）肩書きと専門によってすべてを判断し、それ以外のものは切り捨ててしまう無骨人。（三）外面的な秩序の遵守によって動物のように飼い慣らされ、聖なるものから徹底的に疎外されているもの。これらが、ヘルダーリンがドイツでいわゆる権威と権力を持つものたちから受けた仕打ちの総決算である。一介の家庭教師という不安定きわまりない雇われ人にしかなれず、それさえその高貴な教育理念が理解されずに、つぎつぎと免職の憂き目を味わわなければならなかった塗炭の苦しみに対する告発なのである。その中から「詩人であることの使命」は芽生えたのだった。それはいかなる意味でも、ルサンチマンではない。ドイツ語の響きと韻律を究極まで究め、そこから新しい共同体、生まれ変わる祖国、そしてついには海を隔てた遥かなる異郷へのさすらいの思いを紡ぎ出していったのである。

最後の手紙で、ヒュペーリオンは「ぼくはドイツを去ろうと思った」(二九五)と書き始める。しかし「この世とも思われぬ春がぼくを引きとめた」(同)という。ドイツの「自然」は無垢であった。ヒュペーリオンはそこにディオティーマの呼びかけを感じる。ディオティーマは自然そのものとなっていた。「おお、神々とともにいるあなた、自然よ」(二九八)。

「世界の不協和音は愛し合うもののいさかいに似ている。和解は争いのさなかにあり、別れていたものはすべてまためぐりあう」(三〇〇)。「ぼくはそう考えた。くわしくはまた」(同)。これがこの小説の最後の言葉である。「くわしくはまた」とは何を意味するのだろうか。第二巻が出版されたとき、すでにヘルダーリンはゴンタルト家を辞していた。教え子のヘンリーは心から悲しんで、ヘルダーリンに手紙を書いた。その後、ヘルダーリンはズゼッテと月一度のペースで手紙を直接手渡すという、綱渡り的な関係を続ける。もちろん言葉を交わすこともままならない状態である。その中で一七九九年一一月に刊行された第二巻はズゼッテに直接手渡された。その中には献辞として「あなた以外のだれに(Wem sonst)」とあった。ズゼッテはその時すでに、結核に冒されていたのだが、三年後の一八〇二年六月、子供の風疹が感染して三一歳の生涯を終える。ヘルダーリンは家庭教師をしながら詩を書き続けるが、徐々に精神の均衡を崩し一八〇六年テュービンゲン大学に強制入院させられる。翌年、もはや回復の見込みなしとして退院させられるが、それ以後はテュービンゲンの指物師の二階で、その世話を受けながら三四年間を過ごし、一八四三年に永眠する。

おわりに

「『ヒュペーリオン』を読むということ」はいささか据わりのわるい表題である。なぜ「『ヒュペーリオン』を読む」ではないのか、ということについて少し思うところを述べて締めくくりとしたい。

「何々を読む」という表題の書物や論文は、決して珍しくはない。この「読む」という終止形は、「読みつつ内容を把握し、問題提起しつつ、解釈しつつ論じる」という含意がある。加えて、それを遂行する論者の明確な意思表明と受け取ることも出来よう。しかし「読むこと」という形で、名詞句もしくは名詞節にしてしまうと、それがどうしたのかという問いと共に、「読む」行為自体がかっこに入れられて、疑問や批判の対象となる。確かに筆者としては、これまで『ヒュペーリオン』という作品に向かい、その内容と、それを執筆した当時のヘルダーリンの状況について、あらましを述べてきたつもりではある。しかし問題は、序に述べたように、ヘルダーリンをこの作品の執筆へと駆り立てたもの、それをツヴァイクはデーモンと言ったのであるが、それは何かということである。そのデーモンに接近し、かつその正体を見極めることが拙論のそもそもの動機なのであった。つまり「『ヒュペーリオン』を読むこと」が、そのデーモンの解明にどのように資するところがあったのか、である。もちろんツヴァイクが用いたデーモンという言葉それ自体にそれほど意味があるとは思えない。ツヴァイクはヘルダーリン、クライスト、ニーチェに共通する悲劇的運命を強いたものとして象徴的にデーモンという語を用いたに過ぎないと考えるからである。しかしヘルダーリンを駆り立てたものと、その作品を読み解く筆者（ないしは読者）がどこで出会うのかは、やはり重要な問題である。いや、それこそが拙論の核心をなす部分なのである。

そこを筆者は、いささか唐突な「四弘誓願」の分析を通じて示しておいた。すなわち「誓願」という言葉に込められた、「誓い」と「願い」との出会いである。「誓い」とは、すでに述べたように、自らが果たすべき使命の自覚であり、その根を自己の根底に自覚するということが前提となる。『ターリア断片』で見たように、それは「離心的行路（ekzentrische Bahn）」を辿ることを意味するが、これが使命の全体像なのである。それゆえ人生を歩み始める幼年時代、青年時代においては、それは明確な形として自覚されていない。それが自覚に上るのは、その歩みを最後まで辿ったときなのである。もちろん何をもって「最後」と言うべきかは問題であるが、少なくともある種の究極の地点、すなわち『ヒュペーリオン』という作品を書き終えるという地点と言うことは出来よう。とすれば「使命の自覚」は「回想」という形を取らざるをえない。それゆえ、『ヒュペーリオン』という作品はすでに述べたように、全体が回想録なのであり、その回想はまさにベラルミンというもう一つの自己に向けての書簡、言いかえれば「自己との対話、もしくは対決」という形で成し遂げられたということである。ただ、そのような道行を要請したものは、ヘルダーリンでもヒュペーリオンでもない。それがツヴァイクの言うデーモンということである。その意味でのデーモンは、まさにプラトンの『饗宴』における半神半人の中間者であり、媒介者としてのエロスなのである。デーモンは自己の内部に宿りつつ、自己を自己ならぬものへと、すなわち神々の世界へと駆り立てる。そして自分が神に向かいながらも神ではないという矛盾にさいなまれる、その「遠さと近さ」という「距離」に、自らは姿を隠しながら関わっているものが神々である。それゆえ神々は決して姿を現すことはない。すなわち神々との対話は不可能なのである。逆に、アブラハムにおけるごとく、神との対話をはじめから前提しているのが旧約聖書である。しかしギリシャの神々はただ、自然として（たとえばヘラクレイトス）、そして国家ならびに個人の「運命」として（たとえばソクラテス、プラトン）自らを示すだけである。そこに神々の意図をどう受け取るかは、一人一人が自らの運命を自覚しつつ、自らが紡ぎ出す言葉として示すしかない。それがわれわれの生涯をかけた「応答」なのである。われわれが運命に向けて「応答」すべく身を捧げ、努力することが「使命の自覚」としての「誓い」なのである。そのことにおいてはじめて神々からの「応答」としての「願い」を感じることが出来るのかもしれない。それが形を表すのは、詩、音楽、彫刻、演劇という芸術における「美」としてである。このような意味で、ヒュペーリオンを「回想」へと誘い、作品を書かせたものは、神々の密かな「応答」であり「願い」であったと言えよう。

それゆえ「回想」ということに注目すれば、ヘルダーリンは単に『ヒュペーリオン』を「書く」作業に終始したというよりは、一貫してこの作品を「書くこと」が何を意味するのかと問いつつ問われつつ筆を進めたと考えられる。すなわち「『ヒュペーリオン』を書くこと」へ向けての問いこそが、執筆の動機であり、やがて『ヒュペーリオン』を超えて、『エンペドクレス』ならびに後期の賛歌へと連なるヘルダーリンの「詩作の遂行」を促したエロスの働きではなかっただろうか。このような意味で表題の「『ヒュペーリオン』を読むこと」は、ヘルダーリンの「『ヒュペーリオン』を書くこと」に対応しているのである。

このように見ると、自らの「使命」へのヘルダーリンの「応答」は、自らの運命を「回想」という形で自覚し（『ヒュペーリオン』）、「詩作」を形に示したということである。しかしそれは同時に神々からの「応答」であり、その「願い」が然らしめたと言いうるのである。それゆえヘルダーリンの詩作の最後に位置する詩編に「回想（Andenken）」[17]があることは偶然とは言えない。しかしその詳細な検討は、別の機会を俟たねばならない。

注

（1）ツヴァイク全集六『デーモンとの闘争』杉浦博、今井寛、小宮曠三訳、みすず書房、一九六二年、一〇ページ

（2）『ヘルダーリン詩集』小牧建夫、吹田順助訳、角川文庫、一九六〇年

（3）禅学大辞典編纂所編『禅学大辞典』大修館、一九七八年、四二四ページ

（4）「現成公案」道元『正法眼蔵』（一）水野弥穂子校注、岩波文庫、一九九〇年、五四ページ

（5）「山水経」同上（二）一八四ページ

（6）hyper は前置詞「を越えて」という。ion は動詞 eimi（行く）の現在分詞であることから「越えていくもの」が文字通りの意味になる。

（7）一六世紀末に反宗教改革を唱えたイエズス会の大司教ロベルト・ベラルミンからとったということである。堤博美『ロマン主義の光芒』奈良大学紀要二八号、二〇〇〇年、四ページ参照

（8）この言葉は、ヤコービの『レッシング』に収められていたため注目を集めた。言葉自体はクセノファネスのものであるともされるが、「万物は一から生じ、一は万物から生じる」という言葉はヘラクレイトスの断片一〇として伝わっている。『ソクラテス以前哲学者断片集』第一分冊、岩波書店、一九九六年、三二一ページ

（9）Beißner 編集の Hölderlin. Sämtliche Werke: Große Stuttgarter Ausgabe（以下 StA と表記）

（10）『ヘルダーリン全集三』「韻文稿」手塚富雄訳、河出書房新社、昭和四一年、一九三ページの注を参照。以下、『韻文稿』『ヒュペーリオンの青年時代』に関しては断りのない限り上記の訳を使わせていただく。

（11）野村一郎「韻文稿と『ヒュペーリオンの青春時代』」学習院大学文学部研究年報八輯、一九六一年、三〇三―三四一ページ

（12）StA 3, p. 186、『ヘルダーリン全集三』「韻文稿」一八一ページ

（13）ディオティーマはマンティネイア（ペロポネソス半島のほぼ中央にある都市で、紀元前四一八年、ペロポネソス戦争の帰趨を左右する戦いが行われた）の婦人という設定であるが、歴史上の人物であるかについては意見が

分かれる。名前の意味は「ディア」が神、「ティーマ」が尊敬を表す time から来ており、「ゼウスによって讃えられた人」「神に愛された人」という意味だと思われる。

（14）StA 4, 1 p. 216、拙訳。カッコは筆者の補足。なお Johann Kreuzer 編の Hölderlin: Theoretische Schriften の邦訳、ヘルダーリン『省察』武田竜也訳、論創社、二〇〇三年を参照させていただいた。

（15）邦訳は断りのない限り『ヒュペーリオン』青木誠之訳、筑摩文庫、二〇一〇年を使わせていただく。カッコ内はページ数。

（16）文字通りには「それ自身（一なるもの）において（ヘアウトーイ）異なるものの中に（エン・ディアフェロン）」。プラトン『饗宴』187A において引用されているヘラクレイトスの言葉（Diels-Kranz では B51）「『一者』は自分自身と抗争しつつも、なお一致する、あたかも琴（リュラ）の階調（ハルモニア）のように」（プラトン『饗宴』久保勉訳、岩波文庫、一九九三年、七三ページおよび一六四ページの注を参照）。ここで階調（ハルモニア）と言われているのは、近代の和音ではなく、むしろ音の連なりによって生ずる旋律のことであるという（『ソクラテス以前哲学者断片集』第一分冊、岩波書店、一九九六年、三二四ページ参照）。ただしヘルダーリンは、和声としての不協和音を念頭に置いている。また引用されたギリシャ語テキストは、『饗宴』のものとも、ヘラクレイトスの断片 B51 のギリシャ語とも異なる。おそらくは「判断と存在」で言及された「判断は根源分割である」という考えを踏まえていると思われる。

（17）『回想（Andenken）』（『追想』とも訳される）は一八〇三年の春に成立したと考えられ、一八〇八年の『詩神年鑑（Musenalmanach）』（『文芸年鑑』とも訳される）に「ライン」「パトモス」と共に掲載された。前年の一八〇二年、ヘルダーリンはハンブルク総領事マイヤー家の家庭教師として、フランス、ボルドーに赴任するが、三ヶ月ほどでその職を辞し、シュトゥットガルトを経てニュルティンゲンに戻ってきてしまう。その徒歩での帰路は困難を極め、憔悴しきったところへズィンクレールからズゼッテの死去の知らせが届く。「回想」が創作されたのは、その翌年のことで、内容は五つの節からなり、ボルドーを流れるガロンヌ川を詠った第一節で、大洋に注ぐ水の流れと、それを促す北東の風が、人を航海へと誘うさまが詠われる。第二節では、人を安らぎへと誘う樹木と果実、乙女らが詠われるが、第三節ではそのような甘い想いに浸っていることはできないと、再び旅への思いがつのる。第四節では、奇しくもベラルミンの名が登場し、これらの友人たちは今大海に身を乗り出し、一人一人が孤独の旅を続けていることへの共感が詠われる。そして第五節ではそれらの友人たちが赴く先がインドであることが語られる。そして再びボルドーの風景へと立ち戻り、ドルドーニュ河がガロンヌ川に合流し大洋へ注ぐさまが詠われる。そして次のような詩句が詩の最後を飾る。「だが記憶を奪う／大洋は、また記憶を返すのだ、／愛はまたひたすらに目を引き留める。／だが留まるものをうち建てるのは詩人だ」（StA 2, p. 189、『追想』手塚富雄訳、ヘルダーリン全集二、詩Ⅱ、p. 232）。この詩の解釈、そして「回想」が何を意味するかについては、とりわけハイデッガーの以下の著作を検討しなければならない。Martin Heidegger Gesamtausgabe Bd. 4 Erläuterungen zu Hölderlins Dichtung『ヘルダーリンの詩作の解明』（ハイデッガー全集第四巻、浜田恂子、イーリス・ブッハイム訳、創文社、一九九七年）、Bd. 52 Hölderlins Hymne »Andenken«『ヘルダーリンの賛歌『回想』』（同第五二巻、三木正之、ハインリッヒ・トレチアック訳、創文社、一九八九年）、Bd. 75 Zu Hölderlin『ヘルダーリンに寄せて』（同第七五巻、三木正之、アルフレート・グッツォーニ訳、創文社、二〇〇三年）。

文献（参照した文献の紹介にとどめ、注に現れた文献の再掲は省略する）

全集と翻訳

Hölderlin. Sämtliche Werke: Große Stuttgarter Ausgabe, herausgegeben von Friedlich Beißner, 8Bde Stuttgart 1951

Hölderlin. Werke und Briefe: Herausgegeben von Friedlich Beißner und Jochen Schmidt, 3Bde, Insel Verlag 1969

Friedlich Hölderlin. Gesammelte Werke: Herausgegeben von Hans Jürgen Balmes Fische, Fischer Taschenbuch Verlag 2014

Friedlich Hölderlin. Sämtliche Gedichte, Studienausgabe in zwei Bänden. Herausgegeben von Detlev Lüders, Athenäum

Verlag 1970
『ヘルダーリン全集』（一—四）河出書房新社、一九六六年

伝記と研究

Wilhelm Michel: Friedlich Hölderlin. Eine Biographie Nachdruck der Originalausgabe von 1967, Selverus Verlag 2013
Hannelore Hegel: Isaak von Sinclair zwischen Fichte, Hölderlin und Hegel
Gerhard Buhr: Hölderlins Mythenbegriff. Eine Untersuchung zu den Fragmenten „Über Religion“ und „Das Werden im Vergehen“ Athenäum Verlag 1972
Johann Kreuzer（Hrsg.）: Hölderlin Handbuch Leben-Werk-Wirkung. Verlag J.B. Metzler 2011
小牧建夫『ヘルダーリン研究』白水社、一九五三年
ディルタイ『体験と創作』（上下）岩波文庫、一九六一年
ホイサーマン『ヘルダーリン』ロロロ伝記叢書、野村一郎訳、理想社、一九七一年
手塚富雄『ヘルダーリン』（上下）中央公論社、一九八五年
クリストフ・ヤメ、オットー・ペゲラー編著『ヘーゲル、ヘルダーリンとその仲間　ドイツ精神史におけるホンブルク』久保陽一訳、公論社、一九八五年
四日谷敬子『ハイデッガーとヘルダーリンの後期賛歌—出会いの諸前提—』福井大学一般教育紀要第八号、一九八八年、一〇三—一三一ページ
四日谷敬子『歴史における詩の機能　ヘーゲル美学とヘルダーリン』理想社、一九八九年
竹部琳昌『ヘルダーリンと古代ギリシア』近代文芸社、一九九四年
ベーダ・アレマン『詩的なる精神　ヘルダリーン』小磯仁訳、国文社、一九九五年
矢羽々崇『詩作の個人性と社会性』近代文芸社、一九九七年
小磯仁『ヘルダリーン』人と思想一七一、清水書院、二〇〇〇年

小磯仁『ヘルダリーン　愛の肖像―ディオティーマ書簡―』岩波書店、二〇〇四年
ペーター・ソンディ『ヘルダーリン研究　文献学的認識についての論考を付す』叢書・ウニベルシタス九〇一、ヘルダーリン研究会訳、法政大学出版局、二〇〇九年
仲正昌樹『危機の詩学　ヘルダリン、存在と言語』作品社、二〇一二年
高木昌史『ヘルダーリンと現代』青土社、二〇一四年
田野武夫『ヘルダーリンにおける自然概念の変遷』鳥影社、二〇一五年

モーツァルトのオペラにみる近代

中尾健二

はじめに

本稿ではモーツァルト晩年の（といっても三〇歳代前半ではあるが）オペラ傑作群から『フィガロの結婚』と『魔笛』の二作品を選び、社会思想史的観点からその核心と考えられるものを素描してみたい。もとより筆者は音楽の専門家ではないので、テーマ論に偏ることはさけがたいが、オペラのそのつどの上演もまた、演出家・指揮者・演奏家らによるテーマの解釈の下にあるのであるから、そうしたアプローチもまた許容される余地があるのではないかと思う。

これらのオペラが作曲されたのは一八世紀末、ヨーロッパの歴史では絶対主義体制からフランス革命の時期、いいかえれば啓蒙と市民革命の時期であり、モーツァルトの音楽もまた深いところでこれらの歴史の動きと共鳴するところがあるのは当然としても、かれはあくまで音楽という言語でそれを表現したというべきであろう。すぐれた作品であればあるほど、内容は形式に転化するし、形式は内容に転化するものであるから、周辺的諸事情による、すなわち作曲家の生きた時代や人生、上演の場所や形態などによる説明はあくまで補強的なものにとどまり、音楽そのものによって音楽を語らしめるのがやはり本来ある姿ではあろう。

このことを念頭においた上で、なお筆者としては一本の補助線をひかずには、この対象になかなか切りこめないもどかしさを感じる。思うに新しい時代は新しい人と人との関係を生む、あるいは同じことであるが新しい人と人との関係が新しい時代を生むのだとすれば、この時代に特有の関係性とはいったい何であったろうか。一言でいえば、それは〈市民結社〉のごときものであろうか。封建的な地縁、血縁、職業縁から離れて、この指とまれ式に新しい組織を立ち上げる、といったイメージである。しかし、それにはそうした組織が立ち上がる場所が必要になる。代表的なものを一つあげるとすれば、なんといってもそれはコーヒー・ハウスだろう。一七世紀から一八世紀にかけてイギリスで流行した喫茶店であるが、これが大陸にも波及して、パリのドゥ・マゴ・パリやライプツィヒのカフェ・バウムなどが有名になった。ここは出入り自由で（といっても財産と教養のある紳士とそのふりをする人びとに限られていたろうが）、そこで人びとはコーヒーを飲みながら新聞を読み、世間話や政治談議に興じていたわけだが、そこから会社やジャーナル、そして政党が、おおげさにいえば近代社会を成り立たせる諸要素が立ち上がったのである。気楽な社交と情報交換の場であり、革命のための密議の場であり、芸術談義の場でもあった。

モーツァルトがフリーメイソンであったことは周知のことであるが、これも〈市民結社〉の類いとみることができるし、そもそもザルツブルクからウィーンに出てはじめた予約演奏会方式が、教会と宮廷から、つまり雇い主から独立して市民を対象とする、この指とまれ式の音楽活動であったろう。教会と宮廷と同業組合といった中世身分制社会が絶対王政をへて近代市民社会へと転換していった時、コーヒー・ハウスを舞台にさまざまな新規（新奇）な組織が生み出されたのである。こうした場所で立ち上がった組織が個々の市民結社だとすれば、そもそもこの場所を、ではどう名指すべきなのだろうか。コーヒー・ハウスはあくまで具体的な施設名である。この時代にあらわれた、人びとが集うサロンや読書会といったものまで考慮にいれ、そこに共通する性格を名指すとすれば、やはり〈公共圏〉という概念にならざるをえないだろう。「圏」であるから場所的・空間的なニュアンスもいくぶんか残していて、歴史的な事実とのつながりもつけやすい利点もあるかもしれない。

ユルゲン・ハーバーマスは『公共性の構造転換』のなかで、政治的公共圏に先立って生まれた文芸的公共圏において成立した制度的基準を以下の三つにまとめている。(1)

(1)「社会的地位を度外視」し、「単なる人間」として対等に議論すること（平等性）

(2)討論対象を入手し議論できる財産と教養さえあれば、すべての私人が「公衆」としてそこに参加しうるということ（公開性）

(3)文学・芸術作品の解釈を教会や国家の権威にゆだねることなく、自律的で合理的なコミュニケーションによって、自分たちにとっての作品の意味を求めていくこと（自律性）

公共圏はドイツ語の原義（offen→Öffentlichkeit）からは「公開性」とでも訳すべきであるが、筆者の個人的経験からはたまたま見かけたライプツィヒのニコライ教会の前におかれたプラカード「offen für alle（万人に開かれています）」をついつい思い出してしまう（ここは旧東ドイツ民主化運動の拠点だったためか）。いずれにせよ、文学と芸術作品をめぐって人生と世界について議論する文芸的公共圏に胚胎した平等性・公開性・自律性という制度的基準は、公共圏一般のそれとなっていったといえよう。

劇場で上演されるオペラを考えた場合、この三つのなかでは平等性という基準はとうてい満たすことができないように思われる。そこでは上演する側と視聴する側の役割交換はありえないからである。受け手が送り手にかわることは基本的にはない。では、そもそも公共圏という概念の助けをかりてオペラを考えることには理論上の見込みがないのであろうか。

しかし逆に、ハーバーマスの厳格な公共圏（Öffentlichkeit）概念であると、劇場的なもの——二〇世紀に入ると映画とラジオ、そしてテレビなどのマス・メディアにも分岐・発展していく——がもつ世論（Öffentlichkeit）形成上の役割が過小評価されかねない問題が生じる。『公共性の構造転換』には、ナチズムと一九五〇年代くらいまでの旧西ドイツにおけるマス・メディアによる世論操作という負の経験が色濃く影をおとしているがゆえに、これと対抗するかのようにハーバーマスは市民的公共圏の歴史的再構成にむかったわけであるが、必ずしも劇場的なものを暗く描き出すことはないのではないか。二〇世紀に入って、どちらかといえば支配権力側が映画やラジオのプロパガンダ機能に着目し、これを利用したからといって、これらを支配する側に追いやる理論上の必然性はないであろう。そこでは送り手はつねに雇い主の下僕に甘んじているわけではないし、受け手もまたPublikum（公衆）として登場しているからである。劇場は一つの public sphere でもある。その受け手が機会をとらえて討議空間をつくり、そこでみずからが送り手の役割を演じる可能性が閉ざされているわけではないのである。

オペラの誕生

ルネサンス後期一六世紀末にフィレンツェで古代ギリシャの演劇を再興しようという動きがはじまり、そこではギリシャ演劇はセリフを歌うように上演するものだと考えられていたらしい。古典古代の文芸を復興するというアカデミックな動機がまずあったということだろう。今日オペラとみなされる最古の作品は、一五九八年ごろのヤコポ・ペーリによる『ダフネ』とされるが、これは断片しか伝わっていない。楽譜をともなう完全な形で残っている最古の作品は、一六〇〇年にフランス国王アンリ四世とメディチ家のマリア姫の結婚を祝して、フィレンツェで上演されたペーリの『エウリディーチェ』であったという。オペラが王侯貴族のセレモニーの余興に上演されたこと（支配の装飾）、また素材がギリシャ神話のオルフェオ（＝オルペーウス）をめぐる物語からとられていることは、以降のオペラの発展を考えると感慨深いものがある。ペーリの『エウリディーチェ』からほどなくマントバの宮廷で上演されたモンテベルディの傑作『オルフェオ』（一六〇七）は今日でもたびたび上演され、複数のDVDがリリースされてもいる。その印象的な冒頭のファンファーレはオペラの歴史の開始をつげるもののようにきこえる。しかしなぜ、初期のオペラは古代ギリシャ神話からオルペーウスをめぐる物語をとくに好んで選択したのだろうか。その動機は知るよしもないが、結果的にオルペーウスは音楽の化身でもあるのだから、音楽が音楽について語るという自己言及的な構造が当初から仕組まれたことになる。地獄の番人の心を和らげるオルペーウスの竪琴は、モノスタトスや獣を踊らせてしまう魔笛とグロッケンシュピールにつうじている。音楽の力による和解の夢は、少なくともモーツァルトの『魔笛』までは保持されていたのである。また支配の装飾という側面は、一八世紀にはオペラ・セーリア（まじめなオペラ）にひきつがれジャンルとして成熟する。こうした宮廷的な催しとして贅をこらしたオペラに対して一六三七年商人の都市ベネチアに初めて公開のオペラハウスが開かれ、企業として営まれる市民のオペラが誕生し、二つの流れが形成される。市民のオペラは当初は道化茶番の類いであったが、次第に洗練されて一八世紀のオペラ・ブッファ（ふざけたオペラ）にひきつがれ、これもジャンルとしてかたちをととのえる。モーツァルトのブッファの傑作群はその完成形といえるだろう。

この一七世紀にすでに生じていたオペラをめぐる、宮廷と市民という二層性は、バロック期の音楽シーンをあつかったジェラール・コルビオの二本の映画からも垣間見ることができる。

バロック期あるいは顕示的公共圏

『公共性の構造転換』によれば、顕示的公共圏（Die repräsentative Öffentlichkeit）とは、市民的公共圏に先立つ社会圏で、ほぼ絶対王政期に対応している。イエ〈私〉を組織原理とする中世封建制が後退し、統一国家〈公〉化がすすめられる過程で「王」を絶対視しようとする現象が見られた（「王権神授説」とか「朕は国家なり」と語ったとされるルイ一四世はその代表的な例）。顕示的公共圏は、こうした王とそれをとりまく宮廷をとりあえずイメージすればよいであろう。日本では皇室とそのパフォーマンスを思い描けば近いかもしれない。日本語の公（おおやけ）は、語源的には「大きな家」であり、従来は朝廷、幕府、政府、官庁など要するに「お上」を意味した。したがって天皇をいただく日本では「公」はハーバーマスのいう顕示的公共圏の意味合いをいまもって色濃く残している。

さてコルビオの映画であるが、一本は『王は踊る（*Le Roi danse*）』（二〇〇〇）。終生ルイ一四世につかえたイタリア出身の音楽家リュリを主人公にした作品である。この映画からは、王の踊りが趣味とか才能の顕示ではなく、統治行為の重要な一環であったことがうかがえる。またリュリの音楽がたっぷり聴けるのだが、荘重典雅でいかにも宮廷セレモニーにふさわしい曲調といっていいだろう。このころのフランスの正統的音楽パフォーマンスは器楽演奏とダンスであった、いいかえれば歌曲は低俗なものとして退けられていたようだが、オペラが顔を出すシーンがある。恋敵でもあり音楽上のライバルでもあり、また対立する政治党派に属すらしいカンベールの作品である。一七世紀後半のフランスにおける新しい風といえる。土着の言語つまりフランス語による歌曲を中心にすえ、上演の場も粗末な小屋で、宮廷とは対照的である。その後リュリ自身もオペラの作曲に乗り出すのだが、こちらはあくまで宮廷的、厳粛なスタイルを保ったものである。ルイ一四世との対話の中で「劇場は王国を映す鏡である」というリュリのセリフが印象的である。

もう一本は、『カストラート（*Farinelli*）』（一九九四）。同じ監督が同じ時期――時代は少し降って一八世紀前半だが、バロック期といっていい――の音楽シーンをあつかった映画をつくっている。ファリネッリという有名なカストラート（去勢した男性歌手で幅広い音域をカバーする）を主人公にすえた作品であるが、カストラートは当時絶大な人気と権勢を誇ったそうである。こうした存在の発生の場所は、教会の少年合唱団であるが、その後子供を大スターにしようと夢見る親などによって多くの少年が去勢された時期もあったという。この映画はバロック期オペラを瞥見できるという点で貴重な作品である。当時のオペラはドラマというよりは派手な歌謡ショーのようなものに近かったことがうかがえる。観客の女性たちが何人も失神してしまうシーンがもりこまれているが、いつの時代も似たようなものということであろうか。またオペラの上演空間である劇場の構造にも注目したい。平土間に対して馬蹄状（ないし円形であったり長方形であったり）の多層階のバルコニー席が圧倒的であるが、これは音響効果の面もさることながら、観客がお互いを認識しうる構造でもあって、ある人びとにとってはオペラハウスの機能が観劇というよりは社交の場であったことをうかがわせもするのである。

一八世紀にオペラが、オペラ・セーリア（まじめなオペラ）とオペラ・ブッファ（ふざけたオペラ）の二つの流れとなって分立したことは音楽史の定説となっているが、前者セーリアのキーワードは、<clemency>であって、もともとローマ神話における「許しと慈悲の女神」の名前Clementiaに由来する。ここでは「恩寵」「慈悲」「恩赦」といった概念を意味すると考えてよい。一八世紀におけるオペラ・セーリア様式の確立は、絶対主義の時代と対応しており、絶対君主は、法を体現すると同時に法を超越した存在であって、後者の側面は超法規的な「慈悲」の行為によって確証される。したがって、この「慈悲」の行為を大団円におくオペラ・セーリアは、絶対君主の絶対性を礼賛する機能を果たしているのである。[2] セーリアではないもののよく親しまれているものとしては、モーツァルトのジングシュピール『後宮からの誘拐』（一七八二）がテーマ的には典型的なセーリアの側面をもっている。というのもこのオペラは、後宮から逃走しようとした、コンスタンツェとデルモンテ、ブロンデとペドリルロという二組の恋人たちが、酒を飲ませて眠らせたはずのハーレムの番人オスミンにつかまってしまい、おまけにデルモンテが太守セリムの仇敵の息子であることまでが判明、かくて絶体絶命のピンチに陥った時に、死をもおそれぬ恋人たちの真情にほだされたか、太守セリムは寛大な計らいによってかれらを赦し、この太守セリムの高徳を誉め讃える合唱で大団円となるからである。しかしセーリアはここで内的に変化してきてもいる。太守セリムの決断は、きわめて啓蒙主義的な道徳観にもとづいている。フィナーレの合唱には「復讐ほど醜いものはない／これに対し慈悲深くあることは人間的（menschlich）だ／そして私利をすてて許すのは／偉大な心だけだ」というくだりがある。パトロンの啓蒙専制君主ヨーゼフ二世をモーツァルトが念頭においたからか、それともすでにヨーロッパが啓蒙の時代をむかえていたからだろうか[3]。

『フィガロの結婚』あるいは市民的公共圏の台頭

すったもんだのすえにボーマルシェの戯曲『フィガロの結婚あるいは狂った一日』が大騒ぎのうちにパリのコメディー・フランセーズで初演をむかえたのは一七八四年のことであった。この初演の様子をえがいたシーンのある映画にモリナロ監督『ボーマルシェ (*Beaumarchais l'insolent*)』(一九九六) がある。戯曲ながら最後は器楽演奏と歌と踊りではなやかにしめくくられ、劇場のなかの観客も周囲につめかけた群衆も、そのメロディーを唱和するうちに大団円となるのだが、ボーマルシェはルイ一六世の気にさわったセリフがあったためか直後に逮捕・収監されてしまう。フランス革命まであと五年の時であった。

ウィーンでダ・ポンテがこれをイタリア語台本にし、モーツァルトが曲をつけたのはパリでの初演の一年後一七八五年であった。当時ハプスブルク朝オーストリアではこの作品は、公序良俗を乱すとかなんとかで禁止されていたわけだから、オペラ化の許可がおりるにあたってはダ・ポンテの尽力、つまり体制批判の棘をかなりぬいたことが幸いしたのであろう。ミロス・フォアマン監督の映画『アマデウス (*Amadeus*)』(一九八四) のなかに『フィガロの結婚』をめぐる政治的・文化的・美学的背景が言及され、モーツァルト自身によってこの作品の意義が主張されるシーンがおかれている。モーツァルトの相手はヨーゼフ二世とその取り巻きである。そのやりとりをまとめる。

(1)【政治】当時の政治情勢（フランス革命直前）から『フィガロの結婚』は、身分間の対立を煽る有害な戯曲とみなされ、オーストリアでは発禁となっていた。これに対してモーツァルトは、このオペラ化作品は政治ではなく愛をテーマにした喜劇であると主張し、ヨーゼフ二世に上演の許可を求める。

(2)【美学】ギリシャ神話などの永遠の素材を扱うことが皇帝にふさわしい作品であるとする皇帝側に対して、モーツァルトはそんなものはつまらないと主張する、典型的な新旧論争である。（この「高尚」対「下品」の美学上の対立は、オペラ・セーリアとオペラ・ブッファの対立の構図と類比的である。）

(3)【音楽】モーツァルトは重唱（アンサンブル）のメリットを力説する。通常大勢の人びとが同時に話をすると訳がわからなくなってしまうけれど、音楽的に造形すれば、そうはならず個々の声部の独立と全体としての調和が達成できる。（これは音楽史上の革新的なイノベーションであると同時に市民的公共圏の台頭という社会の構造変化の現れでもある。）

このなかでもっとも重要なのは重唱（アンサンブル）のメリットだろう。重唱は、個が全体に融解してしまう合唱でもなく、孤独な個の叫びである独唱でもなく、個が個でありながら、ひとつの共同性を創りあげる。さらに映画ではふれられていなかったが、独唱や合唱では劇的進行が停止してしまうのに対し、重唱はそうではないことである。音楽自体が過程になる、過程が音楽になるのである。『フィガロの結婚』全四幕中の第二幕の半分強をしめる重唱の空前絶後の展開は、以下のような段階をふむ。

①伯爵＋伯爵夫人　アレグロ　変ホ長調
②伯爵＋伯爵夫人＋スザンナ　モルト・アンダンテ　変ロ長調
③伯爵＋伯爵夫人＋スザンナ　アレグロ　変ロ長調

④伯爵＋伯爵夫人＋スザンナ＋フィガロ　アレグロ・コン・スピリート　ト長調
⑤伯爵＋伯爵夫人＋スザンナ＋フィガロ　アンダンテ　ハ長調
⑥伯爵＋伯爵夫人＋スザンナ＋フィガロ＋アントーニオ　アレグロ・モルト　ヘ長調
⑦伯爵＋伯爵夫人＋スザンナ＋フィガロ＋アントーニオ（途中退場）　アンダンテ　変ロ長調
⑧伯爵＋伯爵夫人＋スザンナ＋フィガロ＋マルチェリーナ＋ドン・バジーリオ＋ドン・バルトロ　アレグロ・アッサイ　変ホ長調

夫婦喧嘩の二重唱からはじまり、とりあえずこれは伯爵が謝っておさまるものの、その後フィガロ側（＋スザンナ、伯爵夫人）に対して伯爵側に加勢が次々とくわわり、対立はますます深まって、フィガロ側絶体絶命というところで第二幕（前半といっていい）がおわる。「戦いは万物の父」のごとき怒濤の展開となるのだが、これを音楽的に担保しているのが重唱なのである。これに匹敵するのは、器楽におけるベートーヴェンのソナタ形式であろうし、哲学におけるヘーゲルの弁証法ということになるであろうか。カントの「非社交的社交」をあげてもいいかもしれない。これは人類がいくたの闘争をへて理想状態に近づくという考え。映画のなかではモーツァルトが「重唱は多くの人びとが同時に話しても聞き分けられる」（意見の複数性を聴取せよ！）と自負していたが、ここにはじつにそれ以上のものがある。相互性の網の目のなかでつくられ、これをつくりかえす、つまり歴史をつくる存在としての人間が。

筆者が愛視聴してやまない『フィガロの結婚』のＤＶＤにポネル演出・ベーム指揮ウィーン・フィルのもの（一九七五／七六）がある。これは舞台録画ではなく映画オペラで、序曲の部分にもフィガロがなにやら準備している映像がはいってくる。この部分で『フィガロの結婚』が先行作『セビリャの理髪師』をひきつぐものであることを暗示すると同時に、フィガロがただの下僕ではなく、学習していることを、モンテスキューの『法の精神』やヴォルテールの全集、そして新聞の束をうつすことで示している。さらにフィガロのカヴァティーナ「ダンスをなさるのならお相手もしましょうが、私の幸せに水をさすようなことは決してさせません」（第一幕第三曲）は、伯爵に対する自信にみちた挑戦であるが、絵のつくりがそれに社会的な枠組を付与している。フィガロがお屋敷のさまざまな使用人たちのかたわらを歌いながら歩いていって、最後はそれらの人びとと結束してまるで蜂起寸前のようなありさまなのである。また第一幕第八曲の合唱「娘たちよ、喜びのうちに花をまけ」の場面は、「初夜権」をめぐる伯爵とフィガロが組織した村人たちとの対立の構図を強調している。つまりこの合唱は初夜権廃止のデモンストレーションで、伯爵に圧力をかけようとするフィガロの発案なのである。村人たちは「リベラルなお殿様！」などと書いたプラカードをかかげて合唱する。この市民革命のヒーロー的なフィガロの造形は、モーツァルトとダ・ポンテが時代状況から抑制したところをポネルが演出によって補ったかたちになっている。

ところが啓蒙知識人フィガロの伯爵を懲らしめる計略はことごとく失敗し、これにかわって後半ではスザンナと伯爵夫人がはかりごとをめぐらし、この二人の女性同盟によって劇がまわりだし、フィガロは蚊帳の外状態になってしまう。階級闘争的な外皮をとってみたらフェミニズムがあったという次第なのである。

水林章がこのオペラのために一書を上梓していて、その書名は『モーツァルト《フィガロの結婚》読解』（二〇〇七）であるが、副題は「暗闇のなかの共和国」となっている。(4) それは第四幕の場面が夜の庭でまっ暗闇であることに由来する。冒頭におかれたバルバリーナの短調のカヴァティーナ「ピンをなくしてしまった」がその闇をきわだたせている。夜の庭で伯爵を懲らしめようとスザンナと伯爵夫人がいれかわって、ということはもちろん服装もいれかえて、伯爵をまちかまえるわけだが、この二人にかぎらず夜の庭でのこと、だれがだれだか判然としない（無知のヴェール！）。スザンナと伯爵夫人では身分のいれかえがあるが、すでに第二幕では少年ケルビーノに女装させる男女のいれかえがあった。「狂った一日（La folle journée）」であるゆえんである。既成の役割から自由になり、身分差・性差もごっちゃになって、ご破算に願いましてはと、あらためて一から共同体を立ち上げる、社会契約のやりなおしということになる。ポネルの演出であるとスザンナがかぶっていたカツラを投げすてるという象徴的行為を二度くりかえしている。水林流にいうとこれが「暗闇のなかの共和国」なのである。そして啓蒙の知略よりも強力な女性同盟をまえにして、さすがの伯爵も謝らざるをえなくなる。

　オペラ・セーリアとの関係でいえば、最後の和解が古典的な慈悲の行為によって成し遂げられるのではないということである。それはもはや神によって与えられる<grazia>（慈悲）、君主や貴族によって示される<clemenza>（寛大な措置、雅量）とは関係がない。それはむしろ<perdono>にかかわっている。この日常的で対等な赦しこそが、『フィガロ』の終わりで形成される共同体を平等な共同体にするのである。というわけで最後の決定的な、時間が止まったかのような一瞬の場面は、

伯　爵：伯爵夫人、赦しを！
伯爵夫人：私はあなたよりも素直ですから
　　　　はい、と申します
全　員：ああ、みなこれで満足できよう

この『フィガロの結婚』は帝都ウィーンではあまり評判とならず、それどころか予約演奏会の客はその後減少の一途をたどった。体制批判的な毒が帝都ウィーンの上流階級にはお気に召さなかったのだろう。そのかわり属都プラハでは大当たりして、次回作の注文をもらったのである。これが「罰せられた放蕩者」という副題をもつ『ドン・ジョヴァンニ』であった。『フィガロの結婚』と同じく台本はダ・ポンテによるオペラ・ブッファである。一七八七年一〇月にこの作品が初演されたとき、第一幕終盤の、ドン・ジョヴァンニがリードし、全員が唱和する「自由万歳」の大合唱がプラハに鳴り響いたのであった。筆者には「革命万歳」と同じようにきこえてしまうが、事実ウィーンでは「自由」という歌詞はつかえなかったそうである。共鳴板＝観客はプラハの方にいたということであろうか。

『魔笛』あるいは啓蒙とテロル I

『魔笛』は世界中で愛され、かつ上演されつづけている作品であるが、奇妙に人を困惑させるところがある。二〇〇八年四月にＮＨＫの「その時歴史が動いた」がこの作品をとりあげた。芸術作品をとりあげること自体が、この番組では珍しいことなので、「おや」と思って観た。その主張は、副題が語っているように「音楽の市民革命」ということだった。とくに作品の宛先が宮廷から市民に転換した点を強調して番組をつくっていたように思う。四五分のＴＶ番組で主張を一本に絞りこむことはやむをえまい。しかし、すでにこの転換を、一種の野蛮化をもふくめて鮮やかに切りとっていたのは、「百聞は一見にしかず」ではないけれど、ミロス・フォアマンの『アマデウス』だ。シカネーダーの民衆劇場（ウィーン郊外で課税されないという意味で Freihaus とよばれた建物群のなかにあった）で『魔笛』作曲の機縁を語るシーンの直前に、『フィガロの結婚』と『ドン・ジョヴァンニ』が破壊的に換骨奪胎、いわばハチャメチャなパロディにされてしまうシーンをおく一方（会場一体となった合唱のメロディーはドン・ジョヴァンニがツェルリーナを誘惑するデュエットだし、フィナーレは『フィガロ』のメロディーだ）、シカネーダーの口を借りて宮廷を'snobby'といわせ、「ここなら『ドン・ジョヴァンニ』も大当たりしたろう」なんていわせている。観客席の様子も宮廷劇場とはまったくちがってカジュアルこの上ない。おまけに警備の警官までつったっている。モーツァルト、民衆劇と出会うというわけだ。しかし、パロディが楽しめるということは、オリジナルを知っているということであり、ここに集ったウィーン市民たちのリテラシーをこの場面は物語っているのかもしれない。

ところでモーツァルト晩年一〇年間のオペラを概観すると、

『イドメネオ』（一七八一）＊
『後宮からの誘拐』（一七八二）#
『フィガロの結婚』（一七八六）＊＊
『ドン・ジョヴァンニ』（一七八七）＊＊
『コジ・ファン・トゥッテ』（一七九〇）＊＊
『ティート帝の慈悲』（一七九一）＊
『魔笛』（一七九一）#

となっている。＊がオペラ・セーリア、＊＊がオペラ・ブッファ、#がジングシュピールを示す。セーリアが絶対主義体制と親和的なジャンルであることはすでに述べたが、ではブッファはいったいどんな体制と親和的なの

であろうか。ジジェク／ドラーは『オペラは二度死ぬ』（二〇〇三）のなかでブッファを以下のように位置づけている。(5)

オペラ・ブッファのモチーフは社会的地位の向上、身分差の解消、階級差の克服などであって、要するに人間らしい共同体への展望を提示するものである。絶対主義国家という形式――消滅しつつあるアンシャン・レジームの見た目の壮麗さとその中身（ブルジョア階級の勃興）との間の矛盾は、音楽的観点からいえば、セーリアとブッファの対立に移し替えられる。

おおよそこのようなことで間違いないとすると、ではつぎにジングシュピールはどうなるのか。といっても『誘拐』と『魔笛』の二本しかないのだが、筆者の考えでは、この二本は「セーリアの枠組のなかでの恋愛の形をとった市民的主体性の自己主張」となる。セーリアの枠組というのは、『誘拐』の太守セリムと『魔笛』のザラストロが啓蒙専制君主にあたるというわけである。従来この『魔笛』はR・ヴァグナーなどによって〈国民的オペラの嚆矢〉と位置づけられているが、直接的にはフリーメイソンリーの、広くは啓蒙主義の宣伝とみた方が妥当なような気がする。たしかにドイツ語である点、また民謡調の歌が取り入れられている点で民衆的・国民的といってもよさそうにも思えるが、この多国籍的なメルヘンをナショナリズムの方へ引き寄せることは難しい。うしろだてのヨーゼフ二世には存命中そうした目論見があったようだが、多民族ハプスブルク帝国を国民国家にすることはもとより無理な話だったろう。

さきに『魔笛』は困惑させるところがあると書いたが、その一因は、このオペラがフリーメイソンリーと関連しているからだろう。この団体は普遍主義的な市民道徳を鼓吹する反面、秘教的な儀式性に取り巻かれてもいる。開かれつつ閉ざされている、といった感じだ。後者については、〈組織防衛〉ないし〈エリート性の担保〉ということなら理解できなくもないが……。いずれにせよ、このオペラを徹頭徹尾フリーメイソンリーの精神に貫かれているとする研究もいくつもあるようだ。翻訳されているものとしては、ジャック・シャイエ『魔笛―秘教オペラ』とかキャサリン・トムソン『モーツァルトとフリーメーソン』などがある。しかし、スラーが結束とか友愛をあらわし、三度戸をたたくリズムが入会式を、フラット三つとシャープ三つの変ホ長調とイ長調が……と言われても、拘束力があるとも思えない。つまり作り手の意図はともかく、そう受け取らねばならない必然性はないだろう。こういうことならいっそのことA・アーブラスターが『ビバ　リベルタ!―オペラの中の政治』（二〇〇一）で書いているように考えた方がよい。(6)

モーツァルトとシカネーダーがともにこのジングシュピールを、フリーメイスンのためではなく、啓蒙のより広い理想と、多くの人々がフランス革命によって人類史において初めて可能になったと信じた新しいよりよき世界の夢とのための宣伝事業と考えていたと見ることもまた可能である。

しばしば指摘されているリブレットの多少の混乱も検閲下の〈韜晦〉ではないかという見方も捨てきれない。同書にはこんな文書も引用されている。

……これらの秘密結社の多くは……自称しているように……分別ある啓蒙や活動的人類愛の目的のためだけ

にあるのではなくて、……かれらの意図は、王侯たちの名声と権力を徐々に覆し、諸国民の間に自由の意識を喚起し、人民の思考様式を変化させ、彼らを導いて、秘密の支配エリートのやり方でその原理に従わせることに他ならない。アメリカにおけるイギリス植民地の背反はこの秘密エリートの最初の作戦であった……そして、フランス王政の転覆がかかる秘密結社の仕業であったことには、なんの疑いもない。(『魔笛』と同じ年に書かれたオーストリア警察大臣の覚え書き)

この覚え書きをふまえて、その後のオーストリアのフリーメイソンリーに関する略年表をかかげておこう。

一七八五年三月　「フリーメイソン勅令」:国家管理下へ
一七九〇年二月　ヨーゼフ二世死去→レーオポルト二世へ
一七九一年九月　『魔笛』初演
一七九二年三月　レーオポルト二世死去→フランツ二世へ
　　　　　　　　フランス革命の自国への波及を恐れ、検閲と警察権力を強化
一七九四年一月　ウィーン最後のロッジ「聖ヨーゼフ」活動中止
一七九四年〜　ジャコバン党員(非フリーメイソン)審判:翌年四名が死刑、その他終身刑
一七九五年一月　「刑事勅令」:大逆罪として絞首刑を導入
　　　　　　　　――→オーストリアのフリーメイソンリーの復活は第一次世界大戦後

フランツ二世治下でフリーメイソンはジャコバン党員と同等視されたらしく、血の弾圧をくらったわけである。

『魔笛』初演はうしろだてだったヨーゼフ二世が亡くなった後のレーオポルト二世の短い治世になんとかすべりこんでいる。モーツァルトとシカネーダーは危ういところで『魔笛』の上演を実施できたということになろうか。しかも成功裏に。モーツァルト自身はそれからまもなく『魔笛』のメロディーを口ずさみつつ謎めいた死を死んでしまうが、かれのブッファの傑作群とこの『魔笛』は長い反動時代をたえしのび、いまに生きているというべきであろうか。

『魔笛』あるいは啓蒙とテロル　II

ケネス・ブラナーの映画『魔笛（*The Magic Flute*）』（二〇〇六）は、アーブラスターのとらえ方の延長線上にある。舞台を第一次世界大戦に移し、フリーメイソンリー的な市民道徳にかえて反戦平和の理念を打ち出して、現在の人びとにとって訴求力のあるものにしている。そのかわり、ザラストロとその国は平和を希求する絶対善にまで高められている。

映画なので序曲の部分にも映像があり、冒頭の塹壕からタミーノが花に手をのばす部分は『西部戦線異状なし（*All Quiet on the Western Front*）』（一九三〇）のあまりにも有名なラストシーンの引用である。オリジナルは塹壕の前にいる蝶々に手をさしのばそうと身をおこしかけたところを敵の狙撃兵に撃たれてしまうという違いはあるのだが。でもブラナーはここで塹壕のうえをひらひらと飛翔する蝶々もちゃんと飛ばせている。

もう一つ面白いシーンを取りあげる（第一幕五重唱）。タミーノとパパゲーノがいよいよパミーナの救出に赴こうとすると、魔笛とグロッケンシュピールが三人の侍女からわたされる。その背景に敵味方の兵士たちがサッカーに興じる様子が入ってくる。そして、ノーサイドの笛の音とともに兵士たちはふたたび敵味方にわかれるのだ。これは第一次世界大戦一年目のクリスマスに、つまり一九一四年一二月二四日に——だから雪がふっているのだろう——前線の兵士たちが自発的に休戦しサッカーなどに興じた史実にもとづいている。参加した将兵、とくに指揮官クラスはきびしい処分をくらい、その後クリスマス休戦の記録は歴史にのこされていない。この史実自体を映画化したものが『戦場のアリア（*Joyeux Noël*）』（二〇〇五）である。このクリスマス休戦は、敵の塹壕からひびいてくる音楽に呼応することがきっかけであった。ちなみにこの映画の主題歌 I'm dreaming of home は、いまではヨーロッパの子供たちの愛唱歌になっているようである。『魔笛』も『戦場のアリア』も「音楽による和解」というモチーフで通底している。そして、これはオペラがオルペーウス神話を素材にこの世に登場して以来のモチーフでもある。人類の見果てぬ夢だろうか。

ブラナーはかれの『魔笛』で明確に「反戦」という理念を語っている。ザラストロの教団は反戦の共同体である。そのために舞台を第一次世界大戦にすえ、セリフや歌詞も一部変更している。夜の女王は戦争勢力の象徴であるかのように、蓑虫のような戦車にのって登場する。もともと『魔笛』のようなジングシュピールというジャンルは、イタリア・オペラと異なって、民衆的・教訓的なところがあり、このブラナー的解釈は大枠ではそれほど不自然ではないけれど、もともと『魔笛』に内在していた問題を、明快な分だけ増幅して引きついでしまってもいる。それは善悪の二元的図式。オリジナルはリブレットがある意味で「滅茶苦茶」なので救われているところがある。パミーナ救出劇が途中からタミーノとパミーナ二人の試練劇にかわって訳わからんところが幸いしたかもしれない。しかもこの真面目な試練劇をパパゲーノという存在がつねに相対化している。いわばトリックスターとして劇の活性化に一役かっている。しかし、ブラナーのように試練が反戦平和にむけてだとすると、これを相対化したり茶化したりはできまい。その分『魔笛』は明快になる。しかし、啓蒙は必ずしも「わかりやすさ」を意味しない。時には受け手に複雑な問いを課すものだろう。テロルもまた「わかりやすさ」の近くにある。楽しいブラナーの『魔笛』は、このことをも知らしめているのである。

「公共圏」はリアルな同時性をきわだたせる表現であるが、こうして作品について語っていると、それは時間軸にそってどこまでものびていく応答の歴史であることを感じずにはいられない。それはだれでも参入でき、対等で、自律的な、たとえヴァーチャルであっても、一つの解釈共同体である。筆者はこれを「公共圏」とよんでもいいような気がしている。

註

（1）訳書：ユルゲン・ハーバーマス『公共性の構造転換』（第二版）、未來社、一九九四年。原著：Jürgen Habermas, Strukturwandel der Öffentlichkeit: Untersuchungen zu einer Kategorie der bürgerlichen Gesellschaft (suhrkamp taschenbuch wissenschaft), 1990.

（2）訳書：イヴァン・ナーゲル『フィガロの誕生』、音楽之友社、一九九二年。原著：Ivan Nagel, Autonomie und Gnade—Über Mozarts Opern—, 1998, München.

（3）『後宮からの誘拐』について詳しくは、拙稿「モーツァルト『後宮からの誘拐』をめぐって」（南山大学ヨーロッパ研究センター報、第一三巻、一二五—一三五頁、平成一九年三月）を参照。

（4）水林章『モーツァルト〈フィガロの結婚〉読解—暗闇のなかの共和国』、みすず書房、二〇〇七年。

（5） 訳書：ジジェク／ドラー『オペラは二度死ぬ』、青土社、二〇〇三年。原著：Slavoj Zizek / Mladen Dolar, Opera's Second Death, 2001, Routledge.

（6） 訳書：アンソニー・アーブラスター『ビバ　リベルタ！——オペラの中の政治』、法政大学出版局、二〇〇一年。原著：Anthony Arblaster, Viva La Libertà!: Politics in Opera, 1997, Verso.

アリアドネは歎く
——詩人としてのニーチェ？——

髙橋明彦

一　アクセサリーとしての詩？

ニーチェにおける詩と哲学の関係については、たとえば「詩人哲学者ニーチェ」とか「ニーチェの詩がわからなければ、ニーチェの哲学もわからない、逆またしかり」などといった紋切り型の表現でもって片づけることのできるような問題ではない。ニーチェにあっては、詩と哲学を結ぶ接続詞「と」は両者の共存もしくは並存を示しているというよりは、むしろ両者が実は異質の圏域に隔てられてしまっている、その深い断絶を表しているものではないだろうか？

この点についてはジョルジョ・コリ（Giorgio Colli 一九一七〜七九）がＫＳＡ版ニーチェ全集第六巻の「あとがき」において今なお色褪せることのない刺激的な意見を提起している。コリは周知のように現行のデ・グロイター社刊決定版ニーチェ全集の編纂者の一人。この「あとがき」はもともと一九七〇年に刊行されたイタリア語版ニーチェ著作集のために書かれたテクストのドイツ語訳であることが、コリと共同してドイツ語版ニーチェ全集の編纂にあたったマッツィーノ・モンティナリによって示されている。(1) 現在において多少なりともニーチェの詩について立ち入った考察を試みようとする者にとって、このコリのテクストを無視することはできないと思われるが、寡聞にして筆者はこの「あとがき」に正面から向かいあった論考にいまだ出会ってはいない。

ここで示されているコリの立場は鮮明である。一言でいえば、ニーチェの詩はニーチェの哲学的散文の添え物もしくはアクセサリーにすぎない、ということである。いま一篇の独立した詩のテクストとして成立しているもののはしばらく措くとして、たとえば『ツァラトゥストラ』第四部に含まれる三つの章、すなわち「魔術師」「憂愁の歌」「砂漠の娘たちのもとで」をまず読んでみるがいい。そこに織り込まれている詩のテクストのそれぞれは、極限にまで磨き抜かれた散文のうちにあって、その散文に何やら遊戯的な軽やかさのようなものをもたらすことにより、読む者に強いられる持続的緊張感を和らげ、ほっと一息つかせる、そのためのいわばテクスト構成上(architektonisch)必要な副次的機能を果たすべく意図された「筆のすさび」、あるいはせいぜいのところ「正典《エルゴン》」に対する「周辺文書《パレルゴン》」にすぎないというわけである。(2)

アクセサリーというものがほんらいの意味でアクセサリーたりうるのは、それを身につけている人の身体からそれが取り去られたとしても、それでもなおその人の身体はやはり美しいままにとどめおかれるということがおのずと露呈される、そのような否定媒介的機能を帯びていることによってであろう。したがってアクセサリーはみずからの存在を否定しつつ、そのことによってさらなる美を身体のために仲介するのである。アクセサリーに対するまなざしは、アクセサリーそれ自体ではなく、結局のところそれを身につけている人の身体それ自体につねに向けられているのである。コリはニーチェの詩をそのような意味合いにおいてアクセサリーとしてとらえ、哲学的散文という身体に装着され、その身体をより美しく輝き出させる機能と使命を帯びたものとしてのみ、その存在を認めているかのようである。しかしそうであるからといって、そのことは詩それ自体のテクストからその美しさを奪ってしまうものなのであろうか。アクセサリーはもはやうち捨てられ顧みられないままでよいのであろうか。

それではいま述べた『ツァラトゥストラ』第四部にみられる三つの比較的長い詩のテクストにさらに六つの詩を加えて成立したニーチェの詩篇の集大成ともいうべき『ディオニュソス・ディテュランブス（酒神讃歌）[3]』という連作についてのコリの評価はどうであろうか？　もともと前述の「砂漠の娘たちのもとで」の章に組み込まれ、多少の異同を伴って『ディオニュソス・ディテュランブス』第二歌として新たな編集意図のもとに、このツィクルスにも編入されたテクストに対するそれを例外として、コリの評価はおしなべてここでもネガティブであると言わざるをえない。この場合のコリの評価については、以下において二点に絞って考えてみたい。

まずコリによれば、このツィクルスはそれまで書かれてきた詩のテクストの単なる寄せ集めから成るものにすぎず、一個の詩集として成立させるために若干の加筆補正はみられるものの、実質的には先行テクストの「丸写し」（ricopiare/kopieren）によるものである、ということになる。この点についてのコリの評価は明らかに行き過ぎ、もしくは誤りである。たとえば先にも挙げた『ツァラトゥストラ』第四部「魔術師」の章の中で、リヒャルト・ヴァーグナーをモデルにしたといわれている老魔術師が歌うテクストと、それを換骨奪胎して詩的主体を女性にかえることによって『ディオニュソス・ディテュランブス』第七歌へと生まれ変わらせ、ギリシア神話のテセウスとディオニュソス両者の愛人となった女性に歌わせるテクスト「アリアドネの歎き」（Klage der Ariadne）とを比較してみるといい。そこには精神的最晩年のニーチェが到達した冷静きわまりない精緻な超絶技巧にもとづく、ニーチェの詩の中でも最良のテクストが展開されているのが見てとれるであろう。(4) 次章において、このアリアドネのテクストの一部を手引きとして、ニーチェの詩的技法の一端をうかがってみよう。

二　アリアドネの身体

もっと深く射ぬいてほしいの！
射ぬいて　いま一度！
いっそのことつき刺しつき破ってほしいの、この心臓を！
わざとにぶい矢じりでくるしめる
この拷問になんの意味があるの？
なぜあなたはまたも見つめるの
人間の苦悩をよくも飽きずに見つめる、
意地わるく神々しい稲妻のまなざしで？
あなたは殺すおつもりなどなくて、
ただ責め虐もうとなさるのでしょうか？
何のために――わたしを責め虐もうとなさるのでしょうか、
ひとをいためてよろこぶ知られない神よ？

いま特に注目すべきは最初の二行である。

もっと深く射ぬいてほしいの！　Triff tiefer!
射ぬいて　いま一度！　Triff Ein Mal noch!

アリアドネが猟人たる「知られざる神」＝ディオニュソスの、そのまなざしという男根（ファロス）によって深く刺し貫かれてしまっていることをみずから歎きつつも、しかし同時にその歓びをうったえているかのような一節。ここでtriffという語形は、いうまでもなく他動詞treffenの命令形（単数二人称に対する）であるが、この語は最初の清書手稿の段階では二度ともにtriefとなっていた。このtriefという語形はtriefen「したたる、しとど（露に）濡れる」という動詞を予想させるに十分である。さらに連想を働かせば、旧約聖書申命記第三二章第二節「わたしの教えは雨のように降り注ぎ（triefe）、わたしの言葉は露のようにしたたる」が想起されよう。従来E・ポーダッハを例外として、(5) ほとんどのテクストの編者はこのtriefを、その直後の副詞tieferに含まれる／i／の長音の干渉による綴りのうえでの誤りとみなして暗黙のうちにこれを訂正してtriffの形でテクストに採用してきた。しかしはたしてそのようなテクスト操作は正しいものといえるのであろうか。このことは次章でもみるように、もしかすると文献学者たちによるいわゆる「勇み足」によるものなのではあるまいか？　あえてニーチェがtriefという語形にこだわりを持っていたと推測されるなら、『この人を見よ』の中で半分語呂合わせのように語っているように、medicynisch(6)（医学的にして半ば冷笑的）な、いわば多少なりとも下がかった詩的効果、あるいは先の旧約聖書に照らしてみれば強烈に世俗的な効果を狙ったうえであえてこの語形を選択していたのだとみなすことはできないであろうか？　それは以下に述べるような次第によってである。「射ぬいて」（triff）という他動詞の目的語すなわちその客体はいうまでもなくアリアドネの身体それ自体である。このアリアドネの身体を「知られざる神」＝ディオニュソスのファロスとしての視線の矢が深く射ぬくことにより、詩的主体としてのアリアドネの、その射ぬかれた身体部分がさらに「しとど濡れている」状態になる、そのことをアリアドネは切望しているということである。つまり文献学者たちを悩ませたtriff（トリッフ）とtrief（トリーフ）という語形が示すその音価の長短のゆらぎにこそアリアドネの身体における「エロティックでセクシャルな含意のほとばしり」（W・グロデック[7]）が看取できるのである。いうまでもなく文法的にみればtriffという語形はどうしても他動詞treffenの単数二人称命令形とみなすのが無理はないといえばいえるのであろう。しかしあえて手稿段階にまで踏み込むテクスト・クリティークにもとづいて、最終テクストには採用されなかったかにみえる語形にまで目を配ることによって、ニーチェの秘めた思いが込められた詩的操作を明るみに出すこと、このことこそむしろニーチェ文献学の一つの課題ではあるまいか。ここではその一例を挙げたにすぎない。

三　三幅対の「自我」

さて次にその「あとがき」でコリが主張しているのは、この『ディオニュソス・ディテュランブス』の成立にあたっては、これとほぼ同時期に執筆されていた自伝的著作『この人を見よ』とのテクストの上での相関性を見逃すことができないという事実である。この主張それ自体はきわめて正当なものである、とはいえ、この主張の前提として、当時の新発見資料にもとづく多少なりとも文献学的バイアスのかかった「勇み足」がここでも認められるということも否定はできない。

コリによれば『この人を見よ』は明らかにニーチェの精神的退行、いや狂疾のプロセスを示すドキュメント以外の何ものでもない。つまりこの著作において表現されているのは、いわゆる『力への意志』の断章群において集成されているようなニーチェの哲学的思考の極北を証するテクストなどではなく、むしろそのような思想的営為に倦み疲れ挫折した果ての、いわば思考の矢を櫃に納めてしまった猟人としてのニーチェの自我それ自体にすぎない。いまやニーチェは鋭利な思考の矢をもって獲物を狙う有能かつニムロデのごとき「残忍この上ない狩人」(第四ディテュランブス「猛禽のあいだで」参照)としてのもとの姿には決して戻ることのない無力なオイフォリー状態のなかにひたすら蹲ってしまっているのである。[8] この「無力なオイフォリー」についてはたとえば、かつてのニーチェの論敵U・v・ヴィラモーヴィッツ＝メレンドルフの高弟で卓越した古典文献学者であったカール・ラインハルトが次のように指摘しているのがきわめて示唆的である。それによれば、このオイフォリーがニーチェをして『この人を見よ』に向かわせ、自己神格化への道を歩ませたのだが、しかしそこではその精神的高揚がもはや詩的形象なり詩歌という形でその自己増殖がはかられているのではない、というのである。[9]

さてコリはそのような事実の証拠として『この人を見よ』の導入部の以下のような文章中にみられる奇妙な表現に着目する。

この完璧な日、葡萄だけが褐色に色づくのではなく、すべてのものが熟れかかっているこの良き日に、まさに一筋の陽の光が私の人生に射し込んで来た。私は来し方を顧み、行く末を慮った。私はかくも多くの物事、かくも良き物事を一時に偲んだことはなかった。……あらゆる価値の価値転換の第一書、ツァラトゥストラの歌、鉄槌で哲学するわが試みの、偶像の黄昏——これらはことごとく〔一八八八年一〇月一五日にいたる〕この一年の、しかも最後の三ヵ月に、私に与えられた贈り物であった！　どうして私は私の全生涯に感謝しないでおられよう？　かくて、私は私の生涯を、私自身に語り聞かせることとする。(Und so erzähle ich mir mein Leben.)[10]

ここで原文をそえた末尾の文章において、「私」という語が三回ほど用いられているいささか回りくどい表現。ここでは物語る「私」、それを聞く「私」、そして物語られる「私」、(ich-mir-mein) という三幅対の自我が出現しているわけであるが、内省的に自己をかえりみつつ自己を語る自伝テクストの導入としてみれば、これを取り立ててコリのように「不可解な」(mystisch) とか「幻覚的」(halluzynatorisch) とかの言葉でもって異とするに値するものなのかどうか？　しかしコリは多少なりともある意図をもって、この時期のニーチェを精神的崩壊とその狂気をまごうかたなく露呈している存在として、それをことさらに強調すべくこの一文を利用しているのである。すなわちコリによれば、上述の表現を発する「私」＝主体はニーチェ自身なのではなく、むしろニーチェ自身から出てきて、ニーチェ自身に語りかけてくる神、「ディテュランブス」の異名をもつ神、すなわちディオニュソスに他ならないというのである。[11] しかしながらこのコリの言い方こそむしろ「不可解」であるように思われる。たとえば『この人を見よ』の中の「なぜ私はかくも怜悧なのか」の章第七節に引用されている、夜のヴェネツィアを歌った有名な詩を見てみよう。これが書かれたのは一八八八年の秋、トリノにおいてである。

さきごろ　鳶色の夜に
ぼくは　橋の袂に　たたずんだ。
はるかな歌声、
金色の滴となって　小波の水面を　渡る、
ごんどら、ともしび、うたのしらべ――
酔い痴れて　黄昏の薄暗がりへ　ただよい　消える……

ぼくの心は絃の戯れ、
目には見えずに共鳴し、こころひそかに
ごんどらの歌を　それに　そえる。
多彩な幸福に　うちふるえつつ、
――誰か　ぼくの心の唄に　耳を傾けただろうか？……(12)

ここでも自我の三つの形相が登場している。すなわちまず詩的主体としての、あるいは歌の送り手としての「ぼく」(ich)、つぎにゴンドラの唄がそれに唱和する竪琴の絃を奏でる「ぼくの〔心〕」(meine [Seele])、そしてそのような「ぼくの心の唄」にひとり耳を傾けている聞き手として予想される「誰か」(Jemand) であるもう一人の「ぼく」。つまりここで歌われているのはニーチェ自身がみずからを聞き手として発したモノローグに他ならないのである。あるいは自己享受という至福のなかにたたずむことしかもはやすべを知らぬ自我の自己没入とでも言うべきありようである。この場合においてもコリは、ニーチェ自身から出てきてニーチェ自身に語りかけてくる詩的主体としての「ディオニュソス」のような存在を仮定するのであろうか。いずれにせよここでコリによって何やら謎めいた言い回しを伴って唐突に持ち出された感を否めないディオニュソスにまつわる不可思議かつ病理学的な表現を含むニーチェのテクストを次章において紹介しておこう。

四　ディオニュソスの頭

そのテクストは先述したように、当時（一九六八年一〇月）にモンティナリによって発見された、ニーチェの弟子ペーター・ガスト（＝ハインリヒ・ケーゼリッツ）の遺稿の中に含まれていたニーチェの手になる「数葉の紙片」のうちの一枚に書かれていたものである。これが書かれたのは一八八八年一二月二九日、このときニーチェの病状はいかなるものであったのか？

……言い洩らしたくないので、一言申し述べておくがリヒャルト・ヴァーグナーは私とはこの上もなく同質同類の男であった。……同質同類ということの度合いに関する世間一般の支配的概念は、そのばかばかしさがこれ以上は考えられないという一個の生理学的なたわごとである。ローマ法王は今日でもなおこのたわごとと取引している。人間は自分の両親と同質同類であることが最も少い。もしも自分の両親に近似しているとしたら、それは俗悪さの最も極端なしるしであろう。一段と高い天性の持主たちは、はるか遠い時代に遡って自分の起源を持っている。今日の彼らの代を目指して、最も長期間にわたり、蒐集がなされ、節約が行われ、蓄積が重ねられて来なくてはならなかった。偉大なる個々人は、最古の時代の人々である。私には分からないことではあるのだが、ジュリアス・シーザーは私の父に当たるのかもしれないのだ。——あるいは、アレクサンダー大王、あのディオニュソスの化身が私の父では……私がこう書いているこの瞬間にも、郵便屋が私にディオニュソスの頭部を持って来てくれる……(13)

まごうかたなきニーチェの精神的錯乱を証するテクストではあるのだろう。ともあれコリ＝モンティナリのクリティークによるデ・グロイター版全集の『この人を見よ』のテクストは、従来行われていたシュレヒタ版著作集の当該箇所、すなわち「なぜ私はかくも賢明なのか」の章の第三節全体が、ここで引用した部分を含むテクストに入れ替えられて定本とされてしまっているのである。この時期のニーチェの狂気を暗に示唆している、ニーチェ自身から出てきてニーチェ自身に語りかけてくるあの「ディテュランブスの神ディオニュソス」が幻覚的、病理学的とみなされたのも、たとえば引用テクストの最終部分、すなわち「——あるいは、アレクサンダー大王、あのディオニュソスの化身が私の父では……私がこう書いているこの瞬間にも、郵便屋が私にディオニュソスの頭部を持って来てくれる」というニーチェの表現が下敷きにされているとみなせばわからないでもない。コリの盟友モンティナリも、とりわけこの郵便屋云々の箇所について、いったいニーチェがそれでもって何を言わんとしているのかについては不可解であるし、ことによればそれは「幻覚」(Halluzination) に由来するかもしれないという表現を用いて不審の念を表明しているのはコリとまったく同断である。(14) しかし他方、この表現が実はかつておそらくは一八七三年の夏にバーゼルで知り合ったひとりの女性にニーチェが送ったのかもしれないディオニュソスの頭の彫像が写真印刷された絵葉書に関わることを明らかにしているのも当のモンティナリなのである。

その女性はロザーリエ・ニールセン（一八九八年頃没）[15]というデンマーク人で多分にエキセントリックなところのあった――モンティナリは「ディオニュソス的」と形容している[16]――大のヴァーグナー信奉者であったが、その婦人がある知人に向かって、その絵葉書はかつてニーチェ自身が自分に宛てて郵送してきたものと語っているのである。もしこの情報が正しいとすれば、あの「郵便屋が私にディオニュソスの頭部を持って来てくれる」という表現もこれを一概にニーチェの狂気を暗示するだけのものとはいえまい。もしかしたらそれはニーチェの単なる記憶違い――これは健常者にもよくあることである――というか、むしろニーチェ自身の明晰な意識にもとづく機知に属するかもしれないではないか。そのような可能性をまったく排除するかのように、この表現に対してひとえに病理的だの幻覚的だのというレッテルを貼って、この表現を含んだ引用文全体を他ならぬニーチェの狂気を示す恰好の資料であるかのごとく『この人を見よ』の定本テクストとして従来のものと置き換えてしまうことに何の意味があるのであろうか？

いずれにせよ、このような文献学的操作を施したコリたちの真の意図がどこにあるのかについてはいまだに判然としない。ことさらこの時期のニーチェの狂疾を強調せんがためのものだとするなら、それは何かの底意が込められた偏向を示す以外の何ものでもないであろう。この点に関してはデ・グロイター版のテクストに必ずしも制約されない見識にもとづいて編集された新潮文庫版『この人を見よ』の解説において、訳者でもある西尾幹二が次のように述べている。今なお一考に値する指摘であると思われる。

ニーチェがこのとき〔一八八八年一二月二九日〕なお正気だったか、狂気だったか、あるいは瞬間ごとに両方の間を揺れ動いていたかは何びとによっても窺い知れない。だとしたら、ニーチェ自身が自分の責任で再校まで見て、書店においても校了済みと見做されていた一二月二七日までのテキスト——一九〇八年の初版本がほぼこれに基く——をあくまで定本とすべきであり、その後「数葉の紙片」のコピーが一枚だけ発見されたのなら、注として印刷し、読者の参考に供すれば済むことであろう、……(17)

五　破綻した仮面

コリによれば『ディオニュソス・ディテュランブス』は『この人を見よ』とならんで、いまや哲学的思考の矢を櫃に納めて、その代わりにみずからを語り出してしまったニーチェが、そのみずからの顔に装着した詩的「仮面」に他ならない。これは鋭い指摘である。仮面についてはニーチェが『善悪の彼岸』の中のいくつかの断章において、この上なく目覚ましい表現を展開していたことが想起されよう。

すべて深いものは仮面を愛する。最も深いものは、形態や比喩にたいする憎しみをさえもっている。逆というものこそは、神の羞恥が着こんで歩くに格好の仮装なのではあるまいか?……仮面のうしろにあるものは詭計ばかりとはかぎらない。——詭計のなかには非常に多くの好意もある。……このように隠された人、語ることをば本能的に沈黙し秘密にするためにもちい、打ち明けることから絶えず身をさけてやまない人は、自分の仮面が自分の身代わりになって友人らの心と頭のなかをさすらいあるくことを願いもし、求めもする。たとえ願わないとしても、いつの日か彼は、やはりそこに自分の仮面があったことを——またそれでよかったのだということを、悟るであろう。すべての深い精神は仮面を必要とする。いな、それどころか、すべての深い精神のまわりには絶えず仮面が生長する。彼の発する一語一語、彼の足取りの一歩一歩、彼の生のしるしの一つ一つが、絶えず間違った解釈に、すなわち浅薄な解釈にさらされるためなのである。――（断章番号　四〇）[18]

……――休息してゆかれるがよい！　きみがどういう人であろうとも。いま何なりと君の気に召すものを？何なりと君の休息のためになるものを？　それを申されるがよい。私のもっているものなら何なりみな君に提供しよう！――「休息のため？　休息のためですと？　おお、君！　物好きの人よ、君は何を言っているのだろう！　が一つ与えてほしいのは、私の求めるもの――。」それは何か？　何なのか？　それを申されよ！――「それは、もう一つの仮面！　第二の仮面だ！」――（断章番号　二七八）

……すべての哲学は、なお一つの哲学を隠している。すべての見解はまた一つの隠れ場であり、すべての言葉はまた一つの仮面である。（断章番号　二八九）

しかしながら『ディオニュソス・ディテュランブス』というニーチェの「仮面」は、もはや「神の羞恥が着こんで歩くに格好の仮装」ではないし、その素顔――というものがあると仮定して――を覆い隠すという文字通りの仮面としての機能を果たすものでもないのかもしれない。もちろんいうまでもなく仮面の下には必ず素顔があるとは限らない。仮面の下の仮面すなわち「第二の仮面」、つまり素顔なき仮面をさえ要求していたニーチェであってみれば。あるいは仮面（おもて）と素顔（うらて）とを「メービウスの帯」のようにとらえればよいのだろうか？

「メービウスの帯」とは、たとえば細長い長方形の紙を一回ひねってその両端を貼り合わせて得られるような表裏の区別のつかないトポロジー的曲面のこと。「おもて」をたどっていけば、つねにその先にあるのは「うらて」であり、また逆に「うらて」と定めた部分をたどっていくとついには「おもて」と定めた部分に行き着く、そのような限りなく相互に転換しうる相対的対立としての「おもて」と「うらて」、あるいは「仮面」と「素顔」というように。(19)

さてこの仮面についてコリはその「あとがき」の結びにおいて以下のように指摘している。

仮面、それは詩人ニーチェの用いるまやかしなのだが、その仮面のもつ効力は喚起されてはいるものの実際にはうまく機能していない。というのも、その仮面が覆い隠すべきもの、それは人間の運命の恐ろしさであったり、詩が表現しているようなぼろぼろに引き裂かれたニーチェ個人の不安だったりするのだが、そのようなほんらいは被覆され隠されるべきものが、その仮面によってむしろ逆にこれまでよりももっと鮮明に露呈されてしまっているのだから。(20)

仮面であれ仮装であれ、それらは次第に精神的暗冥へと落ち込んでいく運命にあるニーチェ自身のぼろぼろに成り果てた自我の不安に満ちたその素顔をかえってより鮮明に暴露してしまうのに貢献していることになる。(21)いまや何ごとかを隠すための仮面を必要とするほどにはニーチェの精神はもはや「深いもの」ではなくなってしまっているのである。またヤスパースも言うように、仮面はもっとも「深いもの」を表現するようにみえながら、しかし実際のところは、むしろその「深いもの」が欠落しているような存在者の可能性を示しているものなのかもしれない。[22]

……
私の生の日よ！
夕べは近い！
すでに　おまえの目は
なかば光を失い
すでに　おまえの涙の
露はしたたり、
すでに　白々とした海の上を
おまえの愛の深紅の色が静かに走ってゆく、
おまえの最後の　ためらうような浄福が……[23]
……

「おまえが渇えているのも　いましばらくだ、／焼けただれた胸よ！」で始まるニーチェの絶唱として評価の高い『ディオニュソス・ディテュランブス』第六歌「日は沈む」のこの一節にみられるような、なかば光を失いかけている目、したたる涙の露のしずく、そういったものをもはや隠す必要さえもなくなってしまったニーチェと、そしてそのことによってその存在の必要性がいまや失われてしまった仮面というものをコリは想起しているのであろうか？　たしかに仮面というものは、つねにその真実の「おもて」を知ろうとするものによってのみ魅惑的であり続ける。そして真実の「おもて」をすでに知ってしまった者にとっては、もはや仮面の効用など無きに等しいものなのであろう。しかしながら先に挙げたK・ラインハルトが言うように、仮面の下に隠されたオイフォリーが詩的形象の力を通してひそかに自己増殖をはかり、それによって新たな詩を喚起し、いわば仮面がさらに新たな仮面を生むという、詩と仮面のそれらがほんらい持っていたはずの豊饒な生産性はほんとうに廃棄されてしまったのであろうか？　そしてこのとき、仮面はまたかつてのニーチェにとっては、神的なものの究極として、あるいは救済者として、われわれの畏敬と祈りの対象であったこともここでいま一度想い起しておくべきであろう。[24] たしかに『悲劇の誕生』の時代のニーチェにとっては、仮面とは「力」もしくは「強度」であった。そして仮面とはディオニュソスの根源的な力とそのアポロン的表出とのあいだの好ましき緊張関係がコンパクトに形象化されたことを示すイコンであり、同時にまたそれを通して生の力の強度が可視化される「おもて」でもあったのである。

ニーチェの詩もしくは『ディオニュソス・ディテュランブス』に対するコリの、それなりにまだ有効性を失っていない鋭い指摘に対して今後どのようにそれに答え、ニーチェの詩全般に対してどのような新たな価値評価を提起すればよいのであろうか？　この点については哲学研究の側からも、ゲルマニスティクの側からも十分に説得力のある解答はいまだに得られていないのである。

注

（1）*Kritische Studienausgabe*（*KSA.*）Bd. 6. Vorbemerkung. なおコリの「あとがき」のイタリア語原文とそのドイツ語訳テクストは以下の著書にも収録されている。Giorgio Colli, *Scritti su Nietzsche*, Milano（Adelphi）1980, S. 189–194. G. C., *Distanz und Pathos. Einleitungen zu Nietzsches Werken*, Hamburg（Europäische Verlagsanstalt）1993, S. 145–149.

（2）vgl. KSA. Bd. 6. S. 455.

（3）*Dionysos-Dithyramben*. KSA. Bd. 6. S. 375ff.

（4）この点については、高橋明彦『ニーチェ　A嬢の物語』青土社、二〇一三年を参照。本書は『ディオニュソス・ディテュランブス』第七歌「アリアドネの歎き」の評釈である。

（5）Erich Podach: *Friedrich Nietzsches Werke des Zusammenbruchs*, Heidelberg 1961, S. 389.

（6）*KSA*. Bd. 6. S. 306.

（7）Wolfram Groddeck, *Friedrich Nietzsche >Dionysos-Dithyramben<* Bd. 2. *Die >Dionysos-Dithyramben< Bedeutung und Entstehung von Nietzsches letztem Werk*, Berlin/New York 1991, S. 187. なおニーチェにおけるアリアドネ問題全般については以下の論文を参照。Jörg Salaquarda: Noch einmal Ariadne. Die Rolle Cosima Wagners in Nietzsches Literarischem Rollenspiel. in: *Nietzsche-Studien* 25/1996, S. 98–125.

（8）vgl. *KSA*. Bd. 6. S. 456.

（9）Karl Reinhardt, Nietzsches Klage der Ariadne. In: *Vermächtnis der Antike. Gesammelte Essays zur Philosophie und Geschichtsschreibung*. Hrsg. v. Carl Becker, Göttingen 1989, S. 332.

（10）*KSA*. Bd. 6. S. 263. なお引用の最後の文章の原文は隔字体。新潮文庫版『この人を見よ』（西尾幹二訳）による。

（11）vgl. KSA. Bd. 6. S. 457.

（12）*KSA*. Bd. 6. S. 291. 人文書院版『ニーチェ全詩集』の秋山英夫・富岡近雄訳による。

（13）*KSA*. Bd. 6. S. 268f.. 西尾幹二訳による。

（14）Mazzino Montinari, *Nietzsche lesen*, Berlin/New York 1982, S. 123, Anm. 3.

（15）Hauke Reich, *Nietzsche-Zeitgenossenlexicon. Verwandte und Vorfahren, Freunde und Feinde. Verehrer und Kritiker von Friedrich Nietzsche*, Basel 2004, S. 143.

（16）*Montinari*, a. a. O..

（17）新潮文庫『この人を見よ』解説二一七頁以下を参照。

（18）ちくま学芸文庫版ニーチェ全集第一一巻所収の信太正三訳による。以下同様。

（19）以上の点については、坂部恵他『仮面の時代』河出書房新社、一九七八年、一六二頁を参照。

（20）*KSA*. Bd. 6. S. 458.

（21）vgl. *KSA*. Bd. 6. S. 458.

（22）Karl Jaspers, *Nietzsche. Einführung in das Verständnis seines Philosophierens*, Berlin/New York 1981, S. 406.

（23）*KSA*. Bd. 6. S. 396. 秋山英夫・富岡近雄訳による。

（24）vgl. *Jaspers*, a. a. O. S. 403.

自閉症スペクトラムの存在分節

三浦仁士

はじめに

ハイデッガーにとって「存在」とは、区別なき全体であるような世界のことである。筆者は、この世界のことを「無分節（無分離）の全体・一」と呼ぶ。ハイデッガーによると、このような世界の世界性は無意義性としての世界性であり、現存在の在り方の本来性に属するという。同じように、自閉症スペクトラム（DSM-5ではAutism Spectrum Disorder、以下ASD）であるドナ・ウィリアムズは、「万物に遍在する『神』とは、私たちが互いに分離しておらずつながりあっている場〔である〕」[1]という言い方で、やはり無意義性（無分節）として世界の本来性を示唆している。筆者は、ASDの人々と「ふつうの人」、そして人間（現存在）以外の生物（主に動物）の、それぞれに固有の存在分節の仕方を反照的に描き出すことによって、現存在の存在機構である世界-内-存在が行う、無分節の全体・一を存在者に分裂させておきながら、同時にそれを形式的全体的（道具的世界等）に統一するという在り方を批判的に際立たせようと考えている。

一　無分節の全体・一

1　自己意識成立以前の場所

ＡＳＤのドナ・ウィリアムズは、自己と他者とが一体化した「場所」について以下のように述べる。

シャンデリアは感覚の相互作用の結晶でした。見た目に戯れ合う色の煌きがあり、もしそれらの色を発している滑らかでかつ固い（ガラスの）かけらが触れ合えば、チンチンという音が響いて、視覚によるイメージが、連動する聴覚を呼び起こします。……頭上の巨大なシャンデリアを見上げたとき、以前私を襲った体験である、あたかも薬物を摂取したときのような恍惚感に浸されたことを想い出しました。それが何かと問うならば、「神と溶け合う」ような体験を呼び醒ましたのです。[2]

究極的に言うなら、自己は、外界のものすべてから分離する以前にも存在していました。それらの外界の事物は徐々に「他者」として見なされるようになりました。[3]

ウィリアムズの言う「外界のものすべてから分離する以前にも存在」する「自己」とは、自己意識成立以前の場所である自己自身である。この場所は、自己と外界のものすべてが分離していないのであるから、一つだけで存在する全体である。筆者は、一つだけで存在する全体を「無分節の全体」、もしくは一つだけで存在する全体であることを強調するために、端的に「一」と呼ぶ。自己と他者が、起源（アルケー）において一つであるということが重要なのである。

だが、「無分節の全体・一」（自己自身）がもともと分節可能となっていなければ自他の区別（分離）は生じない。仮に無分節の全体・一だけしかないとしたら、その状態は「完全性」であると言えよう。けれども完全性は、それだけでは「在る」と言うことはできない。同一律・矛盾律の原則からすると完全性が措定されるということは、同時に「完全性は不完全性ではない」ということが言えないといけない。つまり、同じ場所において、完全性と不完全性とが共属しているという事態が生じていなければならない。無分節の全体・一（自己自身）は、他者を自分自身の内に含むことによって分節され、後になってはじめてそれ（完全性）が「在る（在った）」と言えるのである（2項で詳述する）。

図1は、無分節の全体・一と他者との関係を図示したものである。無分節の全体・一は、了解可能性・分節可能性を内包した不完全な完全性である。なぜなら完全性は自らを否定するもの（不完全性）を外に見るのではなく内包するゆえに完全性であるからである。したがって一枚の純白の布（無分節の全体・一）の中心部には切れ込み（くぼみ）が入っており、それが自分で自分を開き、自らを開示するのである（二節4項で詳述する）。

ウィリアムズは「おそらく万物に遍在する『神』とは、私たちが互いに分離しておらずつながりあっている場のこと、他者の平衡が損なわれることがある意味で自らを損なうことになる場です[4]」と言う。この場、場所こそ、ハイデッガーの言う「存在」である。ゆえに筆者は、この場所を「無分節の全体・一」という語とともに「存在」という語でも表現する。

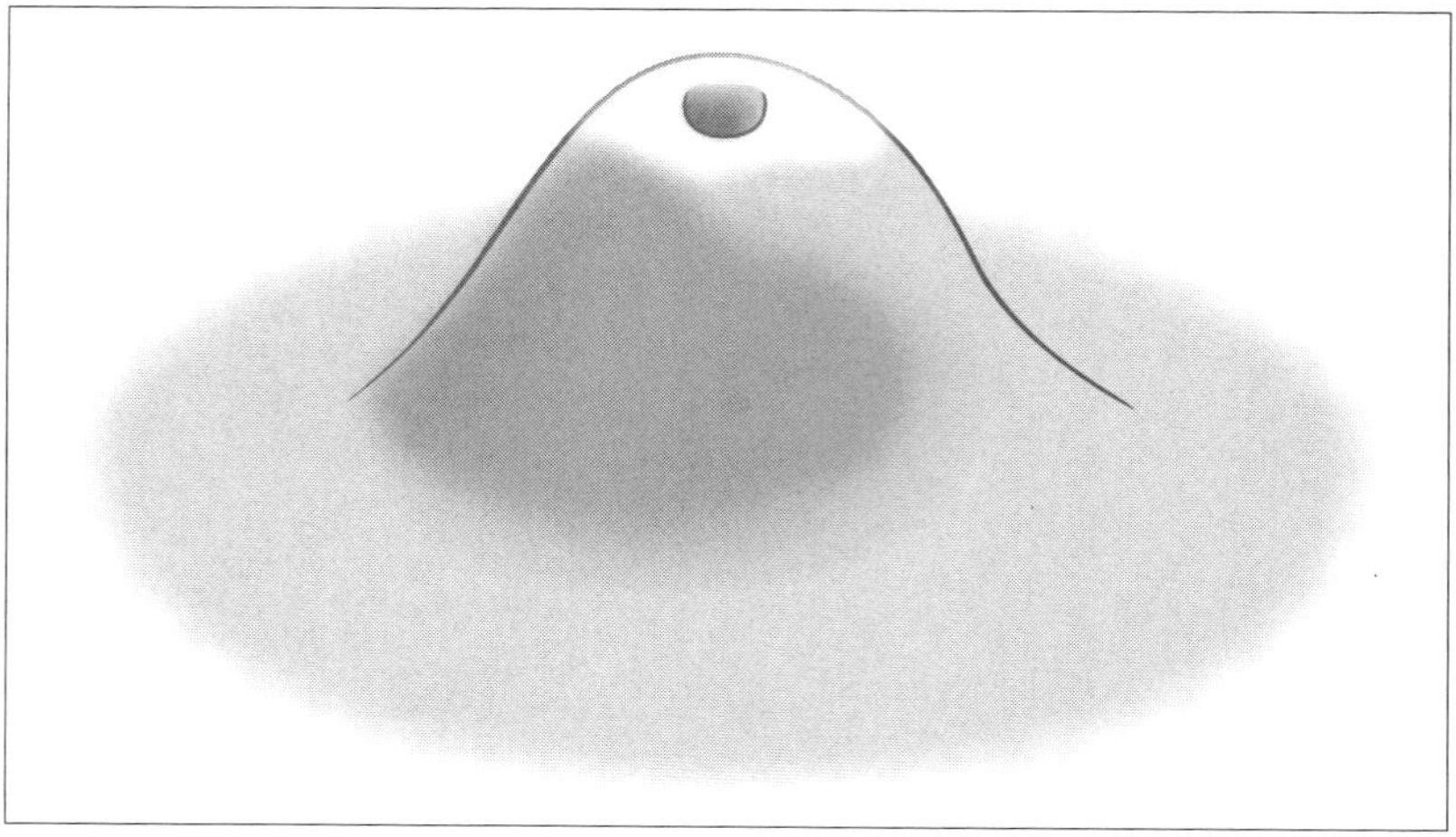

図1

自己意識を「構成」する存在（自己自身）は、何ら規定の及ばない「私たちが互いに分離しておらずつながりあっている場」に「関係」する。ハイデッガーは、この「関係」を踏まえ、人間を「現存在」（Dasein）と呼び、「現存在は、おのれの存在においてこの存在自身へとかかわりゆくことが問題である存在者なのである」(5)と述べる。現存在は、現-存在（無分節）でありながら、現-存在者（分節）でもあるという二重構造になっている。現存在は何よりもまず存在し得ることにかかわる存在なのであるが、日常においては世人（das Man）として道具的世界に頽落して居る（在る）。日常において存在（自己自身）は、存在者の「傍ら」に追いやられていると考えられる。このとき、存在はいったい何をしているのか。そのことが問題である。

2 自己意識（自我）の構造と他的鏡

那須政玄は『創世記』の解釈を通して、自己意識がいかに構造化されているかを述べている。知恵の実を食べた私（アダム）が自分の性器を恥ずかしいと感じるのは、「人（アダム）が自分自身でありながら同時に自分ではない女（エヴァ）を自らのうちにもったということなのである」[6]。

ここで言われている「自分自身」とは、本論考で言う「自己自身」のことであり、無分節の状態を指す。自己意識とは、私が私であるという自己同一性である。「私（A）は私（A）である」（A＝A）ということを言い得るためには、私（A）はすべての他者（B、C、D…）ではないこと（A≠B、C、D…）が同時に言えないといけない。すなわち、Aは非Aと共属していなければならない。

私が私の裸を恥ずかしいと感じるとき、私（A）は、自己自身（A）であるだけでなく、自己自身ではない他者（B）の視点を自己自身（A）の内に同時にもっている。けれども、自己自身（A）の内の他者（B）は、自己自身（A）とは関係がない「別人」ではなく、やはり自己自身でなければならない。したがって、AがA＝AであるためにはAは同時にA＝Bでなければならない。Aと非Aとが同じ場所に同時に存立しているという弁証法的関係が、自己意識（自我）において構造化されているのだ。つまりAは、A＝AとA＝Bを統一する場となっているのである。

那須は、この弁証法的関係を「自らを自らの中の他者Bを『鏡』にして映し出すこと[7]」であると言う。筆者は、自己自身の内に他者としてのBのイメージを映し出す他者的な鏡を「他的鏡」と呼ぶ。無分節の全体（自己自身）の分節とは、他的鏡の映し出す作用（イメージ形成作用）によって可能となる。他的鏡は、イメージを映し出すだけではなく、同時に存在（無分節）をも映し出す（存在を「感じ」へと変換させる）鏡である。このとき、他的鏡がどのようにして存在を映し出す（変換する）かが問題である。

人間が自己自身（A）を自己自身のイメージとして立ち上げられるということは、同時に自己とは別人としての他者（B）をもイメージとして立ち上げられるということである。自己自身（A）のイメージと他者（B）のイメージとを立ち上げられるということは、あらゆるものが平面に均質に張り付いているのではなく、奥行、遠近のある光景として現出していなくてはならない。つまり、「パースペクティブを有した光景」を立ち上げるということである。われわれは、ばらばらの光景をばらばらのまま表象し、それを保持することはできない。したがって、「パースペクティブを有した光景」とは、全体的統一的光景である。

アダムは、自らの内に自らを映し出す他的鏡（エヴァ）を有し、自らを自己自身のイメージとして映し出し、それを自らのものとした。このときアダムが自らの性器に羞恥感を抱くのは、アダムとエヴァとの間に共通のものが生じているからである。もし、お互いの身体イメージが共通のものになっていなければ、共通の羞恥感は生まれない。

このことは、ヘーゲルの『精神現象学』における意識の形態が感覚的確信から知覚へと移行していくときの叙述と合致している。感覚的確信において措定された純粋存在（無規定的な存在、直接性）は、廃棄されて一般者が措定される。純粋存在とは、私（自我）としての「純粋なこの人」と対象としての「純粋なこのもの」との一致である。純粋存在の自己同一性は、空間と時間との一致、つまり「このとき」の、「ここ」における「この人」と「このもの」との一致によって確定される。だが、純粋存在の自己同一性を言わんがために、「このとき一般」、「ここ一般」、「この人一般」、「このもの一般」というような純粋存在の否定（他者）である一般者が措定されなければならない。純粋存在（直接性）としてつかまれたものは、実は「この人」と「このもの」とは区別される一般者だったのである。ヘーゲルは、感覚的確信のことを純粋な直接性の「傍らでの戯れ」（Beispiel）と言う。(8) ウィリアムズが「感覚の相互作用の結晶」と融合するのは、純粋な直接性の「傍らでの戯れ」（Beispiel）だと言える。

問題的なのは、直接性（無分節の全体・一）と一般者との間に中間領域が「現」に「在る」ということなのである。しかし、純粋存在の自己同一性を示さんとする「このいま」とはヘーゲルに言わせると「いまとは、現に在るとき、すでにもはやないような、まさにそういうものであることを、われわれは知る[9]」ということになる。他方で一般者とは、瞬時に消え去ってしまうような存在ではなく、恒常性、持続性を有した存在なのである。さらにヘーゲルは「動物は、自体的に存在するものとしての感覚的な物の前に、立ち止まったままではいないで、この物の実在性に絶望し、その空しさを全く確信しながら、すぐさま手をのばして、それを食いつくしてしまう[10]」と言う。

動物は、純粋存在や一般者を措定しない。そういうものに無関心である。つまり、動物は「獲物」に向かうのであり、空腹が満たされれば「獲物」への関心はなくなるのだ。筆者は、この「動物」的・瞬間的一致の「経験」に立ち止まる。動物からそっぽを向かれ、人間に素通りされる儚い場所に、何かが隠されている。筆者の考えは、「動物」的・瞬間的一致から「人間」的・恒常的一致へと変換する際に飛び越されている「間」に居る（在る）のがＡＳＤの人々である、というものである（二節4項、5項、三節で詳述する）。

アダムが自分の性器を恥ずかしいと感じるのは、アダム自身に内在する他者の視線を介してのことであるが、その視線は、他者一般（われわれ）の視線である。他者一般の視線とは、世間の視線なのである。世間の視線を介することによって、私は私一般となり、他者は他者一般となる。われわれは、世間に媒介されることで「一般者」の世界を生きるのである。「一般者」の世界（世間）とは、一定の恒常性、持続性を有する世界である。ＡＳＤのテンプル・グランディンは以下のように述べる。

動物も自閉症をもつ人も、ものについて自分たちがもっている概念には目を向けない。実際にあるもの自体をみる。自閉症の人は世の中を構成しているこまかい点を見るが、ふつうの人はそういったこまかい点をすべてぼやけさせて、世間の一般的な概念にまとめる。[11]

「ふつうの人」とはハイデッガーの言う世人（das Man）のことであり、ふつうの人とＡＳＤの人々は、ともに現存在に属している。筆者はふつうの人（世人）とＡＳＤの人々という語句を使い分けることによって、両者の（現存在の）存在分節の仕方の差異を際立たせたい。

グランディンがここで言う「世間の一般的な概念にまとめる」という「ふつうの人」の世界の分節の仕方（在り方）は、ハイデッガーが頽落と呼ぶ現象に他ならない。ふつうの人は、無分節の全体・一を世間（一般者）的に分節しているのである。他方、「自閉症の人は世の中を構成しているこまかい点を見る」ということは、ＡＳＤの人々がふつうの人とは異なる仕方で世界を分節しているということである（二節2項、4項、四節で詳述する）。

ヘーゲルの言う「直接性の『傍らでの戯れ』」とは、いわば世間の「周縁」的領域で起こっていることである。だとしたらふつうの人は、世間の「中心」でどのように存在しているのであろうか。このことは、ハイデッガーの言う日常性や世人（das Man）と関係している（二節で詳述する）。その前に3項において、われわれにとって自明である全体的統一的光景（パースペクティブを有した光景）がいかに維持されているのかを、それが崩壊しつつある離人症者の証言によって、反照的に明らかにする。

3　全体的統一的光景

自分というものがまるで感じられない。……時間の流れもひどくおかしい。時間がばらばらになってしまって、ちっとも先に進んで行かない。てんでばらばらでつながりのない無数の今が、今、今、今、今、と無茶苦茶に出てくるだけで、何の規則もまとまりもない。……奥行きとか、遠さ、近さとかがなくなって、何もかも一つの平面に並んでいるみたい。……とにかく、何を見ても、それがちゃんとそこにあるのだということがわからない。色や形が眼に入ってくるだけで、ある、という感じがちっともしない。(12)

以上の離人症者の証言は、すべて同時に起こっている事態である。私（自分）が存在する「感じ」（ある感）がなくなるということは、同時にあるもののあるという感覚（ある感）がなくなることであり、同時に「奥行きとか、遠さ、近さとかがなくなって」しまうこと、つまり全体的統一的光景が崩壊することである。「つながりのない無数の今」とは、「まとまりのある今」ではない断片的な今である。全体的統一的光景は、「まとまりのある今」として保ち留められている（保留されている）のだ。

「ある感」は「われわれが居る」もしくは「あるものがある」と言うときの感覚であるが、私は「ある感」をつねに感じているわけではない。どういうことかというと、「ある感」とは、われわれがピッタリ・シックリきている「感じ」、つまり「ピッタリ感」「シックリ感」である。この感覚は、日常の感覚（意味）であり、普段は隠されている（二節3項で詳述する）。離人症者の証言が告知するのは、「ある感」は、喪失しつつあるときに、際立つということである。

二節において、筆者は、ハイデッガーの『存在と時間』の主題である存在の意味（Sinn）への問いを、Sinnの感覚という意味に着目しつつ遂行する。このことは、古代ギリシア哲学のロゴスという概念の構造を開示することであり、「ある感」の根源にまで遡ることでもある。

二　存在の意味への問いの遂行

1　存在分節としての道具的世界

『存在と時間』の主題は、「存在の意味への問い」を設定することである。そして、存在の意味とは、古代ギリシア人が保有していたロゴスという概念に重なる。ハイデッガーは意味について、以下のように言っている。

意味とは、或るものの了解可能性がそのうちに保たれている当のもののことなのである。了解しつつ開示することにおいて分節可能であるものを、われわれは意味と名づけるのである。意味という概念は、了解しつつある解釈が分節するものに必然的に属する当のものの形式的な骨組を包括している。……意味は、了解に帰属している開示性の形式的・実存論的な骨組として把握されなければならない(13)。

「実存論的な骨組」（existenziale Gerüst）と言うときのexistenz（実存）とは、語源的に外（ex）に立つ（sistenz）という在り方、つまり存在そのものが自ら分節し自らの外（ex）に立って自らを示す在り方である。したがって、ハイデッガーがここで言っている「了解しつつある解釈が分節するもの」とは、存在である。形式的・実存論的な骨組として把握されなければならない意味（Sinn）とは、存在の意味のことである。もし、存在そのもの（完全性）だけしかないとしたら、そもそも存在を了解することは不可能である。すなわち存在は、形式的・実存論的機構（構造）をなしており、そうであるからこそ、現存在の存在は了解可能性・分節可能性を有するのである。存在の意味（Sinn）と言うときのSinnには感覚という意味があることに着目するならば、存在の意味（Sinn）は存在の感覚とも解釈し得るのである。すなわち、存在の意味への問いを遂行することは、存在の分節に伴う感覚を開示することである。したがって『存在と時間』における存在の意味（感覚）への問いを設定することは、第一に、現存在の存在機構（構造）を開示することである。第二に、現存在の存在機構そのものに由来する根源的な「感覚（感情）」を開示することである。[14] 根源的な「感覚」とは、現存在の存在機構そのものである根本気分である（四節で詳述する）。

存在に帰属する形式的・実存論的機構は、古代ギリシアのロゴスという概念と符合する。ロゴスは元来「集められたもの、語り」という意味であった。実存論的に解された語りとは、了解可能性である現存在の存在の分節化である。[15] したがって語り（ロゴス）は、現存在の存在機構を構成するものとして開示される。

アリストテレスは、ロゴスの形式的・実存論的骨組の作用を「あらゆるロゴスは、シュンテシス、すなわち綜合であると同時に、ディアイレシス、すなわち分割[16]」であるとした。しかし、「綜合であると同時に分割」する作用が実存論的構造として開示されなければ、ロゴスは、通俗的解釈である悟性的認識（判断）の綜合作用に過ぎなくなる。事物の認識的知が独立に扱われると、つかまれた事物的存在者は実存論的構造から切り離され、存在への通路は遮蔽される。だから、「綜合であると同時に分割」である作用は、現存在の実存論的機構に即して開示されなければならないとハイデッガーは考えた。

われわれは、道具である眼鏡を使用するとき、「手ごろでない」という「感じ」を得たら、「不適当な仕事道具を配視的に配慮的に気遣いつつ脇にのけたり、ないしは取りかえたりする[17]」のである。ハイデッガーは、道具が「手ごろであるのか、手ごろでないのか」という道具の適応を見抜くことを「配視」と呼ぶ。道具は、適所全体性（道具的全体性）においてあらかじめ出会わされており、おのれ自身の方からおのれを「手ごろさ」として示すという存在様式を有している。

「配慮的気遣い」とは、現存在が道具的存在者をそのつどつねに適所全体性（形式的全体的統一）の内に適具としてあらかじめ出会わせているという、現存在の存在機構の作用である。ところが現存在は普段、道具が配慮的に気遣われていることに気づいていない。日常において眼鏡という道具は、それをかけている人にとって、その存在に気づかないほどの「近さ」の内にある。現存在は、眼鏡が破損したり、なくなったりしたとき、道具的存在者が適所全体性においてあらかじめ出会っていることにはじめて気づかされるのである。ハイデッガーは、道具を「近さ」の内に出会わせることを「遠ざかりの奪取」と呼ぶ[18]。遠ざかりの奪取という現存在の存在機構の作用は、現存在が「『主観』、『自我』、『意識』といった人間中心性に拍車をかける装置[19]」に先んじて、道具的世界の内に存在している（含みこまれている）ということを告知している。

ロゴスの形式的・実存論的骨組とは、存在そのものを道具的存在者（例えば眼鏡）として分裂させておきながら同時に道具的世界（適所全体性）に統一する作用である。すなわち無分節の全体・一を分裂させておきながら、同時に形式的全体的に統一する作用である。この作用こそ、現存在の存在機構の作用なのである。ハイデッガーは、以下のように言っている。

現存在が……〔手段性ないし適具へと〕おのれを指示しつつ了解することがそのうちでおこなわれる場が、存在者を適所性という存在様式において出会わせる基盤なのだが、そうした場が世界という現象なのである。また、現存在がそれを基盤として〔手段性ないし適具へと〕おのれを指示する当のものの構造が、世界の世界性をなす当のものなのである。[20]

上記のハイデッガーの言説は、世界-内-存在の作用について述べたものである。つまり現存在の存在機構とは、世界-内-存在である。引用文中の「そのうちで」とは、「世界内で」ということであり、「世界内」とは世界が分節（限定）されたということを意味する。だとすると世界内ではない世界は、「外部」的、あるいは無分節的世界である。世界-内-存在において、無分節の全体・一（存在）と分節された全体（道具的世界）とがあらかじめ一つの機構として構造化されているのである。引用文中の「世界という現象」とは、道具的存在者を適所全体性において出会わせる基盤（場所）として世界が自分で自分を開示するということである。「世界の世界性をなす当のもの」とは、世界を世界として現象せしめる根拠という意味であり、世界-内-存在そのもののことである。現存在の存在機構である世界-内-存在そのものとは、現存在は起源（アルケー）において、無分節（シュンテシス）と分節（ディアイレシス）とが同時に存立している機構であるということだ。そしてそれの「世界の世界性」は、無意義性としての世界性であり、本来性における現存在の在り方に属する。すなわち、現存在が世界-内-存在としてあらかじめ構造化されているからこそ、存在者を出会わせる場として世界が現象するのだ。道具的世界において適所に配置された道具は、「～のための道具」（目的）であり、意義づけの関係全体、つまり有意義性として分節されているのである。有意義性としての「世界の世界性」は、分節されているかぎり現存在の在り方の非本来性に属する。現存在は、道具の目的を「読み取りながら」道具的世界の内に滞在する。

ハイデッガーは、「世界内存在は、根源的で不断に全体的な一つの構造である」[21]と述べる。ここから分かるようにロゴスの形式的・実存論的骨組とは、世界‐内‐存在のことである。したがって、存在の意味への問いを設定することとは、第一に世界‐内‐存在という一つの機構の作用を開示することである。

全体的統一的光景（一節3項）とは、まずもって道具的に分節された道具的世界（適所全体性）なのである。家は住むための道具であり、街路は歩くための道具であり、鉄道は運ぶための道具であるというように、われわれの眼前に広がる全体的統一的光景は道具的に分節されている。現存在は、道具的世界に住むのである。現存在が道具的世界に住むということをもって、現存在は道具的世界と「一致」（「一体化」）していると筆者は考える。

2　ＡＳＤの世界

ＡＳＤのグニラ・ガーランドは、道具的に分節されている世界について、以下のように述べている。

食堂の世界、台所の世界、玄関の世界。それらはみな、色を使って自分でつなぎ合わせることを覚えるまでは、それぞれが互いに何の関係もない、独立した小世界だった。[22]

ガーランドにとって、世界は道具的世界として分節されていないので、諸道具は関連性をもたない。ガーランドは、道具的世界の指示連関を「読み取る」ことができないのだ。だから「私はどうしても、学校の中で道順を覚えることができなかった。何もかも同じに見えたし、自分の教室が何階にあるのかさえわからない」[23]ということが起きるのである。そこでガーランドは、ばらばらなものを、「色を使って自分でつなぎ合わせる」。ガーランドの世界の分節の仕方は、共感覚と言われるものであり、それを活用することによって道具的世界の関連を作り出しているのである。[24] ではガーランドは、道具的世界ではなく、どこへ向かっているのであろうか。

ガーランドに限らずＡＳＤの人々は、何かに導かれたように細部へと向かう。いったい、何が彼らを細部へと導くのであろうか。この問いは、ふつうの人が道具的に分節された世界と「一致」（一体化）するということがいかなることなのかを開示することによって、反照的に明らかになる。

3　配慮的気遣い

ハイデッガーは「世人のうちに没入し、また配慮的に気遣われた『世界』のもとに没入することは、本来的な自己存在しうることとしてのおのれ自身に直面して、そこから現存在が逃避するといったようなことを、あらわにする」[25]と述べる。

このハイデッガーの言説を理解するために、「配慮的気遣い」（Besorgen）という言葉を実存論的に分析する。Sorgeには、関心という意味がある。関心（Sorge）とは、「何かへとかかわりゆく」、「何かへと向かう」という意味であり、世界-内-存在の作用である。ハイデッガーは以下のように言っている。

> 現存在の存在は、（世界内部的に出会われる存在者）のもとでの存在として、おのれに先んじて（世界）の内ですでに存在している。[26]

一節1項において、筆者は「現存在は何よりもまず存在し得ることにかかわる存在なのであるが、日常においては世人（das Man）として道具的世界に頽落して居る」と述べた。世界-内-存在という構造において、現存在は、最も固有な存在と配慮的に気遣われた世界との両方に向けて自由なのである。配慮的に気遣われた世界とは、気分が配られた世界である。さらに、Besorgen の動詞形 besorgen には、～を片づける、～を調えるという意味がある。ハイデッガーが「道具的存在者が配視的に暴露されるさいに、しかも配慮的な気遣いの欠損的な諸様態において、目立つという仕方においてのみである[27]」と言うのは、日常において、道具的存在者は、適所全体性の内にあらかじめ調えられ、ところを得ている、つまり「ピッタリ」「シックリ」収まっているということである。そして、ところを得ない道具は片づけられ、再び調えられる。配慮的気遣いとは、全体性において、一切の存在者にところを得させる調律である。

現存在にとって、道具的存在者が全体（住まい）の内でところを得ていることが快であるとしたら、ところを得ていないことが不快である。現存在は日常、快を生きており、道具の欠損によって、ときどき不快になる。だから、現存在は常態であるところの快を意識しない[28]。現存在の存在機構である世界-内-存在は、無分節の全体・一を分裂させておきながら、同時に形式的全体的に統一する作用なのである。現存在は道具的世界に住むということにおいて、つまり一定の恒常性、持続性をもって、道具的世界と一致（一体化）するのである。現存在は何よりもまず存在・一へと向かうのであるが、同時に恒常的持続的な一（これは現存在にとって快である）へと向かう。現存在は、現-存在（無分節）でありながら、現-存在者（分節）でもあるという二重構造になっているのだ。

筆者は、一節2項で「他的鏡は、イメージを映し出すだけではなく、同時に存在（無分節）をも映し出す（存

自閉症スペクトラムの存在分節

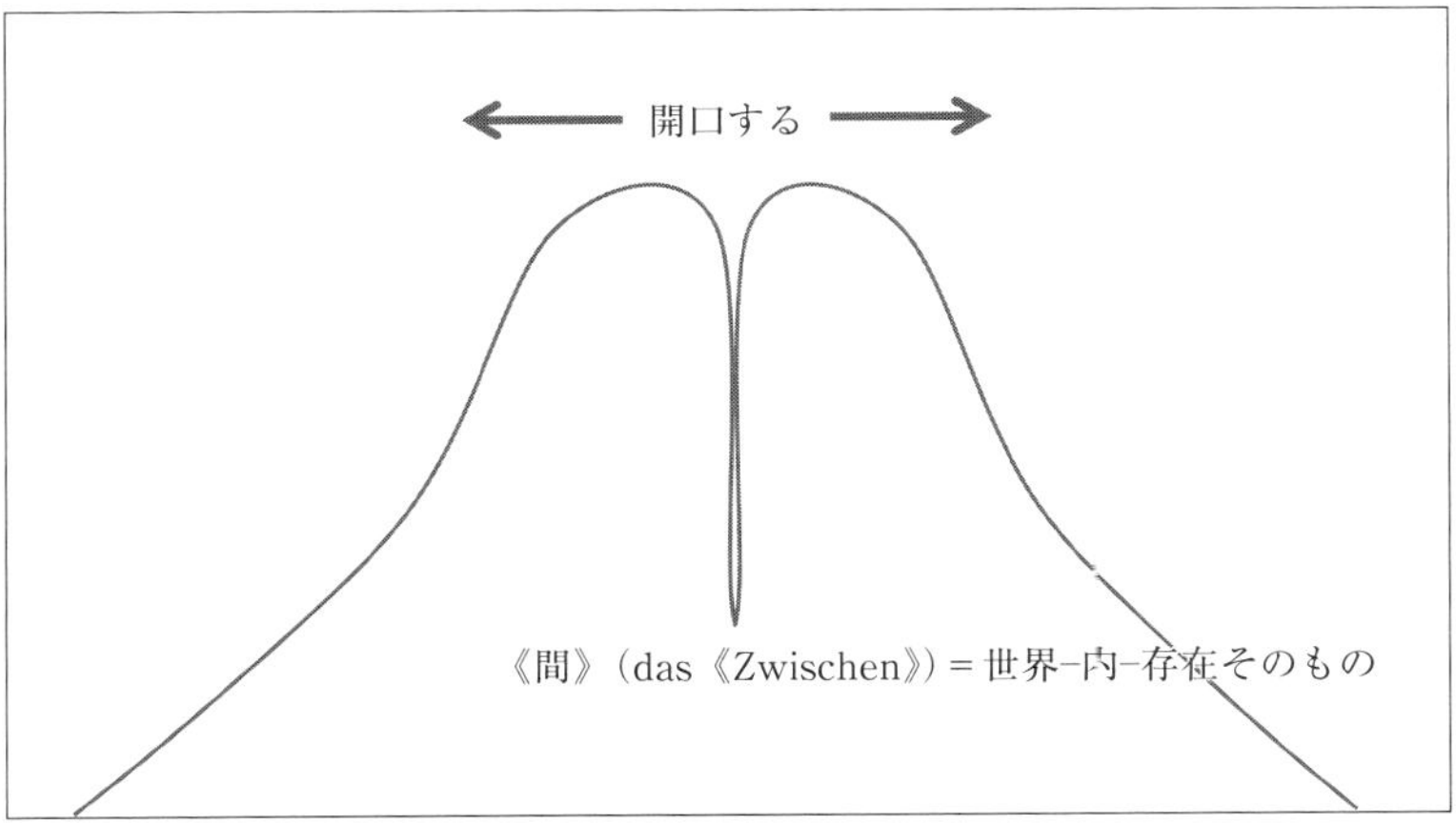

図 2-1

在を「感じ」へと変換させる）鏡である」と言った。すなわち、他的鏡は無分節の全体・一（存在）を全体的統一的光景（道具的世界）として映し出すのだが、そのとき映し出された（分節された）「光景」（道具的世界）を保留する作用が生じていなければならないのである。無分節の全体・一という一つのものは、他的鏡に映し出されることによって、道具的存在者が「ところを得る」と言うときの「ところ」へと変換するのだ。無分節の全体・一（存在）は見えない箍となって、その内に一切の存在者を統一的に結集させ保留・調律するのである。

存在の意味とは、第二に、世界-内-存在の作用による存在そのものの分節に伴う感覚（「ピッタリ感」「シックリ感」）である。存在の意味とは存在を型取り一つにまとめる感覚、つまり存在を型取る感覚なのである（四節で詳述する）。

4 世界-内-存在の力動的構造と現存在以外の動物

ハイデッガーは、ヘラクレイトスの箴言の一節「知ハ一ツ、一切ヲ貫イテ一切ヲ操ル判断ニ通ズルコト」を、知とは、一者、つまり「一」が一切にどのような作用を及ぼしているのかを会得することであると解釈している。すなわち一は、一切に関わり、一切を貫き、一切を囲繞し、一切を操り、一切が一切と接合（ハルモニア）することのうちに自らを示しているのである。ここで、存在（一）と存在者（一切）との連関を「二重分裂的二重襞」の構造として開示する。[29] 二重分裂的二重襞の構造とは、世界‐内‐存在である。

図2‐1は、世界‐内‐存在（二重分裂的二重襞）の構造を一枚の純白の布（存在・一）にたとえて図解したものであり、前掲図1の断面図である。世界‐内‐存在（二重分裂的二重襞）の中心部には存在を開く可能性としての切れ込み（くぼみ）が入っている。

存在（無分節の全体・一）が開かれ存在と存在者との差別が生じるまさにその場所を、筆者はハイデッガーにならい《間》（das《Zwischen》）と呼ぶ。[30]《間》（das《Zwischen》）とは、世界‐内‐存在そのものであり、存在と存在者との差異が根源的には同一なものとしてあらかじめ出会っている場所である。世界‐内‐存在そのものは切れ込み（くぼみ）を開口し、ドーナツ状の襞（見えない箍）となって方向を開く。それと同時に、中心部から突起状の襞（一切）が生起し、ドーナツ状の襞は見えない箍となって突起状の襞を囲繞する。世界‐内‐存在はドーナツ状の襞の内に一切を結集・接合し、保留・調律する。言い換えると存在は生起として、存在者を開けの中に与え、存在者を存在者としてあらわにする。この存在の開けが世界である。以上の事態を表した、三次元の図が図2‐2であり、その断面図が図2‐3である。

世界‐内‐存在そのものが自分の中心部を開口し、一切が生起するという事態は、存在そのものが自分で自分の外に出ること、つまり実存するということである。実存するということがあり得るのは、存在そのものの内に、内なる他者である他的鏡が既にあるからである。存在そのものの内の他的鏡は一切（突起状の襞）を映し出し、

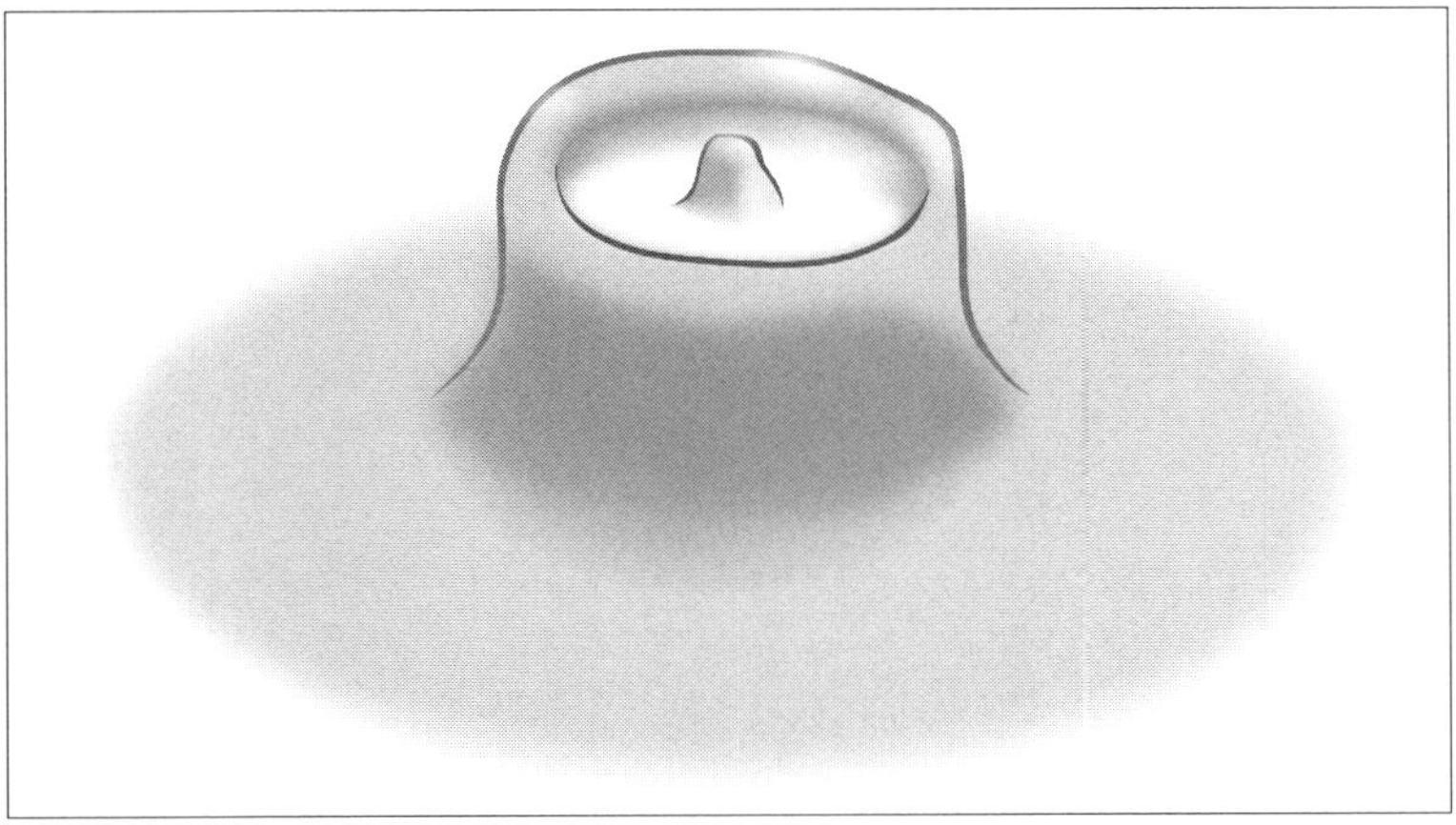

図 2–2

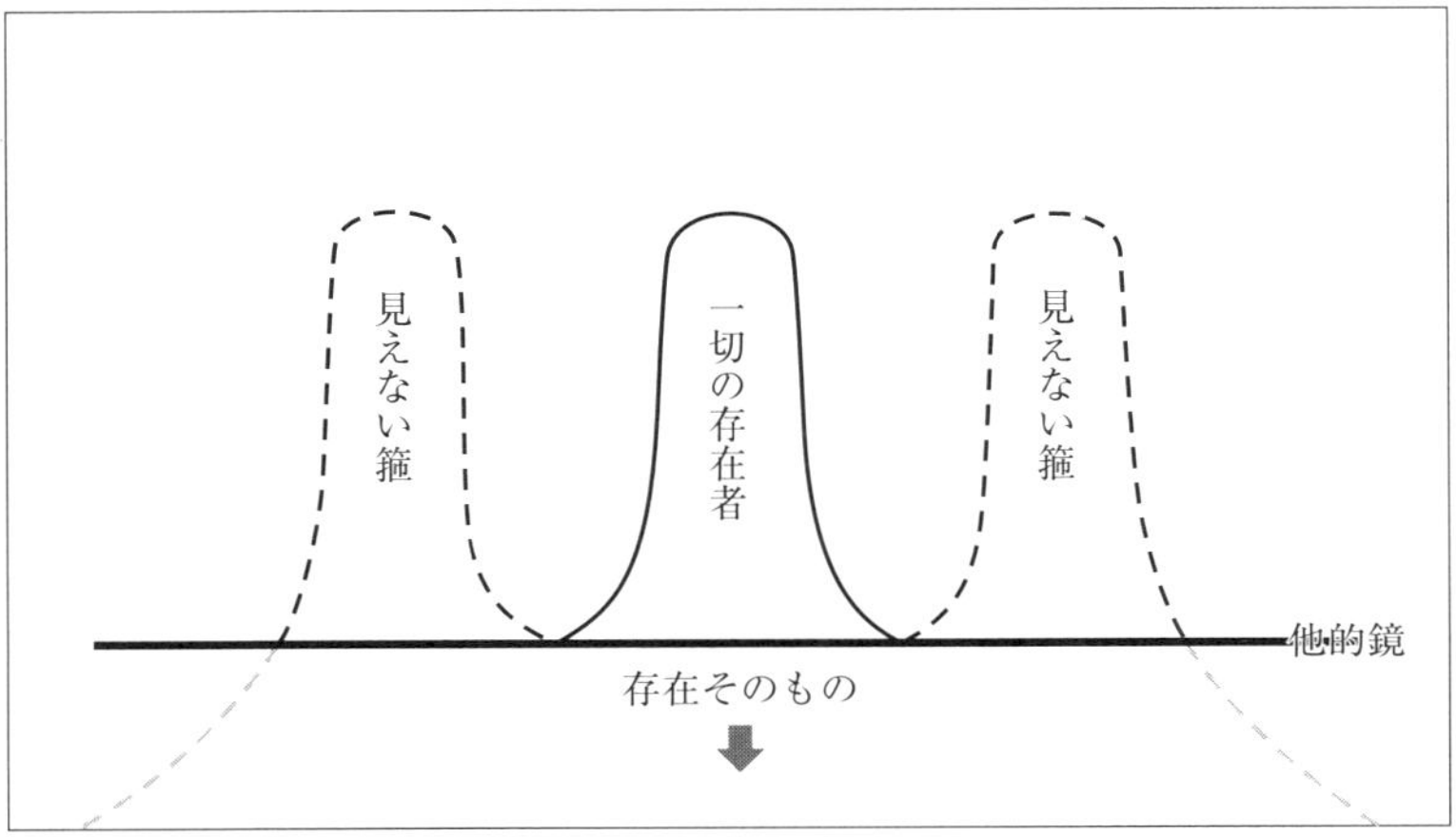

図 2–3

同時に存在そのものを一切に伴う「感じ」(見えない箍)として映し出す。そして、存在そのものは、下方に沈み込む。

ハイデッガーは『シェリング講義』において、世界観とは、世界の観方であり、植物や人間や動物が世界をそのつどある特定の観点から眺め、世界を開いているそれぞれの仕方であると説明している。[31] また、シェリングは「存在するいっさいのものは、ただそれが絶対的同一性をある規定された存在の形式のもとに表現するかぎりにおいてのみ、存在するからである」[32] と言っている。

本論考に即せば、シェリングの言う絶対的同一性とは、単一体の内に存在そのものと他的鏡とが同時に存立している場所(A=B)であり、「存在するいっさいのもの」の自己同一性の根拠である。「存在するいっさいのもの」は絶対的同一性の体系の内に包括されているがゆえに、自己同一性を保つのだ。シェリングは、すべての存在者(一切)は、それぞれの世界の観方(分節の仕方)を有しているが、それらは絶対的同一性を固有の存在形式において表現していると言っているのである(四節2項で詳述する)。

理論生物学者のユクスキュルは、あらゆる生物に「主体」を認め、それぞれの生物に固有の世界を「環境世界」、人間的世界を「環境」と呼ぶ。あらゆる生物は作用トーンを有しており、それぞれの生物種が有している「客観的現実」(環境)を分節(変形)する力の度に応じた知覚像を形成する。環境世界とは、それぞれの生物種固有の分節された「世界」である。図2-4は、ユクスキュルが描いた人間が見ている世界(環境)(上図)とミツバチが見ている世界(下図)のスケッチである。それぞれの生物種が有している「客観的現実」(環境)を分節する力の度に応じた知覚像は、二つの図を比べると明らかになる。

人間的世界(環境)においては、奥行・遠近のある光景(全体的統一的光景)が広がり、草花、ミツバチ等の

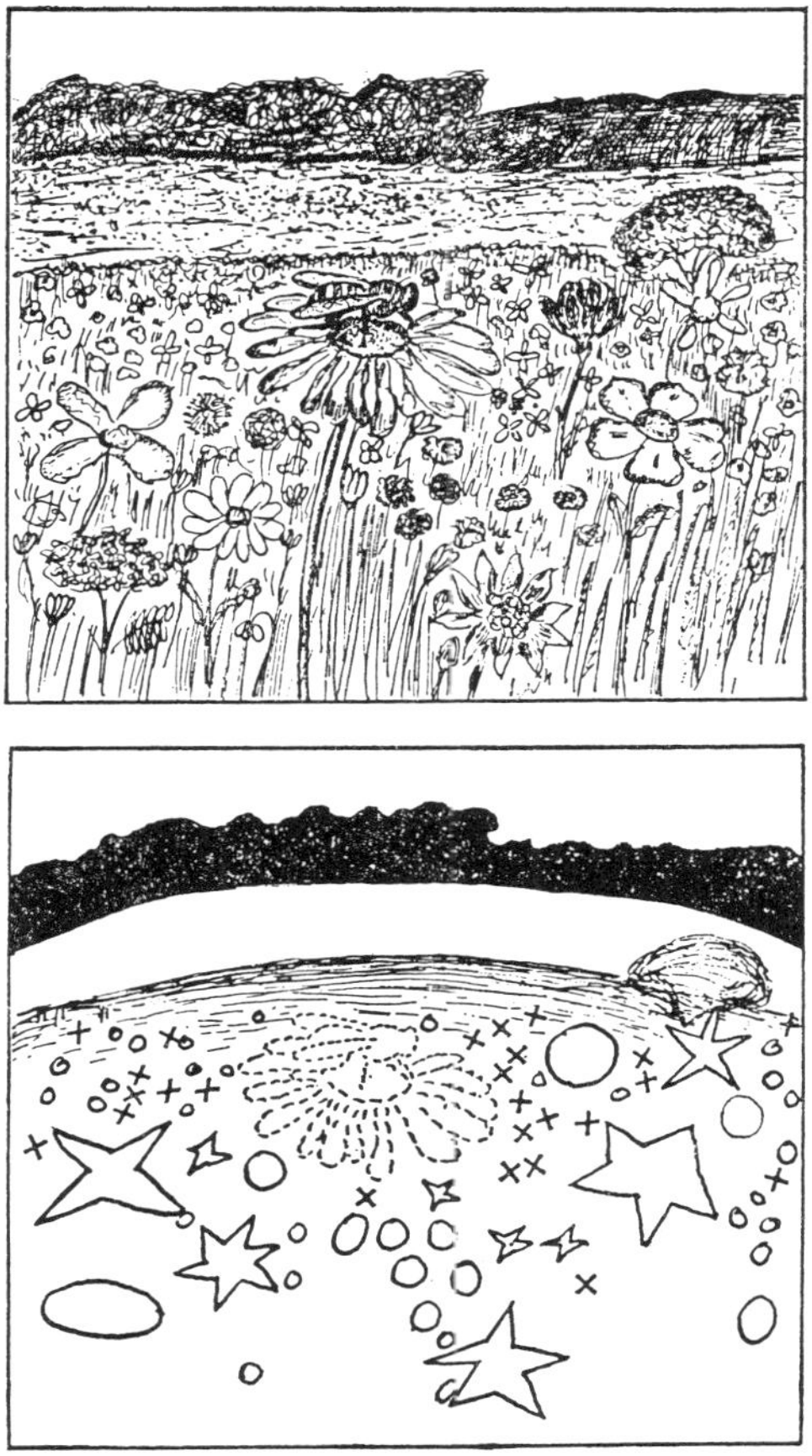

図2-4　ミツバチの環境と環境世界
（ユクスキュル／クリサート『生物から見た世界』）

個体は、はっきりと区別された一般者として現れる（ユクスキュルは人間的世界を「客観的現実」（環境）とみなす）。他方、ミツバチは「客観的現実」（環境）を分節する力の度が弱いので、ミツバチの環境世界においては、草花の茎や葉は現れず、開いた花を示す星形あるいは十字形しか現れない。だからミツバチは、星形あるいは十字形にしか向かわないのである。

ユクスキュルの限界は、人間的世界である環境を客観的現実とみなし、他の生物の環境世界は、環境（人間的世界）を限定（分節）したものであるとしたことである。人間的世界（環境）も、環境世界と同様に存在そのものを分節した一つの世界観なのだ。したがって、それぞれの生物種は存在そのものを分節する力の度に応じた知覚像を形成するのである。人間（現存在）と他の生物との違いは、一つの存在の分節の仕方の違いに過ぎない。世界‐内‐存在は、無分節の全体・一であったものを分裂させておきながら、同時に形式的全体的に統一する作用である。つまり、存在そのものを世間・道具的世界として分節することが同時に、（再び）統一することなのである。そして現存在は、環境（自然）をも、道具的世界に分節してしまう。ミツバチや花は養蜂のための道具であり、木々は薪となり、落ち葉は堆肥となる。

　現存在と他の生物との存在分節の違いをより明確にするためにグランディンの文章を再び参照しよう。グランディンは、自分もアリと同じような行動をとるとし、以下のように述べる。

> アリは帰りに目印にたどり着くと、ふつうの人がしないことをする。目印の石ころを通りすぎたら、立ち止まって振り返り、石ころの、来るときに見たのと同じ面を眺める。[33]

「ふつうの人」は、ものを見るとき「世間の一般的な概念にまとめる」（グランディン）、つまり概念処理をしているので、一致している（同じもの）とみなされるものの範囲が広い。他方アリは、入ってくる情報の概念処理をしないので、石ころ一般は存在しない。アリは来るときにカメラの「シャッター」を切ったかのごとく、目印の石ころの「見た面」を映し撮る。[34] アリにとって一致とは、そのものとピッタリ一致する以外にはあり得ないのである。そのものとピッタリ一致することを、筆者は「そのものとの一致」と呼ぶ。「そのものとの一致」とは、ヘーゲルの言う純粋存在であり、直接性の「傍らでの戯れ」（Beispiel）である。しかし、人間以外の生物は、純粋存在に「立ち止まったままではいない」（ヘーゲル）、つまり無関心なのである。とはいえ人間を含むあらゆる生物は、「一致」から何らかの「感覚」（刺激）を得ている。筆者は、「そのものとの一致」とそれに伴う感覚を「動物」的・瞬間的感覚であるとし、「ある感」の原初的なものであると考える。

那須によれば、掌のアリは目の前の特殊な個体であると同時にアリという普遍性をもっており、そのかぎりわれわれは安心してそのアリを見ることができる。そして、このことがなぜかを明らかにすることが『判断力批判』（カント）の出発点であり、「『快と不快の感情』とは、個人的特殊的な感情が普遍的なものと一致したときの、『ピッタリ感』あるいは『シックリ感』と言われるもので、この感情がどうして人間の普遍的・アプリオリな原理と関係するのかという問題である」[35]と述べる。

「個人的特殊的な感情が普遍的なものと一致」したときの「ピッタリ感」「シックリ感」は、道具的存在者が、適所全体性の内にあらかじめ調えられ、ピッタリ・シックリ収まっている「感じ」と同質のものである。「ピッタリ感」「シックリ感」は、世界-内-存在の「無分節の一を分裂させておきながら、同時に形式的全体的に統一する作用」によってもたらされる感覚なのだ。

「ところを得る」と言うときの「ピッタリ感」「シックリ感」は、そのものとピッタリ一致すること、つまり「そのものとの一致」から得られる何らかの「感覚」（刺激）から派生したものであると筆者は考える。つまり、「そのものとの一致」と言うときの「そのもの」は恒常的持続的な概念に取って代わられたのであり、「個人的特殊的な感情が普遍的なものと一致したときの『ピッタリ感』あるいは『シックリ感』」は、次第に単なる認識と混じり合い、もはや特別なこととして気づかれなくなってしまった（那須）のである。他方「そのものとの一致」しかない人間以外の生物は、存在そのものとほぼ一致（一体化）しているか、極めて「近い」ところに「居、る」と言える。彼らは存在を固有の仕方によって分節するが、存在と存在者との差別がほとんど生じていないと考えられるので、それらは存在に極めて「近い」ところに滞在するのである。《間》（das《Zwischen》）が現存在に固有な場所であるかどうかは微妙な問題を含むので、二節5項で詳論する。

グランディンは、「自閉症は、動物から人間へいたる道の途中にある駅のようなものだ[36]」と言っている。つまりASDの人々は、動物と「ふつうの人」との中間領域に位置しており、両方の性格を合わせもっているからこそ、「特殊な才能」を発揮すると考えているのだ[37]。ASDの人々の「特殊な才能」は、《間》（das《Zwischen》）が「動物」的能力と「人間」的能力とをクロス（交差）する可能性に開かれていることによって発揮されると筆者は考える。《間》（das《Zwischen》）は、ASDの人々を細部へと向かわせ、細部を細部のまま統一する可能性へと開かれている（四節2項で詳述する）。

5　造形力

道具的に世界を分節するということはどういうことか、本項ではニーチェの造形力という概念から考察する。造形力は、まさに《間》（das《Zwischen》）に関わる形成する力である。ニーチェによると動物の造形力は、飢餓によって引き起こされ、欲望の度によって調整され、内在的な造形力によって制限される「稀薄な造形力」である。動物は「飢餓」と「危険」に直面して、はじめて造形力を働かせる[38]。内在的な造形力によって制限される「稀薄な造形力」は、存在そのものを分節する力の度に応じたそれぞれの生物種固有の知覚像として現れる。「飢餓」といっても、「飢餓そのもの」があるというわけではない。「飢餓」は一つの状態であり、「獲物」に向かうという行為を伴ってはじめて「飢餓」なのである。動物の造形力は、動物が完全に充足しているときは、稀薄な知覚像しか結ばないのであり、「飢餓」と「危険」の瞬間に、はっきりとした知覚像が結ばれる。つまり、「動物」的「稀薄な造形力」は、生の「目的」に合致するものしか形成しない。動物は純粋存在に極めて近いところを生きている（滞在している）のであり、生（存在）という目的のためにのみ生きる。ニーチェが動物は瞬間という杭に結びつけられていると言うのは、このことである。

動物は優れた直観像記憶を所持しているのだが、「飢餓」と「危険」に直面してからはじめて造形力を働かせ、「飢餓」と「危険」が過ぎ去ると造形力を停止するので、「そのものとの一致」は瞬間的なのである（四節2項で詳述する）。だから動物は、そのつどの「いま・ここ」を生きる。他方、人間は過去の「飢餓」を記憶し、「過剰な造形力」を行使するので恒常的持続的に食料や燃料を備蓄することが可能となる。人間が「危険」と「飢餓」に備え備蓄することは、道具的世界に住む（一致する）ことと同一の事態を指している[39]。

したがってふつうの人にとって直観像記憶は必要ない。人間は恒常的持続的な概念の世界、世間・道具的世界に滞在することと引き換えに「いま・ここ」を生きることができなくなったのだ。「そのものとの一致」の感覚は「個人的特殊的な感情が普遍的なものと一致」したときや道具が適所全体性にピッタリ・シックリ収まっているときの「感覚」へと変換したのである。日常において、ふつうの人はその「感覚」をほとんど意識することはない。配慮的な気遣いの欠損的な諸様態において、ピッタリ・シックリ収まっている「感覚」は蘇ってくるのである（3項）。ヘーゲルの言う純粋な直接性の「傍らでの戯れ」（Beispiel）とは、「そのものとの一致」（「稀薄な造形力」）の痕跡である。ヘーゲルは感覚的確信を「最も豊かな認識」と言うが、それは直観像記憶による動物的判断、つまり瞬間的「いま・ここ」的判断のことなのである。

三　ＡＳＤの得意技

１　中間的性格を有した素数の発見

ＡＳＤのダニエル・タメットは、素数を発見したときの感覚について、「ぼくもこの双子と同じで、素数に魅せられている。素数はつるりとした形をしていて、ざらざらした個性のない合成数（素数以外の数）とまったく違っている。ある数字が素数だとわかるときには、頭のなか（中心部）でぱっとそういう感じがするので、言葉で説明するのは難しい。突然ぴりぴりっとするような、特別な感覚だ[40]」と述べる。

タメットによれば、ある数が素数だとわかるときに得る「特別な感覚」とは快の感情であるという。またタメットは「眠れない夜には、数字の風景のなかを歩く自分を思い浮かべる。すると穏やかで、満ち足りた気分になる。素数が道しるべになってくれるから道に迷うこともない[41]」と言っている。タメットにとって正の整数全体は、一つの「道」であり、道しるべ（目印）である素数に出会うことが快感なのである。道しるべ（目印）を見つけたときの「突然ぴりぴりっとするような、特別な感覚」は、「動物」的・瞬間的な「そのものとの一致」から得られる何らかの「感覚」（刺激）と同質のものである。他方、素数は一と自分自身以外に約数を持たない数の概念である。タメットにとって素数の発見は、「そのものとの一致」によって得られる「動物」的・瞬間的感覚と「人間」的・恒常的持続的概念とを組み合わせた中間的性格を有しているのだ。

道具的世界に住む現存在の一致と、他の生物の「そのものとの一致」との違いは何であろうか。動物は、「そのものとの一致」の可能性を直観像記憶として所持しているが、それを使用するのは「飢餓」と「危険」に直面するときだけである（二節5項）。他方「ふつうの人」は、直観したものを恒常的持続的概念（一般者）にしてしまい、直観像記憶を用いることなく「飢餓」と「危険」に備え道具的世界に滞在する。すなわち、「そのものとの一致」における「動物」的・瞬間的感覚は、概念的（一般者）に分節されることによって恒常的持続的な「感覚」（「ピッタリ感」「シックリ感」）へと変換（シフト）したのである。タメットをはじめ素数の発見に快を見いだすＡＳＤの人々は、道具（数字やカレンダー）の日常的用途に収まることができず、「そのものとの一致」の快の方へと引っ張られていき、その感覚を「恒常的持続的」に反復するのである。ＡＳＤの人々は、「動物」的・瞬間的感覚と恒常的持続的「感覚」との中間的領域に滞在し、快をもたらす一致へと向かうのである。

2 「ぴったり合っている」語としてのオノマトペア

オノマトペアとは、ものの音や声などをまねた擬声語、あるいは状態などをまねた擬態語である。タメットは母国語の英語を含む一一カ国語をマスターしているのだが、彼の外国語習得法はオノマトペアに関係している。[42]タメットは以下のように述べている。

> ある種の音が特定の事柄を示すのに「ぴったり合っている」という発想は古代ギリシア時代にまでさかのぼる。その典型がオノマトペア（擬音語・擬声語）だ。[43]

オノマトペアは、ある特定の事柄、イメージに「ぴったり合っている」音声（語り）である。古代ギリシア語のオノマトポエイアを分節すると、「オノマ」は名、「ポエイア」はつくることであり、そこから語をつくる、あるいは、名づけるという意味が出てきた。ソクラテスは『クラテュロス』において、「してみると名前とは、模倣される対象の音声による模造品である」とし、「〝有る〟という呼称に値いする限りのすべてのものに、何らかの有りかたがあるのではないか」と言っている。[44]つまり、オノマトポエイアとは、存在（在る）が分節された存在の仕方（在り方）に「ぴったり合っている」音声（語り）なのである。例えば、「雲（入道雲）」の擬態語である「もくもく」は、「雲」の「形態」の「感じ」を表現している。しかし、「雲」を表現する「もくもく」という音声は、長い年月をかけて使用されることによって、それらしく感じるのではないかという疑問も生じる。事実ソシュールは、言語におけるシニフィアン（聴覚映像）とシニフィエ（概念）との結合は、恣意的なものであると言っている。さらにソシュールは、onomatopée（擬音語）は、言語体系に組織されておらず、言語にとって重要なものではないと考えていた。[45]

しかし、ヴィラヤヌル・S・ラマチャンドラン（神経科医）の研究チームは、ギザギザの図形とアメーバーのような図形を指示し、「ブーバ」と「キキ」という造語を用いて、どちらが「ブーバ」でどちらが「キキ」かと質問をしたところ、被験者の九八％は丸みのある図形が「ブーバ」で尖ったほうが「キキ」だと答えたという。[46]こうした実験成果を踏まえ、ラマチャンドランは「紡錘状回に表象された物体の外形と聴覚皮質の聴覚表象とのあいだに、非恣意的な翻訳があらかじめ存在することを示しています。言いかえれば、視覚的外形と聴覚表象とのあいだに共感覚的なクロスモーダルの抽象化が先に進行しているわけです。翻訳があらかじめ存在していると言ってもいいでしょう[47]」と述べている。

ラマチャンドランは右の引用で、脳科学的な観点から、ある種の音声（語り）と特定の事柄とが「ぴったり合っている」という「感じ」には、視覚的外形を聴覚表象へと翻訳するアプリオリ的作用が関与していると言っている。そしてラマチャンドランは、人類の祖先は表現したいものを思い起こさせる音声を使って話し始めたと考えている[48]。

オノマトペアのアプリオリ的翻訳作用は、幼児が言語を習得するときの幼児語（ブーブー、ワンワン等）を考えるとよく理解できる。「外界」と未分節の状態（主客未分の状態）にある幼児は、特定の事柄と「ピッタリ合っている」音声によって世界の分節を行っている。幼児の概念を習得する以前の言語は、「ピッタリ合っている」という「感じ」（気分）を語の中に宿しており、この「感じ」は、無分節の全体・一の分節（限定）に由来する。他方、記号的体系として組織された言語は、一般者（概念）の体系である。ある種の音声（語り）は記号体系として組織されるにつれて、それが宿していた「感じ」（気分・情状性）を後退させたのではなかろうか。こうした変換に伴いある種の音声（語り）と特定の事柄とが「ピッタリ合っている」という「感じ」は、「個人的特殊的な感情が普遍的なものと一致した」ときの「ピッタリ感」「シックリ感」へと変換（シフト）したと思われる。

ハイデッガーは「世界内存在の情状的な了解可能性は、語りとしておのれを言表する。この了解可能性の意義全体が語となってあらわれてくる。……語りが外へと言表されたとき、それが言語となる。このようにして、言語というこの語全体性は、語りがそのうちで或る固有の『世界的』存在をもっているものなのだから、世界内部的存在者として、道具的存在者のように眼前に見いだされるにいたる[49]」と述べる。ハイデッガーは、古代ギリシア人の概念ロゴス（語り）をRede（語り）に置き換えて存在の意味を語り出す。すなわち語りとは、世界‐内‐存在を構成する作用なのだ。語りが「外へと言表」されるとは、実存する（existieren）という意味に解す必要がある。了解可能性・分節可能性である存在が自分自身を脱し、語りとして言表（分節）される。その際、語りには「気」が分けられた「気分」が配られる。したがって、語りや言語（概念）には「ピッタリ感」「シックリ感」が伴うのである。世界-内-存在の作用としての語りとは、存在を開示する場なのであり、実存論的骨組において、言語全体は、道具的世界と同様に配慮的に気遣われているとハイデッガーは主張している。したがって、言語体系全体は実存論的に解釈されなければ「言語は、粉砕されて、事物的に存在するもろもろの語という事物になることもあるわけである」[50]。

「もくもく」は雲という一般概念になることによって、辞典に「空気中の水分が凝結して水滴・氷晶となり、これらが群れ集まって空中を浮遊しているもの」（大辞林）とあるように、感覚から切り離されて事物的に認識されるのである。だが、「もくもく」というオノマトペアは、一般者として分節される以前の「感じ」（気分）、つまり無分節の全体・一を型取る感覚を宿した語りなのである。

現存在は世界-内-存在であることによって、何よりもまず存在し得ることにかかわる存在なのであるが、日常においては世人（das Man）として道具的世界に頽落して居る。つまり、現存在は、無分節の全体・一と形式的全体的「一」へと向かうのだとしたら、そもそも現存在が一へと向かうということがどうして起きるのか。このことが問題になる。そこで筆者は、四節において無分節の全体・一（存在）の分節に由来する根本気分を取り上げ、この問題の回答を提示する。

四　根本気分

1　完全性からのズレとしての不安

キルケゴールは、『不安の概念』の中で『創世記』におけるアダムの「罪性」について述べる。「罪性」とは、アダムの「最初」の罪であり、直接性（無分節の全体・一）に「切れ込み」（分節・限定）が入った事態を指す。この事態は直接性から媒介性への質的飛躍である。なぜ、このような質的飛躍が起こるのであろうか。

キルケゴールは、エデンの園において、アダムはエデンの園と完全に未分節の状態にあるのではなく、負い目なさ（無垢）において「夢見る精神」であったと言う。精神とは綜合の作用であり、綜合の作用が必要とされていること自体、アダムがエデンの園からかすかにズレていることを示している。エデンの園におけるアダムは、直接性あるいは完全性（無分節の全体・一）から既にズレてしまっているのである。切れ込みが入る可能性のある状態とは、存在と存在者との差異が根源的には同一なものとしてあらかじめ出会っている場所である。

「夢見る精神」は、存在そのものをはっきりと分節する力がないので、現存在（アダム）は、まだはっきりと立ち上がっていない「世界」――これは無と呼んでいいものであろう――へと向かうしかない。現存在がそうした無（存在）へと向かわざるを得ないということが、根源的な気遣いであり、不安を生じさせるのである。この原初的な了解可能性・分節可能性こそ、根源的な「感覚」であり、（現存在の）存在の意味の根拠である。現存在が完全性（無分節の全体・一）からズレていることが、不安と、「世界」へと向かう作用を生じさせるのであるが、現存在は、存在しているかぎり完全性と一致することはないので、不安は現存在に影のようにつきまとう。

ハイデッガーは、「不安の対象においては、『それは無であって、どこにもない』という。世界内部的には無であってどこにもないということ、このことが手向かってくるとは、不安の対象は世界そのものであるということを現象的には意味している」[51]と述べている。キルケゴールの言う「夢見る精神」とは、現象的（存在者を捉える構え）には世界そのものであるが、現象学的（存在を捉える構え）には現存在の根本機構である世界-内-存在そのものである。無の状態にあった世界-内-存在そのものにスイッチが入り活性化しはじめることが、質的飛躍なのである。無へと向かうしかなかった現存在は、不安を回避するために、存在そのものから脱する（生起する）のである。その際、現存在はどこへ向かうのであろうか。

2　形式的全体との一致

この問いを考える上で、ラカンの鏡像段階論が参考になる。鏡像段階とは、生後六カ月〜一八カ月の新生児が、鏡に映った自己のイメージのうちに、自己の身体の統一性を想像的に「先取り」することを言う。ラカンは「〈わたし〉の機能を形成するものとしての鏡像段階」という論文の中で、新生児が鏡像に映った身体のイメージをわがものとしたときの様子を「この、自由に動くこともできなければ、栄養も人に頼っているような、まだ口のきけない状態にある小さな子供が、自分の鏡像をこおどりしながらそれとして引受ける」[52]と述べている。

新生児が自己のイメージを保留・調律し自己のものとして受けとることは、自己自身（存在）が身体の全体的統一的形態に型取られることであり、そのことは、「こおどり」するような快（気分）を伴うのだ。新生児の自己イメージは、他的鏡の「映し出す」作用によって立ち上げられ自己のものとなる。そのとき存在は、身体の全体的統一的形態がピッタリ・シックリくるところへと変換し、新生児は、自己自身と自己イメージとが一致し、ピッタリ・シックリくるという快（感）に浸るのである。このことは、現存在が存在（自己自身）から脱し、世間・道具的世界の戸口に立つことである。新生児は不安の回避のために、全体的統一的形態としての一という快へと向かう。

その後、新生児は幼児語（オノマトペア）を経て、記号的体系として組織された言語の習得へと向かう。丸山圭三郎は、三歳ぐらいの幼児が母親にした以下の問いに注目する。「ママ、デンシャって人間なの？　それともお人形なの？」[53]。幼児の問いは、幼児の感覚に即した分節行為から記号としての言語による分節行為への変換を示している。丸山は、この飛躍がいかに劇的であるのかを、ヘレン・ケラーの次の体験によって説明する。

ヘレン・ケラーの家庭教師を務めたサリヴァンは、ヘレン・ケラーの片手を井戸の噴出口の下に置いて、水を注ぎながら彼女の掌に w-a-t-e-r という綴りを書いた。ヘレン・ケラーはその様子を「……突然、まるで忘れられていたことをぼんやりと思い出したかのような感覚に襲われた……この時はじめて、w-a-t-e-r が、私の手の上に流れ落ちる、このすてきな冷たいもののことだとわかったのだ」とし、「『生きていることば』のおかげで、私の魂は目覚め」たと述べている。その後、ヘレン・ケラーは「ものをまさぐり、その名前と使い方を知るにつれ、世界との親近感は深まった」としている[54]。

この魂の目覚めについて、丸山は「water は、実体的な一語の習得ではなく、water と non-water という対立構造把握の出発点であったのです」[55]と言う。ヘレン・ケラーのこの体験は、記号的体系としての言語によって世界を概念的に分節する契機だったのである。このとき言語は、感覚に即した在り方から、名前と使い方を知るという在り方へと変換したのである。現存在は記号的体系としての言語を訓練によって習得し、感覚に即した分節行為は後退する。言い換えると、瞬間的（＝動物的）感覚が、概念的に分節されることによって恒常的持続的な

「感覚」（道具的存在者が「ところを得る」と言うときの「ところ」である「ピッタリ感」「シックリ感」）へと変換（シフト）したのである。

現存在が道具的世界に住むことによって、道具の適所性の方から「ここ」「そこ」「あそこ」という方向が切り開かれる。現存在は方向が切り開かれることによって、道具的世界にポジショニングされる。鏡像段階において「自己自身（存在）が、身体の全体的統一的形態に型取られる」という事態は、現存在が道具的世界の内にポジショニングされることの「先取り」として捉えられる。

ＡＳＤの人々が記号としての言語（概念）に混乱をきたすことがあるのは、概念を理解できないということではなく、直観的対象と記号としての言語（概念）とがズレているからである。「ふつうの人」は、教会や靴という言語（概念）に接するとき、それらの一般的なイメージを想像することができる。そして、絵画に描かれたり、写真に写っているものを即座に「教会である」とか「靴である」というように認識する。ところがグランディンは、抽象的一般的なイメージを想像することができないので、有名な教会の尖塔や五〇年代、六〇年代の靴の極めてリアルな画像を記憶から引き出し脳内に思い浮かべることによって、あるものが「教会である」とか「靴である」というように一々確認しなければならない[56]。

グランディンの視覚は細部に解放されているので、抽象的一般的概念は細部の世界の背後へと後退し、直観的対象と概念とを一致させることができない。記号としての言語（概念）が世界を分節するとき、抽象的一般的概念から漏れ出る「残余」（例えば細部）があるのである。この「残余」は言語にとって、本質的なことである。概念的に（一般者を介して）分節された世界は、存在そのものを分節したものであり、存在そのものとの連関構造にある（図2-3参照）。存在そのものの一部を概念的に分節したものが記号としての言語であるから、「残余」が生じるのである。[57] そして、概念的に（一般者を介して）分節された世界は、現存在に固有の世界である。それぞれの存在者が存在そのものをどのように分節するかによって、異なる世界がそれぞれに開かれるのだ。

松沢哲郎（京大霊長類研究所）は、四歳の雄のチンパンジー（アユム）による直観像記憶についての実験（1～9までの数字を無作為に一瞬だけ画面に映し出し、数字が消えた後、1、2、3…という順番で数字が元通りにあった場所を指で示す）結果について、以下のように述べている。「チンパンジーは、一瞬だけ提示されたアラビア数字を記憶する課題では人間の大人より優れている[58]」。直観像記憶は、動物が自然の中で生きていくときに「獲物」や「外敵」を瞬時に発見するために必要な能力だと言われている。

サヴァン能力を持つASDの福島尚は、直観像記憶の持ち主である。福島は、一度見た風景を詳細に脳裏に焼き付けて克明に描く能力を有し、記憶だけを頼りに下書きなしで写真のように精緻な絵を描く。福島の風景画には、電車の方向幕の「普通」という文字、車両番号、表示板の「ATS　P確認」という文字まで正確に書き込まれ、パラスト（軌道上の砂利）まで、一つ一つ精緻に描かれている。

「ふつうの人」は、概念的に構成された「一般者」をまず意識するので、細部を省略する。福島らサヴァン能力を持つ人々においては、世界は細部へと解放されており、細部の一つ一つが、直観像（映像）としてそのまま鮮明に飛び込んでくる。世界-内-存在（二重分裂的二重襞の構造）の見えない襞の調律の力（統一の力）が細部の一つ一つにまで貫かれており、細部の一つ一つが存在そのものの分節であるという意味を担っている。だから、福島にとって、細部の点（dot）を一つ一つ打つことが「そのものとの一致」の快をもたらし、一つ一つをそのまま描いていけば写真のような絵画へと統一される。福島の存在分節の仕方は、細部の一つ一つとの一致（「そのものとの一致」）から「動物」的・瞬間的な刺激（快）を得ることと、細部の点（dot）に向かい作品に仕上げるという「人間」的・恒常的持続的行為とが交差する中間領域にあるのだ。ＡＳＤの人々の天才的創造性は、中間領域においての創造的なつながり（関連性）や法則性を発見することにある。ＡＳＤの人々は、中間領域において中間的世界を形成しているのである。「ふつうの人」にとって馴染みのないこの場所は「無縁」と呼ばれている。中間的世界が「ふつうの人」に認知されていないので、ＡＳＤの人々の行為は、細部の一つ一つの点が「～のため」というように相互に関係づけられておらず、一つ一つが自分で自分を示している平等の境地であり、単に「遅れ」とみなされ切り捨てられていく。中間的世界を想起しないといけない。では現存在と、直観像記憶を持っているチンパンジーとの決定的な違いは何であろうか。それは、チンパンジーは優れた直観像記憶を持っていたとしても、自己のイメージや他者、全体的統一的光景に無関心である、ということである。彼らは細部の一つ一つまで感知しているのだが、「飢餓」と「危険」に直面するときだけ細部へと「向かう」のである。ヘーゲルの言う「動物は自体的に存在するものとしての感覚的な物の前に、立ち止まったままではいない」というのは、このことである。「向かう」という行為が現存在を現存在たらしめているのだ。福島は全体の構図をあらかじめ思い描くことなく、「そのものとの一致」、つまり細部との一致という快へと向かう。細部の一つ一つは「そのもの」だけで統一されており、一つ一つが煌きを放ち、同時に一つ一つは共鳴し、接合（ハルモニア）され、形式的全体的統一へと結集される。つまり、ＡＳＤの人々とふつうの人とはともに現存在であるが、存在分節の仕方に差異があるのである。

　筆者は、二節におけるシェリングやニーチェ、ハイデッガーの議論を受けて、存在そのものを分節する力の度に応じた諸存在者の知覚像の現れ方の違いをもとに諸存在者を連続体（スペクトラム）の中に位置づけた図３を提示する。

自閉症スペクトラムの存在分節

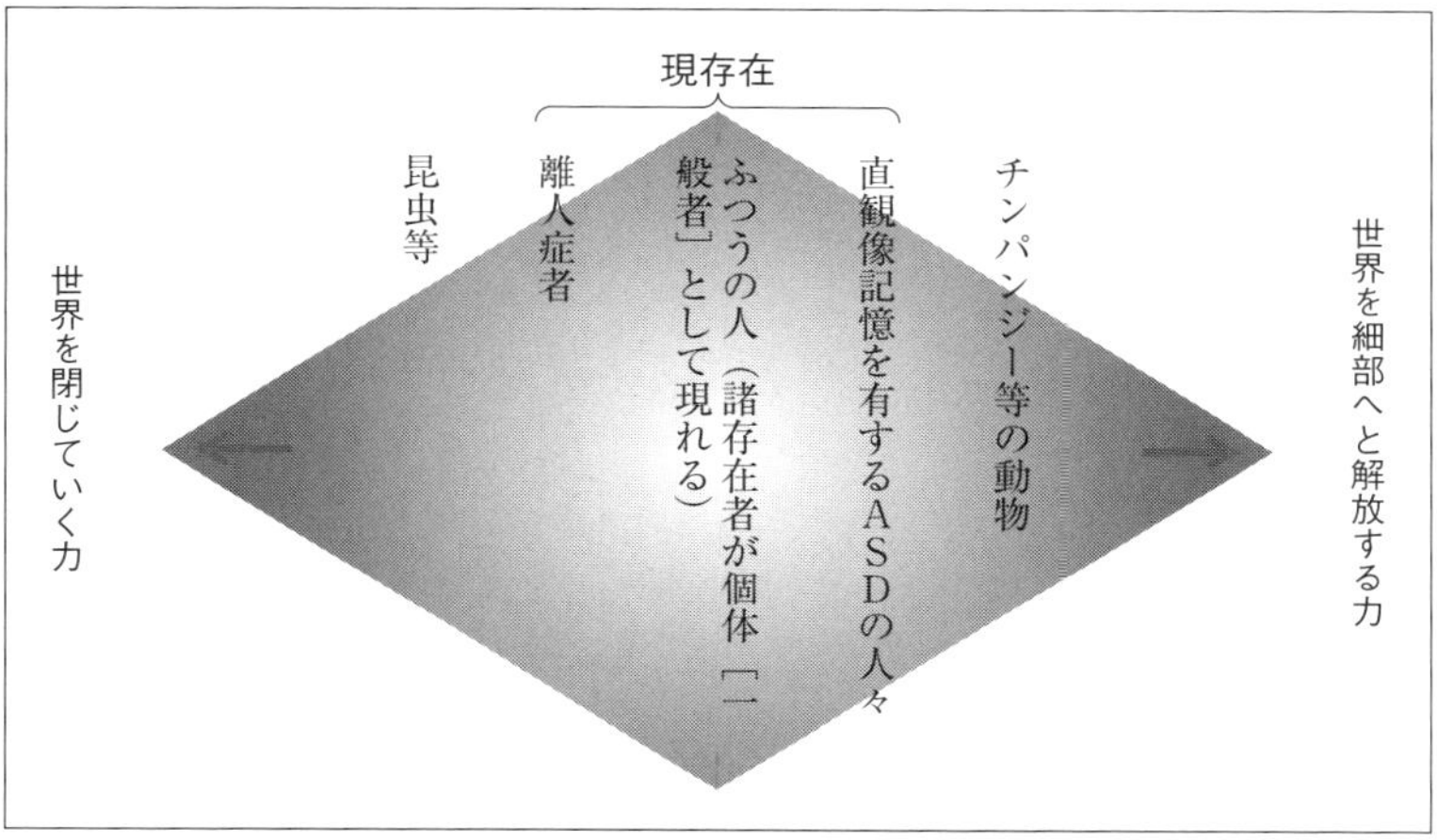

図3

他的鏡は世界を細部へと解放する力（一切を解放する力）であり、存在そのものは世界を閉じていく力（一切を閉じ込める力）である。諸存在者が所持している他的鏡の作用（内在的な造形力）と存在そのものとが単一体であることによって、相反する両極の力に均衡が生じ、諸存在者に固有の「世界」が開かれる（諸存在者は、固有の存在分節を行う）。諸存在者にとって固有の「世界」は知覚像が現出する度の違いに現れる。二節4項のユクスキュルのスケッチ（上図）が示すようにふつうの人にとって諸存在者は明確に区別された個体（一般者）として現れる。ふつうの人を両極の中間に位置づけると、図3の中間から右側に進むと世界は細部へと解放され、直観像記憶を有した現存在であるASDの人々やチンパンジー等の動物が位置し、左側に進むと世界は閉じられ、昆虫等が位置する。昆虫の「世界」は、ユクスキュルのスケッチ（下図）が示すように極めて大雑把に分節された世界として現れるのであるが、開いた花を示す星形あるいは十字形として現れる知覚像は、決して一般者になることはない。現存在の固有な場所である《間》（das《Zwischen》）は、世界を細部へと解放し、世界を閉じていく力との均衡において細部を細部のまま統一する可能性へと開かれている。ゆえにＡＳＤの人々は、細部へと開かれた世界（中間的領域）に滞在し、細部の一つ一つの点の統一から快の感情を得ているのである。ＡＳＤの人々は細部の一つ一つの点に、あった、あった、あったという形で向かうのであるが、チンパンジーは細部の一つ一つの点に、「飢餓」と「危険」に直面したときだけ向かう。世界を細部へと解放する力が、世界を閉じる力を圧倒し、両極の間の均衡が崩れると細部の殺到によって、世界は開かれず「無」がもたらされる。逆に「世界」を閉じる力が世界を細部へと解放する力を圧倒する場合も同様である。

現存在は、無分節の全体・一を個体（一般者）として分節しつつ、同時にそれらを形式的全体的に統一するという仕方において絶対的同一性（シェリング）を実現する。他方、人間以外の動物は、存在そのものと（ほぼ）一致（一体化）しており、「飢餓」と「危険」に直面してから、はじめて造形力を働かせ、「動物」的・瞬間的な「そのものとの一致」という形において、絶対的同一性を実現させる。

3 絶対的快

那須は、「中間規定としての不安をもってしても質的飛躍（移行の瞬間）を説明することはできない。不安がアダムをして禁断の木の実を食べさせたともいえるし、不安がアダムをしてそのことを回避させたともいえるのである。ただ、われわれは堕罪という結果から前者を採用するだけである[59]」と述べる。

「完全な無」は、単独では措定され得ない。したがって、完全性とは「完全な無」が自分自身の内に他者を含んでいる状態である。絶対的快もまた、「完全な無」と同様に単独では措定することができない。したがって、道具的世界との一致や素数との一致などで得られる快が不安の回避による相対的快だとしたら、完全な無は絶対的快と言うことができる。不安は、現存在が完全な無からあらかじめズレていることから生み出されるのであるから、現存在が相対的快を得たとしても解消されない。さりとて、現存在は生きているかぎり、世界–内–存在という機構なのであり、絶対的快と完全に一致することはない。だから現存在は、不安を徹底的に回避し道具的世界に埋没（頽落）するか、現存在の根拠である存在（自己自身）のもとに向かうか、二通りの生き方を強いられ、両者の間を行き来するしかないのである。

けれども、この二通りの生き方を示しただけでは、質的飛躍の意味を理解することにはならない。そこで本論考では、質的飛躍がいかなる条件（構造）によって起こり、その結果、存在はいかに分節されるのかを示してきた。質的飛躍の意味は、（現存在の）存在の意味、つまり世界–内–存在の構造と存在そのものの分節に伴う感覚として開示される。「ふつうの人」とＡＳＤの人々とでは、存在そのものの分節の仕方が違うのである。われわれは、世界–内–存在そのものである《間》(das《Zwischen》) の切れ込み（くぼみ）が開口し、すべての存在者が生起する瞬間に立ち止まることによって、「ふつうの人」とＡＳＤの人々との間の質的差異を開示することができる。

オーストラリア国立大学精神センターの心理学者アラン・シュナイダーとＤ・ジョン・ミッチェルは、芸術的サヴァンは全体像に統合される以前の下位レベルの神経情報に直接アクセスしていると言っている。「ふつうの人」は、ばらばらに知覚した物の全体像を脳が組み立て、それからようやく自分が見ている物を意識する。こうした先行的な全体像への統合は、かなり幼い時期の絵画に現れる。(60) 初等教育後期の幼児は馬を描くとき頭部を左にして横から大胆な輪郭で描く。他方サヴァン能力を持つＡＳＤのナディアは、三歳半のとき、記憶を頼りに自然界の動きのある馬の形象を、遠近法を取り入れることによって、克明に描き出した。彼女は絵画の訓練を受けることなく、また落書き程度の段階を経ることもなかった。こうした知見は、現存在における存在そのものの分節の違いが、決定的な質的差異を生み出すことの傍証になっていると考えられる。

現存在は、絶対的快（「完全な無」）からズレていることによって、「向かう」ということが出てくる。現存在は、最初は「完全な無」からズレて措定された「不完全な無」へと向かう。ところが「完全な無」は、現存在であるかぎりにおいて消失したところ（場所）である。「完全な無」との全き同化は不可能であり、現存在は不安のうちにおかれる。そこで現存在は、不安の回避のために、「こおどり」するような快（気分）をもたらす身体の全体的統一的形態へと向かうのである。現存在の存在機構である世界-内-存在そのものは、現存在が無から出て無へと向かうというように、現存在の向かうべき方向をあらかじめ定めている。つまり、世界-内-存在において、現存在の向かうという作用は、円環（循環）なのである。ゆえに世界-内-存在の造形作用によって形成された世界に現存在は暫しの間滞在し、無へと帰還する。ハイデッガーの言う現存在、つまり現-存在者（分節）でありながら現-存在（無分節）でもあるという二重構造とは、そのことを言っているのである。すなわち、現存在は個体（一）として生きるという存在形式において、絶対的同一性を実現するのだ。

恥のような自己意識的感情と呼ばれる内省は、自己鏡像認知（鏡に映った自分の虚像が自分自身の虚像であることを認知すること）の成立時期と前後して生じることが報告されている。アダムの恥とは、アダムがエヴァという他者、すなわち世間の視線を自らの内にもったということである。鏡像段階は、存在そのものを分節し世間・道具的世界として映し出す契機（「先取り」）となっているのだ。鏡像段階以後、「ふつうの人」は記号的体系としての言語によって世界を分節し、細部を省略する。ウィリアムズのようなＡＳＤの人々は、他的鏡の世界を細部へと解放する力が強すぎるため、存在そのもの（世界を閉じ込める力）との力のせめぎあいの結果、世界は細部へと解放されていき、身体の全体的統一的形態には無関心となるのである。したがって、彼らはおのれの内に世間的な眼差しを有しないので世間体に無頓着になる（この世間的、一面的な視点がＡＳＤの人々を障害者とみなす医師の診断を補強する）。そのかわり彼らは、道具的世界と動物的世界との中間領域に滞在し、細部へと方向づけられ「そのものとの一致」の快へと向かう。ウィリアムズは以下のように言っている。

おそらく万物に遍在する『神』とは、私たちが互いに分離しておらずつながりあっている場のこと、他者の平衡が損なわれることがある意味で自らを損なうことになる場です。(61)

ここで言われている「神」とは、本論考で述べてきた無分節の全体・一（存在）のことである。現存在の存在は、見えない箍となり万物を囲繞し、万物の平衡を保護している。存在が万物を保護しているがゆえに、万物の一つ一つは、極微な世界に至るまで、煌きを放つのである。

注

（1）ウィリアムズ『自閉症という体験―失われた感覚を持つ人びと』川手鷹彦訳、誠信書房、二〇〇九年、二一八頁
（2）同右、一〇頁
（3）同右、一五頁
（4）同右、二一八頁
（5）ハイデッガー『存在と時間　Ⅱ』原佑／渡邊二郎訳、中央公論新社、二〇〇三年、一五〇頁

（6）那須政玄『闇への論理—カントからシェリングへ』行人社、二〇一二年、一四二頁

（7）同右、一四四頁

（8）ヘーゲル『精神現象学　上』樫山欽四郎訳、平凡社ライブラリー、一九九七年、一二三—四頁。相川翼は、樫山訳で「直接態の実例」と訳されている“Beispiel”を「傍らでの戯れ」と訳出し、ヘーゲルの意図をいっそう明確にしている。つまり、われわれが「純粋なこの人」や「純粋なこのもの」などと純粋存在だとみなしてしまうものは、純粋な直接性の「傍らでの戯れ」（Beispiel）なのである。相川は、この「直接性の傍ら」が、反復的常同的な言動に没頭する自閉症のある人がいる「場所」であると述べている（相川翼「構想力からみた自閉症と資本主義」『社会理論研究　第一六号』社会理論学会編、二〇一五年、五二—三頁）。

筆者は、ウィリアムズの「『神と溶け合う』ような体験」をASDの人々が行う常同行動と関連づけて捉える。またASD当事者の東田直樹は、著書の中で「なぜくり返し同じことをやるのですか？」という質問に対して、「僕らは繰り返すことを、自分の意志でやっているわけではないのです」としつつ、「それをやっている間は、とても気持ち良くすごく安心できます」と言っている（東田直樹『自閉症の僕が跳びはねる理由—会話のできない中学生がつづる内なる心』エスコアール出版部、二〇〇七年、一二四頁）。

（9）ヘーゲル、前掲書、一三二頁

（10）同右、一三六頁

（11）グランディン『動物感覚—アニマル・マインドを読み解く』中尾ゆかり訳、日本放送出版協会、二〇〇六年、四七頁

（12）木村敏『自覚の精神病理』紀伊國屋書店、一九七八年、一七—八頁

（13）ハイデッガー、前掲書、五四—五頁

（14）那須は、ドイツ語のSinnには感覚、感情という意味があることを、『存在と時間』の講読の際、強調していた。

（15）ハイデッガー、前掲書、七八頁

(16) 同右、七二頁
(17) 同右、六八頁
(18) 「遠ざかり」(Entfernung) は、Ferne (遠さ) と ent (離れて) に分節される。つまり、遠さを離れる、遠さを消滅させる、転じて遠さを否定するという意味になる。つまりハイデッガーの言う「遠ざかりの奪取」とは、離れを拒否することである。ハイデッガー『存在と時間　I』原祐/渡邊二郎訳、中央公論新社、二〇〇三年、二七七頁
(19) 那須政玄「距-離の現象学(Ⅲ)」『早稲田社会科学総合研究　第一一巻第二号』早稲田大学社会科学学会編、二〇一〇年、三八頁
(20) ハイデッガー、前掲書、二二二頁
(21) ハイデッガー『存在と時間　Ⅱ』一二四頁
(22) ガーランド『ずっと「普通」になりたかった。』ニキ・リンコ訳、花風社、二〇〇〇年、一二〇頁
(23) 同右、一〇二—三頁
(24) 共感覚とは、「ある一つの刺激が、それ本来の感覚だけでなく、別の感覚をも同時に生じさせる現象。音を聴いて色を感じる類」(大辞林　第三版) のことである。
(25) ハイデッガー、前掲書、一三二頁
(26) 同右、一五二頁
(27) ハイデッガー『存在と時間　I』二六九—七〇頁
(28) 例えば、われわれは、普段、特別に意識することなく交通機関を使用しているが、二〇一一年三月一一日に発生した東日本大震災において交通機関が機能しなくなったとき、それが全体的な道具的連関であることを意識するのである。
(29) ハイデッガー『ハイデッガー全集　第五五巻　ヘラクレイトス』辻村誠三/岡田道程/アルフレード・ゲッツ

オーニ訳、創文社、一九九〇年、三八四頁

(30) ハイデッガー「形而上学の存在-神-論的様態」『同一性と差異性』大江精志郎訳、理想社、一九六〇年、六〇頁

(31) ハイデッガー『シェリング講義』木田元／迫田健一訳、新書館、一九九九年、四八―九頁

(32) シェリング「私の哲学体系の叙述」『シェリング著作集―同一哲学と芸術哲学』北澤恒人訳、燈影舎、二〇〇六年、四五頁

(33) グランディン、前掲書、三九六頁

(34) 昆虫（アリ）は、複眼であり、人間でいう視力はほとんどないと言われる。ただし、二節4項において重要な論点は、アリを含めた人間以外の生物は概念処理を行わないということである。グランディンは動物科学者であり、著書において動物の分節及び情動について主に述べている。こうした研究は、現存在及び存在者一般の存在の仕方の解明にとって、極めて重要である。

(35) 那須政玄、前掲書、七八頁

(36) グランディン、前掲書、一六―七頁。ＡＳＤの人々の「特殊な才能」を「動物」的能力であると説明すると、読者は「差別的」であると思うかもしれない。しかし、そういう発想こそ人間中心主義的な動物への偏見なのである。人間を動物にたとえて貶める発言は、「本能」が壊れた人間の行動を指している場合がほとんどである。

(37) 唐澤太輔は、「〈中間〉とは、『自己と対象が統一された場所』＝『一』へと至る可能性をもつ場所なのである」と述べている（唐澤太輔『南方熊楠の見た夢―パサージュに立つ者』勉誠出版、二〇一四年、一九六頁）。「動物と『ふつうの人』との中間領域」は、「自己と対象とが統一された場所」＝「一」にかかわっているのだが、筆者の言う中間は存在分節の度に力点が置かれている。筆者の言う中間領域とは、存在と存在者との差別が生じる場所である《間》（das《Zwischen》）である。《間》（das《Zwischen》）は、細部へと解放する力と存在そのものに閉じ込める力とがせめぎあう力動的な場所であり、現存在の世界を細部へと解放する可能性を秘めている場所である。

(38) ニーチェ「生に対する歴史の利害について」『反時代的考察』小倉志祥訳、筑摩書房、一九九三年、一五一頁。那須政玄『結界と虚界—生の基層へ／哲学的断片』行人社、一九九二年、二六四頁。ニーチェはいわゆる「動物的」造形力は「飢餓」によって発動されるとしている。けれども筆者は、自然界で動物の直観像記憶が役立つのは「危険」を回避することと「獲物」を得ることだと考えられていることから、「危険」を付け加えた。

(39) ハイデッガーは『技術への問い』の中で、「近年では畑地の耕作も、自然を調達する［stellen］これまでのとは別種の用立て［Bestellen］の吸引力に巻き込まれてしまった。この用立ては自然を挑発という意味で調達する。農耕はいまや機械化された食品工業である。大気は窒素の放出のために調達され、大地は鉱石のために、鉱石はたとえばウランのために、ウランは破壊あるいは平和利用のために放出されうる原子エネルギーのために調達されるのである」と述べている（ハイデッガー『技術への問い』関口浩訳、二〇一三年、二六—七頁）。

(40) タメット、前掲書、二〇頁。引用文中に出てくる「この双子」とは、オリバー・サックスの著書『妻を帽子とまちがえた男』に登場するサヴァン能力を持つ双子の子供（七歳）のことを指している（彼らは素数を言い合う遊びをしていた）。

　なお相川は、「純粋な自閉症者にとっては、システムが、魅力あるものとして『光って』見えているようなのである」と言っている（相川翼、前掲論文、四三頁）。これは、共感覚と言われるものである。筆者は、共感覚を一致という観点から問題にする。

(41) 同右、二〇頁

(42) タメットは言語習得において、感覚を頼りにしている。例えば、語頭に‘sl’がつく言葉は、すべて否定的なニュアンスが含まれているという。slack（だらけた）、slouch（うつむいた）、sludge（ぬかるみ）、slime（へどろ）、slug（なめくじ）、slum（貧民窟）等々。タメットにとっては、単語がイメージと「ぴったり合っている」ことが言語習得の鍵となっている（タメット、前掲書、一九一—二頁）。

(43) 同右、一九二頁

(44) プラトン「クラテュロス」『プラトン全集　二』水地宗明訳、岩波書店、一九七四年、一二一―三頁

(45) フェルディナン・ド・ソシュールの講義録『一般言語学講義』では、「能記を所記に結びつける紐帯は、恣意的である、いいかえれば、記号とは、能記と所記との連合から生じた全体を意味する以上、われわれはいっそうかんたんにいうことができる：言語記号は恣意的である」とある（ソシュール『一般言語学講義』小林英夫訳、一九四〇年、九八頁）。所記（シニフィエ）は概念であり、能記（シニフィアン）とは聴覚映像である。言語記号は、所記と能記の結びつきであるが、その際、記号の音と聴覚映像との結びつきは偶然的なのである。

(46) ラマチャンドラン『脳のなかの幽霊、ふたたび』山下篤子訳、角川文庫、二〇一一年、一〇六―七頁。ラマチャンドランの研究チームが、実験において用いた図形。

(47) 同右、一一二頁

(48) タメット『ぼくには数字が風景に見える』古谷美登里訳、講談社、二〇〇七年、一九三頁

(49) ハイデッガー『存在と時間　Ⅱ』七八頁

(50) 同右、七八頁

(51) 同右、一三七頁

(52) ラカン『エクリ　Ⅰ』宮本忠雄／竹内迪也／高橋徹／佐々木孝次訳、弘文堂、一九七二年、一二六頁

(53) 丸山圭三郎『ソシュールを読む』岩波書店、一九八三年、四六頁

(54) ヘレン・ケラー『奇跡の人　ヘレン・ケラー自伝』小倉慶郎訳、新潮文庫、二〇〇四年、三四―七頁（傍点引

用者）

（55） 丸山圭三郎、前掲書、四八頁

（56） テンプル・グランディン『世界はあらゆる頭脳を必要としている』（Translated by Satoru Arao, TED）日本語字幕付き動画、二〇一〇年。また、グランディンはある特定の犬と犬の概念とを一致させることがいかに困難なのかを語っている。「イヌには四本の足があり、耳が二つ、尾があり、毛が生えているなどと基準を決めてもじゅうぶんとはいえない。イヌだけでなくネコにもほかのたくさんの動物にも当てはまるから」という理由で、イヌとネコ、他のたくさんの動物との区別ができないのである。だから、グランディンは「これまでに彼女が見たすべてのイヌの記憶のなかからイヌの絵をさがす」ことによって、或る特定の犬を、犬の概念と一致させる。アイバーセン『ぼくは考える木―自閉症の少年詩人と探る脳のふしぎな世界』小川敏子訳、二〇〇六年、三九三頁

（57） 野尻英一は『意識と生命』において、ヘーゲル『精神現象学』における「否定的なもの」（das Negative）と「残余」との関わりを解釈している。野尻によれば、理性化される以前の「原–精神的なもの」があって、それが意識によって徐々に意識化されながらも、意識に対して意識化されない「残余」をいつも保留し、意識とその「残余」との組み合わせによってさまざまな意識の形態が生み出される（野尻英一『意識と生命―ヘーゲル『精神現象学』における有機体と「地」のエレメントをめぐる考察』社会評論社、二〇一〇年、一四〇―一頁）。

（58） 松沢哲郎「人間とは何か―チンパンジー研究から見えてきたこと―」『生存科学 Vol. 21B』生存科学研究所編、二〇一一年、一〇三―四頁。ちなみに、京大生を対象に同じ実験をしても、チンパンジーほどの正答率は得られなかった。優れた直観像記憶を持つ者は、約数一〇〇〇人に一人しかいないと言われている。

（59） 那須政玄『結界と虚界』一二五頁

（60） Allan W. Snyder & D. John Mitchell, "Is integer arithmetic fundamental to mental processing?: the mind's secret arithmetic" *The Royal Society*, 266, 1999, pp. 587–92

（61） ウィリアムズ、前掲書、二一八頁

虚空と風
――南方熊楠の「場所」をめぐって――

唐澤太輔

はじめに

南方熊楠《みなかたくまぐす》（一八六七～一九四一年、民俗学者、博物学者）という人物が我々に力強く教えてくれる事柄、それは、純粋に反対のもの同士の根底あるいは両者が成立する次元についてである。熊楠の人生と思想、そして在り方を通観するとき、この事柄が必ず顕わになってくる。しかしそれは、熊楠が書き残した日記などの膨大な文字資料を、ただ正確に翻刻するだけでは、決して見えてくるものではない。勿論、翻刻作業は重要であるし、筆者自身もその作業に携わっている。ただし筆者は、熊楠の文章を正確に翻刻し理解することによって、これまでの「熊楠伝説」[1]を全て取り除き、彼を「丸裸」にすることだけに執着するつもりはない。そうではなく、熊楠が星のように散りばめた知の欠片をつなぎ合わせ、あるいは包括的に捉え、そこに事柄の本質を見出すことこそが、筆者の研究の眼目である。

和歌山県田辺市にある南方熊楠邸（南方熊楠顕彰館）には、熊楠によって集められた膨大な蔵書が大切に保管されている。それらは現在（二〇一七年一月）、目録化されており、我々は、熊楠がどのような書籍を読んでいたかをうかがい知ることができる。(2) 目録を見る限りでは、熊楠は、どうやらカントもヘーゲルもハイデガーも読んでいなかったようである。現在までに刊行されている日記や書簡、論考を見ても、やはり本格的に西洋哲学、ドイツ観念論などについて述べたものはない。

しかし、当然「熊楠は、カントもヘーゲルもハイデガーも読んでいなかったのだから、それらの思想と比較することに意味はない」などと速断してはならない。事柄の本質を真摯に突き詰めていけば、時代も人種も場所も超えて、通有点は見えてくるはずである。また、熊楠研究者の間では、しばしば彼は「体系化した学問を確立していない」などと言われる。このような評価には、熊楠は、体系的な思考をすることができなかったということが含意されている。しかし筆者は、熊楠ほど体系的な思考の持ち主はいないと考えている。哲学においては、「もともと一つであるということを意識の根底に置きながら、個々の事象を見ていく(3)」ことこそが体系的な思考である。このことに鑑みるならば、熊楠はまさに体系的な思考の持ち主であったと言えるのである。

本稿では、熊楠がどのような場所《ポジション》から、この「もともと一つであるということ」について思索をめぐらせていたのかを、西洋哲学と仏教の思想を援用しながら明示していきたい。

一　虚空に遍在する大日如来

熊楠の両親は、真言密教の熱心な信仰者だったので、熊楠自身も子供の頃からその教えには慣れ親しんでおり、またこれから示すような基本的な大日如来（真言密教における教主）観はしっかり身につけていた。熊楠は、以下のような言葉を残している。

吾れ吾れ何れも大日の分子なれば、雑純の別こそあれ、大日の性質の幾分を具せずといふことなし。（一九〇二年三月二十三日付土宜法龍宛書簡[4]）

熊楠は、我々はみな大日如来から生まれ出たもの（熊楠はそれを「分子」と言っている）である限り、どのような形であれ、必ず大日如来の全てをその内に含んでいると言う。真言密教における大日如来は、本来、姿形を持たず、それは虚空に遍く在るものとされる。我々のイメージするいわゆる大日如来（例えば、東大寺の毘盧遮《びるしゃ》那仏《なぶつ》）は、あくまで人間の目に見えるように仮の姿として表されたものにすぎない。本来的には、それは画や像として表すことはできないのである。むしろそれらを全て包みこむようにしてある。

さてすべて画にあらわれし外に何があるか、それこそ、大日、本体の大不思議なり。（一九〇三年七月十八日付土宜法龍宛書簡[5]）

熊楠は、ここで大日如来を「大不思議」と言い換えている。大日如来は、画に描こうと思っても、描くことは勿論、普通は思議することすら不可能なのである。それは、我々を大きく包みこんでいる、まさに生命そのもの（zoé）なのである。

ここまでの熊楠の言葉からわかることは、彼が、大日如来を「一つのもの」として考え、それを我々個々の生命（bios）の内に含まれながらも我々を超え出て包みこんでいるものとして捉えていたということである。さらに熊楠は、次のようにも述べている。

万物悉く大日より出、諸力悉く大日より出ること第二以下の状にて見られよ。万物みな大日に帰り得る見込あり、万物自ら知らざるなり。（一九〇二年三月二十六日付〔推定〕土宜法龍宛書簡）(6)

つまり、大日如来あるいは「大不思議」は「根源的な場」であり、全てはそこから生じ、全てはそこへと帰還するということである。しかし、多くの衆生（世人）は、そのことに気づいていないと熊楠は付け加えている。熊楠の言うように、我々世人は、この大日如来へと帰還することは勿論、大日如来という「存在そのもの」を、はっきりとはわかっていない。しかし「了解」(7)はしているはずである。そうでなければ、我々は、自身が「存在している」と言うことさえできない。人間は、自身を在らしめているこの基底について、明確にはわからないままでも「了解」し、また想定することができる。そして、そのことによって「存在そのもの」という奥深い何か（ハイデガーが時に「奥深い存在Seyn」(8)と呼ぶもの）へとかかわっているのである。

大日如来あるいは「大不思議」という「存在そのもの」から全てが分かれ出てくる過程について、熊楠は腐心しながら、次のように独自の論を展開している。

小生は宇宙の基本は一大理体（名のなきもの）ありて、それが分身流出して色々の物体となり、各右の一大

理体の力の一分を偏有して現物界外心界を顕はすに非ぬかと思ふ。（一八九三年十二月十一日付土宜法龍宛書簡[9]）

ここで、熊楠は名付けようもない何か（一大理体）が形（身）を分けて物界は現れると言う。この「一大理体」に起こる自己分裂の過程を、熊楠は後に「大日滅心の作用」と呼ぶようになる。

胎蔵界大日中に金剛大日あり。その一部心が大日滅心（金剛大日中、心を去り《（カ）》し部分）の作用により物を生ず。（一九〇三年八月八日付土宜法龍宛書簡、傍点・ルビ—原文ママ[10]）

熊楠の見解によると、まず、全てを産み出す子宮である胎蔵界曼陀羅の大日如来（胎蔵大日）の内に、智慧の象徴である金剛界曼陀羅の大日如来（金剛大日）が現れるという。そして、その金剛大日から心が否定されることによって物が生じるという。

真言密教において、金剛大日と胎蔵大日とは、不二一体（金胎不二《こんたいふに》）とされる。両者は、区別されているように見えても、それらは結局「同じもの」の区別であり、本質は一つなのである。つまり根本的に、両方とも大日如来という「一つのもの」であり「生命そのもの」なのである。しかし、胎蔵大日と言った時点で、既にそこには、金剛大日という否定態が含まれている。同じように、金剛大日の中に心を見出した時点で、既にそこにはそれとは純粋に反対たる物が含まれているのである。熊楠の言うところの「大日滅心の作用」とは、つまり、虚空に遍在する（「一つのもの」である）大日如来の自己分裂（否定）、そして大日如来に包まれた心の自己分裂（否定）のことなのである。要するにそれはヘーゲルの言う「各々はある他者の反対ではなく、純粋の反対であるにすぎない[11]（傍点―原文〔日本語訳〕ママ）」ということであり、その本質は大日如来という「同名のもの[12]」ということである。また、このような事態を指して、ヘーゲルは「同じ名のものでありながら、自分自身から自分をつきはなし、あるいは分裂する[13]」と述べている。

また、胎蔵大日にとっての金剛大日とは、シェリングの言う神（実存する限りの存在者）に対する自然（単に実存の根底である限りの存在者）の関係に似ている。シェリングにおいては端的に、神にとっての絶対的な他者である自然は、神の内に在るのである。したがって「神にとっての他者である自然がなくなってしまえば、神も『神以前もしくは神以外』という何も存在しない境位に落ち込んで[14]」しまう。それと同様、胎蔵大日も、絶対の他者である金剛大日がなければ、虚空へとその姿を消してしまうのである。

次節では、仏教的宇宙観をもとに、この虚空（＝「根源的な場」）と大地（＝「現実世界」）との間をつなぐ「通路」としての「風」という要素について述べていきたい。

二　行き渡る風

仏教における基本的な宇宙観を表す須弥山《しゅみせん》世界図は、四つの層に分かれている。最下層に虚空輪、その上に風輪、その上に水輪、さらにその上に金輪があるとされている。我々人間は、金輪上の大地に住んでいるとされ、その真ん中にある須弥山という山の頂《いただき》には、帝釈天《たいしゃくてん》が住んでいるとされる。虚空輪が最下層とはいえ、それは、形態や質量を持っているわけではなく、全てを包みこむ場であり、区別も対立もない処である。つまり、大地の下には金輪・水輪・風輪があり、それより下は何もないということである。そして仏は、この何もない処＝虚空に充満しているという。

虚空とは、真の無である。それは熊楠の言う通り、本来は「名のなきもの」である。言葉すらも呑み込むのが虚空である。しかし、そこからの展開を企てるために熊楠は、それを仮に「一大理体」あるいは「胎蔵大日」と呼んだのである。

四層の上に、人間が住む大地がある。既に述べたように、須弥山上には帝釈天が住むが、この神は、いわゆる人格神である。仏を守護する神（護法神）ではあるが、妻もいれば友人もいる、極めて人間くさい神なのである。つまり、我々人間と同じように、自他の明確な区別を持っているのである。

この大地を最下層で支えるものが、風である。筆者は、これは大変興味深く、また重要な事柄であると考える。風は、全てに行き渡るものである。目には見えないが「在る」と言われる。面白いことに、この曖昧で浸透性のある風が、堅固な大地を支えているのだ。また、支えるだけではなく、大地にも行き渡っているのである。普通は、風は大地にのみ吹くもの、大地があってこそ、そこに風は吹くと考えられているが、仏教的宇宙観では、風はこの大地より根本的なものなのである。

大地に風が吹く。大地だけではない。虚空にさえ風は吹く。真の無である虚空に、目には見えない微風が揺らぎをもたらすのである。それは、胎蔵大日に金剛大日が一撃を加える（大日滅心の作用）ようなものと言える。虚空と大地とをつなぎつつ混ぜ合わせるような、この風こそが重要なのである。土よりも水よりも黄金よりも根本には、風があるのだ。

『広説佛教語大辞典』によると、風は「万有の根本原理。宇宙に関していえば風が根本原理で、個体に関していえば呼吸が根本原理である」[15]とされている。つまり、風は、宇宙（全体）のみならず、人体（個）においても、呼吸（息）として重視されているのである。現代であれば、多くの人々は、人体においてその約七〇パーセントを占める水を根本原理であると考えるかもしれない。しかし、仏教においては、呼吸（風）こそが第一義的なものなのである。

また、チベット密教でも、風は非常に重視されており、例えば「風の瞑想歩行」という修行があるほどである。思想家・人類学者の中沢新一は、次のように述べている。

「風の瞑想歩行」では、修行者はまず映像的なヴィジョンを生き生きと働かせながら、自分のななめ上方の空間に一定のイメージを観想して、目をつむっていても開いていても、いつもそのイメージが鮮明に持続できるようになるまで、根気よく練習を繰り返す(16)。

チベット密教において、「風《ルン》」は「気《プラーナ》」と同義であり、その修行では、これを自分の身体の中でコントロールすることが求められる。右の訓練の後、修行者は、今度は歩きながらでもヴィジョンを鮮明に持続できる状態にし、最終的には虚空を凝視しながら、ものすごいスピードで、それこそ風のように大地を駆け抜けることができるようになるまで訓練するという。そのとき、風の瞑想歩行者を傍《はた》から見ると、まるで空中浮遊しているようにさえ見えるという。また、この修行は「夢見の技法」として、チベット密教とは全く関係ないであろう場所でも見られるという（例えばアメリカのインディアン(17)）。ともかく、修行者は、身体内の風をコントロールし、風と一体となって虚空へ向けて大地を歩行するのである。

虚空（無）と大地（有）をつなぎ、人体の内と外に行き渡る風。それは、両極をつなぐ「通路」と言える。そして、そこがまさに、真反対のもの同士の根底あるいは両者が成立する次元なのである。

それは、目には見えないが、自己と他者との間に（まるで「通路」のように）在る。それは「自分のことが自分のことでありながら同時に相手のことであり相手のことがそのまま自分のことでもあるような領域[18]」あるいは、日本語で「気《き》」という言葉で表されている領域でもある。もしくは、以下に示すように、それをベンヤミンの言う「通路《パサージュ》」と呼んでもよい。

> パサージュはそのなかでわれわれが、われわれの両親の、そして祖父母の生をいまいちど夢のように生きている建築物なのだ、ちょうど胎児が母親の胎内で、動物たちの生をいまいちど生きているように。こうした空間のなかの生活は、特に何のアクセントもなく、夢の中のできごとのように流れていく[19]。

ベンヤミンの言うパサージュとは、両極をつなげるだけの単なる通り道という意味に留まらない。それは全てに浸透し、混ぜ合わせ、彼岸と此岸とを同時に成立せしめるものなのである。パサージュとは、全てを包みこむいわば胎内と言える。同時に人の手の加えられた建築物でもある。十九世紀初頭のパリの流行は、全てパサージュから生まれたと言ってもよい。そこは、住居でもあり商店でもある。しかし、どこまでが住居で、どこまでが商店かは不鮮明である。古めかしい絵はがき屋（かどうかもわからない怪しい店）の隣には、高級ランジェリー店がある。だが特に買うものはない。人々はそこを遊歩するだけである。十九世紀の人々は、そこで〈夢〉を見た。いや、そこはまさに〈夢〉であった。全てが雑多で曖昧で不鮮明な場、それがパサージュである。ベンヤミンは、そこでは、過去における「われわれの両親の、そして祖父母の生」と、現在を生きる我々の生が混じり合うと言う。つまり、過去→現在→未来などという時間の矢は、そこではあっという間に吹き飛ぶのである。

南方熊楠という人間は、まさにこの「パサージュに立つ者」であった。次節で述べるように、そのような熊楠にとっては、過去→現在→未来といった時間の矢はむしろ不自然であり、彼の中で、それらは混じり合っていた。

三　夢中夢を説くの痴人

熊楠の日記に、次のような言葉が記されている。

一九〇四年三月二十七日　陰
過たるは過去、未来は未見なり。然し何れも実に現にあるなり。[20]

一般常識としては、過ぎた事柄を過去、未だ見ぬ事柄を未来という。そして、その間に現在があると考えられる。しかし、実は、過去も未来も、今この瞬間に全て含まれている、熊楠はそう実感していた。現在ということを語り出すとき、過去と未来が生じる。現在を知るために過去も未来もある。また、現在ではないものという意味では、実はそれらは、過去でも未来でもどちらでもよい。常に既にあるのは、今この瞬間なのである。

通常の時間感覚（時間の矢）は、熊楠の中では吹き飛んでいた。特に、彼が那智山に孤居していた頃はそうであった。那智の大門坂は、パリのパサージュに似ている。そこは全てが曖昧で不鮮明な場である。また古来、精霊・死霊がひしめき合う場としても有名である。そこは、人世でもあり幽界でもある。また全てを生み出し、全てを呑み込む場でもある。

両極を成り立たせる「通路《パサージュ》」たる大門坂に、熊楠は三年間孤居したことがあった。そのときに、右の日記は記されたのである。熊楠が、霊地・那智山（大門坂）に孤居したことは、彼の現実感の希薄さを加速させた。熊楠は、かろうじて現実感と呼ばれるものを持っているにすぎない人物だった。自我が極めて弱く、自他の境界が曖昧な人間だった。彼は、他者の考えが即座に自己に侵入してくる経験を何度もしている(21)。自己は他者になり、他者は自己になる。我々は〈夢〉において、このような事柄を経験することがある。そのような意味において、熊楠は、元来〈夢〉の住人だったと言うことができる。例えば、熊楠は、以下のような文章を残している。


しかして今、熊公かかる夢の国におりて、夢影を尋ね、夢事を夢魂に訴えて止まず。昔時、夢の場のちょんの間の楽しみを思い寝のあまり、夢よりはかなき夢中の人に遇い、いきそうなところで寤めたりとて、さらにその夢たりしを恨む。熊公は、これ夢中夢を説くの痴人、夢のような人物なるかな。（一八九二年八月初旬頃〔推定〕中松盛雄宛書簡、傍点─原文ママ(22)）

熊楠は、自身が「夢の国」にいて、「夢中」で「夢を説く」者だと言う。端的に「夢のような人物」だとも言う（このような人を指して、仏教では特に「風狂《ふうきょう》」と呼んだりもする）。

熊楠は、自分が〈夢〉の住人であることに自覚があったようだ。しかし、そうであるならば、熊楠は、〈夢〉ではないもの（「根源的な場」あるいは「現実世界」）を知っていたということになる。〈夢〉ではないものを知らずに〈夢〉を〈夢〉だと知ることはできないからだ。しかし、仮に彼が〈夢〉以外の場を知っていたとしても、やはり熊楠の現実感は、我々世人と比べて、はるかに曖昧だったように思われる。現実感とは、自己と他者との明確な区別の実感のことである。両者の区別が曖昧になると、それは〈夢〉である。

　熊楠は、その生涯において、自身が見た〈夢〉を多数記録している。かなり〈夢〉に関心を持っていた。〈夢〉の中では何が起こるのか、熊楠はそれを詳しく知りたかったのである。その理由は、端的に、現実と〈夢〉との、自身における曖昧な区別をはっきりとさせたかったからだった。では、なぜ、そのように明確な区別を設ける必要があったのか。それは、そうしないと、この社会で生きていくことがつらかったからである。社会では、「夢中夢を説く」と、「痴人」とされるのである。熊楠のように「浸透性のある人間」は、自他の区別を明確にすることこそ「正しい」とされる世の中では、端的に間違っているのである。本来、〈夢〉は漂う風のようなものであり、虚空と大地とを結ぶ「通路《パサージュ》」である。そして、「根源的な場」と表裏一体の第一義的な場である。しかし、そうであってもやはり、そこに立ち続けることは、現代社会においては「正しい」とはされない。換言するならば、社会においては、マジョリティの在り方こそが「正しい」とされるのである。

　風のように融通無礙になることは、特に近代以降に発達した精神医学とは異なり、伝統的な仏教においては、最も重視されてきた。それは、人がかろうじて人である境地である。つまりそれは、人としての形態を保ちながらも、目には見えない仏と限りなく一体化している状態だと考えられてきたのである。このような境地に入る方法を、仏教は何千年間も探求し続けてきた。一方、西洋の精神医学では、もし人が、「浸透する者」となった場合、その人は、離人症者[23]あるいは統合失調症者[24]と呼ばれる。現代社会において、そう診断された人が生きていくことは大変つらいことである。なぜなら、その人以外がみな、その人をもとの状態に戻そうとするからである。また、そのような社会において、自身が以前のもとの状態を知ってしまっていることもつらさを呼び起こす。精神医学と仏教では、その人に対して全く逆の考えを持つ。つまり、一方ではもとに戻されねばならない人、他方では最高の境地に達した者とされるのである。

人となれば自在ならず、自在なれば人とならずで、自分は至って勝手千万な男ゆえ辞退し就職せず……（以下略）。（一九二五年一月三十一日付矢吹義夫宛書簡、いわゆる『履歴書』(25)）

熊楠は、自身が風のように、あるいは〈夢〉のように、融通無礙で自由自在なポジションに常在していることを知っていた。しかしそれが、世間では普通の人として見られないということも知っていた。また、それを知っていたからといって、簡単に世人になれるわけでもなかった。この事柄は、熊楠を相当苦しめたに違いない。そのような意味では、熊楠は、真に自由自在ではなかったと言えるかもしれない。仏教においては、本来、この自由自在の境地に至った者にとって、苦しむ事柄など何もないからである。

四　プネウマと夢

扨《さて》烏羽玉《うばたま》の「夢」てふ物は死《し》に似て死《し》に非《あら》ず生に似て生に非ず、人世と幽界《ゆうかい》の中間に位する様な誠《まこと》に不可思《し》議《ぎ》な現象で種々雑多《ざつた》の珍《めづら》しい問題が夢に付て斷《た江》ず叢《むらが》り居る。（「夢を替た話〔南方先生百話〕」『牟婁新報』一九一八年、ルビ—原文ママ(26)）

ここには、実に見事に熊楠の姿勢が表されている。熊楠にとって〈夢〉とは、生と死、人世と幽界とのあわいだったのである。熊楠は、生と死、人世と幽界との優劣や順序を付けることをしない。むしろ彼にとっては、両者に浸透する〈夢〉という場こそが優位だったのである。その〈夢〉は、ただ橋桁のように両極をつなぐだけではない。それは、両極に、いや全てに遍く行き渡る風のようなものなのである。

風は、古典ギリシャ語でpneumaという。特にキリスト教では、それは人間の理解を超えた力として重要視されてきた。例えば『哲学・思想事典』などで、プネウマは次のように説明されている。

　多くの場合、プネウマは、旧約聖書の霊概念（ルーアッハ）を継承しつつ、神自身がその超越性を保ちながら世界の中で力をもって具体的に働くあり方を表現する。端的に、神の本質は霊である、とさえ言われる。[27]

神が「具体的に働く」ためには、分裂しなければならない。つまり、神以外のものが必要なのである。神が一つのものとしてスタティックにある場合、それは具体的にその力を行使することはできないのだ。神がその「超越性を保ちながら」、「具体的に働く」ために必要不可欠なものが、プネウマ（風）なのである。風は、いわば「霊的衝動」[28]である。神を動かし、その力を行使させるのに欠くことができないものなのである。

『新約聖書』には、以下のような言葉がある。

　そして、まさにこの私たちにこそ神は、霊をとおして〔このことを〕啓示されたのである。霊は、すべてを、神の深みをさえも、探《さぐ》り尽くすからである。（コリント人への第一の手紙二：一〇）[29]

「このこと」とは、人間がこれまで見たことも聞いたこともない智慧のことである。そして神は、霊＝プネウマを通じて人間に啓示するという。また、神が人間に啓示するのは、大抵〈夢〉を通じてである。右に示した一節の中では、このプネウマは、神の「深み」にも浸透するとされている。

プネウマは、全てに行き渡る風であり〈夢〉である。だからこそ、神仏は〈夢〉に現れるのである。神仏が〈夢〉に現れる話は、洋の東西を問わず、枚挙にいとまがなく、熊楠も非常に多くのこのような〈夢〉について語っている。例えば、以下のような〈夢〉の話である。

『古事記』に、神武天皇熊野村にて大熊に遇いたまいしことを載せ、伴蒿蹊の説に、栂尾山所蔵「熊野縁起」に、同帝三十一年辛卯、高倉下尊、紀南にて長《たけ》一丈余にて金光を放てる熊を見、また霊夢を感じ、宝剣を得たりとある由。熊野の名これに始まるという。今も紀州に予のごとく熊を名とする者多きは、古え熊をトテムとせる民族ありしやらん。(「本邦における動物崇拝」『東京人類学会雑誌』二十五巻二九一号、一九一〇年)[30]

神武天皇は、東征の際、紀南の熊野村で大熊に出会い、気を失ってしまった。しかし、夢で宝剣を手に入れた高倉下《たかくらじ》という者が、その剣を神武天皇に渡した結果、難を逃れることができたという。ここで熊楠は述べていないが、『記紀』においては、高倉下の〈夢〉に出てきたのは、高天原にいる天照大神《あまてらすおおみかみ》と武甕雷神《たけみかづちのかみ》であったとされている。二柱の神々によって、聖なる剣は〈夢〉で高倉下にもたらされたのである。そして、高倉下が目を覚ますと、この剣が本当に床に突き刺さっていたという。この〈夢〉は、日本でも最古のものだと言われている。高天原という一つの処に坐す神々と、高倉下という人間は、〈夢〉を通じて出会った。そして神々は、その力を行使するために、高倉下に〈夢〉の中で宝剣を授けたのである。熊楠は、次節に示すように、このような夢告のある場を、特に「理不思議」と呼んでいる。

熊楠自身も、夢告を何度も経験していた。特に珍しい生物を発見するときに多かったようだ[31]。その他にも、以下に示すように、不思議な風によって、他者の死を予知することもあった。

神坂　近しい人が亡くなるときは、予知的な幻視でぴたりとそれを当てられたそうですね。

文枝　「ゆうべ風の玉が入ってきて、書斎を突き抜けて西へ行った」と言って……。そしたら必ず、訃報が届くんです。不思議でした。そういうことは他にもいろいろありました[32]。

熊楠は「風の玉」というヴィジョンをしばしば見たようだ。右に示したように、熊楠の娘の文枝《ふみえ》（一九一一～二〇〇〇年）によると、熊楠がそれを見たときは、必ず近しい人が亡くなったという（小説家・神坂次郎との対話）。

五　「理不思議」と「事不思議」

熊楠は、「一つであるもの」を、「大日如来」あるいは「大不思議」という術語で表した。そして、そこから分かれ出た「心」と「物」とが交わる処を、（後で述べるように）独自に「事」あるいは「事不思議」と呼んでいる。さらに、全てに行き渡る場としての〈夢〉を重視した。また、そのような場を、熊楠は「理不思議」と名付けた。

熊楠による「理不思議」の説明は冗長で、分かりづらく、また、一度中断されたかと思うと、突然また語り出したりもする。ここでは、そのような熊楠の言葉を拾い集めながら、要点を示していきたい。

まず、熊楠は「物心事の上に理不思議がある」と言う。熊楠は「物」「心」「事」の領域は、現在の学問によって考究可能だと考えていた。そして、人間による（科学的な）知で捉えることができる領域の上位に、「理不思議」があると考えていた。また、可知の領域の「外に横たわり」、「到底追蹤《ついしょう》に手がかり」がなくても「どうやらこんなものがなくてかなわぬと想わるる」領域（予知・推論の場）が「理不思議」であるという。そして「すべて画にあらわれし外に何があるか」というと、それが「大不思議」なのである（この段落「」内、一九〇三年七月十八日付土宜法龍宛書簡[33]）。

つまり熊楠は、虚空である「大不思議」と、科学的（人間的）知で捉えうる領域である「事不思議」（「心」と「物」とが交わる所あるいは人間が住む場）とをつなぐ場として「理不思議」を想定しているのである。彼は、「理不思議」の説明に続けて「tact（適否を見極める鋭い感覚[34]）」による「やりあて（偶然の域を超えたような発見や発明、的中。熊楠の造語）」について述べている。そして、熊楠は自分が夢告によって、非常に珍しい生物を何度も発見した（「やりあて」た）ことについて語っている。ただ、熊楠はここで、そのような珍しい生物は、もともと既にそこにあっただけで、自分は「夢の告げに動かされて、よく気をつけて捜しあてたというまでのことなり[35]」とも言っている。

熊楠は「夢のような人物」であり、〈夢〉に居ることが常態（normal state）であった。「理不思議」が彼の居場所だったと言い換えてもよい。そして熊楠は、「理不思議」ではないものとしての「大不思議」も深く知っていた。後で述べるように、彼はそこをのぞき込んでいた。同時に、「現実世界」も知っていた。それが世人の居場所であることも知っていた。熊楠にとって、世人がいとも簡単に自他を明確に区別し、交わって（＃混じり合って）いることは、驚嘆に値する事柄でもあった。熊楠の言う「事不思議」とは、このように自他の区別が明確にあるような場のことである。また熊楠は、この「事不思議」の説明において、

事不思議は…（中略）…論というと、人が二人以上より、または自問自答する人為すなわち人を所在地として見る意が大部を占む。（一九〇三年七月十八日付土宜法龍宛書簡[36]）

と述べている。ここで我々は、熊楠が「人為」あるいは「所在地」と記述している点に、注目しなければならない。つまり、熊楠は「事」を、場として理解し、ここに示しているのである。では、どのような場であるかというと、それは、人為が成り立つ場（所在地）、いわゆる「現実世界」である。また例えば、人が互いに論じ合うとき（また自分の内に問う側と答える側とを定位する必要があるという意味では自問自答であっても）、両者には「区別」と「適当な距離」がなくてはならない。同一化するほど近くもなく逸脱するほど遠くもない微妙で絶妙なこの距離を、我々世人は、なぜかはわからないが、いやわからなくても、保つことができている。以下の言葉からもわかる通り、熊楠という人間は、そのことが「不思議」でならなかったのである。

心界と物界とはいかにして相異に、いかにして相同じきところにあるかを知りたきなり。（一八九三年十二月二十四日付土宜法龍宛書簡[37]）

「心」と「物」という区別されたもの同士が、どのようにかかわり合うのか、それを知る学問を、熊楠は「小生の事の学」[38]と呼んでいる。熊楠が、最も知りたかった事柄は、我々世人にとっては当たり前のことになってしまっている（しかし、熊楠にとっては驚嘆に値する）、この「適当な距離」、つまり、自己と他者とが保っている微妙で絶妙な距離であった。そして、世人が居る場と自身が居る「夢の国」との位層が、どのように異なるのかを知りたかったのである。

以下に続く第六・七節では、熊楠の言う「理」（＝「夢の国」）や「事」（＝「現実世界」）が、仏教、特に華厳思想では、どのように考えられているのかを中心に述べていく。熊楠の言葉遣いから察するに、彼は華厳思想からかなり大きな影響を受けていたようである。

六　華厳思想における理事無礙と事事無礙

基本的な仏教の考えでは、「理」は、真理であり本質であるとされる。それに対するのが「事」で、現象の世界であるとされる。「事」は、区別と差別が成り立つ「現実世界」、「理」は、「超差別の世界」と言える。さらに言うのであれば、「事」は、金輪上の人間が住む場、「理」は、虚空と言える。また、井筒俊彦の言葉を借りるならば「各々が、それぞれ己れの分限を固く守って自立し、他と混同されることを拒む」[39]ような位相が「事」であり、一方「『虚空のごとく一切処に遍在する』無分節」[40]の位相が「理」である。では、「理」と「事」、両者をつなぐ風の領域あるいは〈夢〉は、仏教ではどのように表されているのであろうか。

華厳思想[41]において、それは「理事無礙法界《りじむげほっかい》」と「事事無礙法界《じじむげほっかい》」という言葉で表されている。『華厳経』の中心思想である「四種法界《ししゅほっかい》」の考えでは、諸々の間に明確な壁が設けられた世界を「事法界」という。そこには明確な境界線が引かれ、自他が混同されるようなことはない。そして、そのような区別が取り払われ、全てが統一された世界は「理法界」と呼ばれる。そこでは、個々が成り立つことはない。あらゆる分節が消え去った位層、つまり「存在そのもの」である。ここでは簡単に「事法界」を「現実世界」、「理法界」を「根源的な場」と言い換えてもよい。

では、我々人間が目指すべき場所は、この区別が全く解消された超差別の場＝「理法界」であろうか。否、華厳思想では、「理事無礙法界」さらに「事事無礙法界」を最高の境地とするのである。「無礙」とは、礙《さまた》げ（妨げ）が無いということである。したがって、「理事無礙法界」とは、「理法界」と「事法界」とが何の障壁もなくつながっている場ということである。「事事無礙法界」においては、自己と他者（対象）との間に、優劣はない。そこは、個々の事物が存立しながら、相互に豊かにつながっている世界である。そしてそこは、両項の対称性が完全に取り戻された場でもある。「事事無礙法界」においては、相互の間には「自性」的な差異はない。「自性」とは、事物相互の差異をまさに成らしめているものである。井筒は、以下のように述べている。

> AはAであり、BはBであってAとBとは違うものであるというのは、AにはA性という「自性」があり、Bには B性という「自性」があるからではないでしょうか。…（中略）…「事事無礙」のレベルに至って、ものには「自性」はないけれども、しかもものとものとの間には区別がある、と主張する。（傍点―原文ママ）[42]

つまり、事物と事物の間の優劣・差異がなくなった結果、各々の「自性」は失われ、全体的連関（関係そのもの）だけが残るのである。そして、「『自性』をもたぬものは、例えばAであるとか、Bであるとかいうような固定性をもっていない。ただ、かぎりなく遊動し流動していく[43]」ような場、つまり相互浸透の場があるだけなのである。そもそも「AはAである」（A＝A）と言った時点で、既に「AはBではない」（A≠B）という形で、そこにはBが侵入してしまっていると言える。

「理事無礙法界」も「事事無礙法界」も、相互浸透の場である。しかし、その「相互」には相違がある。つまり、それぞれは「見方」が異なるのである。「事法界」は「現実世界」、「理法界」は「根源的な場」であることは既に述べた。そうすると、「理事無礙法界」は、「理」と「事」が融通無礙につながっているという見方を獲得した境位、「事事無礙法界」は、事物と事物とが豊かにつながっているという見方ができるようになった境位と言うことができる。つまり、両者の違いは、下位・上位の場というよりも、この見方にあると言える。

「理」と「事」とは、相互浸透している。ということは、「現実世界」の事物の中には、全て等しく「理」が含まれていると言える。「理事無礙法界」においては、このような見方が可能になる。次に、このような見方を獲得した者が気づくのは、同じ「理」を含んだ事物同士に、なぜ明確な区別（差異・優劣）などあろうか、ということである。同じ「理」を含む事物同士であれば、お互いに融通無礙につながるはずである。両者は同じ「理」が分かれただけの、本来、同じものなのである。また、「理」があるからこそ「事」は成り立ち、逆に「事」があるからこそ「理」は成り立つ。それは事物と事物との関係においても同じなのである。他者なくして自己はありえないのだ（逆も然り）。このような、自己即他者という見方が「事事無礙法界」では可能になるのである。

このように、なぜお互いは浸透し、引き合えるのかという事柄については、洋の東西を問わず、極めて本質的な事柄として語られるものでもある。例えば、ヘーゲルは、以下のように述べている。

なぜならば、自分自身から自分をつきはなすものは同名のものであり、このつきはなされたものは、同じものであるため本質的には引き合うからである。[44]（傍点—原文〔日本語訳〕ママ）

つまり、事物同士が分裂・対立したとしても、それは、本来的に「同名のもの」である限り、必ず引き合う（浸透する）のである。他者が自己と「同名のもの」であるという見方は、まさに「事事無礙」的なものであると言える。

また、自己が他者を排除したところで、自己が成り立つわけではない。他者との関係においてこそ、自己は成り立っている。つまり、対立する他者を排除するとは、結局、自己自身の排除でもあるのだ。それはつまり、自分の自立性を確保するために他者の「自立的な実在性を廃棄」することが、結局「自己自身を廃棄」することに直結するということなのである。なぜなら、それは端的に「この他者は自己自身だから」である（この段落「」内「精神現象学」[45]、傍点—原文〔日本語訳〕ママ）。

七　熊楠と華厳思想

「事事無礙法界」は、自己と他者との「区別」が完全に解消された境位である。そこにおいては、見る側（主体）と見られる側（客体）との間に、優劣など一切ない。熊楠による生物の捉え方は、自身と生物との間に優劣の壁を設けない徹底した平等さに特徴があった[46]。彼は時に、生物の声なき声を聞き[47]、また自分と（自身の名前の由来でもある）楠との間に強い一体感も抱いていた。熊楠は、後でまた述べるが、自分を「楠神の申し子」と考えていた。このようなトーテミズム的な姿勢が、熊楠をして「やりあて」を可能ならしめたのである。

つまり、「やりあて」が可能になる場が「理不思議」であるとすると、そこには、主客の絶対的な融合がなければならないのである。人間による論理的な見方、あるいは人間優位の見方では、「やりあて」ることなどできない。両項の間に礙げがなく、融合関係にある場でこそ、言語を超えた深い交感が生じるのである。熊楠が「理不思議」に立っていたことは先述したが、彼は、そこにおいて、他者とまさに融合していたのであった[48]。一方、「現実世界」において我々が通常に対象を把捉しているのは、自己と他者とを明確に区別し、各独立的な場に安住しているからである。

熊楠が、華厳思想をどの程度理解していたかは、現在のところ不明である。しかし、熊楠の文章においては「理」や「事」が多用されている。そもそも「大不思議」という言葉は、『華厳経』とは切っても切り離せない関係にある。『華厳経』（上本）は、かつて『大不思議解脱経』とも呼ばれていた。『華厳経』の母胎は、インドで成立したと言われており、また上本・中本・下本の三種あったとされている。その内、上本と中本は竜宮にあって、下本のみがこの地上に伝わり広まったという伝承がある。さらに下本の『華厳経』は簡略化され、そして中国に伝えられたという[49]。

熊楠が、華厳の思想からかなり大きな影響を受けていることは明白である。しかし、彼がその思想を、まったくそのまま踏襲しているというわけではない。例えば、熊楠は、超差別の真理の場を「大不思議」と呼ぶが、これは、華厳思想においては、「理法界」である。また「現実世界」と「根源的な場」とが浸透する「理事無礙法界」と、自己と他者とが浸透する「事事無礙法界」とを熊楠は、一言で「理不思議」と名付けている。先述したように「理事無礙法界」とは、「理」と「事」が融通無礙につながっているという見方を獲得した境位、「事事無礙法界」とは、事物と事物とが豊かにつながっているという見方ができるようになった境位のことである（図1「理不思議」と「理事無礙法界」の関係図、図2「理不思議」と「事事無礙法界」の関係図参照）[50]。

そもそも、熊楠は「法界 dharma dhātu」という言葉を用いずに「不思議 wonder」という言葉を用いている。熊楠にとって、全ては、謎めいた不可解な（mystery）ものというよりは、もっと、驚嘆に値する素晴らしい

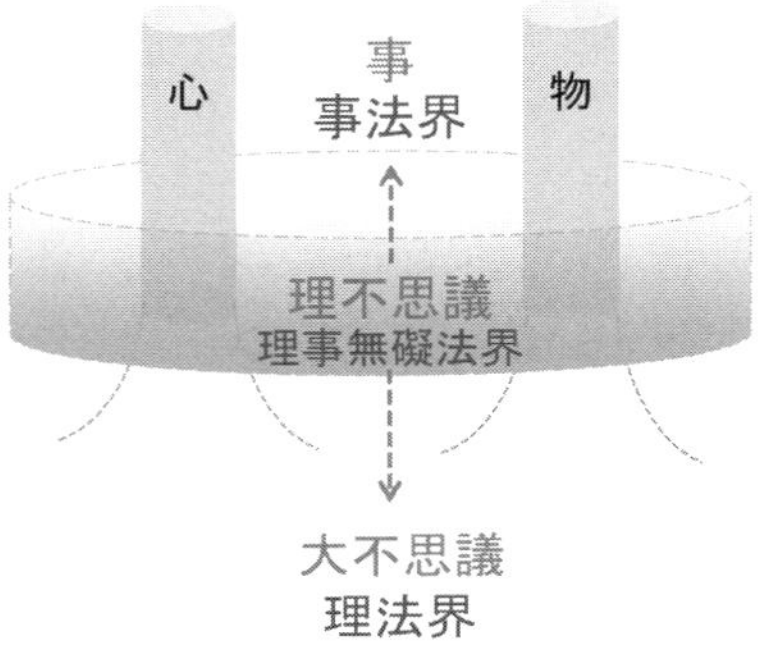

図１「理不思議」と「理事無礙法界」の関係図

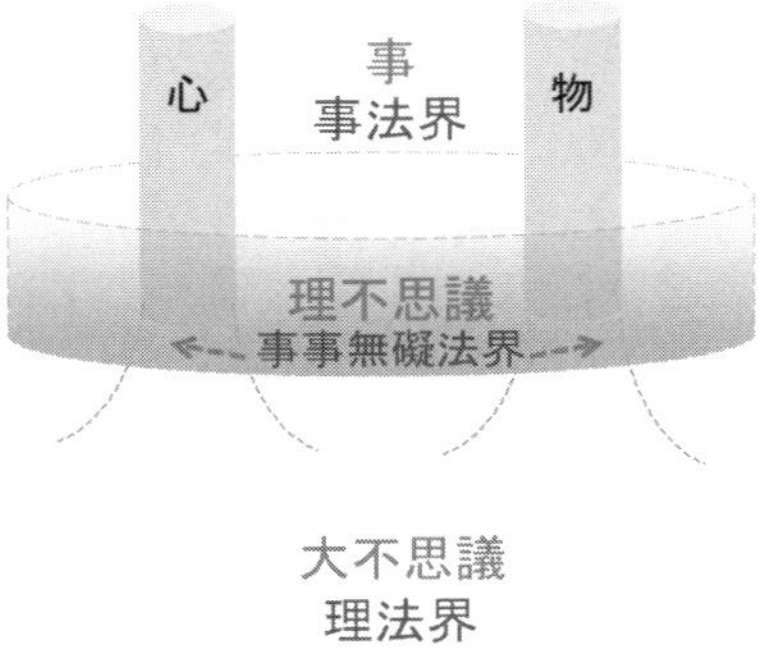

図２「理不思議」と「事事無礙法界」の関係図

熊楠は、「大不思議」から「心」と「物」が生じ、両者が交差する処を「事」あるいは「事不思議」と呼んだ。「理不思議」とは「心」（自己）と「物」（対象・他者）とに浸透するだけでなく、「事」あるいは「事不思議」（現実世界）と「大不思議」（根源的な場）にも浸透する場である。一方、華厳思想における「理事無礙法界」とは「理」と「事」が融通無礙につながっている場（図1）であり、「事事無礙法界」とは事物同士、あるいは自己と他者とが相互に豊かにつながっている場（図2）のことである。

(wonderful) ものだった。また熊楠は、「法《ダルマ》」という、あるがままの真理はよいとしても、それを「境」や「区切り」「仕切り」を意味する「界」という言葉で「限定」したくなかったのではないだろうか（というより、そのような「限定」ということについて、熊楠はよくわかっていなかったのではないだろうか。だからこそ、それは彼にとっては驚嘆すべき事柄でもあった）。彼は、「不思議」という曖昧な語によって、それぞれの融通無礙な在り方、浸透性のある在り方を示したかったのだと思われる。

熊楠が一言で「理不思議」として表した場は、「現実世界」と「根源的な場」、自己と他者などの「通路」として、全てに流れ行き渡る領域である。そこは、まさに、融通無礙な風、〈夢〉の領域である。そして彼は、まさにそこに立つ者であった。

我々は、その領域に立つ者を、極めて神に近い者として、時に「聖人」と呼ぶ。では、熊楠は、果たして「聖人」であったのだろうか。この事柄について、次節では、多岐にわたる彼の功績の中でも、最も世に知られている「神社合祀反対運動」を中心に考察していく。

八　聖人と善

生まれたばかりの（母親の分身である）赤ん坊は、母親と自身との区別が曖昧である。母親のことは自分のことでもあるし、自分のことは母親のことでもある。しかし、通常の成長過程において、赤ん坊は次第に両者の区別がつくようになり、おそらく小学校に上がるくらいには、自他の明確な区別ができるようになると思われる。また、日本には古くから「七つまでは神の内」という言葉がある。つまり、幼児（生まれてから小学一年生になるくらいまでの者）は、この世に生まれながらも（人でありながらも）、まだ半分、神の世界の住人でもあるのだ。要するに、幼児は、自己と他者、「現実世界」と「根源的な場」とのあわいに立つ者なのである。もしくは、両極に行き渡る風の領域に居る者なのである。

つまり、はじまりは、このあわい＝風の領域にあるわけだが、我々現代人は通常、積極的には、そこから「根源的な場」へ戻ろうとしない。むしろ、戻ることを拒否する。また、この風の領域に留まろうともしない。そこから生起し、何とか自他の区別を設けようとする。また「教育」は、それを強力に促進するものでもある。このように、他者（対象）との間に明確な壁を設けることは、言うなれば、自己と他者とを分離するということでもある。また、我々は、分離されていなければ、ある意味、対象を知ることはできない。そして、この非対称な対象を知ることができる場こそが、いわゆる「現実世界」である。

風の領域に居る幼児にとって、この「現実世界」と「根源的な場」とが融通無礙につながっているという認識はない。事態としてはそうであっても、幼児自身は、その見方を既に獲得しているなどとは思わない。その見方を知り得るためには、一度、そこから離れなければならないのである。そこから離れてみて、その意味や重要性を知り得るのである。幼児にとって、事柄としては自己と他者（主に母親）とがほとんど融合状態にあり、既にその見方を獲得しているのだが、そのことは、あわい（風の領域）から離れてみて、はじめて理解できるのである。風の領域において、風を本当に知ることはできないのだ。

真の聖人は、おそらくこの場の重要性を知ってはいない。ここで言う聖人とは、人として生まれながらも、あわいから出ることはなかった特殊な者のことである。例えば、イエスの言葉や行為は、公を説得することを目的とされたものではなく、ただ献身されたものであった。結果として、それが世人に影響を与えていたのである。

見返りなど求めず純粋に贈与する（できる）者が聖人である。イエスにおいて、善と悪との明確な区別はなかったはずである。両者を明確に区別して行われる善行は、いわば「世俗的な善」である。もともと善悪の基準など相対的なものであり、もしイエスが両者に確固とした基準（区別）を持っていたならば、それは「絶対的な善」つまり、世俗を超え、悪をも包含するような善とは言い難い[51]。

「世俗的な善」は、善悪を明確に区別する。しかし「絶対的な善」は、善も悪も超えて大きく包みこむ場である。それは、まさに在るものとしての「大不思議」とも言える。

さて、熊楠の功績として有名なものに、「神社合祀反対運動」がある。これは、彼にとって「世俗的な善」だったのか、それとも「絶対的な善」だったのか。従来の熊楠研究同様、神社合祀反対運動を単なる社会運動として捉えるならば、それは「世俗的な善」になり下がる。しかし、筆者は、熊楠がこの運動をはじめから「世のため人のため」に行っていたとは思わない。彼にとって、鎮守の森が伐採されることは、善悪の次元を超えた事柄であった。前に少し述べたように、熊楠は、自身を「小生は藤白王子の老樟木の神の申し子なり」（一九三九年三月十日付水原堯栄宛書簡[52]）とまで述べている。さらに「楠の樹を見るごとに口にいうべからざる特殊の感じを発する」（「南紀特有の人名—楠の字をつける風習について—」『民族と歴史』四巻五号、一九二〇年[53]）などと述べるほど、楠に対して一体感を抱いていた。楠だけではなく、森の生命体全てに熊楠は一体感を得ていた。そのような熊楠の行為やその動機は、本来、我々世人による共通基準などでは計ることはできないのである。

その「善」は、最初熊楠でさえ気づいてはいなかったはずである。しかし、熊楠の在り方に賛同した人々によって、それは「善行」となり、「運動」と呼ばれるようになった。「反対運動」として社会が盛り上がるにつれて、熊楠も、それが「善行」であることに気付くようになる。そして、熊楠は、例えば、新聞や雑誌などのメディアを使って官吏を批判したりするようになる。熊楠は、その方法が、自他の明確な区別のあるこの社会においては、有効な手段であることも知っていたのである。このような点は、イエスなどの聖人には見られないであろう。

九　苦境に立つこと

熊楠は、風の領域（あわい）に居ることを常態としながらも、自他の明確な区別がある場も知っていた。この点が、熊楠の特異性であり、聖人とも世人とも異なる点であった。そして、それが彼に苦しみを与えた。また熊楠は、この「現実世界」には、大日如来が遍在していることも知っていた。熊楠は、虚空の大日如来を、顕微鏡を通してのぞき込んでいたのである。

何となれば、大日に帰して、無尽無究の大宇宙の大宇宙のまだ大宇宙を包蔵する大宇宙を、たとえば顕微鏡一台買うてだに一生見て楽しむところ尽きず、そのごとく楽しむところ尽きざればなり。（一九〇三年七月十八日付土宜法龍宛書簡[54]）

熊楠は、顕微鏡一台をもって、粘菌などの生物を見るとき、ほとんど大日如来に帰還していた。風の領域から虚空への移行。熊楠はそのとき何を感じたのであろうか。それは、まだかろうじて人でありたいという盲目的な欲求・意志（will）だったのかもしれない。

……万物は意willに結局す。willは万相自ら顕れ万物自ら生死するの原基たるの説あり。（一九〇二年四月二日付土宜法龍宛書簡[55]）

熊楠は、willを重視した。自他不鮮明の場にあった彼にとって、重視せざるを得なかったとも言える。右の言葉からもわかるように、熊楠は、willこそが万物の相、つまり自他の区別の在り方を顕《あらわ》し、またそれは生と死との区別さえも規定していると考えていた。

熊楠は、〈夢〉の住人ではあったが、やはり人間であることを放棄することはできなかった。彼は、虚空という全てが充満する真の無（無限定の場）をのぞき込んでいたが、そこへ完全に移行することはできなかった。それは、端的に「無への不安」のためと言ってもよい。例えばユングは、この事態について以下のように述べている。

けれども無限さはあなたを不安にする。なぜならば無限さは恐ろしく、あなたの人間的なものがそれに刃向かうからである。だから無限へとよろめき落ち、自分を見失わないように、あなたは境界と制限を求める。[56]

限りが無い（限定されることの無い）虚空に対して、人間は盲目的に「刃向か」ってしまうのである。それは、自己意識の消滅を避けんがための狂奔、自己保存の欲求でもある。人間は、何とかして、のっぺらぼうである無に「境界と制限」という切込みを入れようとするのである。

熊楠の場合、我々世人よりはるかに、虚空への移行は簡単であった。むしろ、「現実世界」との紐帯《ちゅうたい》を保つことの方が難しかった。仏教では、そのような紐帯を断ち切ること（輪廻を脱すること）こそが大事であるとされるが、我々は、それがあくまで、世人側からの考え方であることを忘れてはならない。もともと紐帯が切れそうな処にいる者にとっては、その紐帯をいかにしっかりとしたものにするかの方が、切実な問題なのである。

イエスや他の聖人、シャーマンなどが崇拝された時代とは異なり、自他の明確な区別のある場が社会であり、世間であり、そこに居ることが「普通」「正常」とされている近現代において、熊楠のポジションは苦境であった。しかし我々が、そのポジションこそが、実は第一義的なものであり、全てであることを知ることによって、苦境に立つ者（あるいは風狂、夢の住人）の言葉は、「常識」を打ち破るものとして、今までとは全く異なる妙なる声として聞こえてくるはずである。

熊楠は、大日如来あるいは「大不思議」という、もともと一つである場を常に意識の根底に置きながら、個々の事象を見ていた。しかし、その見ていた場所は、自他が明確に区別された処ではなく、両者が混じり合う〈夢〉、あるいは風の領域であった。彼の常態はそこに在ることだったが、聖人とは異なり、「現実世界」の世人の在り方も知っており、それがどうやら「正常」と呼ばれていることも知っていた。それゆえに、彼のポジションは苦境であったが、同時にそこが熊楠にとっては全てであった。

おわりに

一枝もこゝろして吹け沖つ風　わか天皇《すめらぎ》のめてまし、森そ熊楠が生涯愛してやまなかった神島《かしま》（和歌山県田辺湾）には、昭和天皇南紀行幸を記念して、熊楠による歌碑が建てられている。熊楠は、その生涯において、たびたび神島に上陸し、粘菌などを採集した。また、その島には、生物学者でもあった昭和天皇も上陸し（一九二九年六月一日）、島の森の植生の豊かさを誉め讃えたことがあった。熊楠は、先述した神社合祀反対運動で、この島の森を必死に守った。

熊楠にとって、そこはまさに神の島であった。島を吹き抜ける沖の風に、熊楠は何を思ったのであろうか。熊楠は、自分自身をその風に重ねていたに違いない。島内の森は、全てが充満する虚空である。すなわち、全てを包みこみ、全てを生み出す根源《ウーシア》である。そして、そこを吹き抜ける風である熊楠は、その島をまさに神として人々（特に神社を合祀し森を伐採することで私慾を肥やそうとしていた官吏たち）の前に顕現させたのである。ただ湾上に浮かぶその島に、熊楠（風）は揺らぎをもたらした。そのとき、神島は人々に強烈な威光を放ったのである。ここは決して冒してはならない畏れ多い島であると。熊楠がいなければ、神島は我々の前に、神の島として現前することはなかった。確かに、古来、その島は神聖な場所とされてきた。しかし、近代に入り、その神聖性は消滅しかけていた。そこで神は、熊楠を通じて、我々にその力を具体的に行使したのである。その力の行使は、神社合祀反対運動となり、人々に再び自然に対する、言葉を超えた感覚の重要さを気づかせた。熊楠は、神社合祀反対を訴える書簡の中で、そのような感覚を以下のように表している。

……言語文章論議もて言いあらわし伝え化し得ぬところを、在来の威儀によって不言不筆、たちまちにして頭から足の底まで感化忘るる能わざらしむるものをいいなるべし。（一九一一年八月二十九日付松村仁三宛書簡[57]）

この全身全霊で感得する何かこそ、当時日本の多くの人々が忘れかけていたものであった。

熊楠は、神島に入るとき、細心の注意を払っていた。そこは彼にとって、「こゝろして」入らなければ、二度と出てこられなくなる虚空でもあったのだ。

ユングは言う。

> 恐れ、そして震えながら、疑惑の目でまわりを見ながら、深みに入っていきなさい。…（中略）…また退路も確保しておきなさい。あたかも臆病者であるかのように、注意深く進み、そうして魂の殺害者の機先を制しなさい。深みはあなたたちを完全に呑み込み、泥で窒息させようとしている。
>
> 地獄に行く者は、地獄にもなる。それゆえに、あなたたちがどこから来たかを忘れないように。深みはわれわれよりも強い。…（中略）…深みはあなたたちをとどめておこうとし、これまでにあまりにも多くの者を元に返さなかった。(58)

ユングの言う「深み」とは、真の無、虚空のことである。そこへ入る者は、必ず「退路」を確保しておかねばならない。「退路」とは、換言すれば、自我のことである。かろうじて自他の区別を保ちつつ、「深み」へ近づくことでこそ、我々が「高み」と信じて疑わない「現実世界」を見直すことができるのである。しかし、もし真の無の偉大さを見くびり、「退路」を失ってしまえば、「深み」は、我々を完全に呑み込んでしまうのである。

確固とした自我を持つ世人と違い、浸透性のある自我の持ち主だった熊楠は、「現実世界」への「退路」を見失わないように、その島（深み）に入るときには、細心の注意を払わなければならなかった。

＊

虚空に風が揺らぎをもたらす。それは神の自己分裂である。自己分裂した神は、人間に啓示を行うことができる。〈夢〉を通じて。また、虚空に揺らぎをもたらした風は、大地にも吹き抜ける。それは「現実世界」と「根源的な場」とのパサージュである。それはベンヤミンの言うように、まるで〈夢〉のような場でもある。

個は形を失い、再び虚空へと帰る。熊楠の言うように、それは風（の玉）に乗って帰るのかもしれない。個は風になって虚空へと帰り、しかも同時に、風になって「現実世界」にも遍在する。虚空、大地のみならず、人体にも息（呼吸）として流れる。重要なのは、神と神ではないもの、虚空と虚空ではないもの、自己と自己ではないものとを同時に成立せしめる、この風の領域なのである。熊楠は、その領域を「理不思議」と呼び、また〈夢〉の重要性を語ることを通して、その在処を我々に明確に、そして極めて体系的に示してくれているのである。

引用参照文献・注釈

（1）例えば、江戸時代の大百科事典『和漢三才図絵』を丸暗記した、『太平記』を立ち読みして内容を記憶し家に帰って筆写した、生物採集旅行でやって来たキューバにおいてサーカス団と知り合い、彼らと一緒に西インド諸島を廻ったなど。（松居竜五・田村義也編『南方熊楠大事典』〔勉誠出版、二〇一二年〕一三四、二二七頁参照）

（2）南方熊楠資料研究会（現南方熊楠顕彰会学術部）編『南方熊楠蔵書目録』〔田辺市、二〇〇四年〕参照。

（3）那須政玄『闇への論理―カントからシェリングへ―』〔行人社、二〇一二年〕五頁。

（4）南方熊楠・土宜法龍著、奥山直司・雲藤等・神田英昭編『高山寺蔵 南方熊楠書簡―土宜法龍宛一八九三―一九二二』〔藤原書店、二〇一〇年〕二五六頁。以下「高山寺本」と略記。

（5）南方熊楠・土宜法龍著、飯倉照平・長谷川興蔵校訂『南方熊楠 土宜法龍 往復書簡』〔八坂書房、一九九〇年〕三〇九頁。以下「往復書簡」と略記。

（6）「高山寺本」二七五頁。

（7）Heidegger, Martin, *Sein und Zeit*, 1927／邦訳：原佑・渡辺二郎『存在と時間』Ⅰ〔中央公論新社、二〇〇三年〕八頁他多数。以下「存在と時間」と略記。

（8）ハイデガーは、『存在と時間』の自家用本には、「『存在』は存在者といったようなものではない」という自身の文章に対して、「いや、そうではない！ むしろ〈奥深い存在［Seyn］〉については、このような〈存在と存在者との区別といったような〉概念的道具立ての助けによっては、決着をつけることができない」と記されている。その他にも、『存在と時間』の自家用本に、ハイデガーによる〈奥深い存在［Seyn］〉という書き込みが散見される。（「存在と時間」一四、二五、九七頁参照）

（9）「高山寺本」五七頁。

（10）「往復書簡」三三三頁。

（11）Hegel, G. W. F. *Phänomenologie des Geistes*, 1807／邦訳：樫山欽四郎『精神現象学（上）』〔平凡社、一九九七年〕一九九頁。以下「精神現象学」と略記。

（12）「精神現象学」一九一頁他多数。

（13）「精神現象学」一九七頁。

（14）那須、前掲書、一八〇頁。

（15）中村元『広説佛教語大辞典』〔東京書籍、二〇〇八年〕一四一七頁。

（16）中沢新一『チベットのモーツァルト』〔せりか書房、一九八三年〕一三九頁。

（17）中沢、前掲書、一四一頁参照。

（18）木村敏「自覚の精神病理」『木村敏著作集1　初期自己論・分裂病論』所収〔弘文堂、二〇〇一年〕二二二頁参照。

（19）Benjamin, Walter Bendix Schönflies, *Das Passagen-Werke*, 1928–1940／邦訳：今村仁司『パサージュ論』一巻〔岩波現代文庫、二〇〇三年〕二三八頁。

（20）南方熊楠著、長谷川興蔵編『南方熊楠日記』二巻〔八坂書房、一九八七年〕四一九頁。以下「日記二」と略記。

（21）熊楠は、自分には、他者の考えを見抜く神通力がある、もしくは予知能力があると思っていた。日記や書簡などにもたびたびそのことを示すような言葉が現れる。例えば、「小生神通力にてこれを知り……」（一九二六年十一月九日付上松蓊宛書簡、南方熊楠著、岩村忍・入矢義高・岡本清造監修、飯倉照平校訂『南方熊楠全集』別巻一〔平凡社、一九七四年〕一三一頁）などである。しかし一方で、それが世間では、非科学的な事柄、あるいは「病気」として忌避あるいは非難される事柄であることも知っていた。

　プロムネシア（promnesia 前知謬《ぜんちびゅう》）と申し、今始めて知ることを以前から知っておったことと間違える一種の謬病なり。小生などには多し。（一九〇四年三月二十四日付土宜法龍宛書簡、南方熊楠著、岩村忍・入矢義高・岡本清造監修、飯倉照平校訂『南方熊楠全集』七巻〔平凡社、一九七一年〕四六一頁。以下「全集七」と略記）

熊楠は、このpromnesia（前知謬）を「病」とし、またそれが自分にたびたび発症することを自覚していた。

（22）「全集七」一三〇頁。

（23）離人症の症状について、木村敏は以下のように述べる。

　自我の喪失感、自我の離隔感、感情の喪失感、事物の非実在感、時間的経過や時間そのものの非連続感、自我の非連続感、空間の非存在感、などである。これを一言で言ってしまえば、自我、時間、空間、事物などのすべてに通じての「現実感の喪失」と言ってもよい。（木村、前掲論文、一一三頁）

(24) 統合失調症の症状として、しばしば報告されているものに、例えば、自分の一切の行動が他者によって操られていると感じてしまう被影響体験や、自分（他者）の考えが全て他者（自分）に筒抜けになっていると感じる思考伝播、周囲の出来事や他人の行為全てが自分に向けられていると感じる関係念慮などがある。これらは全て、自己と他者の境界が不鮮明になっている現象として捉えることができる。（唐澤太輔『南方熊楠の見た夢―パサージュに立つ者―』〔勉誠出版、二〇一四年〕二六九頁参照）

(25) 「全集七」一五頁。

(26) 南方熊楠「夢を替た話〔南方先生百話〕」『牟婁新報』一九一八年十一月～十二月所収〔南方熊楠顕彰館所蔵〕。

(27) 廣松渉・子安宣邦・三島憲一・宮本久雄・佐々木力・野家啓一・末木文美士『哲学・思想事典』〔岩波書店、一九九八年〕一三八七頁。

(28) Jean Chevalier, Alain Gheerbrant, *Dictionnaire des Symboles*, 1982／邦訳：金光仁三郎・小井戸光彦・山下誠・熊沢一衛・白井泰隆・山辺雅彦『世界シンボル大事典』〔大修館書店、一九九六年〕二二四頁。

(29) 新約聖書翻訳委員会『新約聖書』〔岩波書店、二〇〇四年〕五〇四頁。

(30) 南方熊楠著、岩村忍・入矢義高・岡本清造監修、飯倉照平校訂『南方熊楠全集』二巻〔平凡社、一九七一年〕七八頁。

(31) 例えば、熊楠は、以下のように、ナギランやピソフォラといった珍しい植物や藻などを、夢告によって、しばしば発見している。

扨此ナギランは小生近来夢の告により発見多し。一昨々年十月上旬、吉田の聖天宮えまいればピソフヲラあるべしといふ。…（中略）…何となく気にかかり、試みに右一握手丈の藻をとり帰り験ずるに、乃ち右のフロリダ予の発見と同一種のみならず同一亜種たりし。〔一九〇四年三月三十一日付小畔四郎宛書簡、南方熊楠・小畔四郎著、南方熊楠顕彰会学術部編『南方熊楠 小畔四郎往復書簡（1）』〔南方熊楠顕彰館、二〇〇八年〕四四、四五頁〕

(32) 神坂次郎・南方文枝「父　熊楠の素顔」『新文芸読本南方熊楠』所収〔河出書房新社、一九九三年〕一五四頁。
(33)「往復書簡」三〇八、三〇九頁。
(34) tactについて、熊楠は「何と訳してよいか知れぬ（「往復書簡」三〇九頁）」と述べている。
(35)「往復書簡」三一三頁。
(36)「往復書簡」三〇七頁。
(37)「往復書簡」四六頁。
(38)「往復書簡」四六頁。
(39) 井筒俊彦「事事無礙・理事無礙―存在解体のあと」『井筒俊彦全集』第九巻所収、慶應義塾大学出版会、二〇一五年、一六、一七頁。
(40) 井筒、前掲論文、四一頁。
(41)「根源的な場」へ向かうための実践方法は、特に宗教においては、瞑想をはじめとして、数え切れないほどたくさんある。宗教の究極的な目的は、基本的に「根源的な場」を目指すことにある。仏教で言えば、解脱することである。仏教においては、もし輪廻を断ち切り解脱できれば、ある意味、そこで終了なのである。だから、解脱後のことなどは、基本的に考える必要はない。一方、哲学において重要な事柄は、この「根源的な場」の先である。それは、「根源的な場」と「現実世界」との関係性を思索するということである。哲学においては、両者の〈中間〉とは何か、そこをどのように、人々に通じる「文法」で説明するか、そこに腐心するのである。仏教においては、基本的に解脱が最も重要な課題であり関心事である。しかし、仏教の中でも華厳思想は、少し様相が異なる。というのは、華厳思想においては、「理」という「根源的な世界」を説いた後、さらに高次元を求めるからである。その次元が「理事無礙法界」と「事事無礙法界」なのである。
(42) 井筒、前掲論文、四四、四五頁。
(43) 井筒、前掲論文、四五頁。

(44)「精神現象学」一九一頁。
(45)「精神現象学」二二〇頁。
(46) 熊楠の公私にわたって付き合いの深かったロンドン大学事務総長フレデリック・ディキンズ(Frederic Victor Dickins, 1839–1915)は、熊楠への手紙の中で、彼を以下のように評している。

君は伯爵でも男爵でもないけれど(あえて言えば君はそんなものにはなりたくもないだろうね)、君のような友人を持てたことは、ここ何年かの間、常に私にとって大きな喜びであり、また利益でした。君は東洋と西洋に関するかくも深い学識を持ち、人間世界と物質世界の率直で公平でしかも私心のない観察者です。(ディキンズから熊楠へ送られた手紙、未公刊、一九〇八年一月八日、松居竜五・月川和雄・中瀬喜陽・桐本東太編『南方熊楠を知る事典』〔講談社現代新書、一九九三年〕二六一頁)

この言葉は、熊楠の人となりを実によく見抜いた、最高の賛辞ではないだろうか。ディキンズは、熊楠の伯爵や男爵などの地位などには執着しない生き方に敬意を払っていた。また、東洋と西洋に関する非常に深い学識を持ち、人間とそれ以外の世界への率直で公平でしかも私心のない観察者だと、熊楠の在り方のまさに核心をつく言葉をディキンズは述べているのである。

(47) 熊楠が那智に籠もって居た時期の一九〇四年三月二十四日の日記には、

獣畜、言詞、心なけれども生物のこと分る。科学者はこれを人間に分らぬといふのみ。乃ち霊妙也。(「日記二」四一八頁)

とある。つまり熊楠は、「普通の科学者には理解できないかもしれないが、自分には言葉をもたない生物のことでもわかる」と言っているのである。これは要するに、彼が、獣畜つまり人間以外の森の生命体と交感していたということであろう。このようなことができたのは、このとき、熊楠という人間と他の生物あるいは自然そのものとの境界が極めて曖昧になっていたからではないだろうか。この頃の日記などを見ると、熊楠は、植物を中心に頻繁に「やりあて」ている。

(48) 唐澤太輔「「南方曼陀羅」と『華厳経』の接点」『龍谷大学世界仏教文化研究センター二〇一五年度研究活動報告書』所収〔龍谷大学世界仏教文化研究センター、二〇一六年〕二〇六頁参照。
(49) 鎌田茂雄『華厳の思想』〔講談社学術文庫、一九八八年〕一二三頁参照。
(50) 熊楠は、なぜ「理法界」を「理不思議」と呼ばずに「大不思議」としたのであろうか、また、なぜ「理事無礙法界」「事事無礙法界」をそのまま「理事不思議」「事事不思議」としなかったのであろうか。――彼は、敢えて「操作」したのかもしれない。熊楠による当時の日記や書簡からは、友人の真言僧侶・土宜法龍（一八五五～一九二三年）との交流を通じて、『華厳経』の思想と真言密教とをミックスし、さらにそれらを換骨奪胎した上で、新たに彼独自の思想を確立しようという強い思いのようなものを見てとることができる。熊楠の思索は当時、まさに「灼然と上進」（一九一一年六月二十五日付柳田國男宛書簡、南方熊楠著、岩村忍・入矢義高・岡本清造監修、飯倉照平校訂『南方熊楠全集』八巻〔平凡社、一九七二年〕五二頁）し、止めることはできなかった。
(51) 那須政玄「秘密ということ」『現代密教』第二六号所収〔真言宗智山派総本山智積院、二〇一五年〕一〇四頁。
(52) 南方熊楠著、岩村忍・入矢義高・岡本清造監修、飯倉照平校訂『南方熊楠全集』九巻〔平凡社、一九七三年〕四一一頁。
(53) 南方熊楠著、岩村忍・入矢義高・岡本清造監修、飯倉照平校訂『南方熊楠全集』三巻〔平凡社、一九七一年〕四三九頁。
(54)「往復書簡」三〇〇頁。
(55) 南方熊楠資料研究会編『熊楠研究』第七号〔南方熊楠顕彰館、二〇〇五年〕一六六頁。
(56) Jung, Carl Gustav, *The Red Book*, 1914–1930／邦訳：河合俊雄・田中康裕・猪俣剛・高月玲子『赤の書』〔創元社、二〇一〇年〕二八六頁。
(57)「全集七」五〇六頁。
(58) Jung, 前掲書、二五四頁。

自閉症の哲学的考察による「人間」観の再考

相川　翼

序　哲学的「症状」としての自閉症

発達障害の一つとして、昨今「自閉症」が話題になっている。これを哲学的に捉えるとき、私たちに何を語りかけてくれるだろうか(1)。

自閉症とは、哲学的に一言で言うと、他者／他性を必要とせず、直接性（純粋な同一性）の次元に留まっている人間存在の一様態のことである。自閉症のある人が他者を必要としないというのは、他者との関わりを持ちたいのに上手にできない、ということではない。そうではなくて、そもそも他者を必要としていない。あるいは、他者とは何であるかを知らない。他者と関わりを持ち、人間関係を作っていく必要性を感じていない。自分だけの世界で満足している。

他性を必要としない、というのはどういうことか。自閉症のある人は、同じおもちゃで遊び、同じ本を読み、同じ絵を描き、それで満足している。手をパチパチ叩いていたり、部屋の中をピョンピョン跳びはねていたり、同じフレーズを口ずさんでいたりする。また、極端な偏食がしばしば見られるが、これも、同じものを食べて満足しているということである。これらは、言葉、行動、興味などのバリエーションを増やしたいにもかかわらずできない、ということではない。自閉症のある人は、そもそも、新しい言葉を覚え、新しい行動パターンを習得し、興味や関心を広げていく必要性を感じていない。いま現在の自分のやり方で、十分に満足している。

図式的に表せば、自閉症は「ただAである」というあり方である。自我構成については、非A（他者）の視点を取り込んでいない。ただA（自分）であるという自我のあり方をしている。だから自閉症のある人は、コミュニケーションが苦手というよりも、そもそもコミュニケーションの必要性を有していない、という方が適切である。言葉、行動、興味などについても、同じことをA、A、A…と繰り返している。Aとは異なるBやCを、必要としていない。内界（自我構成）についても、外界（環境）との交わりについても、自閉症は、非A（他者や他性）を必要とせず、A（自分）だけで自足しているのである。このことは、自閉症のある人が、「ただAである」という直接性（純粋な同一性）の次元に生きていることを示している。別の言い方をすれば、Aを否定する非Aのない世界に生きている。

では、定型発達者（neurotypicals）――本論考では、正常／異常という質的区分に基づく「健常者」という用語ではなく、多数／少数という量的区分に基づく「定型発達者」という用語を用いる――は、自閉症のある人と対比させた場合、どのように規定できるか。それは、他者／他性を必要とし、直接性（純粋な同一性）の次元に留まっていられない人間存在の一様態のことである、と言える。精確に言えば、定型発達者も同一性の次元に生きている。ただし、その場合の同一性とは、自閉症の場合とは違って純粋な同一性ではない。他者／他性を含んだ同一性である。

自我構成については、定型発達者は、他者／他性（非A）を自分の中に取り込むことによって自我（A）を構成している。自己の同一性（自分が自分であるという自覚）も、自分とは異なる他者を媒介にすることによって初めて確認できる。自分が自分であること、図式的に言えば、A＝Aの背後には、必ず他者（非A）の媒介がある。他者／他性（非A）の媒介がなければ、A＝Aは成立しない。これが、定型発達の自我構成である。

また外界（環境）との関わりについても、同じことの繰り返しだけでは飽きてしまう。電車が好きな人を例にとっても、自閉症のある人は、お気に入りの、ある特定の電車を見れば満足する傾向があるが、定型発達者は、様々な型の電車の比較や、新型の車両に魅了される傾向がある。食事を例にとっても、自閉症のある人とは違って、同じものを食べ続けたら飽きてしまう。図式的に言えば、定型発達者は、A、A、A…と同じことを繰り返しても満足できず、Aとは異なる非A（BやC）を必要とする。これが、定型発達的な外界（環境）との関わりである。

「非Aによって媒介されるA」「A＝Aの背後にある非A」、このことが、定型発達のメカニズムを理解する鍵である。定型発達者は、自我構成についても、外界（環境）との関わりにおいても、他者／他性（非A）に媒介されている。その意味で、「ただAである」というあり方の自閉症とは異なって、直接性の次元に留まっていられない。他者／他性によって媒介された同一性の次元に生きている。

そもそも同一性（同一律）とは、「A＝A」という命題で表されるものである。これは、哲学全体に通底するテーマではあるが、特にフィヒテ、ヘーゲル、シェリングらのドイツ観念論において主題化されたと言える。フィヒテによれば、A＝Aが成り立つためには、前者のAと後者のAとが同一であることを判断する自我（Ich）

がなければならない。けれども、前者のAと後者のAを判断する自我も同一でなければならないから、A＝Aの成立は、自我＝自我という事態も含意している。この自我は、自我を否定する非自我を媒介にして成立しており、そこには「事行」（Tathandlung）と呼ばれる運動性がある。この自我の運動性があって初めて、A＝Aは成立するという[2]。

ヘーゲルは、フィヒテの「事行」という考え方を継承し、それを用いて実体を捉えた。つまり実体も、自我（主観）と同じように、自己を否定する他者を媒介にして成立していると言うのである。「さらに、生きた実体は、実際には主観である存在である。同じことになるが、実体は、自己自身を措定する運動、自己が他者となることを自己自身と媒介するはたらきである限りでのみ、実際に現実的である存在である[3]」。ここで言われている「実体」をAとすると、Aは、自己自身と関わることによって自ら分裂し、他者（非A）を生み出す。このことによって自己（実体）自身が措定される、つまり、A＝Aが成り立つとヘーゲルは考えていた。

またシェリングは、実在する自然が体系の中に組み込まれていなければ、その体系は内容空疎であると言って、フィヒテやヘーゲルを批判した[4]。けれども、非A（あるいはB）があって初めてA＝Aという全体的な構造が成立しているという考え方は、フィヒテやヘーゲルと共通していた。「A＝Bは分離、Aは統一であり、その全体が一緒になって生きた現実的根源存在者（Urwesen）である。AはA＝Bのうちに客観、鏡をもつのである。このようにして自体的には根源存在者はつねに統一、すなわち対立と分離の統一である[5]」。

以上で素描した同一性についての考え方は、シェリングが指摘しているように、「A＝Aを自己のうちへ飲み込まれた存在の状態として定立する場合[6]」の話である。つまり、ドイツ観念論の論者たちは、「Aがある」という事態を、イデア界や叡智界といった現実の彼岸に追いやってしまうのではなく、あくまで「自己」のうちで、あるいは、「人間」に捉えられるものとして、捉えようとしたのである。このことは、ドイツ観念論がカントの思想に対する応答であったことを考えれば、首肯しうる。というのもカントは、一方では、実体（真理）を物自体として叡智界に追いやってしまったが、他方では、実体（真理）へ到る通路としての人間主体（主観）の意義を積極的に認めたからである。

しかしながら、既述の「ただAである」という自閉症のあり方を見れば、ドイツ観念論で言われていた「自己」あるいは「人間」とは、実は、普遍的な自己や人間の話ではなく、定型発達者に限定して当てはまる話だったのではないだろうか。他者／他性を含まない、純粋な同一性の次元に生きる自閉症のあり方は、ドイツ観念論で主題化された同一性について、再考を迫っていると考えられないだろうか。

ところで、今日の精神医学では、自閉症（自閉スペクトラム症／自閉症スペクトラム障害）は、「持続する相互的な社会的コミュニケーションや対人的相互反応の障害」および「限定された反復的な行動、興味、または活動の様式」の二側面から定義されている[7]。前者は、コミュニケーションや社会性の障害、後者は、言動や興味の反復性、常同性のことを言っている。

けれどもこれは、定型発達を規準（ものさし）にした場合の話である。自閉症の側から見れば、自閉症のある人のコミュニケーションの「障害」は、他者を必要としないで自足しているということである。また、言動や興味が反復的・常同的であることは、あれこれと目移りせずに一つのもので満足しているということである。それならば、他者や他性を必要とせず、コミュニケーションが苦手であることが、どうして「障害」とされなければならないのだろうか。同じことの繰り返しに楽しみを見出すことの、何が「問題」なのだろうか。

真に問われなければならないのは、むしろ、定型発達の側のあり方であろう。定型発達者が単独者としての自分の世界だけで満足できないのは、なぜなのだろうか。定型発達者が同じことを繰り返すと、どうして飽きてしまうのだろうか。定型発達者がAとは異なるBやCを必要とするのは、なぜなのか。

これは、定型発達のあり方だけを見ていても分からないことである。定型発達の外側にいったん出て、自閉症――定型発達にとっての「他者」――のあり方を参照することによってこそ、分かることである。定型発達のあり方の特殊性、特異性を明らかにするためには、自閉症のあり方に「学ぶ」必要があるのである。

このように本論考では、自閉症という「障害」を、療育や支援の対象として捉えるのではなく、定型発達が自分を知るために必要な「鏡」(他者)として捉える。このような意味において、自閉症とは、極めて優れた哲学的「症状」なのである。

もっとも今日では、自閉症は「カテゴリー」ではなく「スペクトラム」の考え方で捉えられている。虹の色と同じように、自閉症と言っても様々なバリエーションがあるし、「ここからが定型発達で、ここからが自閉症」といった明確な線引きはできないということである。それゆえ自閉症を捉えるとき、一方では、自閉症にも定型発達にも通底する共通項を見出し、他方では、自閉症と定型発達との質的な相違点を見出す必要がある。

そこで本論考では、自閉症にも定型発達にも通底する概念装置を用いて、そのモードが自閉症と定型発達とで異なるという仕方で議論を組み立てる。本論考は、ある意味で、自閉症も定型発達も前提にしない。自閉症にしろ、定型発達にしろ、それらがどのようにして可能となっているか、ということに焦点を当てる。

哲学には、古今東西、様々な概念装置の蓄積があるが、本論考では、「イメージ(像)を形成する力」である「構想力」(Einbildungskraft)を中核に据えて議論を進める。構想力は、カントによって見出された人間主体の能力だが、その働きは、人間にとって極めて根源的である。というのも、構想力の作用によって初めて、一切の経験が可能となるからである。カントの考えでは、感覚（感性）が受容したバラバラの表象を構想力が一つの像にまとめ上げることで、人間にとって意味をなす経験が可能となる。人間にとっての「世界」は、すべて構想力の所作であると言って良いし、そもそも人間にとって「世界」が成立しうるのは、構想力の働きに因ると言っても良い。

本論考においては、この構想力を、自閉症と定型発達に共通の「根」として措定する。その上で、特に自閉症の場合の構想力の働きを明らかにし、自閉症のある人がいる（存在している）「場所」は如何なるものか、それは定型発達者の場合とどのように異なるのか、といったことを考察していく。

一節では、カント自身の構想力についての考え方を確認した後、『判断力批判』の議論を援用して、「直接性の傍ら」という、自閉症のある人がいる「場所」を明らかにする。二節と三節ではフロイトやラカンの精神分析学の知見を援用する。両者ともに自閉症を主題的に論じていたわけではないが、フロイトの「一次過程」（二節）、ラカンの「現実界」（三節）という考え方は、自閉症のある人がいる「場所」を言い当てたものとして一考に値すると考えられる。そして結語で、「人間＝定型発達者」という前提が取り払われたとき、何が哲学の今後の課題となるか、展望を示して論を締めくくる。

一　カントの構想力と「直接性の傍ら」

1　『純粋理性批判』におけるカントの構想力

本項では、本論考で主要な道具立てとして用いる構想力について、カントがどのように考えていたか、確認していく。

人間の「イメージを形成する力」は、想像力（imagination）とも構想力（Einbildungskraft）とも呼ばれるが、それを哲学上の中心問題に据えたのはカントである。カントの『純粋理性批判』によれば、構想力とは、「対象を、その対象が現存していない場合にも直観において表象する能力[8]」であり、「直観の多様を一つの形象（ein *Bild*）へともたらすものなのである[9]」。

カントは、この構想力を、ほとんど意識されることはないけれども、人間の認識が成立するための要石だと考えていた。「この構想力とは、魂の不可欠とはいえ盲目的な機能であるが、この機能なしには、われわれはそもそもいかなる認識ももたないであろう。けれども、われわれがこの機能を意識しているということさえも極めてまれである[10]」。以下では、『純粋理性批判』における構想力のポジションを素描しながら、その働きを見ていく。

『純粋理性批判』執筆のモチーフは、独断論（哲学者個人の思い込み）に陥らない形而上学を構築するためにはどうすれば良いのか、ということである。カントの言う形而上学とは、端的に言えば「自然現象を超えた領域の学」であり、数学や自然科学以外の、道徳や宗教についての学のことである。その根本問題は、霊魂の不死、意志の自由、神の存在について証明することである。カントは、こうした形而上学の方法論を確立するために、その領域をきちんと確定することが必要だと考えた。そこで、因果法則に従う自然現象の世界──見えるものの世界（現象界）──と、意志の自由の世界──見えないものの世界（叡知界）──とを切り分ける作業を『純粋理性批判』で行った。ちなみに「批判」（Kritik）は、「批評する」という意味ではなく、「分ける」という意味で用いられている。

そして、見えないものについての学（形而上学）が、独断論に陥らず、普遍性、客観性を有しているためには、モノが見えること（認識）が普遍性、客観性を有していなければならない。けれども、どんなモノがどのように見えるかということは、個々人の経験に依存する、主観的な事柄のように思われる。少なくとも、ベーコン、ヒュームやロックらに代表される「イギリス経験論」の論者たちは、そのように考えていた。

そうは言っても、デカルトやスピノザ、ライプニッツらに代表される「大陸合理論」の論者たちは、人間が生まれつき持つ理性の力（形而上学的な世界へと向かう力）を前提にしており、独断論に陥っている。合理論者たちの言うことを鵜呑みにするわけにはいかない。そこでカントは、イギリス経験論と大陸合理論の間の道を進む。つまり、モノが見えること（認識）は、個々人の経験に依存する主観的な性格を有しながらも、同時に、万人に共通の普遍性、客観性をも有するということを論証していく。

認識が主観的であると同時に客観的であるとは、どういうことか。カントは、『純粋理性批判』第二版の序論（Einleitung）で、「われわれの認識のすべてが経験とともに（mit）始まるとしても、だからといって必ずしもすべての認識が経験から（aus）生ずるわけではない[11]」と述べている。「経験とともに」（mit der Erfahrung）とは、認識は、時間的に考えれば、経験と同時並行的（mit）であり、経験を離れた認識はないという意味である。それに対して「経験から」（aus der Erfahrung）は、認識は、論理的に考えれば、経験的でないものにも由来する（aus）という意味である。

この表現に集約されているように、カントは、如何なる認識も、その内容は個々の経験に依存する主観的なものであるが、認識が如何にして可能となっているかということに目を向ければ、そこには、万人に共通の普遍的な構造があるはずだと考えた。つまり認識を、それが成立する土台にまで論理的に遡行して、基礎付けようとしているのである。カントが「超越論的／先験的」（transzendental）と言うとき、それは、時間的な意味での遡行ではない。論理的な意味で、経験以前に遡行するということである。

さて人間の認識は、対象によって触発されることで表象を受け取る「感性」(Sinnlichkeit)と、それらの表象を通して対象を認識する「悟性」(Verstand)という二つの異なる能力に由来している。感性は、外界からやって来る感覚・知覚の受容器官、悟性は、人間の内的な思考能力のことである。感性は、直観(対象へ直接関係する表象)を生み出し、悟性は、それを概念へと関係づけて対象を認識する。そのためには、直観は概念に包摂されなければならず、概念は直観と関係づけられなければならない。別の言い方をすれば、人間の認識が成立するためには、感性と悟性が合一されることが必須である。けれども、異なる能力である両者は、如何にして合一されるのだろうか。

この点に関してカントは、『純粋理性批判』第一版および第二版の序論で次のように述べている。「ただ、序論あるいは前置きのために必要であるように見えるのは、たぶん、共通の、しかしわれわれには知られない根から発現する人間的認識の二つの幹、すなわち、感性と悟性が存在するということ、前者によってわれわれに諸対象が与えられ、後者によって思惟されるということだけである[12]」。

ここで言われているように、人間の認識に必要な二本の幹(感性と悟性)が、共通の「根」から発しているものであるならば、その「根」を媒介として両者が結びつくことが可能となる。そして、感性と悟性の共通の「根」として措定されたのが、他ならぬ構想力である。構想力は、両者の媒介として、特に演繹論と図式論と呼ばれる箇所において決定的に重要な役割を果たしている。

演繹論は、悟性による思惟の形式である純粋悟性概念(カテゴリー)がどうしてアプリオリに(経験に先立って)対象に関係しうるかを述べた箇所である。これには、次の三段階がある。第一段階は、「直観における把捉の総合」(die Synthesis der Apprehension in der Anshauung) で、これは、種々雑多な無秩序な感覚である「多様」を概観しまとめることで、時間の前後の区別を可能にする作業である。

第二段階は、「構想における再生の総合」(die Synthesis der Reproduktion in der Einbildung) である。人間は、構想力の働きによって、現存していない、過去の表象を再生する(思い出す)ことができる。構想力における総合とは、この想起された過去の表象と、第一段階の「把捉の総合」によって得られた「総括された多様」とを突き合わせて、「一つの像」(ein Bild) に総合する作業である。

第三段階は、「概念における再認の総合」(die Synthesis der Rekognition im Begriffe) で、第二段階で得られた一つの像を、「私自身という意識」(das Bewußtsein meiner Selbst) である「統覚」(Apperzeption) によって「私の像」(mein Bild) にまとめ上げる作業である。統覚は、多様のあらゆる総括を可能にする原理であり、悟性による思惟の形式である純粋悟性概念(カテゴリー)に根拠を与えるものである。が、この統覚は、像を生み出す構想力の働きを前提としている。「統覚に先立つ構想力の純粋(産出的)総合の必然的統一の原理は、すべての認識の、特に経験の可能性の根拠である」[13]。そうであるならば、純粋悟性概念は、統覚、そして最も根源的には、構想力の働きを媒介として感性の表象と関わりを持ちうると言える。

では純粋悟性概念は、どのようにして現象(経験的直観のまだ規定されていない対象)に適用されるのだろうか。そのことを述べたのが、後者の図式論である。純粋悟性概念を現象へと適用しうる、あるいは、経験的直観を純粋悟性概念の下に包摂しうるためには、一方では純粋悟性概念のように知性的であり、他方では現象のように感性的であるような媒介が必要である。その媒介が、「超越論的図式」(das transzendentale Schema) である。超越論的図式は、構想力が概念に形象を与える際の規則であり、純粋悟性概念がアプリオリな時間規定というかたちをとって実在化したものである。

たとえば、経験的に認識されるどんな三角形の形象も、三角形一般の概念と一致することはないが、構想力の働きによって形象を得て、感性へと向けられた概念である「三角形の図式」の制約のもとでしか、どんな現象も三角形とは認識されえない。図式は、構想力が総合する多様が感性の形式である時間に従っている限りにおいて感性的であり、また、この制約の下に悟性概念が働いているのであって、感性と悟性の橋渡しの役割を果たしている。

カントは以上のように、感性と悟性という二つの異なる能力の合一のために、その媒介として構想力を措定した。構想力は、感性と悟性の共通の「根」と言われているように、両者よりも根源的な位置にある。問題なのは、このことが何を意味しているかである。

カントは、水と油の関係にあったイギリス経験論と大陸合理論の対立を「調停」したと言われている。経験論の考えは、人間の心は生まれたときには何も書き込まれていない「タブラ・ラサ」であり、知識の源泉は感覚的経験に由来する、というものである。それに対して合理論は、人間は生まれながらにして理性を有しており、理性を正しく使用すれば真理に到達できる、という考えである。心の世界（主観）と物の世界（客観）という表現を用いれば、経験論は、心の世界（主観）よりも物の世界（客観）を重視する考えで、合理論は、物の世界（客観）よりも心の世界（主観）を重視する考えであると整理できよう。

カントの考えの中には、経験論的な考えが「感性」として、合理論的な考えが広義の「理性」（Vernunft）として反映されていると考えられる。感性は、外界からの感覚、知覚の受容器官のことであり、物の世界（客観）の側の出来事を単に受け取るだけの装置である。感性は、人間の心を構成する一つのファクターではあるが、単なる受容器官という意味では、物の世界（客観）の「代弁者」と言っても良い。

また、広義の理性の中で、感性と結合しうる部分、すなわち感覚的経験と結びつく部分が「悟性」であり、これは、人間の思惟の能力、論理的な思考の能力である。広義の理性の中で感性と結合しない部分が、狭義の「理性」であり、これは、経験には由来しない推論能力、すなわち霊魂の不死、意志の自由、神の存在といった、認識できない事柄についての推論能力のことである。悟性も、狭義の理性も、感覚的経験に依存しない、心の世界（主観）のファクターである。

だから、カントが経験論と合理論の対立を「調停」しようとしたことは、物の世界（客観）優位の考えと心の世界（主観）優位の考えとを組み合わせようとしたということであり、それは、感性と悟性の合一を問題にしたということと同一の事態を指しているのである。

すると、感性と悟性の媒介として構想力が措定されたことは、何を意味しているだろうか。構想力が感性と悟性を媒介するということは、構想力が感性的な性質と悟性的な性質の双方を持っているということである。これは、構想力が、物の世界（客観）と心の世界（主観）の双方に関わりを持っているということでもある。けれども、人間の心の一能力に過ぎない構想力が、物の世界と心の世界の双方に関わりを持つというのは、一体如何なる事態を示しているのだろうか。このことは、論理的に矛盾してはいないだろうか。

この矛盾を解決するためには、構想力の作用があって初めて、物の世界（客観）と心の世界（主観）という二つの世界が立ち現れる、と考えれば良い。すなわち、人間の心の中にイメージが形成されることによって初めて、物の世界と心の世界という区別が生じるということである。もしも、人間が心の中に何も思い浮かべていなければ、外界と内界、物の世界と心の世界という区別は生じないのである。

したがって、カントにおける構想力という概念装置の導入は、論理的には、物の世界（客観）と心の世界（主観）が立ち現れる以前の次元（主客未分の次元）への遡行を意味している。経験論と合理論という全く相容れない二つの立場を「調停」するカントの手法は、経験論が重視する物の世界と、合理論が重視する心の世界との共通項を抽出するという、表面的な仕方ではない。物の世界と心の世界が区別されず、一つである次元（主客未分の次元）にまで遡行して、経験論の考えと合理論の考えを組み合わせているのである。

そうすると、構想力が感性と悟性に共通の「根」だと言われていた理由も明らかになる。構想力の作用によって初めて物の世界と心の世界の区別が生じるのであれば、感性の働きも悟性の働きも、構想力を前提にしているはずである。感性も悟性も、物の世界と心の世界が区別されず一つである次元（主客未分の次元）においては、一つであると考えられる。構想力が感性と悟性の媒介の役割を果たせるのは、構想力の働きによって初めて感性と悟性が別々の能力として分化するというくらいに、構想力が根源的な能力として考えられているからなのである。

それにしても、心の世界と物の世界が一つである次元、主客未分の次元、感性と悟性が分化していない次元とは、一体どのようなものなのだろうか。この次元においては、少なくとも、「私が○○を見る」という構えは取られていない。つまり、認識は成立していない。この次元にあえて名前をつけるとしたら、「カオス（混沌）」が適切であろう。

この点について、筆者の師である那須政玄は、感性と悟性の合一の根拠を「はじめにあるはずのカオス」（構想力によってイメージがまだ形成されていない状態）に求め、構想力とカオスの同質性を指摘している。

カントは、『純粋理性批判』で感性と悟性とを完全に分離した。それらはまったく性質の異なるわれわれの二つの認識能力であるとカントは考えたのである。認識は感性と悟性という二つの異なる能力を必要とする。するとこれら二つの能力はたとえ互いに異なっていようとも認識のために合一されなければならない。合一の条件は、最終的には二つのものの同質性である。この同質性ははじめにあるはずのカオスに求められる以外にはない。一つにして同質の（一様な）カオスに対して働いて分離を促し、形象を生み出す能力は構想力である。構想力はカオスとの同質性を前提にしてカオスに向かう。向かうことができるかぎり、カオスと構想力とは同質的である(14)。

ここで言われているように、構想力がカオスに向かい働きかけることによって、カオスに「切り込み」が入れられる。もしも、カオスに何も「切り込み」が入れられないとしたら、それは、人間にとっては何も「見え」ない（この場合には認識が成立しない）のと同じである。構想力がカオスに「切り込み」を入れ、形象（イメージ）を生み出すことによって、認識が成立する。

自閉症の話に戻ろう。以上の議論を踏まえると、自閉症のある人にとっての「世界」と定型発達者にとっての「世界」とが質的に異なるものであるとするならば、それは、構想力の働きの質的な違いに因ると考えられよう。構想力がカオスに「切り込み」を入れることによって認識が成立するのは、人間であれば誰でも同じである。けれども、その際の「切り込み」の入れ方、あるいは、形象（イメージ）の生み出され方には、いくつかのバリエーションがある。このことが、同じ人間でも、自閉症であれ定型発達であれ、タイプの異なる経験を可能にしているると考えられる。

このように構想力に着目すると、そもそも自閉症あるいは定型発達がどのようにして可能になっているか、という深い次元での考察が可能となる。次項では、自閉症のある人に特有の構想力の働きを明らかにし、そのことを通じて、自閉症のある人がどのような「世界」に生きているか、考察していく。

2　『判断力批判』と「直接性の傍ら」

自閉症のある人において、構想力はどのように働いているのだろうか。そのことを考えるために、自閉症のある人に広く見られる反復的常同的な言動を取り上げよう。反復的常同的な言動が見られることは、自閉症の診断基準の一つである。つまり、ハムスターがトレッドミルで日夜遊んでいるように、同じことを繰り返して楽しんでいるのが自閉症だというわけである。そのこと自体には、問題はない。ただ自閉症のある人は、周囲の状況に応じて常同性をコントロールすることが苦手であり、それが社会生活における不適応をもたらすということである。

また自閉症のある人は、自分が愛着を抱くものや、決まったパターンへのこだわりも極めて強い。自閉症のある人を愛着の対象から引き剥がしたり、本人が気に入っている決まりごとを変えたりするのは、しばしば困難を伴うことが知られている。

自閉症のある人を観察していると、ピョンピョン跳びはねながら部屋の中をぐるぐる回っていたり、くるくる回る扇風機や換気扇の羽をずっと見つめていたりといったように、同じことの繰り返しで充足している様子がしばしば見られる。遊ぶときも、特定のおもちゃで遊び、本を読むときも、特定の本を読む傾向がある。それを、周囲の者が「もう休み時間は終わりだから」「もうお勉強の時間だから」などと言って止めさせようとすると、必死で抵抗したりパニックに陥ったりすることも少なくない。

では、このように反復的常同的な言動で楽しんでいたり、こだわりに徹していたりする自閉症のある人のありようを、どのように考えれば良いか。周囲の者が繰り返しを止めさせたりパターンを変えさせたりすることが難しいのは、どうしてなのか。

自閉症のある人はおそらく、繰り返し行動の最中、快をもたらすことに没入しているのだろう。自閉症のある人が快をもたらすことに没入しているとき、「自分が〇〇を繰り返して楽しんでいる」という自覚はほとんどないように思われる。その際、「繰り返しを楽しむ自己」（主体）と「おもちゃなどの対象」（客体）といった関係性は成立しておらず、自己（主体）も対象（客体）も、はっきりとは心の中にイメージされていない。そのような主客未分の状態で、自閉症のある人は直接的な快を体験している。だから、周囲から繰り返しを止めるように言われても、自閉症のある人には、その意図をイメージすることが難しく、単に、快を否定する不快としか思えないのだろう。

村上靖彦も、『自閉症の現象学』において同様の見方を示している。村上は、自閉症のある人の常同行動を、自我がまだ生まれていない状態で（主客未分の状態で）感覚が自ら秩序を形成し、それによって当人が充足した状態だと見ている。

自我を解除した状態で同じ感覚を反復する行動である常同行動を、自我を持った大人が観察したときには、（自我が現実世界とのコンタクトを失って）空想に没頭しているようにも見える。そこで解離現象として記述されてしまいがちであるが、実際には自我からの解離という否定的経験ではなく、自我が生まれていない

段階での感覚の自己組織化に充足した状態である。(15)

そう、自閉症のある人は、自我が未成立なのである。これは、統合失調症との重要な相違点である。統合失調症の場合は、いったん成立した自我がゆらぎ、自己と世界との関係性がゆらぐ。それに対して自閉症の場合は、そもそも自我が未成立であり、自己（主体）と対象（客体）という関係性がまだ構築されていない。だから、自閉症のある人が快をもたらすことに没入しているというとき、それは、周囲からの観察の結果としてそう見えるだけである。自閉症のある人の実態に即せば、最初から快のうちにいるのである。自閉症のある人の経験の意味は、自分にとって快か不快か、ということに基づいて決まっていると考えられる。

主客未分の状態で快のうちにいる自閉症のある人には、まだ、ほとんど何も「見え」（認識され）ていない。カント的な言い方をすれば、感性によって捉えられた表象が、構想力を媒介にして悟性概念と結びつく（この場合には認識が成立する）のではなく、快の感情を直接に惹起しているのである。

そうすると、自閉症のある人においては、構想力が働いていないのだろうか。自閉症のある人を観察していると、周囲の状況が変化していないにもかかわらず、突然笑い出したり泣き出したりすることがある。このようなことが起こるのは、構想力の働きによって快／不快をもたらすイメージが当人の中に形成され、維持され、思い出されているからとしか考えられない。（ただし、なぜ楽しい気持ちがするのか、なぜ悲しい気持ちがするのかを、言葉や絵などによって対象化して表現しない者も多く、客観的な判定は難しい。）

だから自閉症のある人においても、構想力は働いていると思われるが、この場合の構想力が形成するイメージは、悟性概念を経由して認識に用いられるのではなく、快の感情を直接に惹起していると考えられる。これは、

『純粋理性批判』の議論を参照する限り、カントの構想力とは関係ないようにも思われる。しかし、生きた自然の豊かさを捉えることが問題にされた『判断力批判』の議論を参照すると、快の感情を惹起するのも構想力の働きであると言える。（なお、自閉症のある人の経験とカントの『判断力批判』とを結びつけるというアイデアは、村上靖彦が最初に提示したものである。[16] ただしそれは、『判断力批判』の内容に踏み込んだ論述ではない。）

『判断力批判』では、自然の多種多様の豊かさを捉えるために、自然（世界）を概念や法則で捉える悟性の働きが背後に退けられている。悟性は、たとえば「水」を目の前にしたとき、自己と対象を切り離し、対象の側を「H_2O」と分析的、法則的に捉える。しかし、たとえば桜を見て美しいと感じるとき、人はそのように桜を客体化して捉えているだろうか。生きた自然の豊かさを捉えるためには、悟性の働きは障害になる可能性がある。そうかと言って、悟性の働きを完全に消し去ってしまうと、今度は、自分が桜を見て「美しい」と感じていることが分からなくなる恐れがある。

そこで『判断力批判』のカントは、悟性に代わる判断能力として判断力（Urteilskraft）を持ち出した。判断力は、特殊的なものを普遍的なものに包摂する能力とされ、『純粋理性批判』の図式論でも、経験的直観を純粋悟性概念の下に包摂する能力として登場していた。『判断力批判』で主役を演じる判断力（反省的判断力）が、図式論の判断力（規定的判断力）と異なるのは、純粋悟性概念のような普遍的なもの（規則・原理・法則）が予め与えられていない、ということである。

だから、表象（イメージ）を判断力が規則のもとに包摂すると言っても、反省的判断力の場合は、判断力が、悟性に頼らず自分で規則を見出すということである。このときの規則のことを、カントは「自然の合目的性」と呼んでいる。この合目的性の表象（イメージ）は、認識のためには使用されえないが、認識よりも先行しており、直接に快の感情と結合している表象であると考えられていた。

しかしある表象について、認識要素になることがまったくできない主観的なものは、この表象と結合している快ないし不快である。というのも、快ないし不快は、なんらかの認識の結果で十分ありうるとしても、私は快ないし不快によって表象の対象についてなにも認識しないからである。ところで、ある物の合目的性は、たとえこの合目的性が諸物の認識から推論されうるとしても、知覚のうちで表象されるかぎり、やはり客観そのものの性状ではない（このような〔合目的性という〕性状は知覚されることができないからである）。それゆえ、合目的性は、客観の認識に先行しており、それどころか客観の表象を認識のために使用しようとするものでもないが、それにもかかわらず、客観の表象と直接に結びつけられる。このような合目的性は、認識要素とはなることができないような、客観の表象の主観的なものである。それゆえ、対象が合目的的と呼ばれるのは、対象の表象が直接に快の感情と結合されているという理由にのみ基づいており、またこの表象そのものは、合目的性の美感的（ästhetisch）表象である。[17]

『判断力批判』のカントは、認識に用いられるイメージと、快（／不快）の感情を惹起するイメージとを区別して、前者を「感性的な（sinnlich）表象」、後者を「美感的な（ästhetisch）表象」と呼んでいる。ただし美感的表象と言っても、その全てが人間に快をもたらすわけではない。それが快をもたらすか否かは、「判断」されて決まることである。この判断は、「美感的判断」（ästhetische Urteil）と呼ばれる。

では、その際の基準は何か。それは、表象（イメージ）を形成する能力である構想力と、概念の能力である悟性とが「意図せずに」（unabsichtlich）「一致状態」（Einstimmung）に置かれるか否か、ということである。「意図せずに」と言われているのは、悟性が主導して判断が行われたわけではないことを含意している。また、Einstimmung（一致状態）の動詞形である einstimmen は、「調子を合わせる」という意味であり、Einstimmung は、調子が合うこと、調和することを意味している。

つまり、構想力のイメージと悟性とがぴったり合って調和するとき、快の感情が惹起される。「この感覚（快・不快の感情と直接に結合している感覚）は、構想力と悟性という判断力の両認識能力の調和的な戯れ（das harmonische Spiel）が主観のうちに引き起こす感覚である[18]」。

自閉症の話に戻ろう。重要なことは、自閉症のある人の反復的常同的な言動は、何の意味もないことを繰り返しているに過ぎないように見えるが、当人の経験に即せば、快の感情に満たされるという意味がある、ということである。それは、自己（主体）と対象（客体）という関係性が構築されて、認識が可能となるよりも前の次元（主客未分の次元）で起こっていることである。

このような主客未分の次元を、1項では「カオス（混沌）」と呼んだ。では、自閉症のある人がいる「場所」が「カオス（混沌）」であるかと言うと、そうではない。主客未分の次元と言っても、人間主体が完全に消えてしまう「カオス」よりも「後」であり、かつ認識が可能となるよりも「前」の中間的な次元も考えられる。中間的というのは、人間主体のない「カオス」と主客が分化して認識が可能となった次元との中間ということで、『判断力批判』で問題にされていたのは、この中間的な次元における構想力の働きなのである。この次元を、直接性に近い次元という意味で「直接性の傍ら」と本論考では呼ぶ。「直接性の傍ら」こそが、反復的常同的な言動に没頭する自閉症のある人がいる「場所」であり、そこでは、構想力が快の感情を惹起するという仕方で働いている。そして、こうした構想力の働きを、〈直接性に依存する構想力〉と名付ける。

「直接性（Unmittelbarkeit）に依存する」と命名しているのは、構想力の働きは、媒介性（Mittelbarkeit）が基本であることを意識してのことである。イメージを形成するという構想力の基本的な作用を見ると、それは「総合」、すなわち、バラバラの要素を一つにまとめ上げることである。これは、構想力が、異なる要素どうしが結びつく際の「媒介」（Vermittelung）になっているということでもある。たとえば、砂粒をいくら集めてもバラバラの砂粒のままであるが、そこに水を少し加えると、砂粒どうしが結合し、一つのかたまりが形成される。このときの水は、バラバラの砂粒をまとめ上げる（＝総合する）際の「媒介」の役割を果たしている。異なる要素どうしが結びつく際の「媒介」としての構想力は、この例で言うと、砂粒どうしの媒介としての水に相当する。

また、構想力の働きによって心の中にイメージを思い浮かべて初めて、心の世界（主観）と物の世界（客観）との区別が生じるならば、構想力は、心の世界と物の世界の「媒介」になっていると言える。このことは、『純粋理性批判』において、構想力が感性と悟性の「媒介」として措定されていたことと同じである。

それに対して、構想力が快の感情を惹起する場合、快の感情は、構想力が形成するイメージ（美感的表象）と直接に結びついている。『判断力批判』では、そのように言われていた。もちろん、イメージが形成されている時点で、構想力は、ある程度媒介的に作用している。ただ、イメージ（美感的表象）が生み出した快の感情は、イメージから離れず、快の感情もイメージから離れない。このような構想力の働きは、媒介性がまだ弱く、直接性が強いと言えるだろう。それを、〈直接性に依存する構想力〉と定式化したのである。

二　フロイトの一次過程

本節では、一節で述べた「直接性の傍ら」と同様に、フロイトの言う「一次過程」も、自閉症のある人がいる「場所」を言い当てているということを論証していく。

フロイトは、『快原理の彼岸』（一九二〇年）において、「一次過程」（Primärvorgang）と「二次過程」（Sekundärvorgang）の区別と関係性を論じている。[19] 一次過程とは、無意識系の特徴で、そこでは、「快原理」（Lustprinzip）の支配のもとに、心的なエネルギーが表象から表象へと自由に移動する。快原理とは、人間の心的装置は、自分の中にある興奮（これをフロイトは不快とみなす）の量を低く抑えるか、少なくとも恒常に保つ傾向性を持つ、という原理のことである。心的な活動は、不快を避け、快を得ることを目的とするという原理であると言っても良い。

たとえば、赤ちゃんがおもらしをしたら、泣くことによってその不快な状況を周囲に知らせ、おむつを替えてもらう。その結果、興奮の量が減少したら、それは、赤ちゃんにとって快である。こうした心的プロセスは、快原理に従っているとみなされる。

それに対して二次過程とは、前意識—意識系の特徴である（前意識とは、無意識の中で、潜在的には意識化が可能な部分を指す）。そこでは、現実原理（Realitätsprinzip）に従って、エネルギーの流出が拘束され、安定した方法で表象にエネルギーが向けられる。現実原理とは、自我が、外界との関係で快を得るのを先延ばししたり断念したりするという原理である。「自我の自己保存欲動の影響下にあっては、快原理は現実原理によって取って替わられる。現実原理は、最終的に快を獲得するという意図を放棄することはないが、しかし、満足を延期したり、満足のいろいろある可能性を断念したり、快に至る長い回り道の途上でしばしの間不快に耐えたり、といったことを要求し、また貫徹させるのである」[20]。

たとえば、子どもが新しいおもちゃで遊びたいと思っているけれど、親がそのおもちゃを買ってくれそうにないとしよう。そのとき、新しいおもちゃで遊んでいない状態は、子どもにとって不快である。その不快を取り除くために、おもちゃをどうしても買って欲しいと駄々をこねるのではなく、家事のお手伝いをしたり、勉強を頑張ったりして、親にアピールする。これは、現実原理に従う心的プロセスである。

現実原理は、快原理が変形されることによって二次的に形成された原理だが、現実原理が形成されても、快原理は消滅するわけではない。現実原理が支配する二次過程においても、「現実原理は、最終的に快を獲得するという意図を放棄することはない」と言われていたように、無意識においては快原理が支配的であると考えられている。現実原理は、快原理という「大海」に浮かぶ「小島」のようなものであり、あくまでも、快原理という大きな「庭」の中で二次的に生じる原理であると言えよう。

では、フロイトはなぜ、一次過程と二次過程という区別を導入したのか。精神分析家としての臨床に、一次過程と二次過程の区別はどのように役立つのか。フロイトの考えでは、二次過程においては、一次過程の様々な欲動が「抑圧」(Verdrängung) され、姿かたちを変えて表現されている。そもそも欲動 (Trieb) とは、Trieb の動詞形 treiben が「〜を駆り立てる」という意味であることからも分かるように、人の心をある方向に向かって駆り立てる動因のことである。欲動の代表格としては、性欲が挙げられよう。

二次過程が形成されると、一次過程の欲動は無意識領域に抑圧される。抑圧には、「否定」と「保存」の二つの意味が込められている。すなわち一次過程の抑圧というとき、一次過程の欲動がいったん「否定」され、かつそれが無意識に「保存」される、ということが考えられている。

たとえば、異性の親に性欲を向けることは、多くの人が、小さな子どものときには抱いていた欲望であろう。けれども、そのことに気が付くのは、おとなになってから、異性の親と似たような人物を好きになったり、あるいは異性の親への反発として、異性の親と反対の人物を好きになったりするときであろう。つまり異性の親に性欲を向けたいという欲望は、二次過程が形成されると、抑圧され、姿かたちを変えて表現されているのである。

フロイトは、自身の臨床経験から、抑圧された欲動を意識化すれば、神経症の「症状」が消失することに気が付いていた。もっとも一次過程の抑圧は、神経症のある人に限らず、誰にでも起こることである。ただ神経症の場合は、快原理に資する欲動が抑圧される際に、それが、自我にとっては不快の源泉へと変化してしまうことで、「不快という快」を享受するような仕組みが構築されているとフロイトは考えていた。

だから、一次過程における欲動が何であり、それがどのようにして抑圧されているかを知ることが、神経症の「治療」にとって肝要なことである。けれども一次過程は、二次過程が形成されると抑圧されてしまい、意識化できなくなってしまう。では、どうすれば一次過程を知ることができるか。そのためにフロイトが重視したのが、夢の解釈であった。二次過程は、「人間の通常の覚醒生活[21]」と言われ、夢は、一次過程を知るための重要な「通路」として考えられていたのである。

一次過程と二次過程の区別をフロイトが初めて導入したのは、『夢解釈』（一九〇〇年）においてだった。その中でフロイトは、一次過程と二次過程の関係性について、次のように言っていた。

私は心の装置における心的過程の一つを一次過程と命名したわけだが、単に階層や作業能力の点を考慮してそうしたのではなく、こうした命名によって時間的関係を示唆しようとしたのである。一次過程のみを備えているような心的装置というものはわれわれの知る限り存在しないので、その限りにおいてそういったものは一つの理論的仮構である。しかし、一次過程が心的装置の中に当初から存在していて、二次過程は人生の経過のうちで初めて徐々に形成されて一次過程を制止してそれを覆い、そして人生の高みに達してからようやく、ひょっとしたらそれを完全に支配することができるようになるかもしれないということも同様に事実である。(22)

人間の心には、最初は一次過程しか存在しないが、時間の経過とともに、二次過程が徐々に形成されていく。時間的に見るとこのように、二次過程は、一次過程より後に形成され、一次過程に「上乗せ」されるものである。ところが、いったん二次過程が形成されると、二次過程は一次過程を覆ってしまい、支配してしまう。つまり、一次過程は背後に退いてしまい、二次過程に従属するものになってしまう。人間の心は快を得ることを目的とするはずであり、快原理に従う一次過程が本来は主役であるにもかかわらず、二次過程が既に形成された時点から見ると、主導権は、一次過程ではなく二次過程の側にある。このようなことを、フロイトは言おうとしていたと考えられる。

図1は、一次過程と二次過程の関係を図示したものである。点線よりも上側は、時間の経過に従って両者の関係性を捉えた場合を、点線よりも下側は、二次過程が既に形成された時点から両者の関係性を捉えた場合を、それぞれ図解している。

フロイトは、どちらか片方の見方だけが正しいのではなく、どちらの見方も「事実」だと言う。けれども、二次過程が既に成立した時点から見ると、先行する一次過程は背後に退き、二次過程が主導権を握っている。二次過程に主導権を握られた一次過程は、小さな子どものときには誰もが持っていたはずの純粋な一次過程とは異なっていると考えられる。二次過程による一次過程の支配とは、一次過程に二次過程の影響力が及ぶことだからである。このとき、一次過程は変容し、純粋な一次過程は消失していると考えるのが妥当だろう。図1の下側の図で、一次過程を囲う線を点線にし、一次過程の中を二次過程の色に近い薄い灰色にしてあるのも、そのためである。

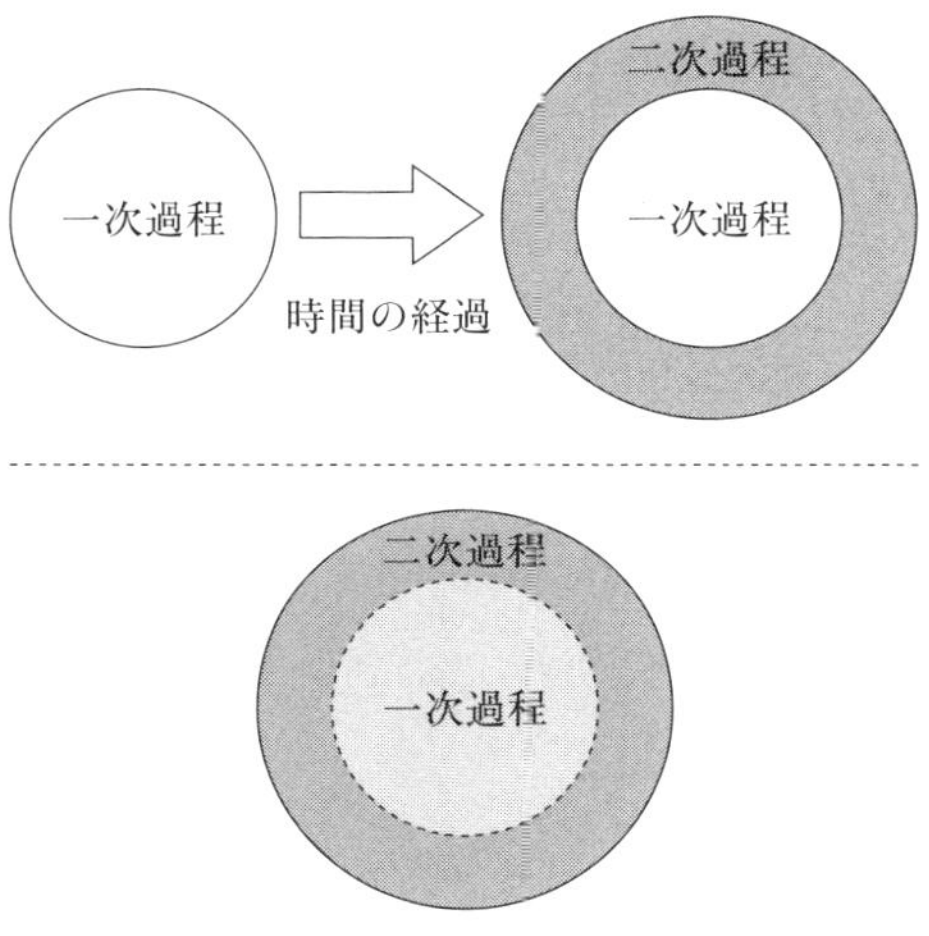

図1　一次過程と二次過程の関係

ところで、一節で述べた〈直接性に依存する構想力〉は、快の感情を惹起するという仕方で働く、構想力の原初的なモードのことだった。反復的常同的な言動に没頭する自閉症のある人においては、「対象を見る自己」（主体）と「見られる対象」（客体）という関係が未成立であり、直接的な快が体験されていた。こうした自閉症のある人がいる「場所」が、「認識以前」「カオス以後」の「直接性の傍ら」であった。

フロイトが言う「快原理に支配される一次過程」は、この「直接性の傍ら」と同じ事態を言い当てているのではないだろうか。一次過程における心の目的は、不快を取り除き、快を得ることである。そこでは、物事の全ての意味が、快か不快かで決まる。これは、反復的常同的な言動に没頭する自閉症のある人がいる「場所」そのものではないだろうか。

もっともフロイトが言う「快」（Lust）は、カントが言う「快の感情」（das Gefühl der Lust）とはニュアンスを異にしている。フロイトが言う「快」は、主として身体的な快であり、広い意味での性欲にまつわることを指しているが、カントの言う「快」は、自然の合目的性が見出されるときに人間に生じる感情を指している。けれども、主客未分の状態で最初から快のうちにいる（快にどっぷり浸かっている）自閉症のあり方を規準にすれば、両者の区分は無効であると考えられる。たとえば、自然の美しさに感動したときの「快」と、ご飯を食べて空腹から解放されたときの「快」とを区別しようとするのは、「自己」と「対象」という関係——認識論的な「構え」あるいはフロイトの言う「二次過程」——が成立した時点から考えるからである。もっとはっきり言えば、「快（の感情）をもたらす対象が何か」ということに基づいて、快に種別を見出すこと自体、二次過程が既に形成された定型発達のバイアスに因るものである。

フロイトは、「一次過程のみを備えているような心的装置というものはわれわれの知る限り存在しない」と言っていたが、自閉症のあり方は、まさに「一次過程のみを備えているような心的装置」である。この自閉症を規準にして考えれば、本論考の「直接性の傍ら」とフロイトの一次過程は、むしろ、同じ「場所」を指していると考えなければならないのである。

自閉症が「一次過程のみを備えているような心的装置」であるのは、自閉症のある人に時折見られる「タイムスリップ現象」からも示唆される。自閉症のある人は、過去に起こった（と周囲の人からは見える）出来事を突然思い出し、それがまるでいま起こっているかのように、過去の出来事を追体験することがある。「タイムスリップ」というネーミングが物語っているように、過去の記憶を追体験している間、当人は、それが過去の記憶であることを判断するのが難しい。そして、その過去の記憶は、多くの場合、当人にとって不快で苦痛を伴う体験であることが知られている。

このようなことが起こるのはなぜか。それは、二次過程が未形成であるために、不快な体験を知的に対象化して捉えることが難しいからであると考えられる。もしも二次過程が形成されていれば、不快な体験を知性化して想起できるため、不快な体験自体が追体験されるのではなく、「お母さんに××のことで叱られて、嫌な気持ちがした」などと追憶されるだろう。

二次過程が既に形成された時点から見ると、純粋な一次過程はもはや存在せず、一次過程は「理論的仮構」であると言われていた。けれども、フロイトの臨床経験によれば、一次過程という「理論的仮構」を措定し、「一次過程の抑圧」というメカニズムを仮定することによってこそ、神経症の「症状」を説明できるのであった。その意味において、二次過程が形成された後も、先行する一次過程は、やはりあるのである。ただし、小さな子どものときには誰もが持っていたはずの純粋な一次過程は、二次過程が形成され、二次過程の影響力が及ぶことによって、従来とは姿かたちを変えてある。

一節2項では、〈直接性に依存する構想力〉の働きを見出すために、自閉症のある人に見られる反復的常同的な言動を参照した。単純化すれば、〈直接性に依存する構想力〉が働いており、フロイトの言う一次過程という「場所」にいるのが、自閉症のある人である。そして、二次過程が形成された人たちが、定型発達者である。

では〈直接性に依存する構想力〉は、二次過程が形成された定型発達者においては働いていないのかというと、そうではないだろう。二次過程が形成された後も、一次過程は姿かたちを変えてあるのと同じように、〈直接性に依存する構想力〉は、定型発達者においても変質したかたちで働いていると考えられる。このことを詳論するために、もう一度カントに戻って考えてみよう。

〈直接性に依存する構想力〉は、カントの『判断力批判』の議論をアレンジしたものである。カントのもともとの想定は、美的なものや崇高なものに触れたときに生じる人間の快の感情が、『純粋理性批判』で対象にした見える世界（認識の領域）と、『実践理性批判』で対象にした見えない世界（道徳の領域）とをつなぐ「架け橋」になるのではないか、というものであった。

なぜ、快の感情が両者の「架け橋」になるのか。たとえば、桜の美しさに感動したり、大自然の雄大さに圧倒されたりするとき、「対象を見る自己」（主体）と「見られる対象」（客体）という関係がゆらぎ、弱まっていると言える。美的なもの、崇高なものに圧倒され、快の感情に満たされるとき、このように主客未分の状態が現れる。

快の感情は、一節2項で既に見た通り、反省的判断力が自然に合目的性を見出すときに生じる。この自然の合目的性という概念が、認識の領域の自然概念と、道徳の領域の自由概念の媒介になるとカントは考えていた（ただし、カントの実際の論証は、必ずしも成功しているとは言えない）。『純粋理性批判』（認識）と『実践理性批判』（道徳）は、「対象を見る自己」（主体）と「見られる対象」（客体）という関係が既に成立していることを前提にして書かれている。この認識論的な「構え」が成立していても、美的なもの、崇高なものに圧倒されたときには主客未分の状態が出現する。その意味では、両者は並存している。しかし論理的に考えると、主客の区別がゆらいだ状態は、認識論的な「構え」の成立に先行している。つまり『判断力批判』は、『純粋理性批判』や『実践理性批判』よりも論理的に先行する次元を問題にしている。『判断力批判』が根底にあって、その上に、『純粋理性批判』と『実践理性批判』が成立するのである。『判断力批判』が、『純粋理性批判』で問題にされた認識の領域と、『実践理性批判』で問題にされた道徳の領域との「架け橋」になりうるのは、『判断力批判』が両者に先行し、両者に通底する次元を問題にしているからなのである。

要するに『判断力批判』は、フロイトの言う一次過程を問題にし、『純粋理性批判』と『実践理性批判』は二次過程を問題にしている、ということだ。フロイトの用語を用いて『判断力批判』のコンセプトを説明すれば、美的なもの、崇高なものに圧倒され快の感情に満たされるとき、二次過程の機能が弱まり、普段は背後に隠れている一次過程が姿を現す。一次過程の仕組みが分かれば、それによって二次過程（認識論的な「構え」）の基礎付けが可能になる、ということになろう。フロイトが一次過程を知るための「通路」として夢を重視したのと同じ構図が、カントの『判断力批判』にはある。『判断力批判』は、フロイトの考えを踏まえると、二次過程から一次過程への「遡行」として捉えられるのである。

だから〈直接性に依存する構想力〉は、定型発達者においても働いている。ただ、〈直接性に依存する構想力〉は、美的なもの、崇高なものに圧倒されて快の感情に満たされるといった、特別な場合に限って姿を現す。

普段は、二次過程においてメインの構想力――これを本論考では〈定型発達的構想力〉と呼ぶ――の背後に隠れてしまっている。これは、フロイトで言うと、二次過程がいったん形成されると一次過程は抑圧される、ということに相当するだろう。

図2は、夢を見ている状態（フロイト）と、美的なもの、崇高なものに圧倒されて快の感情に満たされている

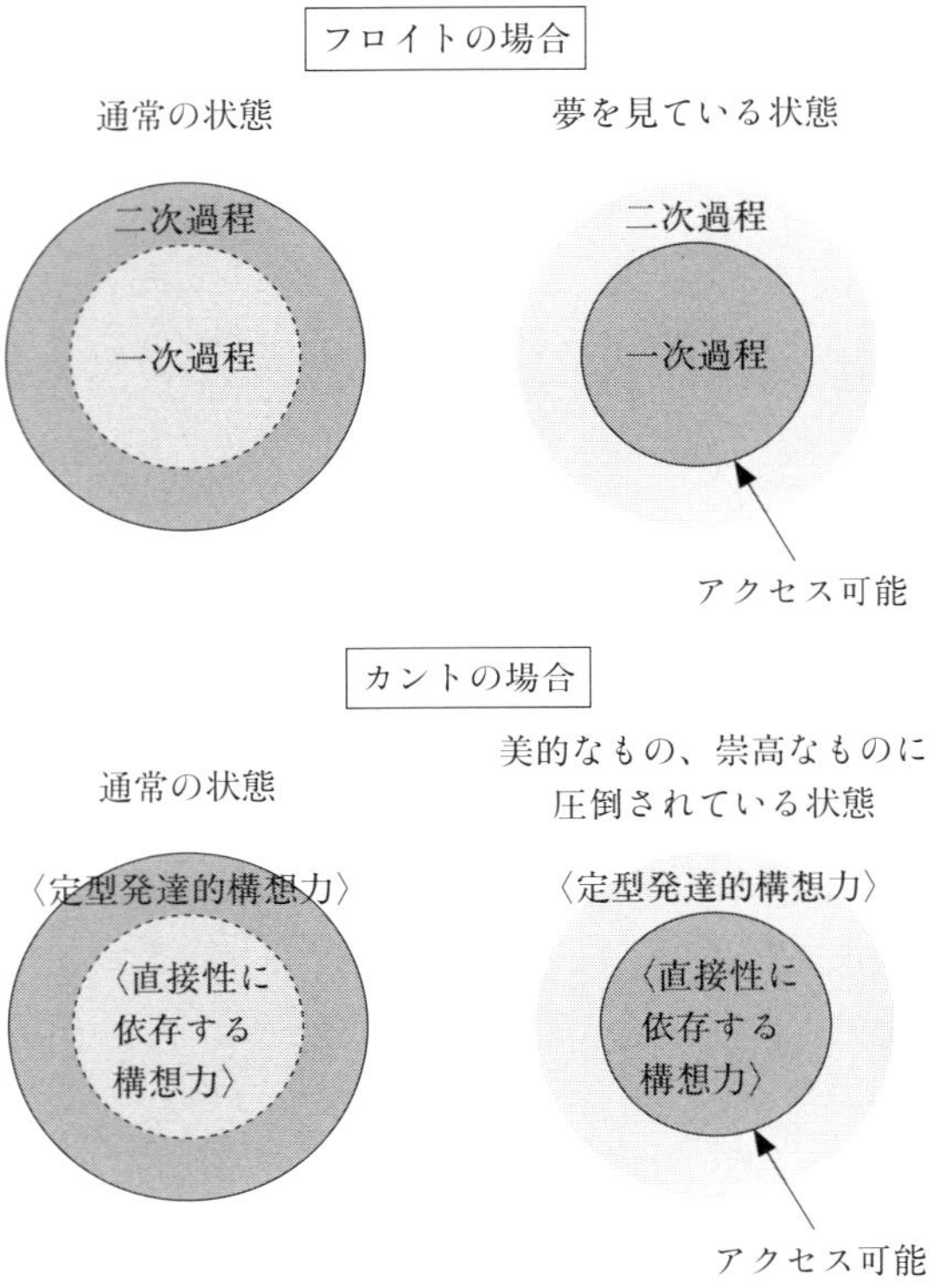

図２　一次過程を知るための「夢」と「美的なもの、崇高なもの」

状態（カント）とを図示し、それを、通常の状態（二次過程、あるいは〈定型発達的構想力〉が主導権を握っている状態）と比較したものである。夢を見ているときには、普段は主役の二次過程の機能が弱まり、一次過程を捉えられるようになること、美的なもの、崇高なものに圧倒されているときには、〈定型発達的構想力〉が弱まり、〈直接性に依存する構想力〉を捉えられるようになることを、図2では言わんとしている。

三　ラカンの現実界

本節では、「直接性の傍ら」（一節）、フロイトの「一次過程」（二節）に加えて、ラカンの言う「現実界」も、自閉症のある人がいる「場所」を言い当てているということを論証していく。

その際、議論の中心に置くのは、ラカンの鏡像段階論である。鏡像段階論は、一九三六年に学会で発表され、「〈わたし〉の機能を形成するものとしての鏡像段階」という論文（一九四九年）にまとめられた。この論文は、『エクリ』（「書かれたもの」という意味）という論文集（一九六六年）に掲載されている。

ラカンの言う鏡像段階とは、生後六ヶ月から一八ヶ月くらいの幼児に見られる、自我が芽生える時期のことである。鏡像段階にある幼児は、鏡に映った自分の統一的な自己イメージを見ると、大きな歓喜を覚える。これは、鏡像期の幼児が、統一的な自己イメージを内面的にはまだ持っていないにもかかわらず、統一的な自己イメージを視覚的に「先取り」することに因る。

ラカンは、「主体が幻影のなかでその能力の成熟を先取りするのは身体の全体的形態によってなのですが、この形態はゲシュタルト〔人間の外形の姿〕としてのみ、すなわち、外在性においてのみ主体に与えられるもの[23]」

であると言う。ラカンの言う「主体」（sujet）とは、無意識を構成する言語活動の総体のことであり、「自我」（moi）とは区別される。ラカンの言う自我は、イメージの産物であり、外在的な鏡像を、主体が自分のものとして引き受けるときに形成されるものである。

ラカンが鏡像段階論で問題にしているのは、鏡に映った自分の身体像を幼児が実際に見ることではない（鏡がなくても、鏡像体験は存在する）。そうではなくて自我は、主体が外在的なイメージを自分のものとして引き受けることによって形成される、ということが問題とされている。

ラカンにおける自我の形成においてポイントになっているのは、主体が同一化（ある主体が別の主体の性質を取り込んで変容すること）する鏡像が、他者から見た自分のイメージであることを主体が知っている、という点である。自分が何者であるかを主体が知るのは、自分の姿が映った鏡を媒介にしてである。ところが、自分の姿を映す鏡の役割を果たしているのは、実は他者である。それゆえ鏡像段階とは、「他者から見た自分のイメージ」を主体が内面化していく時期のことである。

ただし、この「他者から見た自分のイメージ」がある「場所」は、主体の内部というよりも、むしろ、他者であるとラカンは考えている。もちろん鏡像段階は、自我を形成する時期のことであり、鏡像段階においては、「自己—他者」という関係がまだ成立していない。だから、鏡像段階における主体が自分のイメージを見て取る「他者」は、「大文字の他者」（Autre）と呼ばれ、通常の意味での「他者」（autre）とは後に区別されるようになった。大文字の他者は、主体にとっての欲望の源泉であり、具体的には、幼児にとって万能の母親であることが多い。また、精神分析の臨床において、分析家も、被分析者にとって大文字の他者として現れることが知られている。

だから鏡像体験とは、「大文字の他者から見た自分のイメージ」を主体が内面化するというよりも、大文字の他者に向けて、主体が自分のイメージを組み込むという表現の方が精確である。これは、大文字の他者の欲望において、主体の欲望があるということでもある。そして、主体の大文字の他者への組み込みは、一回限りのものではない。大文字の他者のうちにその都度自己を見出すのではなく、主体が大文字の他者の中に永続的に存在することによって、主体は自分が何者であるかを知ることができるようになり、永続的な自我（自己イメージ）が形成されるのである。

では、大文字の他者における主体の永続性は、どのようにして確保されるのだろうか。それは、鏡像段階論では明確には述べられていないが、後にラカンが述べた、対象を象徴（シンボル）で代替させる「象徴化」という考え方が参考になる。

ラカンは、いわゆる「ローマ講演」（一九五三年にローマで行った講演をもとにして、一九五六年に書かれた論文の通称）において、「言葉は既に不在から作られた現前であり、不在はまさにその言葉によって、その始まりの瞬間において名指されることになる」[24]と述べている。人間は、言葉を用いることにとって、対象を象徴化することができる（このとき対象そのものは失われ、不在となる）。また、対象が不在であっても、それを言葉という象徴を用いて表現することによって、対象は現前する。だから言語活動とは、「不在」と「現前」の組み合わせの連続であるとラカンは考えた。

ラカンが言うには、フロイトが『快原理の彼岸』で述べていた、糸巻きを用いた子どもの遊びに、こうした言語活動の構造の端緒が見出される。その遊びとは、子ども（フロイトの一歳半の孫）が、糸巻きを放り投げて「オー」と言い、それを引き寄せて「ダー」と言うのを繰り返すものだった。これをフロイトは、「オー」が

„fort“（ドイツ語で「不在」を意味する副詞）の意味で、母親の「不在」に対応し、「ダー」が„da“（ドイツ語で「現前」を意味する副詞）の意味で、母親の「現前」に対応する、と解釈していた。

母親の不在は不快な出来事であるにもかかわらず、どうしてこの子どもは、糸巻きの遊びを繰り返していたのだろうか。子どもは、糸巻きの遊びによって、「オー」（fort）という言葉で母親の不在を「現前」させ、「ダー」（da）という言葉で（母親が目の前にいなくても、言葉の上では母親を表出させられるため）現前する母親の「不在」を表現していたと考えられる。それならばその子どもは、不在の中に現前を、現前の中に不在を見出し、両者を組み合わせることで、母親の不在という不快な出来事を、対象化して把握し、コントロールしていたのではないだろうか。不快な出来事を自分でコントロールできる喜びが、糸巻きの遊びの楽しさの源泉だった、というわけである。

これが、ラカンの言う象徴化である。象徴化によって、物理的な対象は消失する（対象の不在が克服される）。それと同時に、不在と現前の連続である言語活動において、対象は永遠化する。先に見た鏡像体験が一回限りのものでないのは、鏡像体験が、象徴化を自分自身に施すプロセスだからであると考えられる。このことを、ラカン研究者の新宮一成は、「象徴化としての鏡像段階」として述べている。

ラカンは鏡像段階論において、鏡像に具体化されている主体の恒常性が、主体の疎外的運命を象徴していると述べている。彼の言う疎外的運命とは、次のような意味である。すなわち、主体は、自ら世界を織り成してゆくが、その織り成された世界の中をさまようファントム（幽霊）、あるいは自動人形のようなものに、いつまでも縛りつけられたままになるということである。世界の中に、たとえファントムのようなものとしてであれ、己れを織り込むということ、これが主体の運命であり、このような世界の中への自己の位置指定は、根源的な象徴化と言いうるものである。そこにはすでに、前章で見た大文字の他者への主体の組み込みの問題が触れられている。

ラカンは、鏡像段階論において、実はこの根源的な象徴化を捉えようとしていたのだと言える。普遍の中で自己とは何なのかと問い、それに答えることが自己を象徴化するということである。それによって自己の位置を確かめ、それによって自己の意味を把握するようなもの、それが自己の象徴である。鏡像段階において現れる鏡像も、このような象徴の役目を担う。鏡像も象徴となる。(25)

主体が大文字の他者へ自分を投射することによってしか、主体は自分が何者であるか分からない。主体が自分の位置を知る、つまり自我（自己イメージ）が形成されるのは、自分自身を象徴化し、対象として永遠化させるからなのである。

後に定式化される、象徴界―想像界―現実界というラカンの「三界論」を踏まえると、鏡像体験の意味がより明確になると考えられる。象徴界（象徴的なもの）は、現前と不在とが交互に織り成す言語活動のことであり、想像界（想像的なもの）は、鏡像としての他者の中への囚われの関係性であり、イメージの世界である。そして現実界とは、象徴界によって主体にとっての現実から追放された、象徴界の外部のことである。現実界（現実的なもの）は、不可能性によって定義され、象徴界を経由しなければ捉えられない。

すると、鏡像段階で起こっていることは、端的に言えば、象徴界と想像界のドッキングであると言える。つまり、鏡像（他者）の中に自分のイメージを投射する想像界（想像的なもの）が、現前と不在とを繰り返し対象を永遠化する象徴界（象徴的なもの）に接続する瞬間が、鏡像段階では捉えられているのである。

では、以上のラカンの議論を用いると、自閉症をどのように捉えることができるか。一言で言えば、鏡像段階を通過せず、自己を象徴化しない人たちが、自閉症のある人である。[26] 自己を象徴化しないということは、自我という永続的な自己イメージを持たないということである。同じことだが、自閉症のある人においては、自己（主体）と対象（客体）という関係性が未成立なのである。また、鏡像段階で起こっていることが象徴界と想像界のドッキングであるならば、自閉症のある人においては、象徴界と想像界とが接続しておらず、それゆえ、「象徴界―想像界―現実界」という主体の構造化もされていないと考えられる。

それならば、自閉症のある人は、どのような「世界」に生きているのだろうか。ラカンは、フロイトの「否定」という論文（一九二五年）を、「フロイトの《否定》（Verneinung）についてのジャン・イポリットの評釈に対する回答」というテキストにおいて、次のように解釈している。フロイトは、快自我が下す判断を「自我への取り込み」（Einbeziehung ins Ich）と「自我からの放逐」（Ausstoßung aus dem Ich）と言っていたが、これは、「主体の内への取り込み」と「主体の外への放逐」と理解する必要がある。そして、現実界が象徴化作用の外で存続しているものの領域である（象徴化できないものが現実界を構成する）限り、現実界を構成するのは「主体の外への放逐」の方であるとラカンは言う。「象徴界からあらわにされてこないものが、現実界にあらわれている」[27]。

他方のフロイト自身は、抑圧された情動的過程（一次過程）が意識化、知性化されるのは、否定の象徴（否定を示す論理的な記号、日本語なら「いいえ」など）が作り出され、それを伴うことによってであると言っていた（「否定」）。これは、一次過程そのものは知性化されないとともに、否定の象徴がない一次過程においては、肯定や否定の可能性が生じ得ないということでもある。

それならばラカンの言う現実界とは、フロイトの言う一次過程に対応しているのではないだろうか。二節で述べたように、フロイトの一次過程でメインの構想力は、〈直接性に依存する構想力〉である。するとラカンの現実界は、自己にとっては不可能なものとして定義されることから、カント自身の用語で言うと「物自体」にも近いものがあるが、それよりも、一節2項で定式化した「直接性の傍ら」に対応させる方が精確であろう。つまりラカンの現実界は、本論考の「直接性の傍ら」およびフロイトの一次過程に対応し、自閉症のある人のいる「場所」を言い当てていると考えられる。

ラカンの考えでは、象徴化不可能なものとして主体から閉め出されたものが現実界を構成する。けれども、鏡像段階を通過していない自閉症のある人においては、「象徴界―想像界―現実界」という主体の構造が未成立である。自閉症のある人においては、象徴界の外部として現実界が形成されるのではなく、全てが現実界であると考えられる。

このことの傍証として、自閉症のある子どもにしばしば見られる「オウム返し」（エコラリア）を挙げることができる。「こんにちは」と言われたら「こんにちは」と返すのは自然だが、オウム返しとはそういうことではなく、「おやつは何がいいの?」と聞かれても「おやつは何がいいの?」と返す、そんな具合である。つまり、オウム返しをしている自閉症のある子どもは、言葉の意味を解釈したり、その背後にある話者の意向を汲みとったりするのではなく、聞こえてきた言葉をそのまま繰り返している。オウム返しとは、否定の可能性が全くない言語表現なのである。

自閉症のある人にとっては、目の前にあるものはある。聞こえてきた言葉は、オウム返しに見られるように、そのまま受け取られる。それが「ある」とか「ない」とか、「違う」などと判断される余地がなく、とにかくあるのである。このことは、自閉症のある人が、否定の象徴のない現実界（あるいは一次過程）という「場所」にいることを示していると考えられる。

結語　その後に問われること

以上で本論考は、自閉症のある人に見られる反復的常同的な言動を参照して、構想力の原初的なモードを〈直接性に依存する構想力〉と定式化した。その上で、自閉症のある人がいる「場所」として、「直接性の傍ら」（一節）、フロイトの一次過程（二節）、ラカンの現実界（三節）を取り上げてきた。これらは、序で述べた、「ただAである」という直接性（純粋な同一性）の次元のバリエーションである。

ではこの「場所」は、定型発達者がいる「場所」と全く異なるものであるかというと、そうではない。定型発達者のように自己（主体）と対象（客体）という関係性（認識論的な「構え」）が成立した後も、快の感情を直接に惹起する〈直接性に依存する構想力〉は働いている。けれどもそれは、『判断力批判』のカントを援用して論じたように、美的なもの、崇高なものに圧倒されるなどの特別な場合に限って姿を現す。〈直接性に依存する構想力〉は、普段は、イメージを認識に用いる〈定型発達的構想力〉の背後に「隠れて」いる。

フロイトが言う、快原理に従う一次過程も、現実原理に従う二次過程が形成されても消滅してしまうわけではない。たしかに、小さな子どものときには誰もが持っていたはずの純粋な一次過程は、二次過程が形成され、その影響力が及ぶことによって変質してしまう。夢などの特別な「通路」を経由しなければ、一次過程にアクセスすることはできない。けれども、二次過程が形成された定型発達者においても、一次過程の存在を仮定しなければ神経症の「治療」ができないのであった。このような意味で定型発達者は、一次過程にも片足を入れているのだが、二次過程にどっぷり浸かっているために、そのことが「隠れて」いると言える。

同様に、ラカンの言う現実界は、否定の可能性が全くない、自閉症のある人がいる「場所」であった。この現実界（現実的なもの）は、鏡像段階を経て「象徴界―想像界―現実界」という主体の構造化がなされた後も、消滅するわけではない。ただ、自己にとっては不可能なものであり、象徴界を経由しないと捉えられないとされる。「象徴界―想像界―現実界」という構造を持つ主体を定型発達者とするならば、定型発達者は、現実界に片足を入れながらも、やはり、そのことが「隠れて」いると言える。

つまり、「直接性の傍ら」にしろ、一次過程にしろ、現実界にしろ、自閉症のある人がいる「場所」は、定型発達者もかつてはいたはずの「場所」なのである。しかし、そのかつてはいたはずの「場所」に定型発達者が戻ろうと思っても、夢などの特別な「通路」を経由しなければならない。それならばむしろ、次のように考えるべきだろう。自己（主体）と対象（客体）という関係性であれ、フロイトの言う二次過程であれ、ラカンの言う「象徴界―想像界―現実界」という主体の構造であれ、これらがいったん成立してしまうと、かつてはいたはずの「場所」には戻れなくなる、と。

そのような「場所」に片足を入れているということさえ、定型発達者においては、通常は意識されず「隠れて」しまっている。同じことであるが、そのような「場所」に自分もかつてはいたはずであるということ自体が、「忘却」されてしまっている。それだけ、その「場所」と自分との距離が生じてしまっている。これが、定型に発達するということの内実であろう。そこには、直接性（純粋な同一性）の次元に留まる自閉症と比べると、不可逆的な質的変容がある。

　序で述べたように、同一性を主題化したドイツ観念論においては、直接性（純粋な同一性）などないと考えられていた。すなわち、自我（A）にしろ、実体（A）にしろ、神（A）にしろ、自ら分裂して自己の他者（非A）を生み出し、その他者を媒介にして自己（A＝A）が成立していると考えられていた。このような全体的な構造は、実体（真理）を、物自体という仕方で現実の彼岸に追いやってしまうのではなく、あくまで「自己」のうちで、あるいは「人間」に捉えられるものとして捉えようとした結果、見出されたものであった。

　たとえばヘーゲルの叙述には、「即自的」（an sich）という表現がしばしば登場する。これは、「他者（否定性）によって媒介されておらず、それ自身で」という意味で、内容的には「直接的」と、図式的には「ただAである」と言い換えても良いものである。ヘーゲルは、「ただAである」という仕方で、即自的あるいは直接的に存在するものはないと考えていた。

> 精神的なものだけが現実的なものである。精神的なものは、実在すなわち即自的に存在するものである。——つまり、自己に関わるものおよび規定されたもの、他者における存在および自己に対する存在である。——そしてこのように規定されていることにおいて、すなわち、自己の外に存在していることにおいて、自己自身に留まるものである。——言い換えれば、即かつ対自的である。(28)

『精神現象学』のこの部分でヘーゲルが言おうとしているのは、「ただAである」という仕方で即自的あるいは直接的に存在するもの（A）は、自分で生み出した他者（非A）によって既に媒介されているのだから、同時に

「即かつ対自的」（A＝A）なのだ、ということである。このことを指して、哲学者の樫山欽四郎は次のように言っている。「私のみるところでは、ヘーゲルの中心は、すべてのものは媒介されたものであるというところにあると思われる。つまり、die negative Einheit〔否定的統一〕ということが中心問題であるように思われる」[29]。

ここには、直接性に対するヘーゲルの強い「憧れ」と「諦め」を読み取ることができよう。というのも、「人間」にとって即自的（直接的）に存在するものはないと言うだけなら、「人間」以外のものにすがるという「救い」の道も開かれる。けれどもヘーゲルが言っているのは、即自的（直接的）な存在が「ある」と思っても、それは既に媒介されているのであって、「即自的な存在」は、「否定的統一」すなわち「即かつ対自的な存在」であるということだからである。

「即自的な存在」を「端緒（始まり）としての同一性」と、「即かつ対自的な存在」を「結果（終わり）としての同一性」と言うとすると、「端緒としての同一性」は、「結果としての同一性」へと回収される限りにおいて措定されているに過ぎない。「人間」にとって直接性（端緒としての同一性）は、かつてはあったはずのものとしてしか捉えられない。「人間」は、直接性（端緒としての同一性）の次元に戻りたくても（憧れ）、戻れない（諦め）、ということである。少なくとも『精神現象学』以後のヘーゲルにとっては、はしごを掛けずに直接性の次元に戻ろうとするロマン主義的な態度は、諌められなければならないものだった。

だが、こうしたヘーゲルの考えが出てくるのは、実体（真理）を捉える「自己」あるいは「人間」について、他者／他性を含む同一性の次元に生きる定型発達者が、暗黙のうちに想定されているためである。「直接性（純粋な同一性）の次元に戻ることはできない」という考え自体が、定型発達を前提にするという、一つの価値観の表明なのである。

では、自閉症という哲学的「症状」を踏まえたとき、私たちは、哲学的な事柄に対してどのような態度を取るべきか。それは、「直接性の傍ら」、一次過程、現実界といった、自閉症のある人のいる「場所」から全てを眺める、ということである。これは、定型発達者にとってもかつてはいたはずの「場所」であり、本論考で明らかにしたように、自閉症も定型発達も、この「場所」から可能となっている。哲学の今後の課題は、この「場所」から、実体を、神を、人間を、自然を捉えること、そしてそのことによって、「人間＝定型発達者」という価値観を超克することにあると言えよう。

注

（1）本論考で主題化する「自閉症」は、紙幅の都合で、いわゆる「重度」の自閉症（知的な発達の遅れを伴う、カナータイプの自閉症）に限定する。その方が、自閉症ではない、定型発達との対比も際立つ。

また、自閉症について論じる場合、当事者による自伝や手記がしばしば引用されるが、ことに知的な発達の遅れを伴う自閉症をターゲットにする場合、これは不可能である。自伝や手記を書けるのは、それだけの知的能力があり、しかも自分自身を対象化して捉える人に限られるが、そのような人が自閉症を「代表」しているとは言い切れない。それゆえ、いわゆる「重度」の自閉症の状態像を記述する場合、観察者の視点を消去したり、あたかも「客観的」な体裁をとったりすることは難しいと考えられる。

そこで、本論考における自閉症の状態像の記述は、さしあたって、学校教育（特別支援教育）および障害者福祉の現場にて筆者が実際に経験したことを基にしている。これは、いわゆる「客観的」な叙述ではないが、そうは言っても、他の論者による自閉症の状態像の記述と大きな差異はないと思われる。本論考のオリジナリティは、自閉症の状態像の記述ではなく、それを哲学の素材として用いる点にある。いわゆる「重度」の自閉症の状態像を記述する際に、どのようにして「客観性」を担保するかということは、それ自体が重要なテーマであり、筆者の今後の課題でもある。なお本論考には、以下の拙著との重複があることを付記しておく。相川翼『自閉症の哲学――構想力と自閉症からみた「私」の成立』花伝社、二〇一七年

（2）Johann Gottlieb Fichte, *Grundlage der gesammten Wissenschaftslehre*, 1794 [SW, I]（『フィヒテ全集　第四巻　初期知識学（「全知識学の基礎」）』隈元忠敬訳、哲書房、一九九七年）

（3）G. W. F. Hegel, *Phänomenologie des Geistes*, 1807 [Suhrkamp, 603], S. 23（G・W・F・ヘーゲル『精神現象学　上』樫山欽四郎訳、平凡社ライブラリー、一九九七年、三三頁［翻訳修正］）

（4）F. W. J. von Schelling, *Philosophische Untersuchungen über das Wesen der menschlichen Freiheit*, 1809 [SW, VII]（『シェリング著作集　第4a巻　自由の哲学（「人間的自由の本質とそれに関連する諸対象についての哲学的探究」）』藤田正勝訳、燈影舎、二〇一一年）

（5）F. W. J. von Schelling, *Stuttgarter Privatvorlesungen*, 1810 [SW, VII], S. 425（同右（「シュトゥットガルト私講義」）岡村康夫訳、一九一頁）

（6）*Ibid.*（同右）

（7）米国精神医学会『DSM-5 精神疾患の診断・統計マニュアル』日本精神神経学会監修、髙橋三郎／大野裕監訳、医学書院、二〇一四年

（8）Immanuel Kant, *Kritik der reinen Vernunft*, 1781（A）, 1787（B）, [B151]（『カント全集4　純粋理性批判　上』有福孝岳訳、岩波書店、二〇〇一年、二二〇頁）

（9）*Ibid.*, [A120]（同右、一九五頁［翻訳修正］）

（10）*Ibid.*, [A78, B103]（同右、一五四頁）

(11) *Ibid.*, [B1]（同右、六七頁）

(12) *Ibid.*, [B29]（同右、九〇頁）

(13) *Ibid.*, [A118]（同右、一九三頁［傍点引用者］）

(14) 那須政玄『闇への論理――カントからシェリングへ』行人社、二〇一二年、二一頁

(15) 村上靖彦『自閉症の現象学』勁草書房、二〇〇八年、一一―二頁

(16) 同右、八―九頁

(17) Immanuel Kant, *Kritik der Urteilskraft*, 1790 [Philosophische Bibliothek, Bd. 507], S. 32–3（『カント全集8　判断力批判　上』牧野英二訳、岩波書店、一九九九年、四〇―一頁）

(18) *Ibid.*, S. 520（『カント全集9　判断力批判　下』牧野英二訳、岩波書店、二〇〇〇年、二二六頁［〔　〕内は引用者による補足］）

(19) フロイトにおける一次過程と二次過程の区別や関係性に着目するというアイデアは、以下に拠っている。竹中均『精神分析と社会学――二項対立と無限の理論』明石書店、二〇〇四年

(20) Sigmund Freud, „Jenseits des Lustprinzips“ *Gesammelte Werke*, Bd. 13, herausgegeben von Anna Freud, E. Bibring, W. Hoffer, E. Kris, O. Isakower, Imago Publishing Co., Ltd., London, 1940 [Siebte Auflage, S. Fischer, Frankfurt am Main, 1972], S. 6（「快原理の彼岸」『フロイト全集17』須藤訓任訳、岩波書店、二〇〇六年、五八頁）

(21) *Ibid.*, S. 36（同右、八八頁）

(22) Sigmund Freud, „Die Traumdeutung“ *Gesammelte Werke*, Bd. 2 & 3, herausgegeben von Anna Freud, E. Bibring, W. Hoffer, E. Kris, O. Isakower, Imago Publishing Co., Ltd., London, 1942 [Dritte Auflage, S. Fischer, Frankfurt am Main, 1961], S. 608–9（「夢解釈Ⅱ」『フロイト全集5』新宮一成訳、岩波書店、二〇一一年、四〇六―七頁）

(23) Jacques Lacan, *Écrits*, Éditions du Seuil, 1966, pp. 94–5（ジャック・ラカン『エクリⅠ』宮本忠雄／竹内迪也／高橋徹／佐々木孝次訳、弘文堂、一九七二年、一二七頁［〔　〕内は引用者による補足］）

（24）*Ibid.*, p. 276（ジャック・ラカン『精神分析における話と言語活動の機能と領野――ローマ大学心理学研究所において行われたローマ会議での報告』新宮一成訳、弘文堂、二〇一五年、六四頁）
（25）新宮一成『ラカンの精神分析』講談社現代新書、一九九五年、一八一―二頁
（26）R・シェママ／B・ヴァンデルメルシュ編『新版　精神分析事典』小出浩之／加藤敏／新宮一成／鈴木國文／小川豊昭訳者代表、弘文堂、二〇〇二年、「自閉症」の項（一七五―九頁）
（27）Lacan, *op. cit.*, p. 388（ジャック・ラカン『エクリⅡ』佐々木孝次／三好暁光／早水洋太郎訳、弘文堂、一九七七年、九四頁）
（28）Hegel, *op. cit.*, S. 28（ヘーゲル、前掲書、四〇頁〔翻訳修正〕）
（29）樫山欽四郎「思いつくまま」『情況（特集ヘーゲル　その思想体系と研究動向）』通巻一〇一号、情況出版、一九七六年、二〇一頁〔〔　〕内は引用者による補足〕

「自然」の取戻し

――カント『判断力批判』の読み方――

那須政玄

カントの『判断力批判』はなかなか難しい著作である。というのも、『判断力批判』がもともと『純粋理性批判』執筆の段階においては、まだ想定されていなかった著作であることもあり、また、『純粋理性批判』で「経験」ということを普遍性がないものとして徹底的に排除したのに（もちろん、経験から離れることなく、経験を基礎づけるものとしての「先験的 transzendental」であることを標榜したのであるが）、また「自然」も単に受動的なものとしたのに（もちろん六〇年代に『美と崇高の感情に関する考察』で生き生きとした自然を扱おうとしているが）、『判断力批判』では経験・自然を積極的に射程に入れてそれをいかにそのまま把握するかをカントが執拗なまでに追求するからである。つまり、先験的ということをもって人間的枠組みから離れなかったカントが、「禁を犯して」人間を離れようとする立場、それが『判断力批判』であるからである。

妙な言い方ではあるが、カントの『判断力批判』を理解するために、読者がこの著書にのめり込んでしまったら、カントの意図は決して汲み取ることができないであろう。まさに「木を見て森を見ず」である。ではどうすればよいのか。「のめり込む」とは、真剣にあるいは真正面から、カントの提示する事柄や用語を理解しようと努めることである。しかしそうすると、『判断力批判』は前二批判書との整合性がつかないことが明白になってくる。いきなり『判断力批判』から読む者が、『判断力批判』を意外にもうまく理解してしまうことがあるのは、カント哲学に対する先入観をもっていないからである。真面目なカント読者は、第一批判つまり『純粋理性批判』から読みはじめるから、『判断力批判』に至って「裏切られる」ことになる。それではいったい「カントを知ってしまっている者」にとっては、どのように『判断力批判』と関係をもてばよいのであろうか。カントの基本的姿勢は、たとえば、自然は現象の総体である、現象は感性に与えられたものを悟性の綜合・統一作用によって獲得されるものである、とする。こう考えると、自然はすでに限定された特殊自然的な自然になってしまっている。もしこの自然の限定を無批判に肯定することができるのであれば、『判断力批判』は余計な著作であり、カントの逸脱であると考えられるであろう。つまり近代的な目線でカントを読めば、前二批判は容易に読めるが、『判断力批判』はまったく歯が立たなくなってしまう。そう、『判断力批判』を読むためには、「斜に構える」ことが必要なのである。「斜」とは、天邪鬼的にという意味ではなく、事柄を一義的に決めつけてしまわないということである。自然について言うなら、近代におけるただ質料的な自然、あるいは人間によって変形されることが可能な自然といった自然観だけではなく、古代ギリシア的な能産的な自然、あるいは神と同定される自然をも考慮することである。

カントの三批判を共観的に（synoptisch）眺めてみると、いつも根柢において「感性のあり方」が問題になっているように見える。たとえば、『純粋理性批判』において感性は、それなくしては実質的な認識は可能ではなく、また感性は「誤ることはないが」、綜合・統一の能力をもたないものと考えられている。また『実践理性批判』においては、分析論で獲得された最上善は純粋であるがそのままでは生きた人間のものとはならない。そこで弁証論で感性的幸福をも包摂する最高善を希求することになる。最上善は感性化されて最高善にならなければならない。そしてさらに『判断力批判』においては悟性的綜合・統一から離れて（それ以前に、あるいはそれを超えて）自然の多様性を把捉するために、カントは悟性的綜合・統一とは異なる「綜合・統一機能」をどこかに見出そうとする。それによって人間は自然のさらなる奥へと入っていくことが可能となり、また悟性と一体になる感性とは異なる「感性」を探り出すことにもなるのである。このように、カント哲学において感性は狂言回しの役割を果たし、人間的把握をすり抜けてしまうような機能をもっているのである。感性の問題は、簡単には解決できない問題なのである。感性が人間にとって解決困難な問題をはらんでいるのは、感性という「能力」が、われわれ人間の内と外の「閾」にあることに由来する。

まず、『判断力批判』を理解するために哲学の基礎的了解事項を確認していくことにしよう。

一　弁証法的あり方

弁証法的思考は、カント哲学のみならず、あらゆる哲学の基本的思考方法である。この弁証法的思考なしには哲学はそもそも成立しない。弁証法の本質を理解するために、まずオーソドックスに『旧約聖書』の「創世記」の「出来事」を見てみよう。

2―7　「その日ヤハウェ神は地の土くれから人を造り、彼の鼻に生命の息を吹きこまれた。そこで人は生きた者となった。」
2—8 「ヤハウェ神は東の方のエデンに一つの園を設け、彼の造った人をそこにおかれた。」
2—16 「ヤハウェ神は人に命じて言われた、〈君は園のどの樹からでも好きなように食べてよろしい。〉」
2—17 「〈しかし善悪の智慧の樹からは食べてはならない。その樹から食べるときは、君は死なねばならないのだ〉。」
2—18 「さてヤハウェ神が言われるのに、〈人が独りでいるのはよくない、わたしは彼のために彼に適わしい助け手を造ろう〉。」
2—21 「そこでヤハウェ神は深い眠りをその人に下した。彼が眠りに落ちた時、ヤハウェ神はその肋骨の一つを取って、その場所を肉でふさいだ。」
2—22 「ヤハウェ神は人から取った肋骨を一人の女に造り上げ、彼女をその人の所へ連れてこられた。」
2—23 「その時、人は叫んだ、〈ついにこれこそわが骨から取られた骨、わが肉から取られた肉だ。これに女という名をつけよう、このものは男から取られたのだから〉。」
2—25 「人とその妻とは二人とも裸で、たがいに羞じなかった。」
3—1 「さてヤハウェ神がお造りになった野の獣の中で蛇が一番狡猾であった。蛇が女に向かって言った、〈神様が君たちは園のどんな樹からも食べてはいけないと言われたというが本当かね〉。」
3—2 「そこで女は蛇に答えた、〈園の樹の実は食べてもよろしいのです。〉」
3—3 「〈ただ園の中央にある樹の実について神様は、それをお前たち食べてはいけない、それに触れてもいけない。お前たちが死に至らないためだ、とおっしゃいました〉。」

3―4 「すると蛇が女に言うには、〈君たちが死ぬことは絶対にないよ。〉」
3―5 「〈神様は君たちがそれを食べるときは、君たちの眼が開け、神のようになり、善でも悪でも一切が分かるようになるのを御存知なだけのことさ〉。」
3―6 「そこで女はその樹を見ると、成程それは食べるのによさそうで、見る眼を誘い、智慧を増すために如何にも好ましいので、とうとうその実を取って食べた。そして一緒にいた夫にも与えたので、彼も食べた。」
3―7 「するとたちまち二人の眼が開かれて、自分たちが裸であることが分かり、無花果樹《いちじく》の葉を綴り合わせて、前垂を作ったのである。」

（『創世記』岩波文庫、一二―一四頁）

神の命令に背いた人と女（アダムとエヴァ）は、知恵の木の実を食べ自分を知ってしまった。つまり自己意識をもってしまった。知恵の正体は、恥ずかしさである。2―25で「人とその妻とは二人とも裸で、たがいに羞じなかった」と語っているように、アダムとエヴァとはエデンの園で、自己意識をもたずに人間以外の動物と同じように生きていた。もちろん、「生きていた」とは、勝手な推測で、われわれ人間はつねにすでに自己意識をもっていることから考えれば、どこかの地点でわれわれのあり方の質的変化があったと推測されるのである。この質的変化の契機となるものは、「神の命令」であり、「蛇の誘惑」であり、そしてアダムとエヴァの「神の命令への違背行為」である。しかしそれ以上に質的変化の契機として重要なことは、2―22で人の肋骨から女が造られたことである。女は人の肋骨から造られたのであるから、女は人の延長上にあるものであり、つまり女は人の部分なのである。しかし同時に、女は自立的であり、蛇に誘惑されて、アダムに禁断の木の実を食べるように手渡す。女は人そのものであると同時に人からの分裂の結果でもある。女は人にとって他人（他者）であるが、同時に赤の他人ではない。恥ずかしさが生じたのは、人自身の裸が他者としての女に映じていることを人が知ってしまうゆえである。人は自らの内から生じた女を通じてはじめて人自身になる。あるいは、人の中に人ではないもの（女としての他者）が生じた、と言ってもよいであろう。人自身になるとは、自分自身を知ることであり、自己意識をもつことであり、この自己意識こそが知恵の実態なのである。

そもそもどうして人と女（アダムとエヴァ）は、禁断の木の実を食べてしまったのか。その原因は「創世記」のうちでもいろいろに考えられる。神の禁止の命令がすでにそれを破ることを示唆しているとも言えるし、もちろん蛇の誘惑もあるし、さらには人の存在が、エデンの無垢に不安を感じたからかもしれない。不安はアダムとエヴァの存在そのものがもっている様態である。この「創世記」の第二・三章は、人間存在を考える上で必須のテキストである。

カントも、『人間の歴史の憶測的起源について』（一七八六）で、「創世記」の第一章から第六章までについて論じている。もちろんカントらしく憶測的（mutmaßlich）であると断りながらも大胆な解釈を試みる。カントは人類の進歩を信じながら、しかしその根柢に流れるカントの根本姿勢は、人間が知恵を得たことについて、また人間がエデンを追われたことについて両義的なあるいは弁証法的な解釈をする。つまり、進歩は同時に退歩かもしれないということである。たとえば、

人間は、自分自身で生き方を選び出し、他の動物のようには唯一の生き方に拘束されることのない能力を自

> らのうちに発見した。このように認められた優越性が人間に目覚めをさそう瞬間的な満足に続いて、やはり不安と憂慮とが生じてくる。（カント『人間の歴史の憶測的起源について』8, 112）[1]

> 単に現在の生の瞬間を享受するだけでなく、来るべき時、しかもしばしばたいへん遠きにある時を現在的なものとしてしまうこの能力は、人間の優越性を示す決定的な指標である。つまりそれは、人間が自らの使命にしたがって、遠きにある目的のための準備をするという能力である。――しかしまた同時にこの能力は、不確実な未来が引き起こしまたいかなる動物も免除されている能力なのである。(8, 113)

> この〔人間の自由への〕歩みは、同時に自然という母胎からの人間の解放と結びついている。この変化は、確かに名誉あるものであるが、同時にたいへん危険に満ちたものでもある。(8, 114)

もちろんカントは、教授就任論文『感性界と叡知界の形式と原理について』（一七七〇）で、感性界と叡知界とを区別してそれぞれに固有の形式と原理があることを述べようとした。このことは、もともと二つの世界があるというのではなく、感性界を確定すると、同時に感性界ではないものつまり叡知界が必然的に生じざるを得ないことを語ろうとするものである。この発想は、『純粋理性批判』（一七八一）にももち込まれる。

> われわれは今や純粋悟性の国を遍歴し、そのあらゆる部分を詳細に吟味しただけではなく、これを測量してこの国のあらゆる事物にそれぞれの場所を規定しもした。しかしこの国は一つの島であり、自然そのものに

よって恒常的な限界のうちに閉じ込められている。この島は真理の国（なんと魅力的な名前であろう）であり、茫々たる荒海によって、つまり仮象の本来の住処によって取り囲まれている。（カント『純粋理性批判』A235, B294f.）[3]

この箇所は、分析論が終わり弁証論へと向かう箇所（「あらゆる対象一般を現象体（Phaenomena）と本質体（Noumena）とに区分する根拠について」）で述べられたものである。現象体の基礎づけが終わり、これから本質体の究明へと向かおうとするときの叙述である。「純粋悟性の国」は「一つの島」でありまた「真理の国」でもある。しかし島に比喩される現象体（あるいは現象界）は、荒海によって囲繞されている。現象界が島たり得るのは、それを囲む海があってこそである。もちろんわれわれが「真理の国」として認識し得る世界は「島」だけである。カントのこの「現象体と本質体」あるいは「現象界と叡知界」の「もつれ」はカント哲学の底流にいつも見出されるものである。弁証論を特徴づける二律背反も、まさに「現象体と本質体」に起因するものである。つまり正反対の二つの命題（律）が、同等の権利をもって成立してしまうのは、本質体がたとえ「不真理の国」であるとしても、まったく正当な権利をもってその「存在」が主張されてもよいものなのである。樫山欽四郎は、カントの中に一貫してある二律背反的思考（弁証法的思考）を、次のように語る。

……二律背反の問題は全カント哲學を貫いている。そのことが人間の問題において自覚された形が「有限な理性的存在」である。人間の有限性の問題はそういう形でカントの中に根を張っている。道徳律以外の何物にも従わないところに純粋自由が成立し、そこに人間の対象的世界からの独立性が成り立つと主張されるとき、このことは、實は感性を通じての対象による触発がなければそれとしては成立しないのである。もちろんそういう形で理論が展開されているわけではない。が感性的なものを排除しなければならないというところに、實はそれが媒介としての役割を果していることが認められているのである。対象（カントは好んで實質という言葉を使う）による触発とそれに制約される可能性とがなければ、自由もまた成立し得ないことを知るべきである。自由の意識のあるところそこには逆に感性からの制約の意識は強いとしなければならない(3)。

ここで樫山は二つのことを語ろうとしている。つまり、カント哲学における二律背反的思考の一貫性、そして感性の媒介である。感性の媒介については後ほど詳論することにして、ここではカントが二律背反つまり弁証法的な思考をもって事柄を把捉しようとしていることだけを確認することにしよう。

哲学史においてカントは啓蒙主義の最後に位置するのか、あるいはドイツ観念論の先頭に立っているのかは実に微妙な事柄である。ともあれ樫山が述べているように、カントが人間を「有限な理性的存在」と捉えていることからすれば、カントに啓蒙主義の楽天的態度は期待できないことは明らかであろう。物自体を捨て去る覚悟ではじめられた『純粋理性批判』ではあったが、弁証論で物自体を再帰させ、弁証法的な態度をとるカントは、すでに啓蒙主義と袂を分かち、ドイツ観念論の立場に立っているといっても過言ではないであろう。

カントの場合、分析論（Analytik）のテーゼに対し弁証論（Dialektik）がアンチテーゼとして対立する。この構造は少なくとも『実践理性批判』までは明白に保持されている。（少なくとももと言ったのは、『判断力批判』の弁証論は前二つの批判書の場合と異なって、アンチテーゼの提示が行われたとは考えられないからである。そしてこの『判断力批判』においてカントは単なるアンチテーゼの提示としての弁証法ではない弁証法に行きついたと考えられるのである。）『純粋理性批判』において、現象界を基礎づけ可能とする分析論は、弁証論に至って叡知界に関してはまったく有効ではないことが明らかにされる。そして、事態が、現象界と叡知界という二つの世界から見られるときに二律背反が生じるのであるが、アンチテーゼは、ディベートのときに反対意見を述べるようなものであり、テーゼとアンチテーゼの出所が必ずしも同一である必要はない。『純粋理性批判』においては、感性に裏打ちされた現象界に対して、弁証論は感性界から離れた叡知界が語られる。そして『実践理性批判』においては、この感性界から離れた叡知界のあり方の一つが道徳律として実践理性の分析論で語られる。しかしここでの道徳律は純粋でありつまり非感性的なものであり、そのかぎり人間にとって生きた道徳律とはなっていない。ここで語られる善はわれわれ人間にとっては単に最上善としか言えないようなものである。なぜならここでは善は現実化されてはいないからである。そこでカントは実践理性の弁証論で道徳律が同時にわれわれの幸福でもあるような道徳律を求めようとする。そのためにカントは感性的幸福を求めて感性の領域に再帰しようとするのである。

前に引用した樫山の言葉をもう一度見てみよう。「対象（カントは好んで實質という言葉を使う）による触発とそれに制約される可能性とがなければ、自由もまた成立し得ないことを知るべきである。自由の意識のあるところそこには逆に感性からの制約の意識は強いとしなければならない。」つまり、感性的世界が非感性的世界を招来するのであり、この樫山の言葉をカントに即して見てみるならば、『純粋理性批判』の対象の触発で始まる分析論は、否定の連続を通して、『実践理性批判』の弁証論で福徳一致へと至らなければならないとして再度触発という感性的場面へと戻ったのである。

ちなみにカントに続くフィヒテは、ドイツ観念論のまさしく先頭に立つ者であるが、彼は弁証法的思考をはっきりと打ち出したにもかかわらず、自我（人間）中心的な立場に立ち、人間以外のものを「非我（Nicht-Ich）」として一括してしまう。そのかぎりフィヒテは、カント以前の啓蒙主義、あるいは近代的人間中心的立場へと逆行してしまったと言ってもよいであろう。

フィヒテに続くシェリングは、非我をはっきりと自然として把握し、その自然の根源を次のように語る。

われわれの時代の自然哲学は、まずもって学問において存在者（Wesen）の間に次のような区別を設けたのである。つまり、実存するかぎりの存在者（das Wesen, sofern es existirt）と、単に実存の根柢であるかぎりの存在者（das Wesen, sofern es bloß Grund von Existenz ist）との間の区別である。この区別は自然の最初の学問的叙述以来の古さをもっているものである。……神がそれ自身のうちにもつこの実存の根拠は、絶対的に見られた神、すなわち実存するかぎりの神ではない。なぜならこの根拠は、実際、神の実存の根拠にすぎないからである。この根拠は自然——神のうちの自然である。たしかに神から切り離すことはできないが、しかしやはり神からは区別される存在者である。（シェリング『人間的自由の本質』7, 357）[4]

このシェリングの言葉は、『人間的自由の本質』（以下『自由論』と略す）の本論の冒頭で語られるものである。ここでシェリングは「存在者」（das Wesen）と語るものを、すぐに神（Gott）と言い直す。ここでのシェリングの弁証法的思考は、いろいろな弁証法のあり方がある中で、最も弁証法の本質を言い当てているものと、筆者は考えている。

シェリングは、弱冠一七歳で書いた学位論文『人間の悪に関する創世記第三章の最古の哲学問題解明のための批判的試論』（一七九二）で、すでに弁証法的思考を自らのものとしている。このシェリングの姿勢は、たとえ考察対象が人間であったり自然であったりさらに神であったりすることがあろうとも、生涯を通じて変わることはない。

シェリングにとって、自然を語ることも人間を語ることもさらには神を語ることも、一つのことなのである。したがって、自然、人間、神それぞれを個別に語ることはできない。『自由論』は、神から語られる。神が割れる。つまり「実存者」と「単に実存の根柢であるかぎりの存在者」とにである。あるいは別の言い方をすれば、「実存するかぎりの存在者」が「単に実存の根柢であるかぎりの存在者」を生み出すと言ってもよい。神による天地創造は、神のうちに他者を生み出すことと同じである。すでに述べたが、アダムはエヴァを媒介にしてはじめて自分を知ることができた（あるいは自分を知ってしまった）。このアダムに起こったことは、神においても起こるのである。神は自分を知りたかったのである。自分を知りたがるというのは、根源的な「意欲」である。シェリングは語る。

究極のそして最高の法廷においては、意欲（Wollen）よりほかの存在はない。意欲は根源存在である（Wollen ist Ursein）。そしてこの意欲にのみ適合するのは、根源存在の述語、すなわち根柢なきこと（Grundlosigkeit）、永遠性、時間からの独立、自己肯定である。全哲学は、ただこの最高の表現を見出すことへと向かって努力するのである。（7, 350）

自分を知りたいという意欲が、すべての出発点であり、絶対的開始なのである。もちろん意欲以前には、何もなかったのではない。あったかもしれないが、どこにも支点がないので、そもそも関係が構成され得ないので、何もないように見えるのである。

さて、シェリングの意欲は、能動的に響くかもしれない。しかし根源存在としての意欲は、根源的であるがゆえに能動性も積極性ももってはいない。あえて言うならばむしろ根源意欲は、消極的受動的な意味をもっていると言ってもよいであろう。なぜなら、人（アダム）が、いずれ自らの他者となっていくエヴァを、神によって「造られ（用意され）」、神の命令を聞き、蛇の誘惑に導かれてしまう者と考えること、それはすでに受動的な意味をもっていると言ってよいであろう。このように根源性における「一つの事態」は、人間的な能動受動という術語をもって言い表すことのできないものなのである。

キルケゴールは、シェリングが意欲と呼んだ事態を、「不安」と表現した。

> この状態〔負い目なき無垢の状態〕には平和と安穏がある。しかし同時にそこにはなお別のものがある。といっても不和や争いではない。争うべき相手となるものが何ひとつないのだから。ではそれは何だろう？　何もないということ、無である。それにしても無はどういう作用をするのだろう？　無は不安を生むのだ。負い目なさが同時に不安であるということ、これが負い目なさの深い秘密なのだ[5]。

キルケゴールにとって、無→不安→他者を求めること（分裂〔絶望〕）が必然的な流れなのである。シェリングは無に出会ったときに意欲を催すとし、キルケゴールは無に出会ったとき不安を催すと考えたのである。

すでに述べたが、樫山がカントの感性に弁証法の媒介を見ていることは、きわめて示唆的で炯眼の感に打たれる。もちろん樫山のカント解釈は、ヘーゲルからカントを読み直した結果とも考えられるが、カントもシェリングやキルケゴールのように無に出会って、そこに弁証法的思考をもたざるを得なかったことはそれほど無理のないカント解釈であるように思われる。

とはいえカントの弁証法とシェリング・ヘーゲルのそれとは少し異なっているように見える。次の樫山の言葉をじっくりと考えてみよう。

キルケゴールにとっては、イロニーが否定の自由を保つことにおいて、肯定に転じないところにその真価があることになる。それが反定立を通って綜合に展開されることは、それの自殺であるとされている。だがヘーゲルにとっては、この自体がすでに帰結である。普通に言われているように、自体は出発点ではない。それは帰ってきたところであるという意味で出発点であるにすぎない。そういう考えからすれば、否定的自由という自体は、実は綜合の前提においてのみそれであることになる。自体は現われたところでは最初にくるものであるが、それが本来の在り方とされることにおいて、帰結なのである。否定的自由は綜合から自由なのではなく、綜合の前提において、要請されたものなのである。その意味で自体は、自体という本来として求められたものなのである。(6)

ここで述べられているキルケゴールとヘーゲルの弁証法に関する違いは、弁証法の本質をついている。キルケゴールは、一貫して「否定の自由」を主張しているわけではなく、『イロニーの概念』(一八四一)においてだけである。実存主義の開祖の一人であるキルケゴールは、否定性(媒介性)が綜合に至って消滅するとしてしまうのでは実存性（個体性）は維持されず一時的なものになってしまう。ソクラテスのイロニーは、「絶対的否定性」として綜合への解消をあくまでも拒絶する。

　このキルケゴールとヘーゲルの弁証法の違いからカント哲学を眺めるならば、カントの「弁証論」は、いったいどちらに組み入れられるのであろうか。カントにおいて現象界と叡知界とは互いに対立し、二律背反を成立させている。現象界は感性に関わるのであるが、叡知界は感性には関わらない。だから樫山が言うように、「感性を媒介にして」この二つの世界は関係し合っているのである。したがって、現象界と叡知界とはともに感性による全体（存在）の制約として成立している。カントがこのような感性の制約を受けない世界を、『判断力批判』で超感性的世界として指示し、自然を超感性的基体をもつものとしているのは、現象界と叡知界との綜合されたもの（これらはともに人間的なものである）からの脱出（あるいはその外への展望）を考えているからである。だからカントにおける「弁証論」は、ヘーゲルの語る弁証法と同次元のものではなく、むしろシェリングやキルケゴールと同じように弁証法の即自・対自・即且対自の並存を許すものである。もちろん並存するといっても、それらは重層的な構造をなすものである。たとえば、シェリングにおいて、自然哲学は、自由論においても啓示・神話の哲学においても一つの契機として生きていることは容易に確認されることである。

二　中間ということ（構想力を手掛かりとして）

　弁証法の問題と関連して、中間ということが考察されなければならない。というのも、中間は弁証法における媒介を予想させるからである。しかし、弁証法においては中間あるいは媒介は綜合がなされてしまうと解消されてしまうものである。またイロニーにおける「否定の自由」は、それが「絶対的否定性」であるかぎり、中間あるいは媒介ということそれ自体がそもそも問題にならない。媒介・中間によって可能となる綜合は、行き着いた綜合として、たとえそれが出発点であれ終着点であれ、結局は媒介・中間を忘れてしまう。

　カントは構想力を感性と悟性との中間的機能と考える。それは感性と悟性というまったく性質の異なる能力を関係づけるためである。もちろん両者は人間の内なる能力であるかぎり、協働する可能性はすでにある。したがってカントは演繹としてつまり権利問題として構想力を提示する。「〔権利問題〕つまり権限あるいはまた権利の要求を明らかにすべきための証明を演繹と名づける」（『純粋理性批判』A84, B116）と語られるように、感性と悟性とは結びついているのだがどのように結びついているのかを究明するときに構想力が必要とされるのである。

　通常言われているように、構想力は感性と悟性とを結びつけるための接着剤と考えることは誤りである。もともとカントにおいて構想力は感性と悟性に次ぐ第三の能力と考えられてはいない。カントは先験的原理論において人間的認識を構成する要素として構想力を扱ってはいない。人間的認識の構成要素はあくまでも感性と悟性とであって、構想力はむしろこの二つの能力とは異なるものであり、能力とは言い難いものである。接着剤は、接着されるべき二つのものを前提としてこそその能力を発揮する。しかし構想力は、むしろ二つのものに属さないことによって、逆に二つのものを結びつける可能性をもつ。構想力においてはすでに感性と悟性という二つのもののははじめから関係し合っているのである。構想力に関するカントの次の言葉を考えてみよう。

> 構想力とは、直観において対象が現存していなくとも、対象を表象する能力である。ところであらゆるわれわれの直観は感性的であるから、構想力は、その下にのみ悟性概念に対し、それに対応した直観を与えるこ

とができるところの主観的条件をなす点からしては、感性に属する。けれどもやはりその綜合が、規定するものであって、感官のように単に規定され得るものではない自発性の実行であり、したがって先天的に感性を、感性の形式にしたがい統覚の統一に一致して規定することができるものであるかぎり、構想力は感性を先天的に規定する能力であり、範疇に向かってそれがなす直観の綜合は、構想力の先験的綜合でなければならない。(B151f.)

構想力(Einbildungskraft)は、もともと想像力のことである。カントも構想力を想像力と考えつつも、それ以上の意味を付加しようとする。したがって、対象が目の前になくてもその対象を表象する能力は、まさに想像力としての構想力のことである。しかし構想力にはそれ以上の機能がある。以前には目の前に対象が現存していて、それを現存していなくても記憶において想像するならば、単なる想像力である。そしてこのような構想力は、感性に属する経験的構想力と名づけてもよいものであろう。しかし、以前に現存する対象がなくても、つまり、単に記憶による再生を可能にする原像がなくても構想力は働く。カントは、構想力の綜合作用に目を付ける。構想力の綜合作用は、「自発性の実行」であり、この自発性は感性において求められることはできない。というのも、感性論でカントは空間と時間という先天的な直観形式を見出すが、しかしこの空間と時間はやはり純粋直観であるかぎり与えられ(受容され)なければならないからである。

さて、構想力は元来感性的なものでありながら、その機能においては綜合を旨とするのであるから悟性的でもあると考えてはならない。演繹論は、ややもするとこのように解釈されて、感性と悟性とが関係する(厳密には悟性のカテゴリーは直観へと適応される権利がある)とされてしまう。つまり構想力は感性的でもありまた悟性的でもあるから、構想力を介して感性と悟性は結びつく、と。このような考えは、構想力を、先ほど述べたように、一種の接着剤と考えるものである。

想像力は飛翔する。構想力も飛翔可能である。たとえ原像がなくても（あるいは明確な輪郭をもった原像がなくても）構想力はいっこうに痛痒を感じない。むしろ原像がないほうが、より高くに飛翔することができ、またより良く自らの再生機能を発揮することができる。

そもそも「原像がない」とはどういうことなのであろうか。像が結ばれているということは、たとえ原像であろうとも、像が結ばれるための「制約」を受けているはずである。したがって「原像がない」とは、制約がないことであるが、それは「何も無い」ということではない。「制約されるもの」はあってもそれが制約されてはいない状態は、カオスあるいは無と言われる。このようなカオスあるいは無に働きかけて、像を結ぶ働きも構想力と呼ばれる。カントが構想力を経験的構想力と根源的構想力あるいは先験的構想力とに区別するのは、構想力が働きかけるものの違いによる。記憶を媒介にしてかつてあった像を再生する場合の構想力は、経験的構想力であるが、他方カオスあるいは無に働きかける構想力は、あたかも何もないところから原像を結ぶ力であるから、それは根源的・生産的構想力（die produktive Einbildungskraft）とも言われるのである。先験哲学を標榜するカントは、経験が可能になる場あるいは地平を求める。それは経験が形成される以前の場であり、同時に経験を離れない場でもある。先験的（transzendental）とはまさしく経験と「付かず離れず」の状態の表現なのである。構想力はカオスに働きかける。しかしその働きかけは人間的経験という角度をもっての働きかけである。

カントによれば、われわれ人間の感性的あり方は与えられる以外にない。しかし悟性のあり方は能動的に綜合・統一する働きである。カオスも原像以前的なものとして与えられる以外にはない。カントの哲学的構えからするならば、悟性が可能になるために悟性に材料（質料）を与えるのが感性である。すると感性は、悟性にしたがった（verstandmäßig）感性でしかない。この悟性にしたがった感性のあり方が、時間・空間という形式に基づく感性であり、人間的感性である。悟性は、人間的感性の「外」を知らない。よしんば知ったところで、そのことは悟性にとって何の意味もない。

しかし人間的悟性（カテゴリー）がいかにして感性と結びつくのかを究明する演繹論は、人間的感性の外を予想せざるを得なくなる。演繹論で提示される構想力は、人間的感性以前において、また同時に悟性の外において働くものでなければならない。なぜならばまったく性質の異なる感性と悟性が結びつくためには、――しかも接着剤によってあたかも一つになったような外観を取りつつも、内実はただ二つのものが併存しているだけの結びつきではなく――、両者の共通の根源へと戻らなければならない。その根源こそがカオスであり無なのである。

カントは、『純粋理性批判』第一版の演繹論でいわゆる「三様の綜合」を述べる。すなわち（一）直観における覚知の綜合について、（二）構想作用における再生の綜合について、（三）概念における再認の綜合について、である。これは演繹論に至ってカントが綜合という視点から、人間の認識のあり方を整理したものである。（一）は、明らかにカントの構えからするならば、あってはならない表現である。なぜならば、直観も綜合作用をもっていると語っているからである。もちろんこの箇所は第二版では完全な書き直しが行われた箇所であるが、「綜合」は感性（直観）においても、構想力（再生的構想力）においても、また悟性（概念）においても存在し得る、ということである。カントが自らの根本的立場を翻して、感性にも能動的な綜合作用を認めることは、人間の認識機能全体が能動的であることである。このような態度は大陸合理論への立ち戻りとも見られよう。しかし逆に人間の認識機能全体を「与えられる」という視点から見るならば、悟性は感性と同じように与えられたものとなることすら可能なのである。主語概念と述語概念とを結びつける判断機能は、結びつけられる主語・述語概念に関係なしに、その能動的機能を発揮すると考えられもする。しかし他方、主語・述語概念のそれぞれが、判断を通じて結びつけられることを要求することもある。ゲシュタルト心理学は、部分は全体的視点からはじめて部分たり得ることを主張した。つまり部分は、人間的判断力によって、他の部分と結合するのではなく、すでに或る部分は自ら他の部分と結合することを要求している、というのである。するとこのような立場は、イギリス経験論への立ち戻りとも考えられよう。

もちろんカントは大陸合理論やイギリス経験論という過ぎ去ったものへの立ち戻りを希求しているわけではない。だからこそ、カント独自の立場を強調するためにも、先ほど述べた「三様の綜合」の「（二）構想作用における再生の綜合」が重要な意味をもっているのである。「構想作用における再生の綜合」（die Synthesis der Reproduktion in der Einbildung）は、以前に認識したものを、今思い出す（再生産する）ことであり、明らかにこの構想作用は経験的構想力を語っている。しかし「以前に認識したもの」は無数の量と多様性とをもっている。記憶に限界があるのは、われわれの能力の限界という意味であると同時に記憶という人間的能力そのものの限界をも意味している。フロイトやユングが記憶の外あるいは忘却された記憶を無意識ということをもって語ろうとするのは、記憶そのものの限界を超えようとする試みである。

さて、「三様の綜合」の三番目に再認の綜合が置かれていることに注目しよう。明らかに一番目の「覚知の綜合」と三番目の「再認の綜合」との間に「構想作用における再生の綜合」は置かれている。つまり感性と悟性との間に構想力がある、ということである。

この「間にある」とは、両端としての感性と悟性との共通の場であり、感性と悟性とを超えたつまり根源的な場によって可能なことである。それは端的にカオスあるいは無と言うことはできなくても、少なくとも根源的構想力つまり生産的構想力が関わる場と言うことはできるであろう。

三木清は『構想力の論理』で次のように語る。

構想力の論理は悟性の論理と理性の論理とのいはば中間に位置する。しかしそれは単に中間的ではなく、むしろ両者よりも根源的であつて、これに対して悟性の形式論理はもとよりヘーゲル的な理性の弁証法の論理もすでに形式的であるといふことができる。(7)

ヘーゲルの弁証法は、自己が他者を生み、その他者と自己とが一つになるという運動であって、これは絶対的な場に触れてはいない、と三木は語る。むしろ根源的な場に働く構想力こそが、表面的には感性と悟性との（あるいは悟性と理性との）中間にあるように見えるが、実際には両者の共通の根源として働き、そのことによって構想力は感性と悟性とを結びつけることができるのである。

最後にこの節を閉じるにあたって、構想力が『判断力批判』の解明のためにまったくもって必要な事柄であることを述べておこう。それはカントにとって構想力が感性に属する機能であるということである。ハイデッガーが指摘しているように、構想力は時間と関係している。つまり過去を現在において再生し、現在を未来との関係において位置づけるとき、認識者としての自己も可能になるし、また認識そのものも可能になる。その意味では時間は人間活動の根源で働いていると言える。時間と構想力とが等根源的あるいは同一的であることによって、構想力はやはり感性における直観形式としての時間の内実をなしているのである。

そもそもわれわれの表象の意識がいやしくも可能であるかぎり、恒常不変な自我（純粋統覚）が、すべてわれわれの表象に対する相関者をなしており、一切の意識があらゆるものを包括する一つの統覚に所属するものであることは、表象としてのあらゆる感性的直観が一つの純粋な内的直観に、すなわち時間に所属するものであるのと、まさに同様である。この統覚こそ今や、純粋構想力に付け加わって、その機能を知性化しなければならないものである。けだしそれ自身としては構想力の綜合は、先天的に行われるものであるとはいえ、やはりつねに感性的であるからである。（『純粋理性批判』A123f.）

感性における直観形式としての空間・時間は、たとえ形式であるとしても（つまり形式として人間的能動性を表しているにしても）、純粋直観としてやはり与えられなければならないものである。したがって時間の所与性は同時に構想力の所与性である。「力」と「所与性」とは、前者は能動性をまた後者は受動性を表すかぎり、本来決して混じり合わない事柄である。しかしカントの用語を見ると、構想力と判断力は、直観であるにせよあるいはカオス・無であるにせよ、与えられる以外には可能ではないものに関わる力を意味している。力は人間的作用ではあるが、この力は与えられるものによって求められているかぎり、受動的である。もともとカント哲学の根本的構えは、認識と対象とが呼応し合うというものである。そしてさらに認識と対象の根源であるカオスあるいは無と構想力とが呼応しもするのである。ハイデッガーは、『純粋理性批判』の緒言の最後に語られる言葉、「……人間の認識には二本の幹があるように思われる。それはおそらく一つの共通な、しかしわれわれには知られていない根（Wurzel）から発するもので、すなわち感性と悟性とである」（A15, B29）の「根」を構想力と考える。もちろんカントはこの根について明言してはいない。明言することは批判哲学の本意に反することだからである。しかし、『純粋理性批判』は単に人間の認識機能を分析してそこから認識のあるいは経験の可能を語るだけで済ますわけにはいかない。構想力は、根あるいはカオスに呼応しながら同時に人間的な「力」をもって働く機能である。

三　自然について

西洋哲学史において、キリスト教中世と近代とは、神を中心に据えるか人間を中心に据えるかということにおいては大きな違いがある。しかし、自然に関してはまったく同じスタンスをとっている。つまりユダヤ・キリスト教の自然観は、自然は人間にとって敵であるというものである。西欧近代においても、たとえばルネッサンス期の哲学者であるフランシス・ベーコン（一五六一〜一六二六）は、「知は力なり」という言葉で有名であるが、この知とは自然に関する知識である。それも自然に関するデータであり、ベーコンは自然に従属してデータを集め、そのデータをもって今度は自然を征服するために自然に向かえという。つまり自然に関するデータの集積は、自然の征服を可能にするというのである。ユダヤ・キリスト教の敵としての自然は、近代になると征服されるべき自然となるのである。いずれにしても、自然は人間にとって敵であり征服されるべきものであり、人間に馴染むものではなかった。神が前景から後退した近代は、人間が自然を自らに従属させながら、世界を形成していく時代であった。

しかし自然を人間のために徹底的に搾取する時代はそれほど長く続いたわけではない。イギリス経験論は、その名が示すように経験を重視してそのため感覚に依拠して知識を考えようとした。またスピノザは汎神論を唱え、神即自然（万物）という立場をとり、自然をもう一度舞台の上に立たせようとした。もちろん古代ギリシアの自然とは異なるが、古代ギリシア世界で圧倒的な力をもっていた自然（ピュシス）の再興を、スピノザは試みる。シェリングはスピノザの神即自然の立場を、神からではなくむしろ自然から考えようとする。シェリングの自然哲学は、まさに自然の復権を語ろうとするものである。

近世—ヨーロッパの全哲学は、そのはじまり（デカルトによる）以来、次のような共通の欠陥をもっている。すなわち、この哲学にとって自然は存在せず、またこの哲学には生き生きした根柢が欠けている、ということである。（『自由論』7, 356）

自然について哲学することはまさしく自然を創造することを意味しているのであるから、自然が生成へと動き出され得る起点が先ずもって見出されなければならない。（シェリング『自然哲学の第一草案』3, 5）

ベーコンが哲学をだめにし、ボイルとニュートンが物理学をだめにしてしまって以来、普遍的に確定されてきた盲目的で理念なき自然研究のあり方の後に、自然のより高度な認識が自然哲学をもってはじまる。つまり、自然の直観と自然の概念把握のための新しい器官（Organ）が形成されるのである。（シェリング『自然哲学に関する試論』2, 70）

このようにシェリングは、デカルト哲学、イギリス経験論を批判する。というのも、それらが自然哲学をもたないものであり、自然の存在を正当に評価していないと考えるからである。ただシェリングはスピノザに関しては、いかなる態度をとるべきか決めかねている。それは神即自然（万物）という場合の「即」の内実である。シェリングは、神が自らの同一性（Identität）を獲得するためには、自然という神にとっての他者を必要とする、と考える。しかし、神と自然（万物）とを一様性（Einerleiheit）をもって区別をなくしてしまえば、神は単に静的な状態の中で自らの創造（万物を生み出す）という行為に何らの意味も見出せないことになる。そしてさらに自然あるいは万物もその存在の意味を見出せないことになる。シェリングが「自然が生成へと動き出され得る起点が先ずもって見出されなければならない」と語るのは、起点としての神による万物の創造をしっかりと考えなければならないということである。シェリングにとって自然は、確かに神による被造物であるにもかかわらず、神の同一性のための他者としては神に匹敵する位置をもつものである。自然が神によって創造されたものとしても、だからといって自然は非自立的であるのではない。シェリングは『自由論』の序文で、神と自然（万物）との関係を、とりわけ万物の「自立的」あり方を次のように語る。

被導出的絶対性という概念もしくは被導出的神性という概念は（der Begriff einer derivirten Absolutheit oder Göttlichkeit）、少しも矛盾していないどころか、むしろ全哲学の中心概念〔中間概念〕（Mittelbegriff）である。このような神性は自然に帰属すべきものである（zukommen）。神のうちに内在していること（Immanenz in Gott）と自由であることとは少しも矛盾することではなく、まさしく自由なものだけが、自由であるかぎりにおいて神のうちにあり、不自由なものはそれが不自由であるかぎりにおいて、必然的に神の外にあるのである。（『自由論』7, 347）

シェリングは神への内在について、内在するものが自立性（自由）をもっていなかったならば、そもそも内在ということが成立しないという。したがって自然は神によって創造されたものであるにしても、自立性をもっている。このことはアダムとエヴァとの関係においても言えることである。エヴァはアダムの肋骨から造られたのである。だからといってエヴァはアダムに従属して自由をもっていないのではなく、さらにはエヴァはアダムの存在を可能にしてもいるのである。神は万物（自然）を創造するのだが、特に人間に対しては「特典」を与える。それは人間に人間以外のものを支配する権利を与えたことである。しかしこの権利が執行されるのは、「人」（アダム）が禁断の木の実を食べて自己意識をもつ人間になってからである。

人間を自然に属するものとするか、自然より以上の特権をもったものとするかは微妙な問題である。「創世記」第二章では「人とその妻とは二人とも裸で、たがいに羞じなかった」と言われている。つまり人間は他の動物と変わりない存在であった。そして、第三章で禁断の木の実を食べて、知恵（自己意識）を得てしまうのである。シェリングは、人間を自然の一部、自然に従属するものと考えている。しかし人間は自然の位置に安住しないでそこから脱出しようとする。そこにシェリングは悪の根源を見ようとするのである。

すでに述べたことだが、シェリングは『自由論』の本論の冒頭で、「存在者（Wesen）」を、実存するかぎりの存在者（神）と、単に実存の根柢であるかぎりの存在者とに区別する。もちろんこの存在者はすぐに神と言い直されており、また「実存の根柢」も自然と言い直されている。そして神の外には何もないのであるから、この区別は神のうちでの区別であるにすぎない。しかしシェリングがあえてこの区別を語るのは、自然が神から自立したものであることを強調したいがためである。神学のように自然を添え物として語るのでもなく、また自然を一様性の中に埋没させてしまうのでもなく、自然を自然そのものとして語る立場、それがシェリングの自然哲学である。

カントの哲学的構えの変遷は、カントの自然観の変遷であると言ってもよい。カントの批判前期には、いわゆる自然科学的論文がある。ここではもちろん自然とは何かは問われず、ただ自然研究が行われている。つまり批判前期には、カントは自然に対する決定的な考えをもってはおらず、ただ近代的自然観にしたがっている。『純粋理性批判』においてもカントの自然観に関しては、批判前期と変わるところはない。カントは、自然を「現象の総体」と考え、自然はそれ自身としてはまったく自立的性質をもたないカオス的・盲目的存在であった。カントのこのような考えは、『純粋理性批判』の次の言葉を見てもらえれば了解されるであろう。

……われわれが自然と名づけている現象の秩序や合法則性は、われわれ自身が自然に持ち込んだもの（hineinbringen）であり、またもしわれわれがあるいはわれわれの心の本性（die Natur unseres Gemüts）が秩序や合法則性をもともと据え置く（hineinlegen）ことがないならば、われわれはこれらを自然のうちに見出すことができなかったであろう。（『純粋理性批判』A125）

秩序や合法則性は、人間の本性に由来するものであり、自然科学者が自然のうちに自然法則として見出すものは、もともと人間の心のうちにあったものを自然の中に投げ込んだものにすぎないというのである。したがって自然は、われわれの内なる秩序・法則を受けとめるものにすぎない。そして弁証論で、永世（霊魂）と自由（非因果的世界）と神という理念は、現象においては認識され得ないものとされる。つまりこれらの理念は、現象界において出会われ得ないものとして、つまり現象界を否定することにおいて考えられるものである。しかしすでに述べたように、現象界の確定が叡知界を導くのであり、そのかぎり叡知界はすでに現象界的構えの中でのものであるにすぎない。叡知界は現象（界）的である。物自体の感性的限定が現象であるとするならば、非感性的なものもすでに感性的限定を受けているのである。

『実践理性批判』は、『純粋理性批判』の弁証論で否定的に扱われた理念を人間のうちに探るためのものである。そしてカントは倫理的行為こそが叡知的に執行されているものであることを見つけた。しかしこの倫理的行為は、叡知界のほんの一部分であって、叡知界そのものではない。

したがって、カントの『純粋理性批判』と『実践理性批判』とは、自然に関しては、近代的な人間中心主義の立場から一歩も出ていないと言ってよいであろう。

カントは一七六〇年代にイギリス経験論に出会い、『美と崇高の感情に関する考察』という感情・感性に基づくエッセイを書く。しかし沈黙の一〇年を経て出版された『純粋理性批判』は、六〇年代のみずみずしい自然観を忘れて自然を無反応な案山子に仕立ててしまった。

一七八〇年代の後半はカントが啓蒙的立場を完全に脱する時期である。沈黙の七〇年代の初頭に構想された感性界と叡知界との基礎づけは、八〇年代に入って『純粋理性批判』と『実践理性批判』とに結実する。『純粋理性批判』第一版は一七八一年である。そして『実践理性批判』は一七八八年である。さらに『純粋理性批判』第二版は一七八七年に出版される。ところが、『純粋理性批判』の前提となっている自然観と真反対の自然観を有する『人間の歴史の憶測的起源について』は一七八六年に出版されている。この八〇年代のカントの自然観の錯綜を、われわれはどう考えればよいのであろうか。この問いに答えるための手掛かりは、『純粋理性批判』の第一版と第二版との相違に見ることができる。この相違についてはいろいろ考えられるであろうが、端的に言えば、カントの人間的存在の徹底と言ってよいであろう。たとえば、『純粋理性批判』の演繹論は第二版で全面的に書き換えがなされた箇所であるが、その根本的な発想の相違は、カントの言葉で言えば、第一版での構想力の強調に対して、第二版では統覚の重視にあると言えるであろう。つまり構想力が直観に属するものとして、人間の受動性に根源があるのに対して、統覚はすべての表象に伴い得なければならないものとして人間における統一作用を根源的なものとする。したがって、第二版の演繹論の全面的書き換えは、「人間的あり方の徹底」にあると見なければならない。

しかし人間的あり方の徹底が、自然と神との後退あるいは無視と考えてはならない。このような考えは、啓蒙主義の考えである。少なくともカントにおいては、一つのものの徹底は、同時に他のものの肯定を意味している。つまり『純粋理性批判』第二版と『実践理性批判』とは、人間的存在の徹底であるが、同時にこの徹底は自然と神との肯定をも意味しているのである。八〇年代の後半は、カントにとって人間と自然と神とが同じ重さをもつものとなった時期である。

人間の徹底が同時に人間以外のもの（自然、神）の肯定あるいは再評価であるのは、カントが七〇年代にもっていた自然観の復活であると考えてもよい。自然を「無反応な案山子」としてしまった近代の自然観から脱却して、生き生きとした自然を取戻すことは、近代の人間中心主義からの脱却でもある。

カントにおいて忘れられていたみずみずしい自然観を思い起こさせるものが、『人間の歴史の憶測的起源について』（一七八六）である。これは『実践理性批判』（一七八八）の二年前に出版される。カントのこの短い著作は、すでに述べたが、「創世記」の第三章の解釈を行いつつ、人間の自然からの脱却を語ろうとするものである。カントはこの自然から人間への移行を、四つの段階において見ようとする。

自然衝動〔本能〕(Naturtrieb)からの離反のきっかけには、ほんの些細なことしか必要とされてはいなかった。しかし最初の試みが成功したこと、すなわちすべての動物が繋ぎ止められている制限を超えて自らを拡張し得る一つの能力として自らの理性を自覚したこと、このことは大変重要なことだし、また生き方にとって決定的なことであった。それゆえそこにただ一つの果実があり、その外観はかつて食べたことのあるおいしい果実と似ていることによって、試みが誘発されるだけでよかったのである。(『人間の歴史の憶測的起源について』8, 111f.)

人間はすぐに気がついた。すなわち、性の刺激は、動物の場合単に一過性でほとんど周期的な衝動に基づいているだけなのに、人間の場合構想力によって長引かせたり増大させたりすることができるのである。この構想力は、対象が感官から遠ざかれば遠ざかるほど増々、一層の節度をもって、しかも同時に増々持続的不変的に自らの仕事をするのである。そしてまたこのことによって、単に動物的な欲望の充足の飽和によって起こる倦怠感が防止されるのである。それゆえ無花果樹《いちじく》の葉(『創世記』第三章第七節)は、理性がその発展の第一段階で示したものよりもずっと大きな表出の産物であったのである。(8, 112f.)

カントは摂食の本能をきっかけにして、「禁断の木の実を食べる」という大事件が起こったことを語る。そして次に性の本能について語るのである。つまり、まず個体維持のための摂食本能があり、次に生殖本能が生じる、と。この二つの本能つまり自然衝動は、すべての生き物に共通の営為であるが、人間の場合この営為が単なる営為にとどまってはいないのである。人間の場合、摂食行動はすでに個体維持のためにという「目的」を、また生殖行動はすでに子孫の繁栄という「目的」を超え出てしまっているのである。ただ食べ、ただ交わるという「行動」は人間にはすでに失われてしまっているのである。

〔理性の第三の歩み〕それは、将来的なものを熟慮しつつ期待することであった。単に現在的な生の瞬間を享受するだけではなく、来るべき時にはしばしばはるかに離れた時間を現在化する能力は、人間の長所の決定的な徴表であった。つまり人間が自らの使命に相応しく遠く離れた目的のために準備するという長所である。しかし同時に人間のこの能力は、不確実な将来が引き起こす懸念と憂慮の極めて無尽蔵の源泉である。しかしあらゆる動物はこの懸念と憂慮を免除されているのである（『創世記』第三章第一三—一九節）。(8, 113)

第四のそして最後の歩みとは、動物と同じレベルにあることを超えて人間を全くの高みへと上げる理性が為すものである。つまり、人間は（たとえおぼろげであろうとも）、次のことを理解した。すなわち人間は元来自らが自然の目的であることを、そして地上に生きるどんなものも、この点においては人間に対抗できる競争相手であることはできない。(8, 114)

この第三・四段階でカントは、人間は理性をもって完全に自然から離れてしまったことを語る。その表れは、人間に備わった構想力であり、またそれは時間意識でもある。時間意識は、まったく不分明な将来に対してもある種のイメージを抱いてしまうことである。そのもっとも強烈なものが死に対する想念である。「難事、それはすべての動物を避けがたく襲うものであるが、動物はそれを思い煩うことがない。その難事とは、死である」(8, 113) と言われるように、未来を予見するということは、自らの安全にとっては好都合であろうが、しかし同時に死をも予感してしまうのである。そして第四段階では、人間は、自らの理性をもって自然（動物）から離脱してしまう。つまり人間は全自然界において、抜きん出た唯一性をもっており、いかなる自然も人間を目的とするものであり、したがって人間は自然の目的となる。

> 人間は一つの特権に気づいた。その特権とは人間は自らの本性によってすべての動物を凌駕するということであり、人間は動物をもはや仲間として創造されたものとは考えず、人間の任意の意図を達成するために人間の意志に任された手段や道具と考えた。(8, 113)

このような動物（自然）に対する人間の優位は、人間が自らの理性に気づいたときから、疑う余地のない事柄となってしまった。しかし人間が自然から離脱していくこの四つの段階は、同時に人間が自然へと融合していく四つの段階でもある。カントは、人間の自然に対する優位は同時に「反対命題」(Gegensatz) をも含んでいるという。つまりこの人間の優位は、同じ理性的存在者（他の人間）に対して向けられてはならないと語る。このような反対命題の内実は、二年後に出版される『実践理性批判』における定言命法の核をなしている。しかし人間の自然に対する優位の真の「反対命題」は、自然の人間に対する優位である。このような真の反対命題が語り出されるまでにはあと一〇〇年を要した。すなわちニーチェの出現までの一〇〇年である。カントはここではまだ近代人としてのカントにとどまっている。しかしカントはすでに晩年の六二歳の時に「創世記」解釈という形をとって、自然と人間との関係について語っていることは大変興味深い。

神―人間―自然という三つの次元（あるいは三つの方域）は、カントにおいてまた絡まり出してくる。近代は人間のみに存在理由を見つけ、他の神・自然は関心の外におかれた。それは人間の起源を忘れてしまうことになる。すでにカントの八〇年代後半は、近代とポスト近代とが交錯する時期であると述べた。カントは、七〇年代初頭から懸案であった感性界と叡知界との基礎づけを『実践理性批判』の出版をもって完遂させた。しかしこの完遂は同時に感性界と叡知界の「外」への想念をカントにいやがうえにも惹起させた。この「外」とは、人間的感性によって制約されない「原感性」あるいは「原自然」と考えてよい。カントはこの『人間の歴史の憶測的起源について』で神のことを「高次の存在者たち」（höhere Wesen）と呼んでいる。そしてこの高次の存在者たちは人間を「まったくほしいままに操縦したり処理したりする」（nach bloße Belieben zu schalten und zu walten）ことはないとする。この高次の存在者と人間との関係は、同時に人間と自然との関係にも当てはまる（8,114）。

感性界と叡知界との「外」、あるいは「原自然」の想念は、カントに新しい著作での解決を促す。それが『判断力批判』（一八九〇）である。

四　『判断力批判』の読み方

1　なぜ判断力なのか

察しの良い読者は、すでに私が『判断力批判』をどのように読むかの方向を推察し得るであろう。以降は、今までの確認を『判断力批判』において再確認していくことになるであろう。

神―人間―自然という三つのものの関係は、いかなる時代にあっても保持されなければならない。しかし生きた時代は、この関係を無視する。近代は神を後退させて、人間と自然との関係だけを考えようとした。そして人間は自然を自らに従属させようとした。これこそが近代のあり方なのである。そして近代を乗り越えようとするならば、あるいは、近代という偏りを「正常」に戻そうとするならば、自然の復権を考えなければならないであろう。シェリングはこのことを自然哲学をもって答えようとするのであるが、カントはあくまでも人間のあるいは近代の立場に依拠しながら、自然の復権を考えようとする。この試みこそがカントの『判断力批判』なのである。

すでに、『判断力批判』を読むための基礎的な了解事項を、一　弁証法的あり方、二　中間ということ、三　自然について、の三つから考えた。

私はこの論文では、カントの『判断力批判』を読むために、序言（Einleitung）だけに絞って、カント解釈を遂行しようと思う。

一つの表を提示することにしよう。これは『判断力批判』の序言の最後に示されているものである（カント『判断力批判』5, 198)。

心の全能力	〔広義の〕認識能力[8]	先天的原理	適用対象
〔狭義の〕認識能力[9]	悟性	合法則性	自然
快と不快の感情	判断力	合目的性	芸術
欲求能力	理性	究極目的	自由

カントはこの表の注を以下のように述べている。

およそ区分が先天的に行われるべきものとすれば、それは矛盾律にしたがって分析的となるか、——そのとき区分はつねに二分法的となる（およそいかなるものもAでなければ、非Aである）——それとも綜合的であるかであろう。そして後者の場合に区分が先天的概念からなされるべきであるならば（数学においてのように概念に対応する先天的直観からなされるべきではなくて）、綜合的統一一般にとって必要とせられるもの、すなわち（一）制約（二）制約されたもの（三）制約されたものとその制約との結合から生まれる概念、にしたがって、その区分は必然的に三分法でなければならない。（5, 197Anm.）

カントは、この表のどれが「制約」（Bedingung）でありどれが制約されたもの（ein Bedingtes）であるかを語らない。しかし「心（Gemüt）の全能力」にせよ広義の「認識能力」にせよ、どちらも人間の内なる能力として、三者が一つになって認識能力を支えているかぎり、三者はすでにつねに結合（Vereinigung）されていなければならないものである。すると狭義の認識能力とは感性に関わるという被制約性をもっているゆえに、たとえ悟性が能動性の能力であるとしても、制約されたものに組み入れられなければならないのである。それに対して欲求能力はまったく感性に関わらずに可能となるものであるから、制約（制約するもの・制約作用）である。このことは適応対象としての自然と自由とを考えてみればすぐにわかることである。

この表の中央の枠で囲われたものが『判断力批判』の内容にあたるものである。その右側が『純粋理性批判』、左側が『実践理性批判』の内容であり、さらに厳密に言えばそれらの著作の「分析論」にあたるものを指示している。もともとカントは第三批判すなわち『判断力批判』を書くことを予定してはいなかった。少なくとも『純粋理性批判』の段階ではそうである。カントがいつごろ『判断力批判』を書くことを思い立ったかは、はなはだ興味深い問題であるが、『純粋理性批判』において、「理性は決して（客体の）いかなる概念をも創造せず、ただ概念を秩序づけ、概念に対して概念の可能な最大限に拡張された統一、すなわち系列の総体性に関する統一を与えるのである」（『純粋理性批判』A643, B671）と理性の統整的使用（der regulative Gebrauch）をもって理性を悟性と関係づけようとする。この統整的使用は、理性の本来の能力ではない。欲求能力としての理性こそが本来の理性の能力である。

表の広義の認識能力に見られるように、制約されるものとしての悟性と制約（制約するもの）としての理性の中間に判断力が置かれている。カントはこの判断力の位置に関して次のように語る。

悟性は、自然に対するその先天的法則の可能によって、自然がわれわれにただ現象としてだけ認識せられることについての証明を与え、したがって同時に自然が超感性的な基体をもつことを指示してはいるが、この基体はまったく未規定のままに残される。判断力は、自然をその可能な特殊的法則の上から判定する自己の先天的判定原理によって、自然の超感性的基体（われわれの内および外の）に知性的能力による規定可能性をもたせる。ところが理性はその先天的な実践的法則によって、まさしくその同じ超感性的基体に規定を与える。かくして判断力は自然概念の領域から自由概念の領域への移行を可能にする。（『判断力批判』5, 196）

カントはここで「超感性的基体（ein übersinnliches Substrat）」をもって、悟性、判断力そして理性を区別し、また関係づけようとする。つまり悟性は基体に関して無規定的（unbestimmt）であり、判断力は基体に関して規定可能性（Bestimmbarkeit）をもっており、また理性は基体に関して規定（Bestimmung）をもっている、と。そしてカントはまったく無反省に悟性から理性への移行は可能であるとしている。否、無反省ではなく、言葉が足りないのである。超感性的基体は、カント哲学の構えからするならば、許すことのできない概念である。しかしカントは、感性の時間・空間的限定がその限定の外を（限定を受けないものを）想定することを許してしまうことを確信していた。

すでに「二　中間ということ」で述べたことだが、中間とは二つのものの中間にあって、両端の二つのものを媒介するものであるだけではない。むしろこの媒介が可能であるのは、両端の二つが、つねにすでに一つのもののうちに融合している場があるからである。超感性的基体に関して、悟性はそれを規定できない。つまり規定できないという形で、その外を予想させるのである。その外とは判断力と理性とによる基体への関わりである。理性はその機能によってまさに悟性によっては把捉できないものを把捉する。それが、理性による基体の規定である。二つのものが融合している中間は無規定性と規定性とが融合している規定可能性である。「規定すること」と「規定することができないもの」とが分離する以前には、それら両者を含む規定可能なるものがある。

> 感性的なものとしての自然概念の領域と超感性的なものとしての自由概念の領域との間には巨大な深淵が堅固なものとして認められる。そのために、まるで両者は、一方が他方へ影響し得ない別個の世界でもあるかのように、前者から後者への移行（理性の理論的使用を媒介にしての）は可能でないが、しかしなお後者

は前者に対してある影響をもつべきものではある。すなわち自由概念はその法則によって課せられた目的を感性界のうちに現実のものたらしむべきであり、したがって自然もまたそれの形式の合法則性が少なくとも自然の内に自由法則にしたがって達せらるべき目的の可能と調和するように考えられ得るのでなければならない。(5, 175f.)

弁証法において、即自存在は、それ自身としては把握できないほど無限的なものであるが、その中から対自存在が現れてくると、以前の即自存在は相対的なものとなってしまう。理性が基体に関して規定的であるのは、すでに相対的となってしまった即自存在に関わるからである。また判断力が基体に関して規定可能的であるのは、中間として二つの両端の根柢にあるものとしてである。カントは、基体に関して判断力と理性とを区別し、判断力を悟性と理性とをつなぐものとしたが、判断力と理性とを基体という一つのものを見る見方の違いとは考えることができなかった。そしてカントは、規定可能性の方が規定的であるよりも、つまり判断力の方が理性よりもより根源的である、と確信をもって言うことができなかったのである。

ともあれ『判断力批判』を執筆するときに、感性を空間・時間をもって人間的に切り取られたものと考えるカントがいることは事実である。そして同時に人間的感性以前の原感性あるいは原自然を捉えるための方途を探したのである。もちろんカントは、シェリングのように神や自然の側に回り込んで、それらの側から語り出すことはできなかった。したがって人間のうちに人間化しないままにとどまっているものを探そうとするのである。

2　反省的判断力

カントは『純粋理性批判』で反省について次のように語る。

反省 Überlegung（reflexio）[10] とは、直接に対象について概念を得るために対象そのものに関与するものではなく、われわれが概念に到達できるための主観的条件を見出すために、まずわれわれが用意する心の状態である。それは与えられた諸表象と、われわれの相異なる認識源泉との関係を意識するものであり、この意識によってのみ、表象相互の関係は正しく規定されることができるのである。（『純粋理性批判』A260, B316）

つまり、与えられた表象とわれわれの内なる認識力との対応に関して、それが直観に対応するのか悟性に対応するのかを探るのが反省ということなのである。つまり反省とは、認識成立のための最初の仕分け人ということになる。カントが「まずわれわれが用意する心の状態」と言うのはこのことである。したがって、反省は二次的に生じる心の状態という通常の理解は不適当で、むしろ表象及び認識力を可能にするより根柢的な働きと考えなくてはならない。

ドイツ語で、主語がもう一度目的語に現れることによって、新たな表現をつくりだすものを、再帰的（reflexiv）表現という。「私は私をベンチに座らせる」（Ich setze mich auf die Bank.）とは、「私はベンチに座る」（Ich sitze auf die Bank.）という意味である。すると「座らせる」という他動詞と、「座る」という自動詞の違いだけであり、他動詞を使って自動詞的表現をするのが再帰的表現ということになる。しかし再帰的表現は、私自身をも対象化して、外側に置くのである。こうして自分中心の立場から、より客観的な立場へと移行することができるのである。そしてさらにこの再帰的表現は受動的表現ともなる。つまり、「私は私をベンチに座らせる」は、「私はベンチに座らされる」ということをも意味する。私は自らの意志でベンチに座ることを選択しているように思われるのだが、むしろそう選択させられたのだ、と。

反省とは、生々しい直接的経験の二番煎じと考えられがちであるが、反省はそういう現実の奥へと至るためのより根源的なあり方なのである。イギリス経験論は、悟性（概念）は感性（直観）の二番煎じと考えて、感性を重視したが、表象と感性との合致のための可能性を問題にすることがなかった。われわれの経験界が、すでに限定されたものとしてあるのに対して、反省は経験をもう一度反芻して経験の奥へと進もうとする働きなのである。もちろんこの反省という働きは、現実的な経験に対してその奥を尋ねる極めて主観的な事柄ではある。しかし、われわれのうちには、このような反省をもって、より根源的なところへと赴こうとする意志があるのである。これこそまさに「哲学する」ということに他ならない。

判断力とは一般に、特殊者を普遍者に含まれたものとして考える能力である。……しかし与えられているのが単に特殊者であり、その特殊者に対し判断力が普遍者を見出すべき場合には、判断力は単に反省的（reflektierend）である。（『判断力批判』5, 179）

カントは、判断力を規定的判断力と反省的判断力との二つに区別する。与えられた特殊に対して、すでに与えられている普遍的なものをもって、特殊を包摂する判断力を規定的判断力（die bestimmende Urteilskraft）という。一方、特殊しか与えられておらず、それを包摂すべき普遍は、「自ら見出される」ことにならなければならない場合、その判断は反省的であるという。あえて言うならば、規定的判断力は、通常の判断力として悟性的判断力であり、反省的判断力は、悟性の普遍性に直接関わらないという意味で、直観的判断力と呼んでもよいであろう。反省的判断力あるいは直観的判断力は、直接には悟性に関わらない。むしろあの再帰的表現のように、主語としての特殊は自らを再帰的に目的語に据えて判断を成立させるように、反省的判断力は、普遍を拒否して、与えられた特殊のみをもって、自家撞着的に判断を形成する。反省的判断力はすでに判断の体をなしてはおらず、判断力とは言い難い。カントは決して「反省的判断」という言葉を使わない。『純粋理性批判』の出発点におけるあの先天的綜合判断のような判断と反省的判断力とはまったく異なっている。特殊を普遍に包摂するのは判断であるが、その普遍が与えられておらず特殊のうちから見出されなければならないような判断は、そもそも判断とは言えない。反省的判断力とは、判断であるよりもむしろ「力」としての働きを言おうとしているのである。ではなぜカントはこのような判断とも言えない反省的判断力を提示するのであろうか。

> しかしながら自然に存する諸々の形態は極めて多種多様であって、いわば普遍的な先験的自然概念にそれだけの数の変様があるようなものである。純粋悟性が先天的に与えるこうした法則は自然（感官の対象としての）一般の可能に関わるにすぎないのであるから、こういう法則によってはそれらの自然概念は規定を受けずに残されることになる。（5, 179）

> ……特殊な経験的法則は、自然に関する普遍的法則を通してなおその中に未規定のまま残されるものに関しては、あたかもある悟性（ein Verstand）が（それはわれわれの悟性でないとしても）、特殊的自然法則にし

たがう経験の体系を可能にしようがために、それらの特殊な経験法則をわれわれの認識能力のために与えたのでもあるかのような (als ob gleichfalls ein Verstand sie [Einheit] zum Behuf unserer Erkenntvermögen..., gegeben hätte.)、そうした統一にしたがって考察されねばならぬということである。(5, 180)

カントは自然の多様性に着目する。否、着目するというよりも、もともと自然は多様性をもって自然なのである。悟性が自然に対して法則を付与するといっても、それは可能性なのであり、ただ条件だけである。カントは『純粋理性批判』で悟性の綜合・統一機能が単なる形式ではなしに、実質的な綜合・統一であるために、多様(das Mannigfaltige)をもって綜合・統一されるべきものとした。しかし、多様は具体的な個体を抽象的に言い表すための、単なる形式あるいは記号にすぎないものである。多様は自然の生きた多様性ではない。自然は人間の悟性によっては把捉できないほどの多様性と広汎性とをもっている。それは悟性による把捉ではまったく掬いきれず、「未既定のままに残されて」(unbestimmt gelassen warden [sein]) しまっているのである。悟性によっては掬い取ることのできない自然の多様性は、したがって人間の能力を超えてしまっている。自然の多様性のためには、カントが「ある悟性」と言うように、神的悟性をもって、自然全体を一気に把捉する以外には可能ではない。もちろんわれわれはそのような神的悟性をもってはいない。しかし、神的悟性によって把捉される自然の多様性を、われわれはわれわれにとって可能な認識能力にも与えられているかのように考えなければならない、とカントは考える。「ある悟性が……われわれの認識能力のために与えたのであるかのように」とは、できるかぎり人間的な作為を入れることなく、自然によって与えられるままに、というカントの宣言である。

3　快の感情

荘子の無為自然が、できるかぎり人間的営為を入れないようにというスローガンであるように、『判断力批判』の基本的スタンスも、できるかぎり人間的営みを前面に出さないようにして、『純粋理性批判』や『実践理性批判』の根源を探ろうとするものである。

すでに述べたがカントは『判断力批判』の序言の終わりで「上級心的能力」の表を提示する。その中で、「心の全能力」を、「認識能力」と「快と不快の感情」と「欲求能力」との三つに区別する。この中で問題であるのは、「快と不快の感情」である。カントは心の全能力の一つとして快と不快の感情を挙げるのであるが、感情は果たして能力なのであろうか。感情は、ドイツ語でGefühlである。接頭語のge-はいろいろな意味があろうが、ここでは過去分詞を形成するものであり、受け身の意味をもつものである。感情はわれわれの意志に関係なくわれわれの心に惹起されるものである。

なぜカントは心の全能力の一つを快と不快の感情としたのであろうか。カントは認識能力と欲求能力との（中）間に快と不快の感情を置く。つまり二つの能力は、受け身的な感情によって可能とされているのである。すでに『純粋理性批判』においても、悟性は感性なくしてはまったく空虚な能力になってしまう。つまり悟性は受動的な感性を必要としているのである。そしてさらに『実践理性批判』は、『純粋理性批判』における現象界の基礎づけによって、その外にあると考えられる叡知界を土台とする。つまり、すべての人間的能力の基礎には受動的な感性があるということである。『純粋理性批判』の感性論は、空間・時間という形式を（もちろんこの形式も純粋直観として与えられなければならないのであるが）論ずるのであるが、この純粋直観としての時間・空間は、悟性のためのものであり、したがって感性論は悟性へと方向づけられた受動性にすぎなかった。そこでカントは真に悟性から自立した受動的なるものを必要とした。なぜなら、少なくとも人間においては、制約するもの（能動的なもの）は部分にしか関われないからである。

カントにおいて感性と感情とは厳格に区別されている。感性（少なくとも感性論で扱われる感性）は、先験的（transzendental）構造の一部をなしているかぎり、人間的な感性（受動性）であるにすぎない。「上級心的能力」の表における「心の全能力」のうちの「認識能力」には当然感性も含まれる。そして表の「認識能力」のうちの悟性には当然感性も含まれる。そして一方、感情は、いかなる形式ももたず、われわれ人間は与えられる感情に自らの形式をもって関わることはできないのである。感情は人間が影響を及ぼすことのできない、感性の先（以前）にあるものである。

さて、なぜカントは悟性と理性との中間（共通の根源）にあり、悟性の理性への移行を可能にするものを、快と不快の感情としたのであろうか。『実践理性批判』において、快と不快の感情は実践的質料的原理に関わるものとして、つまり客観的必然性をもたないものとして否定的に扱われる。しかし『判断力批判』においては、この快と不快の感情は、不確実なものではあるが、重要な役割を果たしている。

――自然の法則でもある悟性の普遍的法則は、自然にとっては（それらの普遍的法則は自発性から発したものであるにもかかわらず）物質の運動法則と同様に必然的なものであるが、そういう法則のつくられることは、われわれの認識能力への思惑をすこしも前提としたものではない。なぜならわれわれはそういう法則を通してのみ事物（自然の）の知識であるところのものの概念をはじめて得るのであって、それらの法則はわれわれの認識一般の客体としての自然に必然的に帰属するのであるからである。（5, 186f.）

カントは自らの今までのあり方を反省しつつ、自然あるいは自然法則とわれわれの認識能力とのあり方を見直す。つまり自然法則は人間のものであるのかあるいは自然のものであるのかということを問い直すのである。感性に関わる上級認識能力としての悟性は、自然法則の「構築」のために働くものである。『純粋理性批判』では、悟性が法則を自然に持ち込んだり（hineinbringen）据え置いたり（hineinlegen）したものが自然法則であるとしたのに、『判断力批判』では「自然法則は自然に必然的に帰属する」とするのである。つまり、自然を第一義的なものとし、その自然に認識主観は従属している、とするのである。

自然への認識主観の従属は、自然の自立を要求する。もちろんわれわれ人間は、その自然の自立をそのまま知ることはできない。われわれ人間がかろうじて自然の自立を感じることができるのは、感性よりもはるかに受動的な感情（Gefühl）だけである。しかしこの感情はそれだけでは普遍性をもたない。普遍性を確認できなければ、自然の自立は単なる理念であるにとどまる。自然（あるいは世界）は、二律背反を惹起するものであり、悟性的自然は限界的であり、自立的自然は無限的である。したがってたとえ感情はその受動性ゆえに自立的自然に触れているとしても、やはり人間の認識能力に訴えなければ、自然の自立性は確保されない。そこでカントは「快」という感情をもって自立的自然の認識能力との親和性を語ろうとするのである。

> 事実、諸々の知覚が普遍的な自然概念（範疇）にしたがった法則と合致することは、われわれのうちなる快の感情へいささかの作用を及ぼすことも見出されず、また見出され得ないのである。なぜなら悟性は、その範疇についてはこの場合まったく意図なくしてその本性上必然的に手続きを取っているからである。他方、

二つまたはより以上の数の異質的な経験的自然法則がそれらを包括する一つの原理のもとに結合され得るという発見ははなはだ著しい快の、しばしばまた感嘆の根拠ともなり、しかも感嘆を起こす対象をわれわれが十分に熟知してしまってもなお止まない体の感嘆の根拠となるのである。(5, 187)

――それゆえ、自然を判定するにあたってわれわれの悟性に対する自然の合目的性を注意させるところの何ものか――すなわち自然の異質的な法則を、たとえなお経験的なものではあってもなし得るかぎり高い法則の下へもたらそうとする努力――がなくてはならないのである。それは、これに成功したとき、そのような法則がわれわれの認識能力へ調和すること(その調和は単に偶然的と見なされるものであるが)にわれわれが快を感じようがためなのである。(5, 187f.)

『純粋理性批判』の演繹論においては、多様がそしてさらには知覚が悟性のカテゴリーと合致することは、権利問題と言われるように、つまりすでにつねに合致がなされているのだが、それがどのようにしてかを問題にするだけであるから、この場合の一致は当然であって何ら快の感情を引き起こすものではない。しかし多くの経験的自然法則を一つの原理のもとに包摂できたとき、それは快の感情を引き起こす、という。なぜなら、包摂する一つの原理は、多くの経験的自然法則のうちから生じる以外にはなく、この包摂する経験的原理は、あたかも悟性的範疇の包摂機能をもっているかのようであるからである。つまり快の感情とは、本来悟性的なものではないものが、悟性の範疇のような機能をもつときに生じるものなのである。つまり、自然の多様性や拡張性の中で、自然から生じる包摂原理を悟性的なもののように考えることによって、本来まったく遠くにある自然を、自然そのものとして人間の中に捉えることができたような感情を惹起したからである。

では、自然のもつ多様性がいかにして自らを包摂するための原理をもつことができるのであろうか。カントは、すでに『純粋理性批判』の弁証論の「純粋理性の理念の統整的使用について」で、自然の分類としての類、種、属が生じねばならない理由を論じる。この区別は悟性がなし得るものではなく、むしろ悟性以前の働きである。

……特殊的な自然法則はもっと普遍的な法則のもとに包摂され、原理をできるだけ少なくしようとする要求は理性の経済原則となるばかりでなく、自然の内奥に存する法則となるからである。(『純粋理性批判』A650, B678)

もしもわれわれに示される現象の間に非常に大きな相違があって——というのはわたしは形式についていうのではなく、(なぜなら形式の点では現象は相互に似ているといえようから)、むしろ内容の面、すなわち実際的存在体の多様性の面からいうのであるが——そのためにいかに鋭利な人間悟性といえども或る現象と他の現象とを比較しても少しも類似点を見出すことができないほどであればあるほど(それは十分考えられる一つの場合である)、類という論理的法則は全然生ぜず、類の概念すら、あるいは何らか普遍的な概念、否、それのみならずもっぱら普遍的概念を取り扱うものとしての悟性すら生じないであろう。(A653, B681)

……われわれが、自然のうちに差異性を予想することによってはじめて悟性を有するのであるが、それはまた、自然の客体が同種性をそれ自身に有しているという条件のもとに、はじめてわれわれが悟性を有するのと同様である。なぜならまさに、多様性が一つの概念のもとに包括されることができるということこそ、同種性の概念の使用されるゆえんをなし、悟性の働きを生ぜしめるからである。（A657, B685）

この箇所は、理性の悟性に対する存在理由を述べるところであるが、カントは理性の使用を、悟性を飛び越えて自然そのもののうちに考えようとする。つまり悟性を秩序づける理性（理性の統整的使用）は、その秩序づけのために、自然そのものがすでにもっている同種性を必要とするのであり、そのことによって理性は悟性を制御しているのである。逆に言えば、感性以前の自然（そのもの）が、理性の機能を活性化しているのである。そして『判断力批判』こそ、理性の活性化を可能にしている自然そのもの（感性以前の自然）を捉まえるための方途を述べる場なのである。

規定的認識のための直観を概念に関係させるのではなくて、直観のある種の対象（ein Gegenstand）の形式の単なる把握（覚知 apprehensio）と快とが結びついているとき、その表象はこれによって客体に関わるのでなく、もっぱら主観に関わる。そして快とは、客体と、反省的判断力のうちで働いている認識能力との適合性を表現することができるにすぎないのであり、また認識能力が反省的判断力のうちにあるかぎり、客体の単に主観的形式的合目的性を表現することができるのである。なぜなら形式をそのように構想力のうちへ把握することは、反省的判断力が、直観を概念に関係させる自らの能力とそれらの形式とを意図をもたず比較するにせよ、少なくとも比較することなしには決して起こり得ないことだからである。ところでこうした比較において構想力（先天的な直観の能力としての）と概念の能力としての悟性とが所与の表象によって意図なしに調和の状態へおかれ、それによって快の感情が喚起されるならば、その対象はそのとき、反省的判断力に対して合目的的なものとみなされねばならない。（『判断力批判』5, 189f.）

ここで語られる「ある種の対象（ein Gegenstand）」は、すぐに「客体（Objekt）」と言い換えられている。この対象は、（規定的）認識の対象であるのではなく、それ以前の対象である。つまり反省的判断力によって捉えられる対象であり、これは構想力（あるいは覚知）という悟性以前の直観において悟性に類似した綜合の働きによって得られるものである。この悟性以前の働きが、悟性の働きと一致（あるいは調和）するとき快の感情が生じるのである。

なるほど悟性は、自然の普遍的法則を所持しているのであり、それなくしては自然はまったく経験の対象ではなくなってしまうのである。しかし悟性は、やはりそれ以上に、悟性にとってただ経験的にしか知られ得ずまた悟性からすれば偶然的である自然の特殊な法則のうちに、自然のある種の秩序を必要としているのである。（5, 184）

カントは、悟性から見るならば、通常の認識活動のためのカテゴリーの他に、快の感情をもって明らかになる反省的判断力による自然そのものがもっている秩序も悟性にとって必要であるとする。

ここでカント哲学の枠組みは揺らぐ。というのも悟性は直観の多様を綜合・統一する機能であり、それなくしてはそもそも認識も（現象の総体としての）自然も成立しないはずなのに、この悟性に先んじて反省的判断力によって確保される特殊的経験的法則による自然があり、それは、快の感情をもって明らかにされる。しかしこの快の感情によって後づけ的に悟性に一致・調和させられる自然の特殊的法則があるということは、悟性からすれば、これは付け足しの悟性機能と言ってもよいものである。

　現象界の基礎づけということをもってはじまった『純粋理性批判』は、現象界の「外」を予想し、この「外」に『実践理性批判』をもって触れようとした。したがって、『純粋理性批判』と『実践理性批判』は狭義の認識論的圏域の中にあることになる。狭義の認識論的圏域とは、人間が中心にいて、人間から他のすべて（自然や神）を見るという立場である。この立場は、したがって悟性をすべての中心に置く。感性は悟性に質料を提供する器官となり、理性は悟性の不足分すなわち全体的立場を悟性に与えるために理性の統整的原理をもって理性の機能とした。しかし感性にしろ理性にしろ、こういうあり方は悟性のために「歪曲」されたものである。

　弁証法は全体をあるいは体系を重視する。なぜなら、弁証法の成立には展開・運動がなければならないからである。場の確保がなければ、展開・運動は可能とはならない。すべてを悟性的見地から見るとき、すべては静止する。そして悟性しかなくなってしまうと、悟性自身すらいかなるものかわからなくなる。近代は悟性を中心にした時代であると言われるが、近代はその悟性すらいかなるものかわからなくなってしまった。もちろん、一方的な近代（悟性）批判は、その他者としての自然と神とを強調するあまり人間を忘れる。これもまた非弁証法的なあり方である。

　哲学史を見てみると、古代ギリシアでは自然（ピュシス）が重視され、キリスト教中世では神が、そして近代では人間が重視された。つまり紀元前七〇〇年から中心が自然↓神↓人間と移動してきた。近代が人間を中心に置くとき、同時にその他者としての自然と神にも適切な位置が与えられなければならない。そうでなければ、人間は自らの位置を知らず、自らを喪失してしまうからである。カントが悟性をもって、すべてを見ようとした試みは、『判断力批判』において見事に転覆させられる。それは感性の反乱でもあり、理性の自己主張でもある。

筆者は、『純粋理性批判』と『実践理性批判』を認識論的立場からの著述と、また『判断力批判』を存在論的立場からのものと考える者である。それはカントが、反省的判断力、快の感情、さらには自然の合目的性という事柄をもって、感性の先にある自然を何とか捉えようとしたものである。しかし今まで見てきたように、カントは認識論的用語をもって、存在論的立場を語ることしかできなかったのである。もしくは、悟性以前の自然（それは自然の特殊的経験的法則と言われるが）の悟性との一致・調和をもって、つまり快の感情をもって、悟性の「外」を語ろうとする。われわれとしては、『判断力批判』という形でしか悟性の「外」は語り出せないのか、あるいは快の感情をもってそのまま「外」を見ることができるのか、このことの執拗な解明を、カントの『判断力批判』はわれわれに迫っているように思われるのである。

注

（1）カントからの引用は『純粋理性批判』以外はすべてアカデミー版の頁付けにしたがう。
『純粋理性批判』の頁付けは、オリジナルテキストの頁による。
（3）樫山欽四郎「カントと現代」早稲田哲学会『PHILOSOPHIA』第二七号（一九五四）、二三頁。
（4）シェリングの引用はすべて息子編纂のシェリング全集による。最初の数字は巻数を、そのあとの数字は頁付けである。

（5）キルケゴール『不安の概念』キルケゴール全集（白水社）第一〇巻、六二頁。

（6）樫山欽四郎「否定の論理」早稲田哲学会『PHILOSOPHIA』第五七号（一九七〇）、五九頁。

（7）『三木清全集』第八巻、四四七頁。三木は悟性と理性との中間に構想力を置いているが、この場合の悟性とは、感性に関わるのが悟性であり、関わらないのが理性である。前者は認識能力であり、後者は欲求能力である。カント的には悟性と理性との中間には判断力が置かれるのであるが、構想力でも判断力でもいずれにせよ中間的あり方をするものとしては同じであり、三木は中間の根源的意味をしっかり捉えていると言える。

（8）（9）認識能力（Erkenntnisvermögen）に関しては、注（9）との関係で語らなければならない。つまりはじめの認識能力はいわゆる上級認識能力と言われるもので、われわれの「もっている」能力のことであり、注（9）の認識能力は狭義の認識能力で、感性に関わることをもって成立する認識のための能力である。

（10）カントはここで reflexio の訳語を Überlegung としているが、この訳語は Reflexion と同じ意味で使われているから、反省と訳す。

本書の縁起と論文紹介

那須政玄

縁起

本書はもともと私の定年退職・古稀記念として発案されたものである。今からおよそ四年前、野尻英一と本書の出版元の社長の野澤幸弘の二人が私の研究室を訪ねてくれた。野尻は私の研究室で初めて博士号を取得した者であり、その後の思索の進展は本書の寄稿論文を読んでいただければわかることである。野澤は早大社会科学研究科（大学院）が設置されて初めての私の学生である。二人とも私の四十代前半のころの学生であった。

早稲田大学社会科学部は、一九九四年、大学院として社会科学研究科を創設した。その新大学院で私は「生命倫理学」を担当することになった。「生命倫理学」という担当科目に私は相当悩んだ。「生命」とは生きている者を対象とし、特に自然科学的なアプローチが中心となっている。そして生命科学が著しく発展した近年、「倫理学」も生命科学の発達を無視できなくなっており、それどころか生命科学に追随する（なり下がっている）倫理学になってしまっていると言ってもよいほどである。私はこのような「生命倫理学」を講ずることはもともと本意ではないし、私にとってはそれは拷問でもあった。それでも最初の二年間は、脳死問題とかインフォームドコンセントといった、生命問題を扱ういわゆる生命倫理学を講じた。講義は哲学専攻の私が行うというものではなく、むしろ法学専攻の者が行うようなものとなっていた。

「生命」は、死がなければ「獲得する」ことができないものである。生きているという実感は、いつか死ぬという意識がなければ成立しない。したがって生命倫理学は同時に「死倫理学」でもなければならないはずである。しかし生命科学は死の側に立つことは絶対にない。また「倫理学」は法学と接し、常識に依拠するところがある。常識は時代の中心的あり方であり、それを生きる人々に多かれ少なかれ強制するところがある。イエスの受難の原因は、当時の倫理や常識に従わなかったイエスにあるのであり、イエスを糾弾する人々は悲しいまでに自らを正しい者と思っていた。キルケゴールは実存の三段階として（一）美的段階、（二）倫理的段階、（三）宗教的段階、を語った。法律学者も多くの倫理学者も倫理的段階にあるのだが、イエスは宗教的段階にいるのである。倫理的段階と宗教的段階との違いは、後者が弁証法的世界を「生きている」ということである。弁証法の問題は本書の各論文に譲るが、端的に言えば、生（生命）は生の否定としての死なくしては成立しないということである。

そこで私は二年で通常の「生命倫理学」の講義をやめてしまった。やめたとは放棄したという意味ではなく、むしろ通常の生命倫理学を基礎づけるためにも哲学を講ずるしかないと私は思った。講義内容も哲学を中心としたものに、また演習のテクストも、いきなりカント、ヘーゲルでは院生にかわいそうと思い、マーヴィン・ハリスの『食と文化の謎』を使ったが、それ以後はカント、ヘーゲル、ハイデッガーを使って哲学の本質を探ることになった。そして私の定年退職するまでの最後の五年間はヘーゲルの『精神現象学』をしっかり読みながら、自由に論争することになった。今でも『精神現象学』を読んだことはよかったと思っている。

さて、野尻と野澤の研究室訪問の理由は、私の定年退職・古稀を記念して記念出版をしたらどうだろうかというものであった。私にとってはまさに青天の霹靂であった。私としては、定年がやってきたら最終講義だけは行って、あとは静かに早稲田大学を去ろうと思っていたからである。記念出版などまったく考えていなかった。私も、今まで〇〇先生退職記念論文集といったものに何度か寄稿したことがある。ある場合には五十名、百名の諸先生が寄稿した大部のものもあったが、それはただ書いたというだけのものであり、一種の慣例化したものであり、あまり感心したものではなかった。私はそのような出版だけは絶対にやめようと思っていた。

そこで私は二人に出版することは構わないが、執筆者は私に厳選させてもらいたい旨だけを伝えた。私には友人はほんの少ししかおらず、また私は濃厚な人間関係を好まず、むしろ一人でいる方が楽しく感じるタイプである。それでも何人かの友人はいる。とはいってもほとんど連絡を取ることはない。年賀状の交換ももう十年以上前にやめてしまっており、本を贈呈していただいたときにだけお礼の手紙を書くぐらいである。それでも相手はどう思っているかわからないが、私は友人と思っている。だから本書の執筆者として何人かの名前を挙げることはまったく容易であった。

加藤直克は、大学院時代の遊び友達である。麻雀、ビリヤードそして花札などよく遊んだ。その遊びの中に現実を超える力を感じて打ち震えたものであった。加藤は書籍の知識と蒐集に関しては群を抜いており、加藤の家を訪ねたとき私が毎日図書館に通って読んでいたラスクの『判断論』が本棚にあったときにはうらやましかった。加藤との関係は加藤がドイツ留学に行ってしまうまで三年間続いた。

髙橋明彦には、私が三十歳のころまだ専任校がなくあちこちで非常勤講師をして生計を立てていたころに出会った。東海道線の辻堂駅から海に向かっていくと浜見山というところがある。そこに相模工業大学（現・湘南工科大学）があり、そこで私はドイツ語を教えていた。髙橋もそこでドイツ語を教えていた。まだ第二外国語が必須であったころである。私は週二日辻堂まで行っていたが、髙橋は木曜日だけの担当であった。講師室ではいろいろ語り合ったが、やはり早く専任になりたいということが話題の中心であった。髙橋はドイツ文学専攻で当時はドイツロマン主義を研究しており、いろいろ教わることがあった。私が後年シェリングにひかれていった遠因に髙橋との語り合いがあったのかもしれない。私は髙橋から彼の著書三冊を贈呈された。すなわち『ニーチェ　A嬢の物語』、『ゲーテ「イタリア紀行」の光と翳』と『火蛾の詩学』である。前者はニーチェの詩を手掛かりにしたニーチェ論であり、また後二者はゲーテに関するものであり、一つは『イタリア紀行』でゲーテが「語りそこなったもの」つまり「翳」を明るみに出そうとする試みであり、もう一つはゲーテとイスラムとの関係を論じたもので、『火蛾の詩学』という表題も、髙橋の独特の感性が見出した或ることが表題の火蛾（der verbrannte Schmettering）に結びついていく。どちらもなかなか気づかれなかった事柄（それは定型的ニーチェ論やゲーテ論しか知らないと見落としてしまうものである）からニーチェとゲーテの核心に迫っていくものである。この三冊はどれも髙橋のディレッタント的性格が見事に生産的になったものである。

中尾健二との出会いは、「早大ドイツ研究会」というサークルであった。中尾とは、学部時代から喫茶店の片隅で二人で読書会をしていた仲である。ドイツ語がよく読める中尾がほとんど会を主導してくれていた。中尾は社会科学的な地平を離れることなく、私の哲学観をしばしば批判してくれた。アドルノ、ホルクハイマー、ハーバーマス等のフランクフルト学派の著作を読んでいた。中尾は小林秀雄に心酔し、またモーツァルトにも熱を入れていた。シューベルトが好きだった私がモーツァルトに心動かされたのは中尾によるものと思っている。一つ打ち明け話をしよう。私が博士課程一年の夏、中尾の自宅が改築されることになり、ひと夏二人で学生村で過ごすことになった。清里の飯盛山の麓の民宿での四十日間であった。この民宿は二部屋学生に貸し出しており、われわれは北側の一室をひと夏借りていた。南側の部屋は三泊ぐらいのショートステイの学生が利用していた。入れ替わりやってくる学生たちと食事のときに知り合いになる。そして私はいつしか案内人になってしまっていて、民宿のおばさんは「那須さんに案内してもらって飯盛山に登ったら」というのが口癖になってしまっていた。もちろん中尾も嫌がらずに登山に参加してくれた。入れ替わり南側の部屋を使う学生の一人に私の妻がいたのであった。中尾は形而上学にまた弁証法に酔う私に社会科学的見地から冷や水を浴びせて冷静になるように静かに説得してくれた。「否定的弁証法」という冷や水は、私に新たな思考を要求しているように思えた。

野尻英一、唐澤太輔、三浦仁士そして相川翼は、私の研究室に所属していて、野尻と唐澤は博士号をとり、三浦は今鋭意博士論文作成に励んでおり、相川は私の定年二年前に修士課程に入学し、すぐに博士論文を提出できるほどの実力の持ち主である。彼ら四人に関しては次の私の「論文紹介」を読んでいただきたい。

なおこの「縁起」で一言付け加えておかなければならないことがある。当初本書への寄稿者リストに、仏教関係の二人の名前を挙げていた。二人とも真言宗の僧侶であり、仏教界では異彩を放つ二人である。それは津田眞一と廣澤隆之である。二人とも仏教学者でありながら西洋哲学にも通じており、むしろ西洋哲学で得た視点を仏教思想に展開していると言ってもよいほどである。

津田眞一は、元国際仏教学大学院大学教授として活躍され、ニーチェの生き方に同調しておられた。一九八〇年代後半、私のゼミナールで発表していただいたころは、インドの神話に登場する原人・巨人プルシャを取り上げ、しばしば「プルシャノ眼」という言葉を発せられておられた。これは明らかにニーチェのツァラトゥストラに影響されたものであったのであろう。津田は、ニーチェが語っているように「ハンマーをもって思索する」を地で行く人である。ハンマーをふるう先は伝統的なあり方であり、また自らの今までの思索であり、さらには今考えている自らの頭である。太い万年筆で力強く原稿用紙に刻み付けられる字は、津田の思索のあり方を見事に表している。

本書ははじめ、私の最終講義（二〇一七年一月二十一日）に配布できるように計画されていた。しかし津田は原稿締切のデッドラインを三回無効にした。津田はおそらく私のことを意識して、仏教思想とシェリング哲学とを何とか融合しようとしていたらしい。ハンマーをもってシェリングを読んでいたと思われる。そして二〇一七年十月末に出版社に津田から、「残念ながら間に合わない」旨の電話があったそうである。津田的生き方を知っている私からすれば、本書出版の遅れをつくった罪は許される。津田は何とか原稿を間に合わせようと努力していた。津田は今まで書いた論文の加筆ぐらいで「お茶を濁そう」とは微塵も考えていなかった。徹底的に戦ってくれた。津田の論文が掲載されていないことは残念なことであるが、その経緯を記しておくことも重要なことと考える。

廣澤隆之は、大正大学教授、智山伝法院院長を歴任し、仏教界の異端児であることは津田と変わりないが、自ら「静謐なる狂気」を標榜しているように、ハンマーを使わずに相手（たとえば近代・現代仏教研究の通常のあり方をする者）の懐に入り込んで、そこで異を唱えるスタイルをとる。静かに対話をしながら相手の矛盾点を指摘しつつ相手の脱獄をそそのかす。現在の仏教研究が廣澤が意図したようには、近代的桎梏から脱出したとは思われない。現代という時代の中で、非現代的に（ニーチェなら「反時代的に」〈unzeitgemäß〉）語ることは難しい。しかしそれ以上に、現代からの脱獄をそそのかすことはできても、囚人自らがそれを遂行することはほとんど絶望的である。

私は真言宗智山派の僧侶でもある。一九七六年から二〇一四年まで智山派の研究機関である智山伝法院（前智山教化研究所）に所属して、論文を書いたり、仏教を学ばせてもらった。私が智山派の研究員になって数年たったとき、廣澤がハンブルグ大学の留学から帰ってきてやはり研究員になった。そのときが私が廣澤と出会った最初であった。私は廣澤にいつも「ブッキョウの〈ブ〉の字も知らない者」と言われつつも、厚顔にも研究員を続けられたのは、やはり廣澤がいてくれたからであり、その意味でも彼の存在はありがたかった。毎週月曜日が智山伝法院に出かける日であったが、会議以外ではほとんど廣澤とおしゃべりをしていた。廣澤とは同じ学年で同じ文化を生きていたので、話はよく合った。オーウェルの『動物農場』を英語で読んだことや、H・ジェイムスの「デイジー・ミラー」が何とも魅力的な女の子であると感じられることなどにも一致が見られた。廣澤としゃべっていると、解放された感じがし、何十年も以前に戻れたような気がした。本書に彼の論文がないのは病気のためである。それでも執筆者リストに廣澤の名前を挙げたのは、彼へのオマージュである。そして廣澤は原稿締切の最後の最後まで「書けない」と言わなかった。廣澤は「静謐なる狂気」を標榜する理性的な人であるが、同時に「矜持の人」でもある。

残念ながら今回収録がかなわなかった二人の論文だが、いずれ機会をあらためて、論文集として上梓できればと考えている。

ここで本書の表題「哲学の戦場」についてお伝えしておこう。津田と出版社の野澤と私の三人で浅草のすし屋で会った。それは津田が原稿締切期限を延長してくれという要請の会合であった。野澤と私は、津田の延長願いが駆け引きのようなものであるとはまったく思わなかった。津田は真剣に論文作成に向かっていた。三時間ぐらいの話し合いは、津田の論文に対する熱情の吐露がほとんどであった。その話の中で「哲学の最後の戦場」という言葉が発せられた。しかしそのときその言葉の意味を詳しくは尋ねなかった。ただ私の脳裏には、次のような問いが浮かんだ。今まで哲学を戦場として捉えることがあったであろうか、あったとすればどのような哲学が戦場を意識していたか、さらに哲学においてどこに戦場があるのか、そしてさらにどこかに戦場があるならば、いったい何と戦うのか、つまり真の戦いのためにまず自軍の総点検（それは自らに対する戦いでもある）が必要だろうし、そのうえで哲学固有の真の戦いへと赴くのか、あるいは両面作戦か、と。このように「哲学の戦場」という言葉は哲学の本質に関わるいろいろな事柄を惹起させてくれる。

本書の表題は「哲学の戦場」である。津田が語った「最後の」を省略している。それは哲学が戦場にあり何かに戦いを挑んで勝利を得るものであるかぎり、戦場はいつも最終的場面でしかなく、最終と戦場とは同語反復的であると考えたからである。本書に掲載されている八本の論文はすべて、「哲学の戦場」を意識して書かれている。読者は必ずや、哲学の本質も哲学の戦いの内実についても理解されることであろう。

論文紹介

野尻英一「未来の記憶─哲学の起源とヘーゲルの構想力についての断章─」

野尻は私の研究室の博士第一号である。早大文学部を卒業後、そのまま文学研究科（大学院）に進まず、私の所属する社会科学研究科へとやってきた。彼の求道的な志に、私が応えられたかどうか未だにわからない。しかし野尻がやってきてくれたことは私の研究室を活性化した。演習ではいろいろなテクスト（カニバリズムの本、フロイト、ハイデッガー、カント、ヘーゲル）を読みながら、議論が百出した。時にはまったくテクストを離れて自らの考えを述べるメンバーも多かった。もちろんテクストを読むということは、まずそれを理解することであるが、それ以上に重要なことは、たとえ理解が不十分なままでも、テクストに刺激されて自らを語り出すことである、と私は考えている。その議論をうまくコントロールしていたのは野尻であった。良い議論はほめるが、意味のない議論に対しては完膚なきまでに批判する。それを遠因にして修士課程で進路を変更した者は数えきれない。演習の議論は、まったく充実した素晴らしいもので、私もたいへん多くの刺激を受けた。今でも「よかった」と回想できるものである。

野尻の博士論文は、ヘーゲル解釈を中心とするものであったが、ヘーゲルに振り回されることなくまたヘーゲルを称賛するだけのものでもなく、むしろヘーゲルをうまく「素材」として利用していた。野尻の視点はヘーゲル解釈ではなく、人間存在そのものの理解にあった。だから野尻の論文は哲学書だけでなく心理学、経済学、文学作品、サイエンス・フィクションさらには映画にいたるまで多種多様な材料を使ったものである。博士論文ですでに、本論文のように、野尻は人類の「歴史」（運命）を見据えた論を展開していた。

ヘーゲルを理解することは、弁証法の本質を理解することである。そしてその内実は樫山欽四郎が言うように「ヘーゲルの中心は、すべてのものは媒介されたものであるというところにあると思われる。つまり、die negative Einheit ということが中心問題であるように思われる」というところにあることは間違いない。しかし否定的な（negativ）運動を通して統一（Einheit）に達する以外に少なくとも人間においては事柄は把握され得ないとするならば、そもそもその否定的運動が起こるのは、どうしてなのか。それは「不安だ！」と言ったとしても、不安の内実がいかなるものかが問われなければならないであろう。

野尻は本論文でアウグスティヌスの『告白』第一〇巻を持ち出す。アウグスティヌスは、「しかしわたし自身が〔あなた＝神の〕発見者ではありません。……つまりそれをしたのは私の力でありませんでした。またその力はあなたでもありませんでした」（一〇・四〇）と、「力」について語る。「その力はあなたでもありません」とは、力は神をも超えている、ということである。さらに野尻は三位一体の考えを再考し、父（普遍）と子（個）のみずみずしい関係は、個の独占によって「乾涸びる」のではなく、父と子を関係づける聖霊が「トラップにかかってしまった状態」、それが近代であると言う。つまり近代において、神と子との中間者である聖霊が、子としての個（意識）に吸収されて意識が強力な力を発揮するようになった、と言う。聖霊というこの中間者は、近代哲学では構想力と言われる。近代においては構想力は、人間における感性と悟性とを結びつけるものとされて（せいぜい両者の根とされて）矮小化されてしまうが、むしろ神と人間とを結びつける機能をもつものであるとしなければならないのである。

ヘーゲル哲学は、「これから起こることは、同時にすでに起こってしまったことである」という事態を明らかにすることである。円環的運動ということがすでにこのことを表している。存在、構想力、全体といった根源は、目標であると同時に出発点でもある。（生産的・根源的）構想力が時間として根源において働くことがすべてのはじまりであるが、同時に構想力が根源の次元を切り開くのである。

根源としての存在をわれわれ人間のものにするために構想力は働くが、われわれを存在へと向かわせるために構想力はあると言ってもよい。家を造るための道具は、家を解体するための道具でもあるが、さらに同時に道具は造られるべき家を志向し家に従属するが、家の在り処は道具によって発見されもする。

旧約聖書に「日のもとに新しきことなし」という言葉がある。つまりこの世に生じたものは、いかなるものでも真に新しいものではなく、つねにすでにこの世にあったという点において、すでに古いという意味である。「日のもと」つまり「この世において」という限定がなければ、この世の成立そのものを問うことによって、すなわち成立以前と以後というかたちで「以前」が問題になるとき、古きものは同時に新しきものであり、二つは溶け合ってしまう。

野尻がこれでもかと多くの事例をもって説こうとする事柄は、この世の成立直前の地点へと集中する。この地点は、この世から類推されるならば、すでにこの世の延長でしかない。カントはこの地点を人間の限界を超えるものとして、追求の対象とすることを、少なくとも第一批判では、諦めた。もちろんカントもこの地点の「獲得」を完全に諦めることはできず、絶えずカントの脳裏をかすめる。この地点はわれわれ人間の能力を超えている。しかしこの能力とは、この世における伝統的な理解力、論理力、表現力である。これらの能力は、人間の栄光の指標として重要な道具であった。重要であるがゆえに、これらの能力を問いに付すこともいわんや手放すことも極めて困難なことである。しかしたとえ手放すこと（否定し去ること）は難しいにしても、それらの能力を重要なものと見なさず、そうすることによって新しい「能力」を求めることは可能である。野尻は、プラトン（ソクラテス）、アウグスティヌス、カント、ヘーゲル、ラカン（そしてボルヘスも）らの試みはすべてかの地点を求めるための、新しい「能力」の模索と考えるのである。野尻の構想力解釈も、換喩的あり方の解明も、すべてあの地点を求めつつ、今までの人間的能力を超えたもの（それと異なるもの）を求めることを旨としている。

以下に取り上げる三浦論文と相川論文がともに自閉症を取り上げながら哲学の本質に迫ろうとする試みは、すでにこの世の理解力、論理力、表現力といった能力を「拒否」しつつ、しかしながらどっこい十分に「生きている」人間、つまり自閉症者に焦点を当てている。もちろん野尻も哲学的自閉症研究会を立ち上げて、自閉症の（さらには精神病理一般の）もつ可能性を哲学の基底として見出そうとする。可能性とは、従来の人間的能力に代わる新たな能力のことである。

野尻論文は、彼の多才さをもって、多くの事例を駆使し、歴史を縦横無尽に飛び回るゆえに、彼の論の展開についていくことはたいへんであろうが、私の述べたことを念頭において読んでいただければ、少しは読みやすくなるであろう。

野尻から本論文の表題を聞いたとき、デニケンの『未来の記憶』のことをまったく忘れていた。デニケンは、古代文明のうちには現代文明を技術的に凌ぐものがあると言う。われわれが技術を発展させればさせるほど古代文明の偉大さが証明されるというデニケンの考えは、必ずしも私がこの「未来の記憶」という言葉に考え入れた思想とは合致するものではない。私は古代文明へと戻るのではなく、むしろ古代文明すら戻らなければならない「場所」があると考えるのである。常識的な時間観念を脅かすこの言葉は、歴史の展開が単なる進歩ではないことをわれわれに教えてくれるだけではない。弁証法的論理においては、「はじまり」はどこにもない。つまりどこにも「はじまり」はあるとも言えるし、またどこにもない。つまりすべてのものは運動の中にあり、したがっていずれ「はじまり」は「おわり」でもあるのである。映画の『バック・トゥ・ザ・フューチャー』も、タイムマシーンの故障から未来から戻ってくるというストーリーだが、われわれ人間のあり方は、まさに「バック・トゥ・ザ・フューチャー」でもありまた「フォワード・トゥ・ザ・パースト」でもあり得るのである。本書の諸論文を読んで、再度この「未来の記憶」という言葉の意味を考えてもらえれば幸せである。

加藤直克「ヘルダーリン『ヒュペーリオン』を読むということ」

加藤は早熟であった。高校時代の同級生の話では、ホッペを赤くして（そのため加藤は「リンゴちゃん」というあだ名をつけられていたそうだ）砲丸投げに熱中していたそうだ。その加藤の内面は、すでにデモーニッシュなものにあこがれ、そこから読書の幅を広げていったようだ。高校時代にヘルダーリン、ニーチェそしてツヴァイクに出会うのは、早熟のしるしである。そして大学学部時代には禅に熱中し、大学院ではロックにはまっていた。大学祭での講演でロックの魅力を何とか伝えようとしていた加藤の姿は、おそらく高校時代のヘルダーリンから一貫したものであったのであろう。加藤と私の関係は、大学院時代それも加藤がドイツへ留学してしまうまでの修士課程の二年間が中心であり、加藤は私に強烈な印象を与えてくれた。といっても、それは学問的なインパクトではなく、麻雀、ビリヤード、花札といった遊びを通じてのインパクトであった。今から思えば、われわれは「遊びの中のデモーニッシュなもの」を求めていたように思われる。なぜこのように加藤の青春時代を紹介したかというと、本論文は加藤の若いころの履歴書のような感じを私に抱かせたからである。この論文の書き出しに「四弘誓願」の解釈を持ち出しているのは、加藤の若いころの参禅の体験と無関係ではないであろう。

自然と人間との、あるいは神と人間との間に「不協和音」があるからこそ、いつか一致する可能性もある。この一致（それは「一にして全なるもの」である）を求めての旅こそが、ヒュペーリオンに課された課題である。この課題は遠くにあってあこがれるだけのものではない。求める者には与えられるものである。ヒュペーリオンには、美にして神なるディオティーマ（それ以前にはメリーテ）の臨在があった。もちろんこの臨在はヒュペーリオンにとって愛の成就を意味しはしないのである。むしろ臨在はディオティーマの不在（死）によってしか与えられないと言ってよいのかもしれない。ディオティーマは回想の中でしか臨在しない。加藤が述べているように、『ヒュペーリオン』という著作全体が回想録なのである。野尻論文で述べたように、記憶は過去のことに支配されているのではなく、むしろ記憶においてこそ臨在は成就されると言ってもよい。

加藤論文を読んでいると、「ヒュペーリオンは誰なのか？」という問いが生じてくる。もちろん普通にはヘルダーリン自身であるというのが無理のない答えであるのだが、私にはそれは加藤自身のような気がしてしまうのである。若き加藤は、女性関係においていつも恋愛の手前で躊躇していた。そして恋愛対象が消えてしまったときに、加藤ははじめて恋愛感情を起こすのである。これはヒュペーリオンとディオティーマ・メリーテとの関係のようではないか。

芸術（美）と宗教（聖）とに引き込まれていきつつも、そのことに躊躇を感じつつ、自らの「狂い」を冷静に眺めながら「狂い」の現場から静かに自らを遠ざけ、それでもって自らを納得させようとしていた若き加藤を、私は少しばかりの「痛み」をもって見ていた。そこには女性を女神とし、その命令に従順に従う加藤の姿があった。もう五十年近くも前のことである。おそらく加藤は、自らの人生をあるいは人間（女性）関係を回想しつつ、四弘誓願の自らの運命を知ることによって自らの使命を知る「誓」と「神々の願い」をもって自らの行為の指針としているのであろう。

しかし回想をもって獲得される「使命の実現」は、いつもすでに遅い。そう、ディオティーマの死をもってしか、ディオティーマとの愛も美もヒュペーリオンのものとはならなかったのだ。だからこの行為は空しいのだ。デーモンはこの空しい行為へと人々を駆り立てるものであるのであろう。

本論文に、ヒュペーリオンがディオティーマに会うための船を待ちつつ歌う「運命の歌」が紹介されているが、ブラームスはこの歌を合唱曲にした。この加藤の文を読んだとき、私は学生時代、加藤からJ・カイルベルトのブラームス交響曲第二番のレコードを借りたことを思い出した。二〇〇九年に出版された句集『葆光』でようやく加藤の心奥が現れてきたと思ったが、その感慨はこの論文でも同じであった。

中尾健二「モーツァルトのオペラにみる近代」

社会構造の変化、つまり誰が（何が）社会の主役になるかということの主役の変化は、通常政治学的観点から説明される。もちろん、もともと政治は何もできないのであって、中心に祭り上げられているだけなのであり、その政治の背後で政治を支えているのは経済や文化なのである。あえて言うならば政治は社会の中心に位置する幻影なのである。もちろん幻影だからといって、それはいずれその本質を見破られて消えてしまうものでもないし、むしろこの幻影に向けて迎合したり反撥したりしながら経済・文化は自らを形成していくのである。しかし政治的支配者（これは同語反復であるが）の意向は、経済や文化のあり方を規定しもする。注意しなければならないのは政治は自らの意向を強制するのではなく——幻影はもともと強制する力などもってはいない——、経済や文化が政治を「忖度」してしまうのであり、この忖度こそが形式として定着するのである。政治と経済・文化との力学的関係、それこそが社会科学が解明しようとするものなのである。

中尾はオペラの変遷のうちに近代社会の変遷を見ようとする。オペラは、十六世紀末に古代ギリシアの演劇の再興としてはじまった。演劇のルネサンスの一つのあり方がオペラだったのである。そして当初は王侯貴族のセレモニーの余興として演じられていた。したがってそのようなオペラの内容は、支配者を賛美するものとなる。あるいは保守層は自らの世が長く続くことを望むから、倫理的なものが好まれる。中尾によればオペラ発生の保守的な側面は、十八世紀まで「オペラ・セーリア（まじめなオペラ）」として続く。しかし十八世紀には、オペラは一部の王侯貴族のものから市民へと開かれていく。そこで「オペラ・ブッファ（ふざけたオペラ）」が登場する。オペラが自らを否定するような新しいオペラを生み出すのである。

このオペラの歴史は、同時にモーツァルトのオペラの多様さに反映している。天才モーツァルトは、「オペラ・セーリア」と「オペラ・ブッファ」とを年代に関係なく自由に創作する。

『フィガロの結婚』は、「オペラ・ブッファ」のカテゴリーに入るものだが、中尾は「重唱の空前絶後の展開」にその特徴を見る。「重唱は、個が全体に融解してしまう合唱でもなく、孤独な個の叫びである独唱でもなく、個が個でありながら、ひとつの共同性を創りあげる」（一九八頁）と中尾が言うように、『フィガロの結婚』の進行は近代の新しいあり方を暗示しているというのである。

『魔笛』は「オペラ・セーリア」でも「オペラ・ブッファ」でもなく、「ジングシュピール」というカテゴリーに入るのだそうである。「ジングシュピール」とは、「セーリアの枠組のなかでの恋愛の形をとった市民的主体性の自己主張」であるという。つまり「オペラ・セーリア」と「オペラ・ブッファ」との中間に位置するものであり、同時に両者の綜合である。オペラの歴史の中でのある種の頂点が、「ジングシュピール」なのであろう。それが極めてメルヘン的でほとんど思想を感じさせないのは、古代ギリシアのオルフェウス神話以前にまでわれわれを連れて行くように感じさせてくれるからと考えるのは私だけであろうか。

近代はコーヒー・ハウスからはじまったと言われるが、私が「はじまった」のは喫茶店の片隅での中尾と二人での読書会からであったと言っても過言ではない。そのころから中尾はいつも冷静であった。まだ学生運動が盛んであったころ、中尾はその運動に関わっていたが、読書会では私を勧誘することも説得することもなく、静かに本を読んでいくだけであった。そのころ私は中尾からベームのモーツァルト『レクイエム』のレコードを借りたことを覚えている。中尾がモーツァルト・フリークであることは知っていたが、本論文に見るようにかくもオペラに造詣が深かったとは思わなかった。中尾の趣味が公共性という問題とうまく結びついていることに感心した。また映画もよく観ていたが、こんなに細かく観ていたのかと感心するばかりである。それはポネル演出の『フィガロの結婚』のDVDで、背景に映し出される書物でもってフィガロのインテリ性を見抜いていることを挙げてもよいであろう。

髙橋明彦「アリアドネは歎く―詩人としてのニーチェ?―」

髙橋はニーチェの詩に着目する。ニーチェは多くの詩を残しているのだが、それを問題にする者は少ない。また髙橋はニーチェの哲学と詩との間には「深い断絶」があると言う。それは表の顔のニーチェと裏の顔のニーチェと言ってよいかもしれない。だから髙橋は自らをニーチェに真正面から攻め込まない者として、遠慮がちにニーチェを語るのであるが、詩を通してニーチェの裏面を明らかにすることによってニーチェの全体像を明らかにしようとする。そのかぎり背面からの攻撃は、同時に真正面からの攻撃でもあるのである。

特にジョルジュ・コリ(決定版ニーチェ全集の編集者の一人)が、全集六巻(ここに髙橋が問題にする『ディオニュソス・ディテュランブス』も『この人を見よ』も入っている)の「あとがき」で述べていることに着目する。クレーナー版ニーチェに親しみシュレヒタ版もほとんど参考にすることのなかった私のような旧人にとって、決定版ニーチェ全集は何とも複雑な気持ちを起こさせるものである。というのもいかにもニーチェらしいと思っていた『力への意志』は、決定版では(またシュレヒタ版でも)遺稿という形にされ、引用するにはなかなか難しいからである。

髙橋は、ニーチェの詩に対するコリの紋切り型の無関心に、あるいは詩を単なるアクセサリーとする理解に疑問を呈する。アクセサリーは、それを帯びる身体をさらに美しく見せるものであり、したがってアクセサリーがなくても身体はもともと美しいのであるから、アクセサリーは添え物であるにすぎない。これがコリの主張である。それに対して髙橋は、「アクセサリーはもはやうち捨てられ顧みられないままでよいのであろうか」と語る。

髙橋はニーチェを愛している。愛しているとはニーチェのすべてを肯定することである。髙橋にとって、ニーチェを牽強付会的にあるいは我田引水的に解釈することはたまらなく許されないことなのである。晩年（といっても一八八〇年代後半）のニーチェを狂人として片づけることは簡単なことである。しかし髙橋は最後の最後までニーチェの言葉を「そのまま」受け取ろうとする。そのままとは、文字通りとか額面通りという意味ではなく、ニーチェの中に理解不可能な言葉や事柄を見出したとき、静かにその言葉が発せられた背後を考えることである。

第二節「アリアドネの身体」では、ニーチェの『ディオニュソス・ディテュランブス』の「アリアドネの嘆き」という詩において、「もっと深く射ぬいてほしいの！ Triff tiefer!　射ぬいて　いま一度！ Triff Ein Mal noch!」と詠まれている。しかし手稿段階では triefe と triefen（したたる）の単数二人称の命令形になっているそうである。髙橋は、文献学的な眼で treffen と triefen の両方の意味を語ろうとしていると考える。なるほど、treffen と考えれば目的語はアリアドネの身体ということになろう。しかし自動詞の triefen と考えれば「もっと奥まで浸み込んでいって！　もっと深くまでしたたり落ちなさい！」ということになろうか。髙橋はさらに旧約聖書の申命記の triefen まで持ち出し、ニーチェの背後にまで迫ろうとする。髙橋は、手稿段階の triefen を牽強付会的に treffen と一義的に書き換えてしまうことに、ニーチェへの冒瀆を見るのである。

また第三節「三幅対の〈自我〉」では、『この人を見よ』でニーチェが語る「……私は私の生涯を、私自身に語り聞かせることとする」という言葉を、コリはやや悪意をもってニーチェの精神的混乱と考えようとするが、髙橋は素直に読むことができると語る。その傍証として『この人を見よ』の中の夜のヴェネツィアの詩を挙げて、「素直に」読むことの正当性を明らかにする。「三幅対の自我」は哲学的には普通のことであって、三つにでも四つにでも自我は分裂可能なのであり、ただ対となってつまり一組となることができればよいだけのことである。分裂（病）は自我の本来のあり方であるのだが、統合がうまくいかなければ（統合失調症）問題となるだけである。しかし統合の不成就すら、なぜ統合が必要なのかと問われれば、的確な答えは見つからない。

さらに第四節「ディオニュソスの頭」では、『この人を見よ』で語られる「……郵便屋が私にディオニュソスの頭部を持って来てくれる……」とは、ニーチェの精神的錯乱の証拠なのではなく、ニーチェが或る女性に送ったディオニュソスの頭部の写真の絵葉書のことと考えれば取り立てて語るべきことでもない、と高橋は語る。つまり、この女性の存在を知ることこそが重要なのであって、ニーチェの錯乱という前提でことを収めるべきではないのである。この前提が、この女性の発見を妨げているのである。

そしてさらに第五節「破綻した仮面」で、高橋はニーチェが語りそして欲する「仮面の解釈」を試みる。もちろん単なる仮面論ではない。高橋は「仮面の下には必ず素顔があるとは限らない」と、そして「ニーチェは素顔なき仮面をさえ要求していた」と述べる。ニーチェの哲学と詩との関係は、表と裏との関係であるとすでに述べた。私はこのことを人間の自我のあり方の自己と他者との関係であると読み込んだ。自己は他者なくして自己たり得ない。その意味で自己たらんとすれば、必ず自らを否定する他者を、自己は自らの中に生み出さなければならないのである。高橋は仮面と素顔との関係を「メービウスの帯」で説明する。仮面は、他者として自己たり得ないのではなく、自己のためのもう一つの自己なのである。「メービウスの帯」という比喩は、表が裏となり裏が表となり、そういう形でしか仮面も素顔もあり得ないということである。つまり詩を詠うニーチェは、同時に自らの哲学を語っているのであり、ニーチェ哲学から詩を隔離してはならないのである。

高橋は通常無視しても痛痒を感じない「些細なこと」に眼を向ける。高橋の眼はこの些細なことが全体に通じており、すべての評価を転覆させるものであることを見抜く。高橋は真摯なニーチェ擁護者である。そして前提条件（与件）なしにニーチェの言葉に聴従する。この高橋の態度は、高橋の著作であるニーチェ論『ニーチェ　A嬢の物語』（青土社、二〇一三年）でもゲーテ論『火蛾の詩学』（朝日出版社、二〇一七年）でも同じである。高橋の眼は、「木を見つつ山も見る」のである。眼前のテクストとしての木の背後に、否、木の中にしっかりと山を見ているのである。

神は細部に宿るというが、髙橋の論文を読んでいると「神は細部にしか宿らない」と思わせてくれる。

三浦仁士「自閉症スペクトラムの存在分節」

存在という言葉は曖昧である。一般的には存在するもの（存在者）と存在との区別はほとんどなされていない。「彼」と「彼の存在」とはほとんど同義である。しかし哲学においては存在者と存在とはまったく別のものである。存在が制限されて存在者が生じてくるのだが、存在そのものは人間にとってまったく手に負えるものではない。もちろん存在の声に聴従するためにおのれを空しくすることも、存在の制約なのである。

三浦は存在を「無分節の全体・一」と呼ぶ。そして「〈無分節の全体・一〉（自己自身）がもともと分節可能となっていなければ自他の区別（分離）は生じない」と述べる。この「無分節の全体・一」（存在）と「自己自身」とを結びつけるためには、精緻な説明が必要であるはずである。ヘーゲルの存在論（『論理学』）と自我（意識）論（『精神現象学』）とがいかに結びつけられるかである。三浦は、ASDのドナ・ウィリアムズの言葉から、「外界のものすべてから分離する以前にも存在していた自己」（自己が成立する以前の自己）を「自己自身」と呼ぶ。つまり存在は「無分節の全体・一」であり「自己自身」でもある。三浦は「無分節の全体・一」と「自己自身」とを重ね合せて、話を意識の問題へと展開していく。そして「自己自身」から「自己」への展開のためには、自己自身のうちに自己ではないもの（他者）という鏡が必要であるという。三浦は語る。「……他者としてのBのイメージを映し出す他者的な鏡を〈他的鏡〉と呼ぶ。……他的鏡は、イメージを映し出すだけではなく、同時に存在（無分節）をも映し出す（存在を〈感じ〉へと変換させる）鏡である」と。鏡としての自己の内の他者は、自己を成立させるとともに、自己を存在と関係づけるものでもある、と言うのだ。三浦が「存在の感じ」と言うのは、ハイデッガーの「存在了解」と同じ意味であり、人間は存在を掴み取るのではなく、そっと存在に触れさせてもらっているだけだからである。

三浦は直接性に生きる動物と直接性の他者（否定性）としての一般者を生きる「人間」とを区別する。そしてさらに「人間」を「ふつうの人」（定型発達者）と「ＡＳＤの人々」とに区別する。そして人間のこの二つのあり方を、存在分節の違いとして捉える。

三浦は存在としての「無分節の全体・一」は限定されて世界‐内‐存在とならなければならない、と考える。道具が世界にうまくはまって（機能して）いるときには、道具は自らをそれとして現さない。同時に現存在（人間）もそのような隠れの中で安定的に安住している。三浦がこのことを強調するのは、グニラ・ガーランドが意識して色をもって世界を区別しつつ、われわれの道具的世界に近づこうとするＡＳＤのあり方の特異性を示すことによって、「ふつうの人」としてのわれわれすらも「無分節の全体・一」を限定している（ＡＳＤの色による区別のように）ことを確認しようとするためなのである。

三浦は、世界‐内‐存在、存在そのもの、一切の存在者のあり方を図で説明する（図１、２‐１、２‐２、２‐３）。これは存在の意味を問うための果敢な試みであり、三浦の言わんとしていることを視覚化するものである。三浦の語る「世界‐内‐存在そのものが自分の中心部を開口し、一切が生起するという事態は、存在そのものが自分で自分の外に出ること、つまり実存するということである」とは、存在の自己主張であり、そのためにただの一枚の布（存在）に「襞」（他的鏡）を作るという自己否定を行う必要があるのである。非存在としての「一切の存在者」は、存在が自らのうちにもつ他者であり、他的鏡である。そして動物は存在の近くに住むもの、またＡＳＤの者を動物の近くに住むものとする。

三浦の論文を読み進めていくと、「なぜ人類は原罪を背負ってしまったのか、つまり、禁断の木の実を食べて知恵（自己意識）をもってしまったのか」、「なぜ人間は存在から切り離されてしまったのか」という問いに対する明確な解答が出てくるような予感を抱かせる。しかし結局、昆虫―人間―動物〔チンパンジー〕（離人症者―ふつうの人―ＡＳＤ）という配置は提示されるが、そもそもなぜふつうの人が道具的世界へと頽落してしまうのかの決定的な理由は見出されない。もちろんこの問いは人間に課せられた解けない永遠の課題であるであろう。そのかぎり三浦の論文は、果敢な見果てぬ存在解明の試みとは言える。

論文中にちりばめられた三浦の珠玉の言葉をいくつか挙げてみよう。この文だけでも三浦が狂気的天才性を所持していることがわかるであろう。

「人間は恒常的持続的な概念の世界、世間・道具的世界に滞在することと引き換えに〈いま・ここ〉を生きることができなくなったのだ」（二五五頁）。

「〈夢見る精神〉は、存在そのものをはっきりと分節する力がないので、現存在（アダム）は、まだはっきりと立ち上がっていない〈世界〉――これは無と呼んでいいものであろう――へと向かうしかない。現存在がそうした無（存在）へと向かわざるを得ないということが、根源的な気遣いであり、不安を生じさせるのである」（二六一頁）。

「……ASDの人々の行為は、細部の一つ一つの点が〈～のため〉というように相互に関係づけられておらず、一つ一つが自分で自分を示している平等の境地であり、単に〈遅れ〉とみなされ切り捨てられていく」（二六六頁）。

「……世界‐内‐存在において、現存在の向かうという作用は、円環（循環）なのである。ゆえに世界‐内‐存在の造形作用によって形成された世界に現存在は暫しの間滞在し、無へと帰還する。ハイデッガーの言う現存在、つまり現‐存在者（分節）でありながら現‐存在（無分節）でもあるという二重構造とは、そのことを言っているのである。すなわち、現存在は個体（一）として生きるという存在形式において、絶対的同一性を実現するのだ」（二七〇頁）。

唐澤太輔「虚空と風―南方熊楠の「場所」をめぐって―」

唐澤の修士課程の二年間は、一介の南方熊楠フリークに過ぎなかった、と言ってもよいであろう。修士論文は確実な熊楠研究ではあるものの、まだ唐澤の体臭のするものではなかった。しかし唐澤には飛躍のかすかな兆候はあった。飛躍は、回心（conversion）と言ってもよいものである。それは常識的世界が偏向していることを看破し、その根底に哲学的世界が展開していることを体験し自覚することである。唐澤におけるかすかな兆候とは、唐澤のうちに認められた哲学という学を自らのものにしようとする情熱とテクストに向かう真剣な態度である。そして唐澤は博士後期課程に進んで、回心を体験した。それからは演習のときの唐澤の発言は確信に満ちたものとなり大変興味深いものとなっていった。この論文の冒頭での唐澤の「熊楠の残した資料を正確に翻刻するだけ」のことでは真に熊楠を理解したことにはならないという発言は、唐澤の修士課程時代を振り返っての発言でもあり、またそれ以後の熊楠とともに哲学する決意の表明でもある。

唐澤は博士後期課程に入ってからは、まさに飛躍を確実に成し遂げ、カントもヘーゲルもシェリングも自らの立場からまったく見事に理解した。「見事に理解した」とは、哲学の本質それも弁証法的あり方を自らのものにしたということである。熊楠が土宜法龍への書簡で語る「大日滅心の作用」は弁証法を真に理解していない者にはわからないことである。

唐澤は私の紹介する本をいつも真剣に読んでいた。私の読書はまず表題で、次に目次で、その次に「はじめに」を読んで、それでも気になれば本文の当該の箇所を、さらに興味があれば全部を読むというものである。本論文にも出てくるW・ベンヤミンの『パッサージュ論』はその表題だけで私に雷が落ちた感じを与えてくれた書物である。或る演習のとき「通路」ということが問題になった。それはたぶんカントの演繹論で感性と悟性とを結びつける構想力が問題になったときであろう。そして通路としての構想力からベンヤミンの『パッサージュ論』が私の頭に浮かんだ。私は表題につられて五巻の岩波文庫を購入していたが、読んではいなかった。それを唐澤に貸した。すると唐澤は二週間で読み上げて、おまけに見事に作りあげられたレジュメを私にくれた。私の予感は間違っていなかったし、パリのパッサージュがもっている魅力も知ることができた。

唐澤のこの努力が、この論文でも、虚空と大地との間をつなぐ「通路」としての「風」で見事に結実している。風は見えないが吹いている。すべてのものを包み込むように吹いている。風は包み込まれたものすべてを包みつつ結びつける。われわれは結びつけられた結果しか知らない。結果は結びつけるもの（風）を見ない。否、見ないようにして済ませようとする。現実の堅牢さは、われわれ自身のために必要なものである。しかしプラトンは現実ではなくイデアの堅牢さを説いた。中世は神の国を信じた。現実の彼岸にある場所の主張は現実の堅牢さを崩壊させる。いわんやこれら二つの世界を吹き渡る風の存在は、現実の堅牢さを一瞬にして吹き飛ばしてしまう。知の考古学は現実を壊して「現実以前」へと進んでい<ruby>かなければならないのである。

「誰が風を見たでせう／僕もあなたも見やしない／けれど木の葉をふるわせて／風は通りぬけていく」

これはイギリス人のロゼッティの詩を西條八十が訳したものである。風は誰も見ることができないものであるが、木の葉をふるわせることによって、その存在を知らしめる。唐澤はこの論文の「おわりに」で、「虚空に風が揺らぎをもたらす。それは神の自己分裂である」と述べる。風が虚空をふるわせて虚空の存在を否定する。つまり虚空は、自ら自己を否定して虚空から脱する。神も同じように自己分裂して神を脱して人間のものとなる。風を介しての虚空と現実との関係づけ（往復運動）、このことを南方熊楠のうちに見た唐澤の熊楠研究は、確かに特異であろうが、同時に哲学的熊楠論としてまさに本質を突いているものと言えるであろう。

相川翼「自閉症の哲学的考察による「人間」観の再考」

相川は修士課程に入ってきたとき、すでに哲学という学のあり方をしっかりと理解していた。相川が理解していたものを弁証法的世界観というなら、相川はそれをもって自閉症のあり方の新たな視点を確立しようと目論んでいた。そしてそれは彼の研究生活に入るときからの変わらぬテーマであった。相川を見ていると、哲学と自閉症とは相川が思想的に深まっていくための相乗効果を果たしていたように思われる。

私は哲学の特異性は弁証法的思考方法にあると考える者である。すなわち自らの自己同一性を獲得したいのならば、自らのうちに自らではないもの（他者）を認め、この他者を媒介にして自らの自己同一性を獲得しなければならない、これが弁証法的思考方法である。

相川は、このような弁証法的思考方法は定型発達者（いわゆるふつうの人）の自己のあり方なのであるが、自閉症者はこのような弁証法的思考方法をもっていないしもともとそうとも思わない、と言う。つまり自閉症者は自らの自己同一性を求めようとはしないのである。「……自閉症のあり方を見れば、ドイツ観念論で言われていた〈自己〉あるいは〈人間〉とは、実は、普遍的な自己や人間の話ではなく、定型発達者に限定して当てはまる話だったのではないだろうか。他者／他性を含まない、純粋な同一性の次元に生きる自閉症のあり方は、ドイツ観念論で主題化された同一性について、再考を迫っていると考えられないだろうか」（三二三頁）、と。ドイツ観念論者が当たり前と考えていた人間のあり方とは、人間の限定的（部分的）あり方にすぎなかったものを全面的に展開してしまったものであり、自閉症の事例はそのような人間観に再考を促すものである、と言う。そしてさらに「定型発達のあり方の特殊性、特異性を明らかにするためには、自閉症のあり方に〈学ぶ〉必要があるのである」（三二四頁）とも語るのである。

相川は、定型発達者と自閉症者が出現する以前の共通の基礎を探し出そうとする。そして「構想力を自閉症と定型発達に共通の〈根〉として措定する」（三二五頁）と語り、カントの構想力への言及をする。

自閉症を哲学的に解明するという相川の立場において、構想力をもちだすことは当然であり予想できることである。しかし定式的（表面的）なカント解釈からの構想力の説明であるならば、構想力は単に感性と悟性とを結びつける「能力」としか考えられないであろう。構想力をカオス（存在）に関わるものと考える立場は、ハイデッガーのカント解釈（『カントと形而上学の問題』）からであろう。「から」と言ってもハイデッガーの意図は必ずしも正当に継承されてきたとは言い難い。相川のように「自閉症の解明」という使命があったからこそ、カントの構想力を、ハイデッガーのように、暴力的に改釈するということが行われ得たのである。そして相川は、カオス（存在）に働きかける構想力の働きかけの違いこそが定型発達者と自閉症者との違いなのである、と考える。

構想力が働きかける根源的な場とは、フロイトにおいては「一次過程」であり、ラカンにおいては「現実界」（le Réel）である――ラカンの言う「現実界」（le Réel）は内容的には「実在界」と訳すべきものである。これは相川のせいではない――、と言う。相川は、定型発達者がいかなる人でも通過していった場、そして自閉症者がそこに留まる場を、定型発達者は忘却していると言う。そう、忘却することが定型発達者であることの証しなのである。

相川は定型発達者にも自閉症者にも同じ一つの場（直接性、一次過程、現実性）が共有されている、と言う。しかし、その場から否定を介して脱出するかその場に留まるかが違う、とする。自閉症者が直接的な場に留まるということは、その者の中に否定的他者が成立していないということである。すると自閉症者には自己がないのかという根本的な問題が生じてくる。相川は、自閉症者は「直接性の傍ら」に居る者とするが、「傍ら」とはそもそも直接性の内なのか外なのか。また構想力に関して、根源的構想力（カント）を「直接性に依存する構想力」と言い換えられているが、そもそも「依存する」とはどういう意味であるのか。構想力が知られざる根源的能力であるとしても、それが直接性とどう関わるのか、これらの問いは、もっと考え抜かれなければならないことであろう。構想力が直接性にとって他者としてあり、直接性に割れ目を入れる機能（ハイデッガーはこれを根源的時間の作用であるとする）とするなら、構想力はやはり定型発達者のためのものであろう。しかし構想力が直接性とただ戯れるだけで他者を造り出す（bilden）ことがないのならば、自己の形成は不可能であろう。

相川は、自閉症というあり方を手掛かりに、哲学の最大の課題である直接性あるいは存在に肉薄しようとする。そして相川は本論文の最後にはっきりと哲学の課題を表明する。

「自閉症という哲学的〈症状〉を踏まえたとき、私たちは、哲学的な事柄に対してどのような態度を取るべきか。それは、〈直接性の傍ら〉、一次過程、現実界といった、自閉症のある人のいる〈場所〉から全てを眺める、ということである。これは、定型発達者にとってもかつてはいたはずの〈場所〉であり、本論考で明らかにしたように、自閉症も定型発達も、この〈場所〉から可能となっている。哲学の今後の課題は、この〈場所〉から、実体を、神を、人間を、自然を捉えること、そしてそのことによって、〈人間＝定型発達者〉という価値観を超克することにあると言えよう」（三六二頁）。

まったく哲学の本質を突いた見事な論文である。

＊　本文中、敬称を略させていただいた。

編者・著者略歴

那須政玄（なす・せいげん）　1947年東京都生まれ。1976年早稲田大学大学院文学研究科哲学専攻博士課程退学。早稲田大学名誉教授。
著書：『結界と虚界―生の基層へ／哲学的断片』（行人社）、『西洋における人間観の変遷』（智山文庫）、『闇への論理―カントからシェリングへ』（行人社）。論文：「哲学復興」（『理想』）、「現象界と叡智界との往復運動」（『カント読本』法政大学出版局）、「距-離の現象学」（『早稲田社会科学総合研究』）、「エクスタシーの論理」（『現代密教』）など。訳書：カール・ヤスパース『シェリング』（共訳、行人社）など。

野尻英一（のじり・えいいち）　1970年東京都生まれ。2004年早稲田大学大学院社会科学研究科博士後期課程修了。学術博士（早稲田大学）。2010年度フルブライト研究員／シカゴ大学客員研究員。2011年度日本ヘーゲル学会研究奨励賞受賞。2015年度社会理論学会研究奨励賞受賞。現在、大阪大学人間科学研究科准教授（比較文明学）。専門は哲学、倫理学、社会理論。
著書：『意識と生命―ヘーゲル『精神現象学』における有機体と「地」のエレメントをめぐる考察』（社会評論社）など。訳書：モイシェ・ポストン『時間・労働・支配：マルクス理論の新地平』（筑摩書房）、フレドリック・ジェイムソン『21世紀に、資本論をいかに読むべきか？』（作品社）など。

＊

加藤直克（かとう・なおかつ）　1946年神奈川県生まれ。西ドイツベーテル神学校古典語コース留学。1979年早稲田大学大学院文学研究科哲学専攻博士課程退学。自治医科大学名誉教授。専門は哲学、生命倫理学、ドイツ語教育。
著書：「ケアからケアへ」『実存思想論集』（理想社）、「ケアはいつケアとなるか」『苦悩することの希望』（協同医書出版社）、「「おぎゃー」と「お金」の間」『苦悩とケアの人類学』（世界思想社）、「医療の現場と倫理―応答することと引き受けること」自治医大総合教育編『医と知の航海』（西村書店）、句集『葆光』（文学の森）など。訳書：プリニウス『博物誌』植物編（八坂書房）など。

中尾健二（なかお・けんじ）　1948年東京都生まれ。1974年早稲田大学大学院文学研究科独文学専攻博士課程中途退学。静岡大学名誉教授。
著書：『ハーバーマスと現代』（共著、新評論）、『情報社会の見える人、見えない人』（共著、公人社）。論文：「アドルノの『オデュッセイア』解釈を読む試み」（『静岡大学教養部研究報告』）、「公共の記憶をめぐる抗争—旧西ドイツにおける『ホロコースト』放映」（共著、『静岡大学情報学研究』）。翻訳：ユルゲン・ハーバーマス『解釈学の普遍性請求』（『静岡大学教養部研究報告』）など。

髙橋明彦（たかはし・あきひこ）　1952年東京都生まれ。1980年上智大学大学院文学研究科ドイツ文学専攻博士課程退学。上智大学文学部教授。
著書：『神話的世界と文学』（共著、上智大学出版）、『ゲーテ「イタリア紀行」の光と翳』（青土社）、『ニーチェ　A嬢の物語』（青土社）、『火蛾の詩学—ゲーテとイスラーム神秘主義』（朝日出版社）など。

三浦仁士（みうら・ひとし）　1967年山口県生まれ。2013年早稲田大学大学院社会科学研究科博士後期課程退学。介護福祉士。
論文：「自閉症の哲学的探求—新たなパースペクティブの形成を巡って」（『社学研論集』）、「存在への通路としての《間》（das《Zwischen》）—自閉症者テンプル・グランディンの事例から考える」（『ソシオサイエンス』）。

唐澤太輔（からさわ・たいすけ）　1978年神戸市生まれ。2012年早稲田大学大学院社会科学研究科博士後期課程修了。学術博士（早稲田大学）。現在、龍谷大学世界仏教文化研究センター博士研究員。
著書：『南方熊楠の見た夢—パサージュに立つ者』（勉誠出版）、『南方熊楠—日本人の可能性の極限』（中公新書）。論文：「ひらめきと創造的活動のプロセス—南方熊楠の「やりあて」に関する考察を中心に」（第5回涙骨賞最優秀賞、2009年度小野梓記念学術賞）など。

相川翼（あいかわ・つばさ）　1989年東京都生まれ。2016年早稲田大学大学院社会科学研究科修士課程修了。現在、武蔵高等学校中学校社会科（公民）講師、國學院高等学校地歴公民科（公民）講師、公立小学校特別支援学級介助員。専門は哲学（哲学的自閉症論、現代資本主義論）。
著書：『自閉症の哲学—構想力と自閉症からみた「私」の成立』（花伝社）。論文：「構想力からみた自閉症と資本主義」（『社会理論研究』）など。

那須政玄・野尻英一 共編

哲学の戦場

2018年8月7日　第1刷発行
2022年11月25日　第2刷発行
（定価は表紙カバーに表示してあります）

発行者　野澤幸弘
発行所　株式会社行人社　〒162-0041 東京都新宿区早稲田鶴巻町539
電話 03(3208)1166　FAX 03(3208)1158　振替 00150-1-43093

 ISBN978-4-905978-96-1　濱愛子／シナノ書籍印刷株式会社